数据结构与算法
及其航空航天应用
（C语言版）（项目式微课版）

赵学武 车葵 赵妍 ◎ 主编　　李玲玲 赵雪专 ◎ 副主编

人民邮电出版社

北京

图书在版编目（CIP）数据

数据结构与算法及其航空航天应用：C语言版：项目式微课版 / 赵学武，车葵，赵妍主编. -- 北京：人民邮电出版社，2025. -- ISBN 978-7-115-66296-5

Ⅰ．V2；V4

中国国家版本馆 CIP 数据核字第 2025UG3282 号

内 容 提 要

　　本书系统地讲解数据结构与算法设计的相关知识，共分两部分。第 1 部分讲解数据结构的主要内容，包括数据结构概述、线性表、栈与队列、串、数组和广义表、树、图、查找与排序等，还包括航空航天应用实例的分析与实现。第 2 部分重点阐述典型的算法设计方法，包括算法概述、递归与分治、动态规划、贪心算法、回溯法、分支限界法等，并对这些算法的设计策略进行了比较，最后讲解航空航天应用案例分析与算法设计。

　　本书适合理工类相关专业的本科生和研究生阅读，也适合从事数据挖掘、机器学习研究、算法设计与分析等工作的相关人员阅读。

◆ 主　　编　赵学武　车　葵　赵　妍
　　副主编　李玲玲　赵雪专
　　责任编辑　贾鸿飞
　　责任印制　王　郁　胡　南

◆ 人民邮电出版社出版发行　　北京市丰台区成寿寺路 11 号
　　邮编　100164　电子邮件　315@ptpress.com.cn
　　网址　https://www.ptpress.com.cn
　　固安县铭成印刷有限公司印刷

◆ 开本：787×1092　1/16
　　印张：18.75　　　　　　　　　　2025 年 8 月第 1 版
　　字数：459 千字　　　　　　　　2025 年 8 月河北第 1 次印刷

定价：89.90 元

读者服务热线：**(010)81055410**　印装质量热线：**(010)81055316**
反盗版热线：**(010)81055315**

当前，以信息技术为核心的新一轮科技革命正深刻影响着人们生产、生活的方式。新业态和新需求呼唤新软件的出现。高效开发高质量的软件，需要遵循软件工程的原则。编写能高效运行的代码需要具备良好的编程技巧，更需要能设计合理有效的数据组织方式和高效实用的算法，这正是计算机领域数据结构与算法所研究的主要内容。

本书的编写思路是将数据结构/问题模型化、问题求解算法化，在介绍数据结构的基础上，讲解典型的算法设计策略的理论，分析算法的实际应用。本书特点如下。

（1）数据结构与算法设计有机融合。

（2）示例丰富，重视应用。

（3）强调动手能力和实践能力的培养。

（4）应用实例面向航空航天新兴战略领域。

本书采用 C 语言和类 C 语言作为数据结构和算法设计的描述工具。为了便于读者学习和掌握，本书安排了很多应用实例尤其是航空航天实例，并提供了丰富的习题。需要说明的是，为了节省篇幅，也为了让读者节约手动输入代码的时间，本书部分代码放在了电子文件中，读者可以扫描正文中相应位置的二维码进行下载。

本书由赵学武、车葵、赵妍主编，李玲玲和赵雪专副主编，赵学武负责全书的统稿工作。

本书在编写过程中参阅了大量的书籍、文献、网络等资料，特别是百度文库中的相关试题和课件等资源给予编者良好的启发，研究生李家乐和许景阳同学协助整理相关的图片。本书的编写和出版，得到了河南省战略性新兴领域"十四五"高等教育教材建设团队项目的资助。在此一并表示衷心的感谢。

本书是编写组多年教学经验的总结和体现，尽管编者不遗余力，但由于时间仓促和水平所限，难免存在不足和疏漏之处，恳请读者批评指正，以便使本书得以改进和完善。

本书是河南省战略性新兴领域"十四五"高等教育教材建设团队教材和河南省"十四五"普通高等教育规划教材。

本书受软件工程河南省新一轮重点学科、河南省高等教育教学改革研究与实践项目（项目编号：2024SJGLX0149）、河南省高等教育教学改革研究与实践项目（研究生教育类）（项目编号：2023SJGLX325Y）、河南省研究生教育改革与质量提升工程项目（项目号：YJS2024JD48）、河南省高等学校重点科研项目计划（25A0002，24A520052）、河南省通航技术重点实验室、中原创新领军人才项目（254000510017）、河南省重点研发专项（231111212000）、河南省杰出外籍科学家工作室项目（GZS2022011）、河南省本科高校产教融合示范学院（航空航天信息产业学院）、航空航天电子信息技术河南省协同创新中心、航空航天智能工程河南省特需急需特色骨干学科群、郑州航院研究生质量提升工程项目——研究生精品教材项目（项目编号：2024YJSJC06）、郑州航院教育教学改革研究与实践项目（项目编号：zhjy24——（68））、郑州航院研究生教育教学改革与发展研究项目（2025YJSJG49）资助。

编　者

2025 年 6 月

第1部分　数据结构

第1篇　线性结构

第 2 部分　算法设计

4

第 1 部分　数据结构

第 1 章

数据结构概述

　　数据结构（data structure）是计算机科学与技术专业及相关专业的一门重要专业必修课，它主要研究各种数据类型的组织方式、操作方式和存储方式。学习数据结构知识有助于养成良好的程序设计能力和熟练的算法分析能力。

　　本章主要介绍了数据结构的基本概念、数据结构的内容、算法基础，以及如何学习和运用数据结构与算法。通过本章的学习，读者能对数据结构有初步的了解。

1.1　数据结构的基本概念

1.1.1　什么是数据结构

　　在计算机科学界，数据结构并没有标准的定义。根据个人理解的不同而有不同的表述方法。克利福德·A.谢弗（Clifford A.Shaffer）在《数据结构与算法分析》一书中的定义：数据结构是抽象数据类型（abstract data type，ADT）的物理实现。洛贝特·L. 克鲁泽（Lobert L.Kruse）在《数据结构与程序设计》一书中，将一个数据结构的设计过程分成抽象层、数据结构层和实现层。其中，抽象层是指抽象数据类型层，讨论数据的逻辑结构及其运算，数据结构层和实现层讨论一个数据结构的逻辑表示和在计算机内的存储细节以及运算的实现。

　　简而言之，数据结构就是相互之间存在一种或多种特定关系的数据元素的集合，其中包括数据对象以及定义在这组数据对象上的特定关系。

　　在计算机程序中，数据是以整数、浮点数、字符串、数组等各种不同类型存储的，而且不同类型的数据有不同的特点和操作方式。数据结构的目标就是将这些数据按照一定的方式进行组织，以方便程序操作。因此，要设计一个结构好、效率高的程序，必须研究数据的特性、数据间的相互关系以及对应的存储表示，并利用这些特性和关系设计相应的算法和程序。

1.1.2　基本概念与术语

1. 数据、数据元素和数据项

数据是所有能输入计算机中并被计算机程序加工、处理的符号集合，在计算机科学中指

2

计算机操作的对象。数据可以是整型、字符型等数值类型，也可以是音频、图片、视频等非数值类型。例如，机票预订网站上某个航空班次的乘客数量、价格可以是数值型数据，而该航班的图片、实时飞行动态是非数值型数据。

数据元素是数据的基本单位，在不同的数据结构中也称为记录、节点或顶点等。数据元素是一种抽象的概念，并没有具体的数值化标准。例如，在机票预订网站中可以把一个班次看作是一个数据元素，也可以把一个乘客看作是一个数据元素。在计算机程序中数据元素通常是作为一个整体进行分析和处理的。

数据元素由数据项组成，数据项是数据不可分割的最小单位，一个数据元素可由一个或多个数据项组成。例如，数据元素航空班次（航班号，航空公司，乘客数量，出发地，目的地，票价）由数据项"航班号""航空公司""乘客数量""出发地""目的地""票价"组成。数据项也可以称为字段或域，是对元素的详细描述，所以，也可以说数据元素航空班次有"航班号""航空公司""乘客数量""出发地""目的地""票价"6个字段。

2．数据对象

数据对象是具有相同性质的数据元素组成的集合，也是数据的子集。例如，每一个乘客都有姓名、年龄、性别、出生地址这些数据项。在具体问题中，性质相同的数据元素的值不一定相同，但都是数据对象集合中的成员。处理相同性质的数据元素时，默认将数据对象简称为数据。也就是说，"数据"在数据结构这一课题中默认代指数据对象。

数据项、数据元素、数据对象之间的关系是什么呢？一个数据元素是由若干相关的数据项构成的，一个数据对象是由相关的数据元素构成的。它们三者是被包含与包含的关系。数据项、数据元素、数据对象是数据逻辑结构的层次单位，也是数据存储结构的层次单位。

3．数据类型和抽象数据类型

数据类型是一个值的集合以及定义在这个值集上的一组操作。其含义包括以下两点：①值的集合，集合里的数据具有相同的类型；②一组操作的集合，这组操作是作用在值的集合上的。因此也可以说它（数据类型）包括数据对象以及在数据对象上的操作。在高级程序设计语言中，数据类型用来描述数据对象的特性，定义的常量、变量等都有不同的数据类型。

通常情况下，可以将数据类型按其"值"的特性划分成原子类型和结构类型。对于原子类型，顾名思义是指其值不可分解，原子类型也称为基本类型，例如整型、字符型、浮点型、布尔类型等。对于结构类型，其值由若干个用户自己定义的分量组成，例如数组、结构体等类型。

研究数据元素之间的逻辑关系就是研究数据的逻辑结构。ADT是指描述数据的逻辑结构以及在这些逻辑结构上的一组操作。抽象数据类型的定义取决于它的逻辑特性，与其在计算机内部的表示和实现无关。也就是说，只要抽象数据类型的数学特性不变，其内部的变化就不会影响外部的使用。

抽象数据类型的定义，可以采用三元组来(D,R,P)表示。其中D表示的是数据对象，R表示D上的关系集合，P表示对D的基本操作集合。其基本格式描述如下。

```
ADT Name{
    Data Object：数据对象的定义
    Data Relationship：数据关系的定义
    Basic Operation：基本操作的定义
}ADT NAME
```

基本操作的定义格式如下。

```
Basic Operation Name(Parameters)
    Initial Condition: 初始条件描述
    Operation Results: 操作结果描述
```

基本操作的参数有两种：一种是赋值参数，为操作提供输入值；另一种是引用参数，以符号&开头，可以提供输入值，同时还返回操作结果。

初始条件用于描述操作执行前数据结构和参数满足的条件，如果不满足，则操作失败并返回相应的出错信息；如果初始条件为空，则可以省略。

操作结果用于说明操作正常完成之后，数据结构的变化状况和应该返回的结果。

就实质而言，抽象数据类型和数据类型是一个概念，但是其含义比一般数据类型更广泛、更抽象。二者的区别在于数据类型是高级程序设计语言支持的基本数据类型，而抽象数据类型是用户自定义的数据类型。抽象数据类型只定义数据的逻辑结构和操作说明，不考虑存储结构和具体实现。

4. 数据结构

数据结构是相互之间存在一种或多种特定关系的数据元素的集合，可以使用一个公式形象地表示：数据结构=(D,R)，其中 D={数据元素}，R={D 上的关系}。例如，复数可被定义为一种数据结构 Complex=(D,R)。其中，D={x|x 是实数}，R={<x, y> | x, y∈D，x 称为实部，y 称为虚部}。可见，数据结构是计算机存储和组织数据的一种方式，因此，数据结构会影响数据的存储和检索效率。

1.2 数据结构的内容

数据结构的内容包含逻辑结构、存储结构和运算三个方面。

逻辑结构指的是数据元素之间的逻辑关系；存储结构指的是数据的逻辑结构如何在计算机的存储器里表示和实现，也称为物理结构；运算在选择了数据结构的存储结构之后就可以实现，不同存储结构的运算性能可能存在一定的差异。

运算在数据的逻辑结构上定义时，描述的是"做什么"；在数据的存储结构上实现时，描述的是"如何做"。运算的实现就是通常所说的算法。算法的设计取决于数据的逻辑结构，算法的实现依赖于指定的物理结构。

1.2.1 数据的逻辑结构

按照数据元素之间关系的不同特性，通常可以将数据的逻辑结构分为集合结构、线性结构、树形结构和图形结构四种类型。

1. 集合结构

集合结构中的数据元素除了同属一个集合外，没有其他关系，各个元素是"平等"的，元素顺序是随意的，每个元素在集合中都是唯一的，该结构类似于数学中的集合，如图 1.1 所示。

2. 线性结构

线性结构中的每个数据元素都可以看作一个节点，数据元素之间是一对一的关系，即除了第一个元素外，每个元素有唯一的前驱；除了最后一个元素外，每个元素有唯一的后继。如图 1.2 所示。生活中的城市公交路线类是典型的线性结构，其中站点就是数据元素，每一条公交线路都有一个起点和终点，中间各站按先后次序排列。

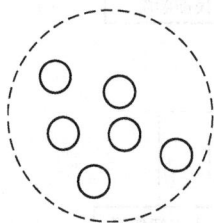

图 1.1　集合结构　　　　　　　　　　　图 1.2　线性结构

逻辑上，具有这种线性的数据结构也称为线性表。表 1.1 航空客户信息表就是线性结构，每个数据元素由会员卡号、入会时间、第一次飞行日期、性别、年龄、观测窗口结束时间、窗口内的飞行次数、总基本积分等数据项组成。

表 1.1　　　　　　　　　　　　　　　　航空客户信息表

会员卡号	入会时间	第一次飞行日期	性别	年龄	观测窗口结束时间	窗口内的飞行次数	总基本积分
289047040	2013/03/16	2013/04/28	男	56	2014/03/31	14	147158
289053451	2012/06/26	2013/05/16	男	50	2014/03/31	65	112582
289036013	2010/04/15	2013/06/12	女	54	2014/03/31	25	59357
289022508	2009/12/08	2010/10/19	男	34	2014/03/31	33	77475
28904181	2009/12/10	2010/10/19	男	45	2014/03/31	6	76027
289026513	2011/08/25	2011/08/25	男	47	2014/03/31	22	63498

3．树形结构

树形结构中的数据元素之间存在一对多的层次关系，或是分支关系。一个节点可能包含子节点，也可能不包含。没有子节点的节点称为叶子节点。此外，树形结构有一个特殊的节点，称为根节点，它是整棵树的起点。从根节点出发，可以到达树中的任何其他节点，如图 1.3 所示。

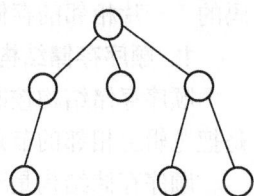

图 1.3　树形结构

在实际应用中，一所学校的组织架构类似于树形结构，如图 1.4 所示。树根为学校，学校的下一层对应各个学院，各学院下有各个系。因此，学校架构可被抽象成树形结构来进行数据管理。

4．图形结构

图形结构中的数据元素之间存在着多对多的网络关系，数据元素也称为顶点，顶点与顶点之间存在着复杂的网络关系，所以图形结构也称为网状结构，如图 1.5 所示。

航空公司的飞行线路图类似于上述结构，如图 1.6 所示。每一个城市都是一个数据元素，飞行线路是元素之间的关系，一个城市机场可与多个城市通过飞行线路相连，多个城市连接成网状。

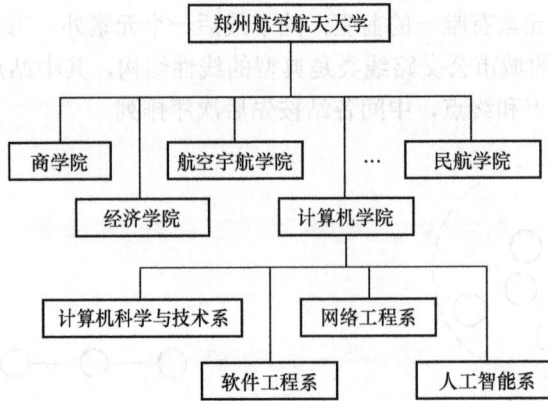

图 1.4　学校的树形架构

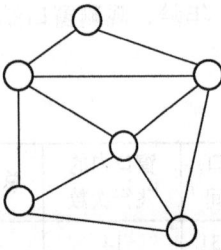

图 1.5　图形结构

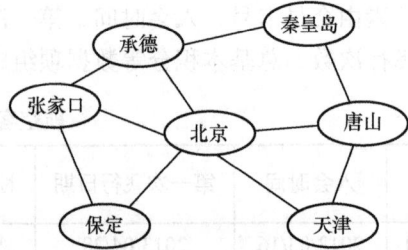

图 1.6　航空线路图

1.2.2　数据的物理结构

从逻辑关系上来观察数据，它与数据的存储无关，是独立于计算机的。数据的物理结构则是逻辑结构在计算机存储器里的实现，是依赖于计算机的。

计算机的存储器由有限个存储单元组成，每个存储单元有唯一的地址，各地址是连续编码的。一片相邻的存储单元的整体称为存储区域。通常数据的存储结构有以下四种类型。

1. 顺序存储结构

顺序存储结构按照给定数据元素的先后次序，逐一存放在连续的物理存储空间上。也就是把逻辑上相邻的节点存储在物理位置也相邻的存储单元中，如图 1.7 所示。

顺序存储结构是一种简单且易于实现的存储方式。因为在采用顺序存储结构存储数据元素时，只需要知道数据元素在物理存储空间的位置关系，就可以得到数据元素的逻辑关系。存储的过程中，不需要增加其他的存储单元来记录数据元素的逻辑关系。通常情况下，在高级程序设计语言中可以用数组来实现存储结构。当对数据元素进行访问时，可以通过数组下标直接访问相关数据元素，因此顺序存储结构是一种可以随机访问的存储方式。

图 1.7　顺序存储结构

顺序存储结构的缺点：一方面当处理数据量很大，即数据元素个数较多时，需要一大块连续的存储空间，有时计算机很难满足其要求；另一方面当数据元素需要进行插入和删除操作时，需要对其他的节点进行移动，这种操作会增加系统开销，增加算法的时间复杂度。

2．链式存储结构

在链式存储结构中，逻辑上相邻的数据元素可以存储在物理位置不相邻的存储单元上，如图1.8所示。也就是说不同的数据元素可以存储在连续的地址空间，也可以存储在不连续的地址空间。通常情况下，在高级程序设计语言中可以用指针类型来实现链式存储中对逻辑关系的描述。

链式存储结构中除了存储数据元素的这部分存储空间外，还有一部分存储空间用来存储数据元素之间的逻辑关系，即指针。由于逻辑关系相邻的元素物理位置不一定相邻，所以链式存储结构不能实现随机访问。链式存储结构的优点是容易修改，在插入、删除数据元素的操作时，只需要对相关指针进行修改，不需要像顺序存储结构一样对数据元素进行移动。

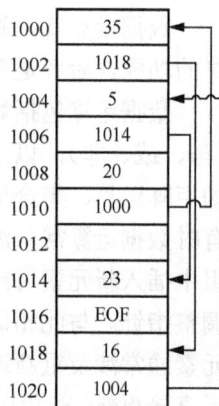

1000	35
1002	1018
1004	5
1006	1014
1008	20
1010	1000
1012	
1014	23
1016	EOF
1018	16
1020	1004

图1.8 链式存储结构

3．索引存储结构

索引存储结构通过索引表来确定数据元素的存储位置，如图1.9所示。索引表包括数据元素的关键字和存储地址，数据元素的关键字能够唯一标识数据元素，通过存储地址可以访问该存储地址上的数据元素。

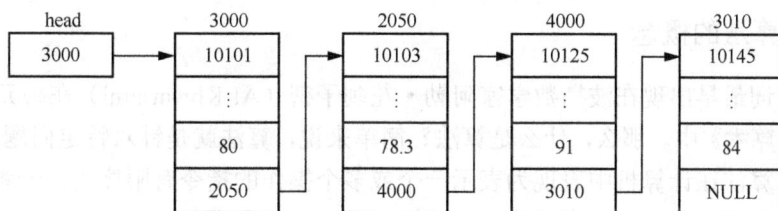

图1.9 索引存储结构

索引存储结构结合了顺序存储结构和链式存储结构的优点。不但能够实现对数据元素的随机访问，而且当需要对数据进行插入、删除等操作时，只需要修改和移动索引表中的相关节点的存储地址信息，不需要移动存储空间上的数据元素。索引存储结构可以分为两种：一种是稀疏索引，一组数据元素对应一个索引项；另一种是稠密索引，每一个数据元素都对应一个索引项。

4．散列存储结构

散列存储结构将数据元素的关键字通过哈希函数转换成其存储地址，这种结构也称为哈希存储结构。这种结构适用于高速检索，效率近似于随机存取。它的基本设计思想是以数据元素的关键字 K 为自变量，确定一个函数关系 f（称为散列函数），计算出对应的函数值 $f(K)$，将这个值解释为数据元素的存储地址，最后将数据元素存入 $f(K)$ 所指的存储位置。查找数据元素时，根据其关键字用同样的函数计算出存储地址即可。

1.2.3 数据的运算

数据和操纵数据的运算是研究数据结构不可分割的两个方面，所以我们在讨论数据结构时，不但要讨论数据的逻辑结构、存储结构，还要讨论在数据结构上执行的运算（operation）

以及实现这些运算的算法（algorithm）。

数据运算就是施加于数据的操作。数据运算包括运算的定义和运算的实现，前者确定运算的功能，后者是在存储结构上确定运算的算法。

数据运算包括算术运算（加、减、乘、除）、关系运算（大于、小于、等于）、逻辑运算（与、或、非），以及指数、对数、三角函数等更复杂的运算，还包括特定数据结构的运算，如矩阵运算、集合运算等。此外，在计算机科学中，数据运算还涉及位运算、移位运算等。有时数据运算常常涉及算法问题，常见的有插入、删除、更新、查找和排序等。例如，在数组中插入新元素可能需要移动其他元素以腾出空间；在链表中插入元素则相对简单，只需要调整指针。与此相似，在数组中删除元素可能需要移动其他元素以填补空缺；在链表中删除元素通常涉及重新连接指针。在数组或链表执行更新操作中，可以通过索引或遍历找到元素后直接更新。查找运算中的线性查找需遍历整个数据结构；二分查找则适用于已排序的数组，通过不断缩小查找范围来提高效率。

解决这些问题时，需要综合考虑数据结构的特性、算法的时间复杂度和空间复杂度，以及具体的应用场景和需求。通过优化算法和数据结构，可以显著提高程序的性能和效率。

1.3 算法基础

1.3.1 算法的概念

算法这个词最早出现在波斯数学家阿勒·花剌子密（Al-Khwarizmi）在公元825年所写的《印度数字算术》中。那么，什么是算法？简单来说，算法就是针对特定问题的解决思路、方法和步骤。算法在计算机中表现为表示一个或多个操作的指令有限序列，一种算法就是将输入转换为输出的一系列计算步骤。

1.3.2 算法的特性

算法必须满足有穷性、确定性、可行性、存在输入及存在输出等5个重要特性。

1. 有穷性

有穷性指算法在执行有限的步骤之后会自动结束，并且每一个步骤都在可接受的时间内完成。例如，C语言的一条语句 while(true){ }，该语句中循环条件为真，将一直执行循环体{ }。然而该循环体为空语句，如果没有 break 语句，语句将一直执行下去，这种情况称为死循环，在一般程序中是不允许出现的。但是，有穷性是个相对的概念，有时出现在网络服务器代码中是允许的，因为服务器通常需要处于连续工作当中。

2. 确定性

确定性指算法的每一步必须有确切的定义，无二义性。算法在每种情况下的操作都有明确的规则，这避免了因操作的歧义性而使得计算机程序无法执行。

3. 可行性

算法的每一步操作都是可行的，都能够通过基本运算执行有限次数完成。可行性意味着算法可以转换为计算机程序并得到正确的结果。不过，存在一些极其复杂的算法，理论上是可以实现的，但实际上受编程方法、工具等条件限制却不能实现。

4．输入

算法具有零个或多个取自特定数据对象集合的输入。有些算法看起来没有输入，但实际上已经有处理好的数据嵌入算法中或者已经存在于计算机中。

5．输出

一个算法具有零个或多个输出，这些输出与输入之间存在某种确定关系。输出是执行算法后，对数据进行加工处理得到的结果，这个结果可以是数据，也可以是操作过程执行结束后得到的对错/是否等信息。

算法与数据结构是相辅相成的。算法可以选择不同的数据结构，选择是否恰当直接影响算法效率的高低；数据结构的优劣由算法的执行来体现。

1.3.3　算法的评价

在算法设计中，针对同一个问题可以设计出多个不同的算法来解决它。如何评价这些算法并从中选择最优算法呢？

算法设计的要求通常包括以下5个方面。

（1）正确性。算法的正确性是指算法的输入/输出和加工处理无歧义，能够正确反映问题的需求，并且得到问题的正确答案。

算法的"正确性"大体分为4个层次：算法程序没有语法错误；合法的输入能够产生满足要求的结果；非法的输入数据能够得出满足规格说明的结果；对于特殊的输入数据也都有满足要求的结果。证明一个复杂算法在这4个层次上都是正确的，代价非常高。一般情况下，仅把第3层次作为一个算法是否"正确"的评判标准。

（2）可读性。算法的变量命名、格式符合行业规范，并在关键处给出注释，以提升算法的可理解性。

（3）稳健性。算法对于异常输入数据，或者出现错误操作后，能够给予错误提示信息，保证程序正常运行或者终止程序。

（4）时间高效性。时间效率指的是算法的执行时间，对于同一个问题可以有多个算法，执行时间短的算法效率高，执行时间长的效率低。这也就是算法的时间复杂度。

（5）低存储量。存储量通常包括算法在运行时所使用的变量、数据结构以及系统调用栈等所占用的内存空间。解决同一问题额外占用的临时存储空间越少，算法的空间效率就越高。算法存储量通常用空间复杂度来度量。

1.3.4　算法的复杂度

1．时间复杂度

事后统计法和事前分析估算法是衡量算法效率的两种方法。事后统计法需要先将算法实现，然后测算其时间和空间开销。这就要求：①必须把算法转换成可执行的程序；②测算结果依赖于计算机软硬件等环境因素，而这样做容易掩盖算法本身的优劣。因此，通常采用事前分析估算法，借助计算算法的渐进复杂度来衡量算法的效率。

同一个算法用不同的语言实现，或者用不同的编译程序进行编译，或者在不同的计算机上运行，执行的时间都可能不相同。一个算法的执行时间大致上等于它所有语句执行时间的总和，而语句的执行时间则为该条语句的重复执行次数和执行一次所需时间的乘积。

由于语句的执行时间受编译器、硬件环境等因素影响，所以计算语句的真实执行时间是不可取的。这时尝试可采用算法中语句的执行次数之和 $f(n)$ 来度量该算法的执行时间，即 $T(n) = f(n)$。

【例1-1】 求两个 n 阶矩阵相加的算法。

```
for (i=0; i<n; i++)                    // 语句频度为n+1
    for (j=0; j<n; j++)                // 语句频度为n*(n+1)
        c[i][j]=a[i][j]+b[i][j];       // 语句频度为n*n
```

该算法所有语句的频度之和 $f(n) = 2n^2 + 2n + 1$，是问题规模 n 的函数，且随着 n 的增大而增大。然而，对于上述较简单的算法，$f(n)$ 是相对比较复杂的。这给不同算法间时间效率的比较带来不便。从 $f(n)$ 的表达式可以看到，随着 n 的增加，$f(n)$ 的大小主要是由最高阶项决定，它正好对应了基本运算（加法或赋值）的执行次数；同时 $f(n)$ 中的最高阶也反映算法时间对问题规模的变化趋势（快慢）。所以，一般情况下并不用实际执行时间来衡量算法的效率，而是关注算法的时间开销对于问题规模变化的趋势。

设问题的规模为 n，即算法输入量的大小，算法的执行时间可用其基本操作的执行次数来度量。所谓的"基本操作"是指算法中执行次数最多的元操作，如加法、减法、乘法、除法、赋值、移位和逻辑运算等。为了进一步简单地反映算法时间的变化趋势，引入了渐进时间复杂性的理论。从数学意义上讲，算法时间的变化趋势集中体现 $f(n)$ 的阶。

对于 $T(N)$，如果存在 $\check{T}(N)$，使得当 $N \to \infty$ 时有：

$$\frac{T(N) - \check{T}(N)}{T(N)} \to 0$$

称 $\check{T}(N)$ 是 $T(N)$ 当 $N \to \infty$ 时的渐进复杂性。显然 $\check{T}(N)$ 不是唯一的。我们可以尽可能选择简单的 $\check{T}(N)$，然后使用 $\check{T}(N)$ 来替代 $T(N)$ 作为 $N \to \infty$ 的复杂性度量。例如：

$$T(n) = 3n^2 + 4n\log n + 7; \quad \check{T}(n) = 3n^2$$
$$T(n) = 4n\log n + 7n; \quad \check{T}(n) = 4n\log n$$

进一步地，基于"O"给出渐进时间复杂性的定义。若 $T(n)$ 和 $f(n)$ 是定义在正整数集上的两个函数，则 $T(n) = O(f(n))$ 表示存在正的常数 c 和 n_0，使得当 $n \geq n_0$ 时都有 $0 \leq T(n) \leq cf(n)$。该定义说明 $T(n)$ 的增长量阶不高于 $f(n)$ 的增长量阶，而大多数情况下取与 $f(n)$ 相同的增长量阶。$T(n) = O(f(n))$ 表示随问题规模 n 的增大，算法执行时间的增长量阶，称为算法的渐进时间复杂度，简称为时间复杂度。

【例1-2】 常量阶示例。

```
{a=a+i, i++;}
```

上面语句中，加法、赋值和自加操作均执行一次，相应的执行时间是一个与问题规模 n 无关的常数。因此，该算法的时间复杂度 $T(n) = O(1)$，称为常量阶。

【例1-3】 线性阶示例

```
temp=0;
for(i=0; i<n; i++)
    temp+=a[i];
```

上面的算法中，赋值和加法是基本操作，均执行 n 次。因此，该算法的时间复杂度

$T(n)=O(n)$，称为线性阶。

【例 1-4】 平均阶示例。

```
for(i=0;i<n-1;i++)
  for(j=i+1;j<n;j++)
    if (a[i]>a[j]) {
        temp=a[i];
        a[i]=a[j];
        a[j]=temp;
    }
```

上面算法中，$a[i]>a[j]$是基本操作，执行次数为：$\sum_{i=0}^{n-2}\sum_{j=i+1}^{n-1}1=\sum_{i=0}^{n-2}n-i-1=n(n-1)/2$，则该算法的时间复杂度为 $T(n)=O(n^2)$，称为平方阶。

对某些具体问题，相应算法的基本操作不仅仅与问题的规模有关，也依赖于其他因素，如下例所示。

【例 1-5】 在一维数组 a 中查找某个值等于 e 的元素，若存在则返回其所在位置。

```
for (i=0; i<n; i++)
  if (a[i]==e)  return i+1;
return 0;
```

容易发现，"a[i]==e"的执行次数不仅与问题规模 n 有关，而且与数组 a 中各元素的值及分布和元素 e 的值有关。假定数组 a 中存在等于 e 的值，则查找必定成功，同时 "a[i]==e" 的执行次数随着被查找到元素位置的不同而不同。最好的情况是 $a[1]$等于 e，此时仅需执行一次，即 $f(n)=1$；最坏的情况是 $a[n-1]$等于 e，此时需执行 n 次。然而，对于一个算法来讲，需要考虑所有可能出现的情况，以及每种情况出现的概率。通常情况下，被查找元素在数组各个位置上出现的概率均相同（$1/n$），此时取查找到每个位置上 "a[i]==e"执行次数的平均值，容易算出执行次数的平均值 $f(n)=n/2$。此例说明，算法的时间复杂度不仅问题的规模 n 有关，还可能与问题的其他因素有关，而这些因素影响着算法复杂度的试题。因此，有时人们会对算法有最好、最坏以及平均时间复杂度的评价。

算法在最好情况下的时间复杂度被称为最好时间复杂度，此时的计算量可能达到最小值。算法在最坏情况下的时间复杂度被称为最坏时间复杂度，这时的计算量可能达到最大值。算法的平均时间复杂度是指在考虑所有可能情况下，按照输入实例以等概率出现时算法计算量的加权平均值。

对于算法的时间复杂度，人们可能更关心其平均时间复杂度和最坏时间复杂度。在许多情况下，算法的平均时间复杂度很确定。在此背景下，人们在讨论算法时间复杂度时更多的是最坏时间复杂度，即最坏情况下，算法执行时间的上界。在本书后面讨论的时间复杂度，除非特别说明，均指最坏时间复杂度。

2．空间复杂度

一个算法在计算机存储器上所占的存储空间，包括存储算法本身所占用的存储空间、算法输入/输出数据所占用的存储空间，以及求解问题所需的辅助空间（也可以说是临时存储空间）。空间复杂度指的就是最后那部分临时存储空间，元素本身的大小不在空间复杂度的考虑范围之内。

3．时间复杂度与空间复杂度的关系

在实际算法中，时间效率和空间效率往往不可兼得。通常来说，一个算法如果在空间复杂度保持不变的情况下能够提高时间性能，该算法性能就得到了改进。随着硬件设备性能的提高及内存价格的降低，大多数情况下会牺牲空间来换取时间性能的提高。

1.4　如何学习和运用数据结构与算法

在学习数据结构与算法之前，需要先了解一下程序设计。程序设计是给出现实世界中解决特定问题程序的过程。一般来说，计算机解决具体问题的主要步骤如下。

① 现实世界中具体问题的抽象，即从具体问题抽象出一个合适的数学模型。

② 算法设计，即设计一个解决此数学模型的优秀算法。

③ 问题的解答，即程序的编写、测试以及调试。

其中，建立数学模型是一个从具体到抽象的过程，它一般包括两个步骤。

① 分析具体问题，选定操作对象。

② 发现对象间的关系，并用数学语言进行描述。

在处理实际问题之前，我们需要解决如下两个问题。

① 如何使用计算机能够理解的数据形式来描述现实世界的问题。例如，要设计一个购物平台，首先要解决的问题就是要设计一个合理的数据结构来存储每件商品的编号、名称、分类、价格等信息。

② 如何根据问题确定算法和实现程序开发。例如，一个购物平台需要对商品信息进行管理，需要解决数据的输入、删除、修改、插入、排序、查询等问题。采用合适的算法设计策略，如何设计出能解决问题的高效算法合理的算法。

学习数据结构，可以选择总结和概括的学习方法，内容脉络会非常清晰。数据结构内容可以大致概括为"三种数据结构+两种存储方法+三种重要算法"的一条学习线路——三种数据结构即线性结构、树结构、图结构，两种存储方法即顺序存储和链式存储，三种重要算法即查找、插入、删除。

学习算法设计，首先要掌握不同算法设计策略（分治算法、动态规划算法、贪心算法、回溯法和分支限界法）的基本思想和基本理论，然后总结出不同算法设计策略的异同和用之解决一些问题的基本步骤及主要思路。

1.5　习题

1. 填空题

（1）_____是数据的基本单位，在计算机程序中通常作为一个整体进行考虑和处理。

（2）_____指的是解决问题的有限运算序列。

（3）从逻辑关系上讲，数据结构主要分为_____、_____、_____和_____。

（4）数据的存储结构主要有_____和_____两种基本方法，不论哪种存储结构，都要存储两方面的内容：_____和_____。

（5）算法具有五个特性，分别是_____、_____、_____、_____、_____。

（6）算法的描述方法通常有_____、_____和_____、_____四种。

（7）在一般情况下，一个算法的时间复杂度是_____的函数。

（8）设待处理问题的规模为 n，若一个算法的时间复杂度为一个常数，则表示成数量级的形式为_____，若为 $n\log_2(5n)$，则表示成数量级的形式为_____。

（9）算法在发生非法操作时可以作出处理的特性称为_____。

（10）数据结构是一门研究非数值计算的程序设计问题中计算机的_____以及它们之间的_____和运算等的学科。

2．选择题

（1）顺序存储结构中数据元素之间的逻辑关系是由（ ）表示的，链接存储结构中的数据元素之间的逻辑关系是由（ ）表示的。

A．线性结构　　　　B．非线性结构　　　C．存储位置　　　　D．指针

（2）假设有如下遗产继承规则：丈夫和妻子可以相互继承遗产；子女可以继承父亲或母亲的遗产；子女间不能相互继承。则表示该遗产继承关系的最合适的数据结构应该是（ ）。

A．树　　　　　　　B．图　　　　　　　C．线性表　　　　　D．集合

（3）算法指的是（ ）。

A．对特定问题求解步骤的一种描述，是指令的有限序列

B．计算机程序

C．解决问题的计算方法

D．数据处理

（4）下面（ ）不是算法所必须具备的特性。

A．有穷性　　　　　B．确切性　　　　　C．高效性　　　　　D．可行性

（5）算法分析的目的是（ ），算法分析的两个主要方面是（ ）。

A．找出数据结构的合理性　　　　　　　B．研究算法中输入和输出的关系

C．分析算法的效率以求改进　　　　　　D．分析算法的易读性和稳当性

E．空间性能和时间性能　　　　　　　　F．正确性和简明性

G．可读性和文档性　　　　　　　　　　H．数据复杂性和程序复杂性

（6）从逻辑上可以把数据结构分为（ ）两大类。

A．动态结构、静态结构　　　　　　　　B．顺序结构、链式结构

C．线性结构、非线性结构　　　　　　　D．初等结构、构造型结构

（7）在下面的程序段中，对 x 的赋值语句的频度为（ ）。

```
for(k=1;k<=n;k++)
    for(j=1;j<=n;j++)
        x=x+1;
```

A．$O(2n)$　　　　　B．$O(n)$　　　　　C．$O(n^2)$　　　　　D．$O(\log_2 n)$

（8）每个节点有且仅有一个直接前趋和多个（或无）直接后继（第一个节点除外）的数据结构称为（ ）。

A．树形结构　　　　B．图形结构　　　　C．线性结构　　　　D．集合

（9）数据的（ ）包括查找、插入、删除、更新、排序等操作类型。

A．存储结构　　　　B．逻辑结构　　　　C．基本操作　　　　D．算法描述

（10）在发生非法操作时，算法能够进行适当处理的特性称为（ ）。

A．正确性　　　　　B．健壮性　　　　　C．可读性　　　　　D．可移植性

3．判断题

（1）算法的时间复杂度都要通过算法中的基本语句的执行次数来确定。　　　　（　　）

（2）每种数据结构都具备三个基本操作：插入、删除和查找。　　　　　　　　（　　）

（3）所谓数据的逻辑结构指的是数据之间的逻辑关系。　　　　　　　　　　　（　　）

（4）逻辑结构与数据元素本身的内容和形式无关。　　　　　　　　　　　　　（　　）

（5）基于某种逻辑结构之上的基本操作，其实现是唯一的。　　　　　　　　　（　　）

（6）数据的逻辑结构是指数据的各数据项之间的逻辑关系。　　　　　　　　　（　　）

（7）顺序存储方式的优点是存储密度大，且插入、删除运算效率高。　　　　　（　　）

（8）数据的逻辑结构说明数据元素之间的次序关系，它依赖于数据的存储结构。（　　）

（9）算法的高效性指算法要达到所需要的时间性能。　　　　　　　　　　　　（　　）

（10）算法必须有输出，但可以没有输入。　　　　　　　　　　　　　　　　　（　　）

4．计算下题中的时间复杂度

```
（1）i=1;k=0
    while (i < n - 1)
    {
        k=k+10*i;
        i++;
    }
（2）i=1;k=0;
    do
    {
        k=k+10*i;
        i++;
    }while(i <= n)
（3）i=1;j=0;
     while((i + j) <= n)
     if(i >j)   j++;
     else       i++;
（4）y=0;
    while((y + 1)*(y + 1) <=n)
        y=y+1;
（5）for(i=1;i<=n;i++)
        for(j = 1;j <= i; j ++)
           for(k= 1; k<=j; k++)
             x++;
```

5．简答题

（1）简述下列概念：数据、数据元素、数据类型、数据结构、逻辑结构、存储结构。

（2）常见的逻辑结构有哪几种，各自的特点是什么？常用的存储结构有哪几种，各自的特点是什么？

（3）简述算法和程序的区别。

6．操作题

（1）设计一个算法，求一维数组 float a[n]中的所有元素之和，写出相应 C 程序。

（2）设计一个算法，依次输入三个数 x、y 和 z，然后对其进行排序，并按从大到小的顺序输出。

第 1 篇 线性结构

第2章
线性表

线性表是一种典型的线性结构，第 2 章至第 5 章描述的数据结构均是线性结构。线性结构包括线性表、栈、队列、串、数组和广义表等，线性结构中的元素之间存在一对一关系。

线性表是一种比较基础且重要的线性结构，本章首先介绍线性表的概念和特点，接下来根据不同的存储方式，分别讲解顺序表和链表，包括插入、删除、查找、修改、访问等操作，最后通过实例讲解线性表的一些典型应用。

2.1 实例引入

线性表有一些应用实例，包括一元多项式的运算、著名的约瑟夫环问题、有序线性表的合并、各种简单的管理系统等。

2.1.1 合并两个有序线性表

已知两个集合 A 和 B，使用两个线性表 LA 和 LB（顺序表或链表）存储其数据元素，表内的数据是有序的，升序或降序均可，将这两个有序线性表合并为一个新的有序线性表 LC。此应用类似于集合中的并集运算。

2.1.2 一元多项式的运算

一元多项式 $P = p_0 + p_1x + p_2x^2 + ... + p_nx^n$ 的运算是一种常见的数学运算，一元多项式可以使用线性表表示，每一项为线性表中的一个元素，各项之间的关系为线性的，以实现相关的运算。

一元多项式可实现以下运算：①创建一元多项式；②输出一元多项式；③两个一元多项式相加；④两个一元多项式相减；⑤两个一元多项式相乘；⑥一元多项式求导；⑦一元多项式求值。

2.1.3 约瑟夫环问题

约瑟夫环问题是由古罗马的史学家约瑟夫（Josephus）提出的。问题描述：编号为 1,2,...,n 的 n 个人按顺时针方向围坐在一张圆桌周围，每人持有一个密码（正整数）。开始任选一个正整数作为报数上限值 m，从第一个人开始按顺时针方向自 1 开始报数，报到 m 时停止报数，报 m 的那个人出列，将他的密码作为新的 m 值，从他顺时针方向的下一个人开始重新从 1 报数，数到 m 的那个人又出列；如此下去，直至圆桌周围的人全部出列为止。约瑟夫环使用线性表表示，每一个人的信息为线性表中的一个元素，各个人之间的关系为线性的。

2.1.4 简单的管理系统

以超市商品管理系统为例，在系统中包括若干个表格，如用户表、商品信息表、库存表、已售商品表、供应商表等，每一个表格均有增、删、改、查等 4 种基本操作，可以将每一个二维表以线性表的方式表示，二维表中的每一条记录可看作线性表中的一个元素，记录之间的关系是线性的。

2.2 线性表的概念与基本操作

2.2.1 线性表的概念

线性表（Linear_List）是一种基础且重要的线性结构，在现实世界中有许多线性结构。例如，向量$(x_1,x_2,...,x_n)$是一个长度为 n 的线性表；英文小写字母表(a,b,c,...,z)是一个长度为 26 的线性表；一年中的四个季节(春,夏,秋,冬)是一个长度为 4 的线性表；矩阵（或二维表）是一个比较复杂的线性表。

线性表是由 n（$n \geq 0$）个数据元素 $a_1,a_2,...,a_n$ 组成的一个有限序列，n 为元素总个数，即表长，$n=0$ 时称为空表。即线性表或是一个空表 L = ( )，或可以表示为 L = $(a_1,a_2,...,a_{i-1},a_i,a_{i+1},...,a_n)$，其中 a_i（$i=1,2,...,n$）是属于数据对象的元素，通常也称其为线性表中的一个节点；i 为数据元素 a_i 在线性表中的位序。

线性表中的每一个数据元素，除了第一个数据元素外，有且仅有一个直接前驱，除了最后一个数据元素外，有且仅有一个直接后继。因此，线性表元素之间是一对一的关系。

2.2.2 线性表的基本操作

线性表的基本操作包括初始化、插入元素、删除元素、访问元素等操作，是线性表应用实例的基础操作，并且可以进一步进行扩展。以下是线性表的抽象数据类型及线性表的基本操作。

```
ADT List{
数据对象：D={a_i|a_i    ElemSet, i=1, 2, ..., n, n>=0}
数据关系：R={<a_{i-1}, a_i>|a_{i-1} ,a_i    D, i=2, ..., n}
基本操作如下。
（1）InitList(&L)：初始化线性表，构造一个空表 L，长度为 0。
（2）DestroyList(&L)：销毁线性表 L。
（3）ClearList(&L)：置空表，即将线性表 L 还原为最初的空表。
（4）ListEmpty(L)：判断线性表 L 是否空表，若为空表返回值为 True，否则为 False。
（5）ListLength(L)：求线性表 L 的表长。
（6）GetElement(L, i, &e)：获取线性表 L 中的某个表元素，通过形参 e 返回。
（7）LocateElement(L, e)：查找线性表 L 中的某个元素 e 是否存在，若存在则返回该元素在线性表中的位序，否则返回 0。
（8）ModifyElement(L, e, t)：将线性表 L 中的某个元素 e 修改为元素 t，若修改成功则返回 1。
```

（9）PriorElement(L, cur_e, &pre_e)：求线性表 L 中当前元素 cur_e 的直接前驱元素 pre_e，并返回。

（10）NextElement(L, cur_e, &next_e)：求线性表 L 中当前元素 cur_e 的直接后继元素 next_e，并返回。

（11）ListInsert(&L, i, e)：在线性表 L 的指定位置 i 插入一个新元素 e。

（12）ListDelete(&L, i, &e)：在线性表 L 的指定位置 i 删除元素 e，并返回。

（13）ListTraverse(L)：访问线性表 L。

}ADT List

2.3 线性表的顺序存储及运算

2.3.1 顺序表

线性表的顺序表示是指用一组地址连续的存储单元依次存储线性表的数据元素，即逻辑上相邻的数据元素，其物理地址也相邻，可实现数据元素的随机存取。

以顺序存储方式表示的线性表简称为顺序表。已知顺序表 $L=(a_1,a_2,\ldots,a_{i-1},a_i,a_{i+1},\ldots,a_n)$，若第一个数据元素在内存的存储地址为 $Loc(a_1)$，且每个数据元素占 1 字节，则第 i 个数据元素在内存的存储地址为 $Loc(a_1)+(i-1)\times1$，如图 2.1 所示。

顺序表在使用 C 语言或 C++ 实现相关操作时，根据实现方式不同，可进一步细分为静态顺序表和动态顺序表。其中静态顺序表使用"一维数组"实现，而动态顺序表使用"指针 + 一维数组"实现。

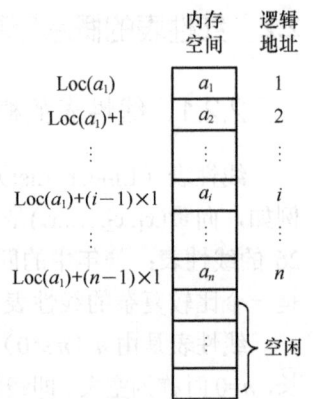

图 2.1　线性表的顺序存储

静态顺序表的结构体类型如下所示。

```
#define LIST_INIT_SIZE 100
struct StaticList               //静态顺序表（数组）
{
    int elem[LIST_INIT_SIZE];   //线性表数据元素
    int length;                 //线性表的实际表长
    int listsize;               //线性表分配大小(最大长度)
};
```

动态顺序表的结构体类型如下所示。

```
typedef int ElemType;           //为数据类型 int 起一个别名 ElemType
typedef struct                  //动态顺序表（指针+数组）
{
    ElemType *elem;             //动态分配存储空间基址
    int length;                 //顺序表当前长度，即已存入的元素个数
    int listSize;              //当前存储空间容量
}SqList;
```

2.3.2 顺序表的基本运算

以下以动态顺序表为例，进行动态顺序表的基本操作介绍。

动态顺序表的基本运算包括初始化顺序表、插入元素、删除元素、查询元素、修改元素、访问顺序表、合并有序顺序表等。

1. 初始化动态顺序表

根据动态顺序表的结构体类型进行初始化操作，将结构体类型的三个成员分别进行初始化，即完成了动态顺序表的初始化，形成一个空表。

动态顺序表的初始化算法如下所示。

```
int InitList_Sq(SqList &L)
{//初始化，构造一个空的线性表
    L.elem=new ElemType[LIST_INIT_SIZE];    //申请空间
    if(L.elem==0)                            //申请空间失败(空地址可用 0 或 NULL 表示)
    {
        printf(" failure! \n ");
        return 0;
    }
    else                                     //申请空间成功
    {
        L.length=0;
        L.listSize=LIST_INIT_SIZE;
        return 1;
    }
}
```

2. 遍历访问动态顺序表

遍历访问动态顺序表的操作，即输出动态顺序表的各个数据元素，既可以按照正序方式输出，也可以按照逆序方式输出。

遍历访问动态顺序表的算法如下所示。

```
void printSq(SqList L)
{//遍历访问动态顺序表 (正序)
    ElemType *p;                //定义指针变量 p
    for(p=&(L.elem[0]);p<=&(L.elem[L.length-1]);p++)
    {
        cout<<*p<<"  ";   //输出各个数据元素
    }
    cout<<endl;
}
```

3. 动态顺序表插入数据元素

在顺序表中插入一个数据元素的步骤如下。

- 若在第 i（$1 \leqslant i \leqslant n+1$，表长为 n）个数据元素之前插入一个数据元素，需从第 n 个数据元素（最后一个数据元素）至第 i 个数据元素（共 $n-i+1$ 个数据元素），依次后移一个位置；
- 第 i 个位置被空出，插入新数据元素；
- 线性表长度增加 1。

（1）在表尾插入数据元素，不产生数据元素的移动。

在顺序表表尾插入数据元素的算法如下。

```
int ListEndInsert_Sq(SqList &L, ElemType e)
{//在顺序表的表尾插入数据元素 e
    if(L.length==L.listsize)        //异常处理，溢出
```

```
    {
        printf(" overflow!\n ");
        return 0;
    }
    *(L.elem+L.length)=e;        //在表尾插入数据元素 e
    L.length++;                  //表长递增 1
    return 1;
}
```

（2）在表头插入数据元素，将产生数据元素的移动。

在顺序表表头插入数据元素的算法如下。

```
int ListStartInsert_Sq(SqList &L, ElemType e)
{//在顺序表的表头插入数据元素 e
    ElemType *p, *q;             //定义指针变量 p 和 q
    if(L.length==L.listsize)     //异常处理，顺序表溢出
    {
        printf(" overflow!\n ");
        return 0;
    }
    /*在表头插入新的数据元素*/
    q=&(L.elem[0]);
    for(p=&(L.elem[L.length-1]); p>=q; p--)
    {
        *(p+1)=*p;               //向后移动数据元素
    }
    *q=e;                        //在表头插入数据元素 e
    L.length++;                  //表长递增 1
    return 1;
}
```

（3）在表中插入数据元素，一般是指在表中第 i 个数据元素位置（或下标为 i 的位置）插入数据元素，也将会产生数据元素的移动。

在顺序表表中插入数据元素的算法如下。

```
int ListMidInsert_Sq(SqList &L, int i, ElemType e)
{//在顺序表的表中插入数据元素 e
    ElemType *p,*q;              //定义指针变量 p 和 q
    if(L.length==L.listsize)     //异常处理，空间不足
    {
        printf(" overflow!\n ");
        return -1;
    }
    if (i<=0 || i>L.length+1)    //异常处理，插入位置不合法
    {
        printf(" position error!\n ");
        return 0;
    }
    /*在第 i 个位置插入新的数据元素*/
    q=&(L.elem[i-1]);            //取第 i 个元素的地址
    for(p=&(L.elem[L.length-1]); p>=q; --p)
    {
        *(p+1)=*p;               //向后移动数据元素
    }
```

```
    *q=e;                    //插入数据元素 e
    L.length++;              //表长递增 1
    return 1;
}
```

4. 动态顺序表删除数据元素

在顺序表中删除一个数据元素的步骤如下。

- 若要删除第 i（$1 \leqslant i \leqslant n$，表长为 n）个数据元素，需从第 $i+1$ 个数据元素开始，直至第 n 个数据元素（共 $n-i$ 个元素），依次前移一个位置；
- 线性表长度减少 1。

（1）在表尾删除数据元素，不产生数据元素的移动。

在顺序表表尾删除数据元素的算法如下。

```
int DelEndList_Sq(SqList &L)
{//删除表尾数据元素
    if(L.length==0)      //异常处理，空表
    {
        printf(" UNDERFLOW!\n ");
        return -1;
    else
    {
        L.length--;      //表长递减 1
        return 1;
    }
}
```

（2）在表头删除数据元素，将产生数据元素的移动。

在顺序表表头删除数据元素的算法如下。

```
int DelHeadList_Sq(SqList &L)
{//删除表头数据元素
    ElemType *p;
    if (L.length==0)            //异常处理，空表
    {
        printf(" UNDERFLOW!\n ");
        return -1;
    }
    else                        //删除表头元素
    {
        for(p=&(L.elem[1]);p<=&(L.elem[L.length-1]);p++)
            *(p-1)=*p;          //向前移动数据元素
        L.length--;             //表长递减 1
        return 1;
    }
}
```

（3）在表中删除数据元素，一般是指在表中第 i 个数据元素位置（或下标为 i 的位置）删除数据元素，也将会产生数据元素的移动。

在顺序表表中删除数据元素的算法如下。

```
int DelMidList_Sq(SqList &L, int i)
{//删除第 i 个数据元素
```

```
    ElemType *p;
    if (L.length==0)                  //异常处理，空表
    {
        printf(" UNDERFLOW!\n ");     //溢出
        return -1;
    }
    else if (i<=0 || i>L.length)      //异常处理，删除位置不合法
    {
        printf(" position error!\n ");
        return 0;
    }
    else                              //删除第 i 个数据元素
    {
        for (p=&(L.elem[i]);p<=&(L.elem[L.length-1]);p++)
            *(p-1)=*p;                //向前移动数据元素
        L.length--;                   //表长递减 1
        return 1;
    }
}
```

5. 动态顺序表查找数据元素

按照从前到后的顺序或者从后到前的顺序查找某个数据元素是否在顺序表中存在，如果存在返回其对应的位置 $i+1$（i 为元素下标），否则返回 0。

在动态顺序表中查找数据元素的算法如下。

```
int FindList_Sq(SqList L, ElemType e)
{//在顺序表 L 中查找数据元素 e 是否存在
    int i=0;
    ElemType *p;
    for (p=&(L.elem[0]);p<=&(L.elem[L.length-1]);p++)
    {
        if(*p==e)      //找到了
            return (i+1);
        i++;           //继续查找
    }
    return 0;          //未找到
}
```

6. 动态顺序表修改数据元素

首先在顺序表中查找待修改数据元素是否在该表中存在，如果存在则进行修改并返回 1，否则不进行修改并返回 0。

在动态顺序表中查找数据元素的算法如下。

```
int ModifyList_Sq(SqList L, ElemType orig, ElemType targ)
{//在顺序表 L 中修改数据元素
    int i=0;
    ElemType *p;
    for (p=&(L.elem[0]); p<=&(L.elem[L.length-1]); p++)
    {
        if(*p==orig)          //找到了，进行修改
        {
            *p=targ;
```

```
                return 1;       //修改成功
        }
        i++;                    //继续查找
    }
    return 0;                   //修改失败
}
```

7. 合并有序动态顺序表

两个有序顺序表的合并与两个一元多项式的运算有相似之处，类似于集合的合并运算。在合并时，进行两个有序顺序表对应元素的比较，按照相应的规则进行合并运算。

已知两个动态顺序表 LA、LB，表中的数据元素按值非递减有序（升序）排列，现要求将 LA 和 LB 合并为一个新的动态顺序表 LC，且 LC 中的数据元素仍按值非递减有序（升序）排列，如图 2.2 所示。要求 LA、LB 和 LC 中的数据元素不能重复出现。

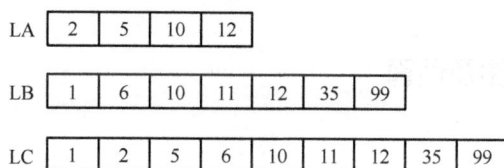

LA | 2 | 5 | 10 | 12 |

LB | 1 | 6 | 10 | 11 | 12 | 35 | 99 |

LC | 1 | 2 | 5 | 6 | 10 | 11 | 12 | 35 | 99 |

图 2.2 合并两个有序顺序表

合并有序动态顺序表的算法如下。

```
void MergeList_Sq(SqList LA, SqList LB, SqList &LC)
{//合并有序动态顺序表，将 LA、LB 合并为 LC
    int i,j,k;      //i、j、k 分别指向顺序表 LA、LB、LC 的数据元素
    i=j=k=0;
    /*初始化线性表 LC*/
    LC.length=LA.length+LB.length;
    LC.listSize=LA.listSize+LB.listSize;
    LC.elem=new ElemType[LC.listSize];
    /*LA 和 LB 的初次合并*/
    while(i<=LA.length-1 && j<=LB.length-1)
    {//当 LA、LB 同时不为空时，进行以下操作
        ElemType pa=LA.elem[i];     //取 LA 的第 i+1 个元素
        ElemType pb=LB.elem[j];     //取 LB 的第 j+1 个元素
        if (pa<pb)                  //如果 pa<pb，取 LA 中的数据元素
        {
            LC.elem[k]=pa;          //将 pa 插入 LC 的尾部
            k++;i++;                //LC、LA 的下标同时后移
        }
        else if (pa>pb)             //如果 pa>pb，取 LB 中的数据元素
        {
            LC.elem[k]=pb;          //将 pb 插入 LC 的尾部
            k++;j++;                //LC、LB 的下标同时后移
        }
        else                        //如果 pa=pb，重复的数据元素只取其一
        {
            LC.elem[k]=pa;          //将 pa 插入 LC 的尾部
            k++;i++;j++;            //LC、LA 和 LB 的下标同时后移
        }
    }
```

```
        /*将 LA 中剩余数据元素合并到 LC 的尾部*/
        while(i<=LA.length-1)
        {//如果 LA 中还有元素，则所有元素全部插入 LC 尾部
            ElemType pa=LA.elem[i];
            LC.elem[k]=pa;
            k++;i++;
        }
        /*将 LB 中剩余数据元素合并到 LC 的尾部*/
        while(j<=LB.length-1)
        {//如果 LB 中还有元素，则所有元素全部插入 LC 尾部
            ElemType pb=LB.elem[j];
            LC.elem[k]=pb;
            k++;j++;
        }
}
```

2.4　线性表的链式存储及运算

2.4.1　单链表

线性表的链式存储是指逻辑关系上相邻的两个数据元素，在物理存储上可以不相邻。可以用一组地址任意的存储单元存放线性表中的数据元素，以节点的形式表示线性表中的数据元素。

每一个节点对应于线性表中的一个数据元素，节点由数据域和指针域组成，如图 2.3 所示。数据域可存储数据元素本身的信息，指针域存放地址，即该数据元素的直接前驱元素或直接后继元素在内存的存储地址。通过指针域可体现线性表中数据元素之间的逻辑次序关系。

数据域	指针域

图 2.3　链表的节点组成

n 个节点链接成一个链表，即为线性表的链式存储结构。若该链表的每一个节点中只包含一个指针域，则该链表又称为线性链表或单链表。如图 2.4 所示。

(a) 空的单链表

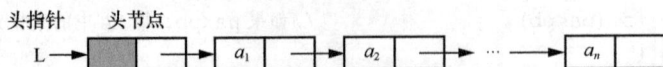

(b) 带头节点的单链表

图 2.4　单链表示意图

为了便于编写算法，通常在单链表第一个数据元素节点前附设一个节点，称为头节点。头节点的数据域空闲或者存放附加信息（例如表长），头指针指向头节点。整个链表通过头指针唯一标识，链表是一种顺序存取的结构。

链表中数据元素的存取需从头指针开始进行，依次顺着每个节点的指针域找到线性表的各个元素。因此链表是非随机存取的存储结构，只能实现数据元素的顺序存取。

已知线性表 L=(ZHAO, QIAN, SUN, LI, ZHOU, WU, ZHENG, WANG)，在内存的存储方式如图 2.5 所示。每一个数据元素节点的指针域放置其直接后继数据元素节点在内存的存储地

址，最后一个数据元素节点的指针域为空地址 NULL。

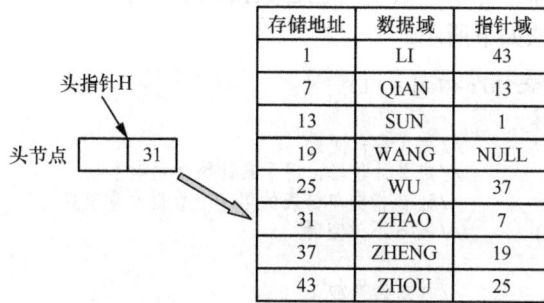

存储地址	数据域	指针域
1	LI	43
7	QIAN	13
13	SUN	1
19	WANG	NULL
25	WU	37
31	ZHAO	7
37	ZHENG	19
43	ZHOU	25

头指针H

头节点　31

图 2.5　单链表存储示意图

　　单链表的基本运算包括初始化单链表、在单链表中插入数据元素、删除单链表中的数据元素、查询单链表中的数据元素、修改单链表中的数据元素、访问单链表中的数据元素、求单链表的长度、有序单链表的合并等。

　　单链表的结构体类型如下所示。

```
typedef int ElemType;
struct LinkNode
{//单链表的结构体类型
    ElemType data;      //数据域
    LinkNode *next;     //指针域
};
```

1. 初始化单链表

初始化单链表，即创建一个空的单链表，头指针指向头节点。

单链表的初始化算法如下所示。

```
LinkNode *H;           //定义单链表指针H,指向头节点
H=new LinkNode;        //申请一个节点的存储空间
H->data=-1;            //为头节点的数据域赋值
H->next=0;             //为头节点的指针域赋值
```

2. 遍历访问单链表

依据头指针，按照正序的方式依次访问各个数据元素节点的数据域。

遍历访问单链表的算法如下所示。

```
void print(LinkNode *L)
{//将单链表 L 中的数据元素依次输出,其中 L 指向头节点
    LinkNode *p;               //定义指针变量p
    p=L->next;                 //让p指向单链表L的第一个数据元素
    while(p!=0)                //当p不为空时
    {
        cout<<p->data<<"  ";   //输出数据元素值
        p=p->next;             //指针后移,指向下一个节点
    }
    cout<<endl;                //输出一个换行符
}
```

3．求单链表的表长

求单链表的表长，即计算单链表中所包含数据元素的个数。

求单链表表长的算法如下所示。

```
int Length_LinkList(LinkNode *L)
{//返回单链表 L 的长度
        LinkNode *p;          //定义指针变量
        int len=0;            //定义计数器，用于累计数据元素个数
        p=L->next;            //让 p 指向单链表的第一个数据元素节点
        while (p!=0)          //当 p 不为空时
        {
                len++;         //计数器累加 1
                p=p->next;    //p 指针后移，即指向单链表当前节点的后继节点
        }
        return len;            //返回单链表 L 的长度
}
```

4．单链表插入数据元素

在单链表中插入一个新元素节点，其示意图如图 2.6 所示。需要两个指针变量，分别指向新的数据元素节点和待插入位置的前一个节点，修改节点的指针域，即可将新节点链入单链表中。

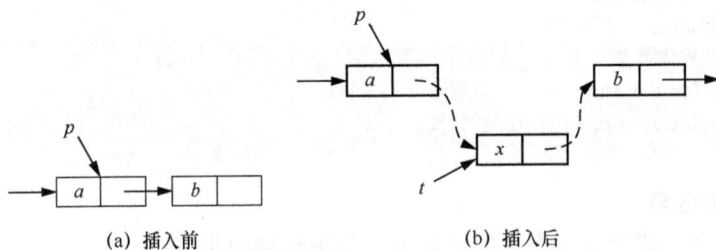

(a) 插入前　　　　　　　　　　(b) 插入后

图 2.6　单链表插入节点示意图

（1）在单链表的表头插入新元素，不产生数据元素的移动。这是一种按照逆序方式创建单链表的方法。

在单链表表头插入新元素节点的算法如下。

```
void Insert_head(LinkNode *&H, ElemType x)
{//在以 H 为头节点的单链表头节点后面插入一个数据元素节点 x
        LinkNode *t;          //定义指针
        t=new LinkNode;       //申请新节点空间
        t->data=x;            //向新节点的数据域中写入数据 x
        t->next=0;            //将新节点的指针域置空
        t->next=H->next;      //将单链表的第一个元素节点地址写入新节点中
        H->next=t;            //使头节点的 next 指针指向新节点
}
```

（2）在单链表的表尾插入新元素，不产生数据元素的移动。这是一种按照正序方式创建单链表的方法。

在单链表表尾插入新元素节点的算法如下。

```
void Insert_tail(LinkNode *&H, ElemType x)
{//在以 H 为头节点的单链表尾部插入一个数据元素节点 x
        LinkNode *t, *p;  //定义指针
```

```
t=new LinkNode;        //申请新节点空间
t->data=x;             //向新节点的数据域写入数据 x
t->next=0;             //向新节点的指针域写入空地址
p=H;                   //p 指向单链表的头节点
while(p->next!=0)
{
        p=p->next;     //指针后移,指向下一个元素节点
}       //循环结束时,p 指向最后一个元素节点
p->next=t;             //将尾节点的 next 指针指向新节点
}
```

（3）在单链表的表中插入新元素，一般是指在表中第 i 个数据元素位置插入新元素，不产生数据元素的移动。其操作步骤如下。

- 判断位置 i 的合法性，i 的合法取值范围：$i \geq 1$ && $i \leq$ 表长+1；
- 若 i 合法，则建立新节点，指针 t 指向新节点，否则结束算法；
- 构造另一个指针变量 p，指向第 $i-1$ 个元素节点；
- 修改指针 t 和 p，将新节点插入到链表的第 i 个位置。

在单链表表中插入新元素节点的算法如下。

```
int ListInsert_LinkList(LinkNode *&L, int i, ElemType x)
{//在单链表 L 的第 i 个位置插入新元素节点 x
    if(i<1 || i>Length_LinkList(L)+1)    //如果插入位置不合法
    {
            printf("position error!\n");
            return 0;
    }
    LinkNode *t,*p;                      //定义指针变量 t 和 p
    t=new LinkNode;                      //申请新节点空间
    t->data=x;                           //向新节点中写入数据 x
    t->next=0;                           //将新节点的数据域置空
    p=L;                                 //指针 p 指向单链表的头节点
    for(int j=1;j<=i-1;j++)              //将 p 指向第 i-1 个元素节点
            p=p->next;                   //指针后移一个节点
    //将新节点插入单链表
    t->next=p->next;
    p->next=t;
    return 1;
}
```

5. 单链表删除数据元素

在单链表（非空）中删除一个元素节点，与单链表的插入操作相似，同样需要两个指针变量，分别指向被删除数据元素节点和其前一个节点，修改节点的指针域，即可删除指定的元素节点，其示意图如图 2.7 所示。

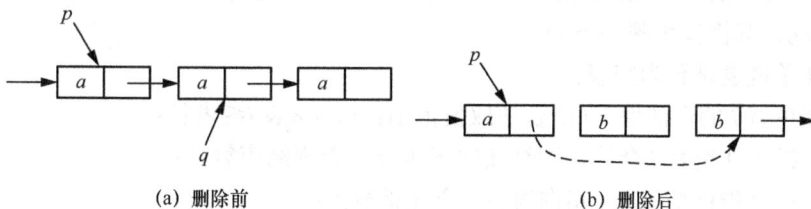

(a) 删除前   (b) 删除后

图 2.7 单链表删除节点示意图

（1）删除单链表的第一个元素节点，不产生数据元素的移动。

删除单链表第一个元素节点的算法如下。

```
int Delete_head(LinkNode *&H)
{//删除单链表中的第一个数据元素节点
    if(H->next!=0)              //当单链表不空时
    {
        LinkNode *q;            //定义一个指针变量q
        q=H->next;              //q指向第一个数据元素节点
        H->next=q->next;        //修改头节点H的指针域
        delete q;               //删除第一个数据元素节点，释放其空间
        return 1;
    }
    else                        //单链表为空，无法删除
    {
        printf("empty linklist, not deleting!");
        return 0;
    }
}
```

（2）删除单链表的最后一个元素节点，不产生数据元素的移动。

删除单链表最后一个元素节点的算法如下。

```
int Delete_tail(LinkNode *&H)
{//删除单链表中的最后一个数据元素节点
    if(H->next!=0)              //当单链表不空时
    {
        LinkNode *p,*q;         //定义指针变量
        p=H;
        /*移动指针p，使其指向待删除节点的前一节点*/
        for(int i=1;i<=Length_LinkList(H)-1;i++)
            p=p->next;          //指针p后移
        q=p->next;              //使指针q指向尾节点（被删除节点）
        p->next=0;              //形成新的尾节点
        delete q;               //删除原始尾节点，释放其空间
        return 1;
    }
    else                        //单链表为空，无法删除
    {
        printf("empty linklist, not delete!");
        return 0;
    }
}
```

（3）在单链表的表中删除元素节点，一般是指删除表中第 i 个数据元素节点，不产生数据元素的移动。其操作步骤如下。

- 判断单链表是否为空表；
- 判断位置 i 的合法性，i 的合法取值范围：$i \geq 1$ && $i \leq$ 表长；
- 若单链表非空且 i 合法，则继续向下执行，否则结束算法；
- 构造一个指针变量 p，指向第 i-1 个元素节点；
- 构造另一个指针变量 q，指向第 i 个元素节点；

- 修改指针 p，删除单链表的第 i 个数据元素节点，并释放其空间。

在单链表表中删除第 i 个数据元素节点的算法如下。

```
int ListDelete_LinkList(LinkNode *&L, int i)
{//删除单链表 L 的第 i 个数据元素节点
    if(L->next==0)                     //如果单链表为空表
    {
        printf("empty link_list! not delete!\n");
        return -1;
    }
    if(i<1 || i>Length_LinkList(L))    //如果删除位置不合法
    {
        printf("position error!\n");
        return 0;
    }
    LinkNode *p,*q;                    //定义指针变量
    p=L;
    for(int j=1;j<=i-1;j++)            //p 指向第 i-1 个元素节点
        p=p->next;
    q=p->next;                         //p 指向第 i-1 个节点，q 指向第 i 个元素节点
    p->next=q->next;                   //删除第 i 个元素节点
    delete q;                          //释放第 i 个元素节点所占空间
    return 1;
}
```

6. 合并有序单链表

合并两个有序单链表与合并两个有序顺序表的算法思想基本一致，合并后的单链表 LC 各个节点不再重新创建，取自原有的两个单链表 LA 和 LB。要求各个有序单链表中的数据元素不能重复出现。

合并两个有序单链表的算法如下。

```
void Merge_LinkList(LinkNode *&LA, LinkNode *&LB, LinkNode *&LC)
{//两个有序（升序）单链表的合并
    LinkNode *pa,*pb,*pc;
    /*初始化单链表 LC*/
    LC=new LinkNode;
    LC->next=0;
    pa=LA->next;
    pb=LB->next;
    pc=LC;
    delete LA;                         //释放 LA 头节点
    delete LB;                         //释放 LB 头节点
    while(pa!=0 && pb!=0)              //当 LA 和 LB 同时还有元素时
    {
        if(pa->data<pb->data)         //当 LA 的当前元素小于 LB 时
        {//将 LA 的对应元素节点链接到 LC 的尾部
            pc->next=pa;
            pa=pa->next;
            pc=pc->next;
        }
```

```
        else if(pa->data>pb->data)  //当 LB 的当前元素小于 LA 时
        {//将 LB 的对应元素节点链接到 LC 的尾部
            pc->next=pb;
            pb=pb->next;
            pc=pc->next;
        }
        else                        //当 LA 的当前元素等于 LB 时，重复元素只取其一
        {//将 LA 的对应元素节点链接到 LC 的尾部
            pc->next=pa;
            pa=pa->next;
            pb=pb->next;
            pc=pc->next;
        }
    }
    if(pa!=0)                       //若 LA 还有元素
        pc->next=pa;                //将 LA 剩余元素一次性链接到 LC 的尾部
    if(pb!=0)                       //若 LB 还有元素
        pc->next=pb;                //将 LB 剩余元素一次性链接到 LC 的尾部
}
```

2.4.2　循环链表

在单链表中，表尾元素节点的指针域为空地址。若将最后一个元素节点的指针域放置单链表头节点的地址，则形成一种循环式的链表，称为循环链表，如图 2.8 所示。

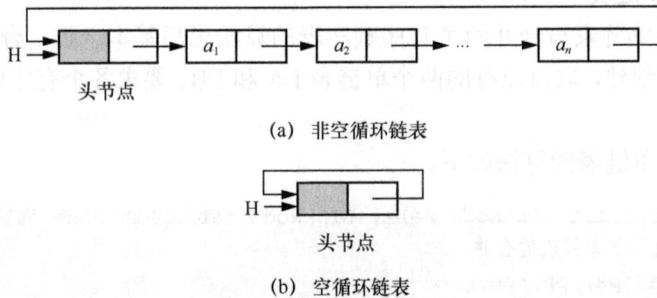

(a)　非空循环链表

(b)　空循环链表

图 2.8　单循环链表

在循环链表中仍然有头节点，循环链表的头指针指向头节点。循环链表中最后一个节点的指针域不空，而是指向头节点。即在循环链表中，所有节点的指针构成了一个环状链。循环链表的结构体类型如下。

```
typedef int ElemType;
struct CirLinkNode
{
    ElemType data;              //数据域
    struct CirLinkNode *next;   //指针域
};
```

2.4.3　双向链表

节点只有一个指针域的链表称为单链表，链表只能进行顺序访问，不能进行随机访问。

由于单链表只有一个指针域，对于数据元素节点的访问不是十分方便，因此出现了双向链表。

所谓双向链表是指链表中的每一个数据元素节点包含两个左右指针域，右指针域指向该节点的直接后继元素节点，左指针域指向该节点的直接前驱元素节点，如图 2.9 所示。

左指针域 prior	数据域 data	右指针域 next

图 2.9　双向链表的节点结构

双向链表的示意图如图 2.10 所示。

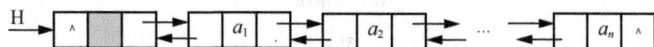

图 2.10　双向链表的示意图

双向循环链表的示意图如图 2.11 所示。

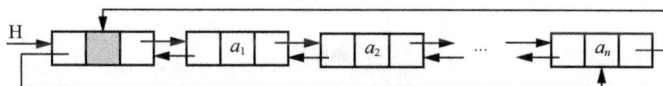

图 2.11　双向循环链表的示意图

双向循环链表的结构体类型如下。

```
typedef int ElemType;
typedef struct DulLinkNode
{
    ElemType data;              //数据域
    struct DulLinkNode *prior;  //左指针域，指向直接前驱元素
    struct DulLinkNode *next;   //右指针域，指向直接后继元素
}
```

1. 双向循环链表的插入操作

在双向循环链表中插入一个数据元素节点时，需要修改相关节点的左右指针域。

在双向链表 L 中，指针 p 指向某一个数据元素节点，在该节点之前插入一个新的元素节点（由指针 t 指向），如图 2.12 所示。

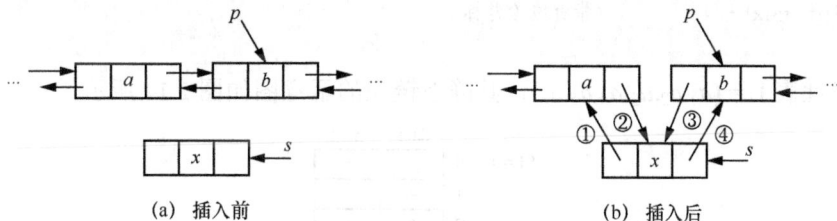

(a)　插入前　　　　(b)　插入后

图 2.12　双向循环链表的插入操作

操作过程如下。

```
① s->prior=p->prior;
② p->prior->next=s;
③ s->next=p;
④ p->prior=s;
```

2．双向循环链表的删除操作

在双向循环链表中删除一个数据元素节点时，也需要修改相关节点的左右指针域。

在双向链表 L 中，删除指针 p 所指向的数据元素节点，如图 2.13 所示。

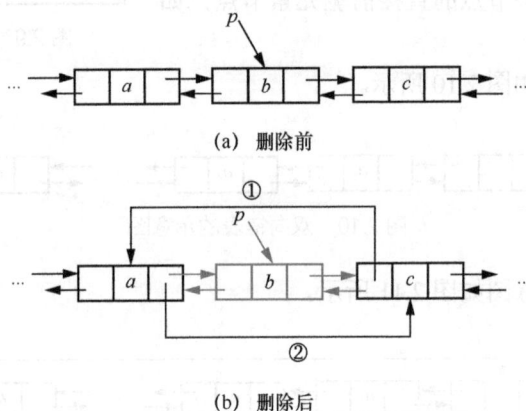

(a) 删除前

(b) 删除后

图 2.13 双向循环链表的删除操作

操作过程如下。

```
① p->prior->next=p->next;
② p->next->prior->next=p->prior;
```

2.4.4 静态链表

单链表、循环链表和双向链表通过指针实现，是动态的链表。静态链表通过数组实现，每一个数据元素由两部分组成，包括数据元素值和其直接后继元素在数组中的位置。静态链表虽然使用数组实现，但逻辑上相邻的数据元素，其物理位置不一定相邻。

静态链表的结构体类型如下。

```
typedef int DataType;
struct SNode
{
    DataType data;    //数据域
    int next;         //指针域（游标）
};
```

已知线性表 $L = (a_1,a_2,a_3,a_4,a_5,a_6)$，其静态链表的示意图如图 2.14 所示。

图 2.14 静态链表的示意图

2.5 顺序表与链表的比较

线性表可以使用顺序存储方式，也可以使用链式存储方式，算法实现有所不同。

顺序表使用一片连续的空间存储数据元素，存储密度高，操作方便，可以按照位序进行随机存取元素。链表一般使用动态内存空间分配的方式存储数据元素，使用指针表示元素之间的逻辑关系，存储密度较低。不能按照位序进行随机存取元素，只能进行顺序存取元素。

顺序表由于数据元素的逻辑顺序与其物理存储顺序一致，在进行插入、删除操作时，需要移动大量的数据元素，平均移动元素个数为其表长的一半。而链表在进行插入、删除操作时，不需要移动数据元素。

顺序表与链表各有其优点和缺点。顺序表适用于表长变化不大，不经常进行插入、删除操作的情况。链表适用于表长变化频繁，经常进行插入、删除操作的情况。

2.6 线性表的典型应用

在现实中，线性表根据其逻辑特性，有许多典型的应用。例如，合并有序线性表、一元多项式的运算、约瑟夫环问题、简单的数据处理管理系统等。

2.6.1 应用实例一：合并有序线性表

线性表的典型应用之一——合并有序线性表，前面章节已通过顺序表、单链表两种方式进行讲述，在此不再赘述。

2.6.2 应用实例二：一元多项式的运算

一元多项式 $P = p_0 + p_1x + p_2x^2 + ... + p_nx^n$ 包含若干项，各项之间的关系是线性的，符合线性表的特征。如何将一元多项式存储到线性表中？一般选择链表进行存储，链表中的每一个节点存储一元多项式中的一项（p_ix^i）。一元多项式中的每一项包括系数和指数，因此链表节点包括两个数据域和一个指针域，如图 2.15 所示。

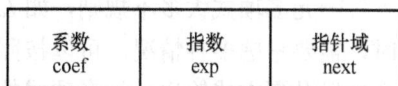

系数 coef	指数 exp	指针域 next

图 2.15 一元多项式的链表节点

一般情况下一元多项式可以表示为 $P(x) = p_1x^{e_1} + p_2x^{e_2} + ... + p_mx^{e_m}$，对应于线性表$((p_1, e_1), (p_2, e_2), ..., (p_m, e_m))$，其链表示意图如图 2.16 所示。

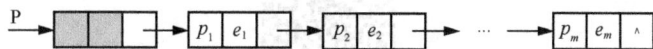

图 2.16 一元多项式的链表示意图

多项式链表节点的结构体类型如下。

```
struct polyNode
{
    double coef;    //系数为双精度型
    int exp;        //指数为整数
```

```
        struct polyNode *next;    //指针域
    };
```

1. 创建一元多项式

创建一个一元多项式，即是创建一个单链表，按照升幂或降幂的方式，将一元多项式中各项的系数和指数输入到对应节点的数据域中。一般可以按照在单链表的表头或表尾插入新元素节点的方式创建单链表。

创建一元多项式的算法如下。

```
void InputData_LinkNode(polyNode *&head)
{//创建一元多项式，在链表尾部添加新的数据元素节点
    polyNode *tail=head;                //指针 tail 永远指向最后一个节点
    cout<<"Ending by 9999(coef and exp)！"<<endl;
    while(1)
    {
        double coef_in;
        int exp_in;
        cin>>coef_in>>exp_in;            //输入系数和指数
        if(coef_in==9999 && exp_in==9999)
            break;                       //终止 while 循环
        polyNode *p=new polyNode;        //生成新节点
        /*为新节点的数据域和指针域赋值*/
        p->coef=coef_in;
        p->exp=exp_in;
        p->next=0;
        /*在表尾插入新的数据元素节点*/
        tail->next=p;                    //将新节点插入链表尾部
        tail=p;                          //指针 tail 后移，指向表尾
    }
}
```

2. 输出一元多项式

一元多项式大多不规则，如 $LA = 3+6x+5x^5+2x^9$、$LB = x+10x^3-5x^5$ 等，在进行格式化输出时，需要考虑多种情况。可以按照升幂或降幂的方式输出多项式。

以升幂方式输出一元多项式的算法请扫描下方二维码查看。

3. 一元多项式相加

两个一元多项式相加，依照相应的数学模型，需合并同类项。首先构建两个一元多项式，分别放置于单链表 LA 和 LB 中。两个一元多项式相加的结果放置于单链表 LC 之中，单链表 LC 除了头节点需新建，其余节点来源于单链表 LA 和 LB。

已知两个一元多项式 $LA = 3+6x+5x^5+2x^9$ 和 $LB = x+10x^3-5x^5$，两者相加后，生成的结果

$LC = 3+7x+10x^3+2x^9$。相应的示意图如图 2.17 所示。

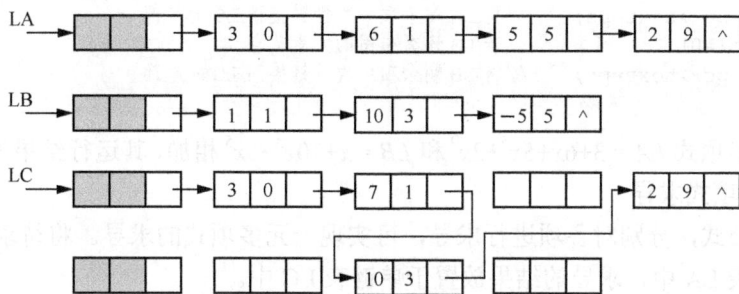

图 2.17　一元多项式相加的示意图

两个一元多项式相加的算法如下。

```
void PolyAddList_L(polyNode *&LA,polyNode *&LB,polyNode *&LC)
{//两个一元多项式 LA 和 LB 相加, 生成 LC
    polyNode *pa,*pb,*pc;
    polyNode *q;      //用于释放节点
    /*创建空表 LC*/
    LC=new polyNode;
    LC->coef=-1.0;
    LC->exp=-1;
    LC->next=0;
    pa=LA->next;      //指针 pa 指向 LA 的第一项
    pb=LB->next;      //指针 pb 指向 LB 的第一项
    pc=LC;            //指针 pc 指向 LC 的头节点
    delete LA;        //释放 LA 的头节点
    delete LB;        //释放 LB 的头节点

    while(pa!=0 && pb!=0)                   //当 LA 和 LB 同时都有未用的元素节点时
    {
        if(pa->exp==pb->exp)               //指数相等, 合并同类项
        {
            pa->coef=pa->coef+pb->coef;    //相加, 修改系数
            pc->next=pa;                   //相加后的新项链接到单链表 LC 的尾部
            pa=pa->next;                   //LA 的指针 pa 后移
            pc=pc->next;                   //LC 的指针 pc 后移
            q=pb;
            pb=pb->next;                   //LB 的指针 pb 后移
            delete q;                      //删除 LB 中废弃的元素节点
        }
        else if(pa->exp<pb->exp)           //LA 的对应节点指数小于 LB
        {
            pc->next=pa;
            pa=pa->next;
            pc=pc->next;
        }
        else    //LB 的对应节点指数小于 LA
        {
            pc->next=pb;
            pb=pb->next;
            pc=pc->next;
        }
    }
```

```
    }
    if(pa!=0)              //若 LA 还有未用的元素节点
        pc->next=pa;       //将 LA 剩余项一次性链接到 LC 的尾部
    if(pb!=0)              //若 LB 还有未用的元素节点
        pc->next=pb;       //将 LB 剩余项一次性链接到 LC 的尾部
}
```

两个一元多项式 $LA = 3+6x+5x^5+2x^9$ 和 $LB = x+10x^3-5x^5$ 相加，其运行结果如图 2.18 所示。

4. 一元多项式求导

根据求导公式，分别对各项进行求导，可实现一元多项式的求导。将待求导的一元多项式放置于单链表 LA 中，求导的结果放置于单链表 LC 中。

一元多项式求导的算法如下。

```
void PolyDeriveNumList_L(polyNode *&LA,polyNode *&LC)
{//一元多项式求导
    polyNode *pa,*pc,*p;
    /*创建空表 LC*/
    LC=new polyNode;
    LC->coef=-1.0;
    LC->exp=-1;
    LC->next=0;
    pa=LA->next;                        //指针 pa 指向一元多项式的第一项
    pc=LC;                              //指针 pc 指向单链表 LC 的头节点
    while(pa!=0)                        //当单链表 LA 还有未求导的数据元素节点时
    {
        if(pa->exp!=0)                  //若为非常数项，进一步求导
        {
            p=new polyNode;            //建立一个新节点
            p->next=0;
            pc->next=p;                //将新节点插入到 LC 的尾部
            p->coef=pa->coef*pa->exp;  //赋值系数
            p->exp=pa->exp-1;          //赋值指数
            pc=p;                      //pc 指针后移，指向 LC 的尾部
        }
        pa=pa->next;                    //指针 pa 后移，指向下一项
    }
}
```

对一元多项式 $LA = 3+6x+5x^5+2x^9$ 求导，结果 $LC = 6+25x^4+18x^8$，其运行结果如图 2.19 所示。

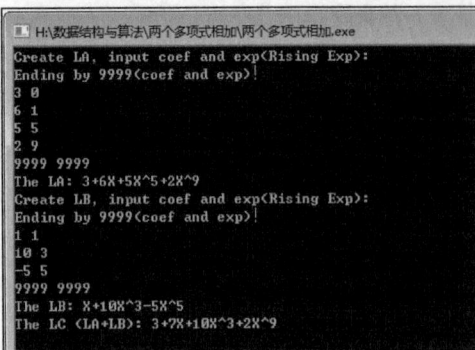

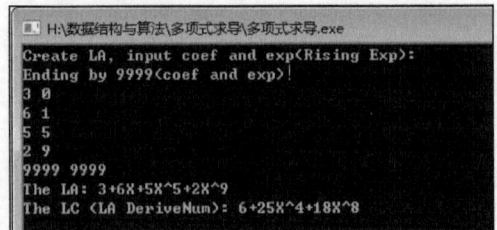

图 2.18　两个一元多项式相加的运行结果　　　图 2.19　一元多项式求导的运行结果

2.6.3 应用实例三：约瑟夫环问题

假设初始的密码值 m 为 1，有六个人 A、B、C、D、E、F（A 为第一个人），个人所持有的密码分别为 5、3、6、8、7、3，如图 2.20 所示，则依次出列的编号为 A、F、D、B、C、E。

约瑟夫环问题使用一个单向循环链表存储各个人员的信息，个人之间的关系是线性的。每一个人使用一个节点表示，每一个节点包含两个数据域（个人编号、持有密码）和一个指针域，如图 2.21 所示。

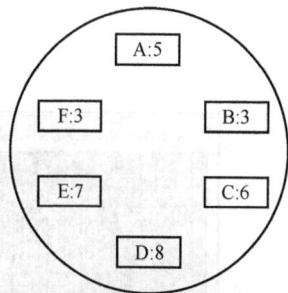

图 2.20 约瑟夫环问题

图 2.21 约瑟夫环问题的节点结构

约瑟夫环问题的结构体类型如下。

```
struct NodeType
{
    int id;                    //个人编号
    int password;              //持有密码
    struct NodeType *next;     //用于指向下一个节点的指针
};
```

解决约瑟夫环问题的操作步骤如下。

（1）建立一个单向循环链表，包含 n 个节点，但无头节点；

（2）从循环链表的第一个节点开始，循环计数寻找第 m 个节点（m 即当前的密码值）；

（3）输出第 m 个节点的 id 值（个人编号），将该节点的 password（持有密码）作为新的 m（密码）值，并删除该节点，将被删除节点的直接后继节点作为循环链表的第一个节点；

（4）重复第（2）步和第（3）步，根据新的 m（密码）值不断从循环链表中删除节点，直到该链表为空，即所有人员全部出列。

约瑟夫环问题的完整程序包括一个主函数及若干个子函数，在主程序中首先调用 CreaList 子函数，创建一个单向循环链表，在该链表中存储个人的编号和密码；然后调用 PrintList 子函数，输出个人信息；最后调用 JosephusOperate 子函数，解决约瑟夫环问题，并输出个人的出列顺序。完整代码请扫描下方二维码查看。

约瑟夫环问题的程序运行结果如图 2.22 和图 2.23 所示。

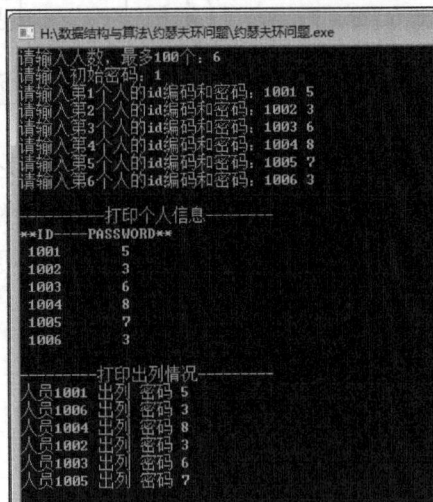

图 2.22 约瑟夫环问题的运行结果
（初始密码等于1）

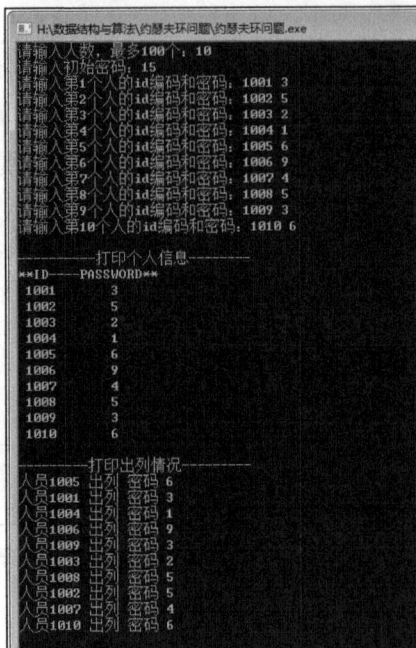

图 2.23 约瑟夫环问题的运行结果
（初始密码大于1）

2.6.4 应用实例四：超市商品管理系统

超市商品管理系统是一个常见的管理系统，其数据库系统中包含一些二维表格，如表 2.1 所示的商品信息表，该表包含若干条记录，记录之间的一对一关系符合线性表的特征，可以构造一个结构体类型的数组，存储商品信息。

表 2.1 商品信息表

商品编号	商品名称	商标	单价/元	产地	库存量/台（部）
KT23-001	空调	格力	2800	广东	100
KT23-002	空调	美的	2500	广东	120
DS22-025	电视	康佳	3100	广东	98
DS23-003	电视	索尼	3500	上海	85
SJ23-037	手机	华为	3600	广东	200
SJ23-009	手机	三星	4300	天津	220
BX22-053	冰箱	西门子	7600	安徽	265
BX23-034	冰箱	海尔	5600	山东	280
DN23-008	电脑	联想	6900	北京	310
DN22-012	电脑	戴尔	9900	福建	380

商品信息表的创建、增加、删除、修改、查询等操作，可以参照前面章节的算法程序。商品信息表的结构体类型如下。

```
struct InfoNode
{
    double commodityNum;    //商品编号
    char *commodityName;    //商品名称
    char *trademark;        //商标
    float price;            //单价
    char *prodPlace;        //产地
    int SKU;                //库存量
};
InfoNode commTable[MAX];    //建立结构体类型的数组
```

2.7 航空航天应用实例分析与实现

基于线性表可以进行管理系统的应用开发，以"蓝宇航空售票系统"为例，可进行简单的增删改查操作。乘客信息、航班信息、候补乘客信息等以线性表方式存储，线性表按照链式方式存储。

2.7.1 航空售票系统

"蓝宇航空售票系统"可分别以客户和管理员两种身份进行登录，如图 2.24 所示。其中客户的功能包括查询航班、订购机票、输出所有航班信息、查询订单等，如图 2.25 所示；管理员的功能包括增加航线、删除航线、查询航班客户订单、查询航班候补客户订单、输出所有航班信息、退票等，如图 2.26 所示。

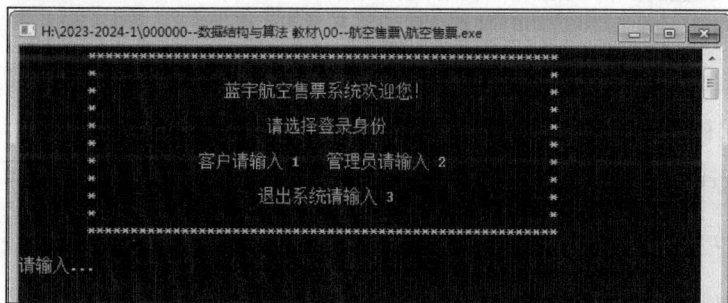

图 2.24　系统登录界面

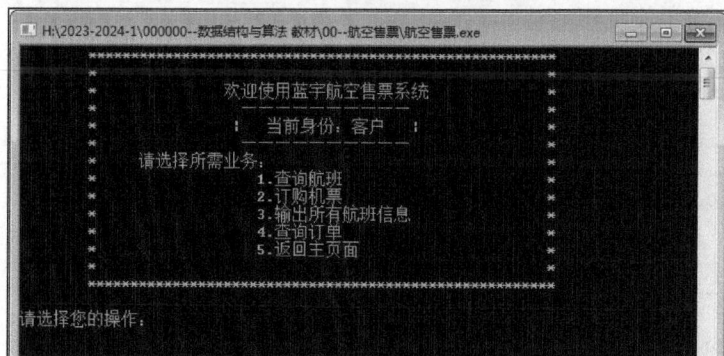

图 2.25　客户的功能

39

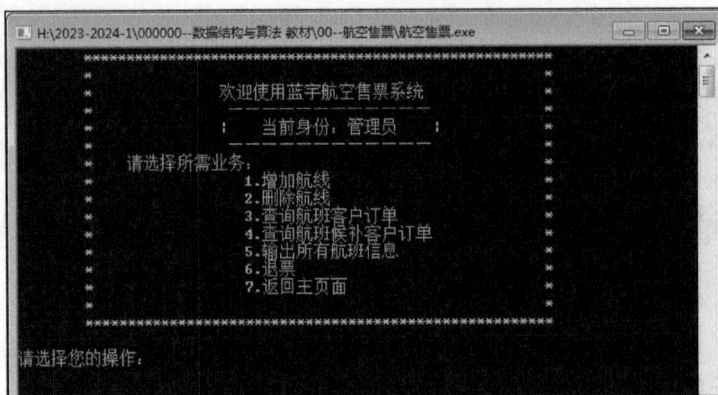

图 2.26 管理员的功能

"蓝宇航空售票系统"包含的结构体类型如下。
（1）已订票客户的名单，带头节点的双向链表。

```
typedef struct clientNodehaha
{
    char name[MAXSIZE];          //姓名
    char ID_num[MAXSIZE];        //证件号
    char flight_num[10];         //航班号
    char time[MAXSIZE];          //起飞时间
    int order_num;               //订单号
    int amout;                   //订票数量
    int rank;                    //舱位等级
    struct clientNodehaha *behind;
    struct clientNodehaha *head;
}clientList,*clientListL;
clientList *CLient;
```

（2）等待候补的客户名单，带头节点的单链表。

```
typedef struct waitNode
{
    char name[MAXSIZE];          //姓名
    char ID_num[MAXSIZE];        //证件号
    int amout;                   //订票数量
    //int rank;                  //舱位等级
    struct waitNode *next;
}waitNode,*waitPtr;
waitNode *Q;
```

（3）航班总信息链表，带头节点的单链表。

```
typedef struct Flight
{
    char destination[MAXSIZE];   //目的地
    char flightId[MAXSIZE];      //航班号，值唯一
    char planeId[MAXSIZE];       //飞机号
    char time[MAXSIZE];          //起飞时间
    float money;                 //票价
    int num;                     //可乘坐旅客数
    int tickets;                 //余票量
    int length;                  //表长
```

```
    clientListL CLientc;              //已订票客户名单
    waitPtr wqueue;                   //等候替补的客户名单
    struct Flight *next;
}Flight,*flightList;
Flight *flight;
```

2.7.2　系统订购机票

客户具有"订购机票"的权限,可分别按照目的地和航班号两种方式进行机票的订购,运行界面如图 2.27 和图 2.28 所示。若无余票,可以选择其他航班,或者成为候补乘客,进行订票。

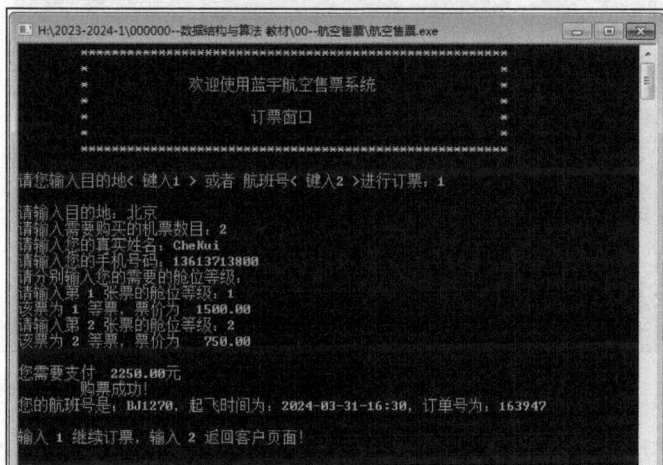

图 2.27　"订购机票"界面（按照目的地）

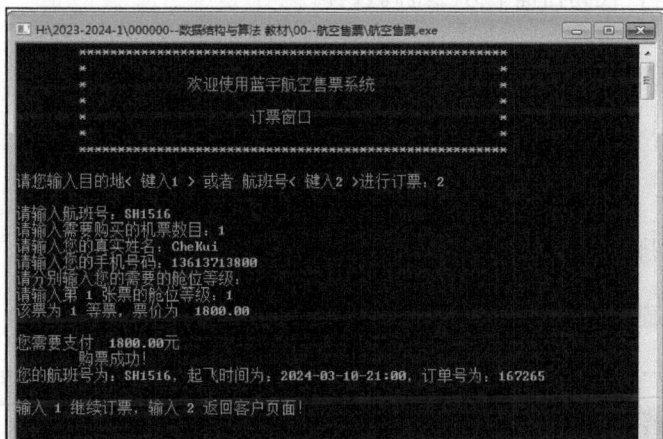

图 2.28　"订购机票"界面（按照航班号）

"订购机票"功能包括 bookTickets(flightList &air)等模块,请扫描下方二维码查看。

2.7.3 系统增加航线

管理员具有"增加航线"的权限，运行界面如图 2.29 所示。

图 2.29 "增加航线"界面

"增加航线"功能的主要代码模块包括 creat_Flight(char *des,char *fid,char *pid,char *time,float money,int num,int tickets)、insert_flight(Flight *&h, Flight *p)、addFlight(flightList &air)、int randx()等，代码扫描下方二维码查看。

2.7.4 系统删除航线

管理员具有"删除航线"的权限，运行界面如图 2.30 所示。

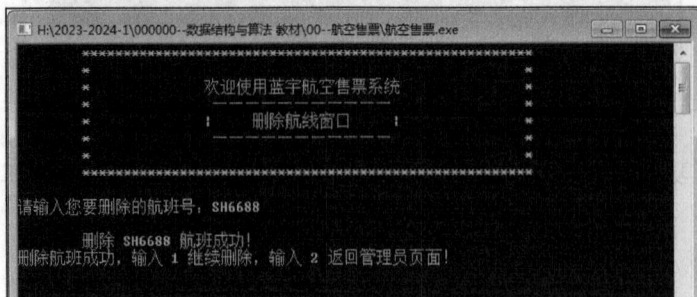

图 2.30 "删除航线"界面

"删除航线"功能的主要代码模块包括 delete_flight(flightList &f,char *flightId)和 deleflight (flightList &air)，代码请扫描下方二维码查看。

2.7.5 系统退票

管理员具有"退票"的权限，运行界面如图 2.31 所示。

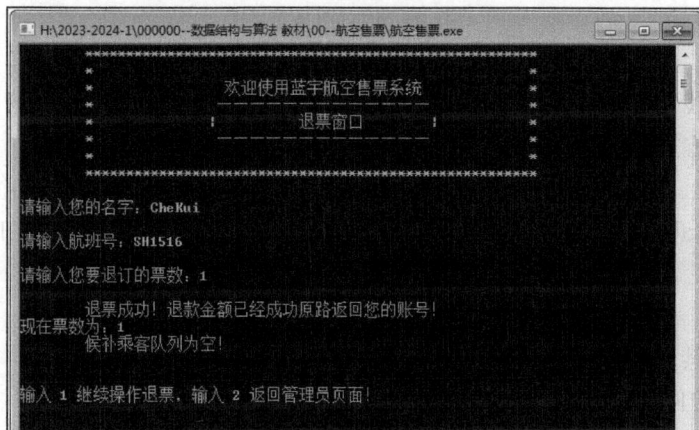

图 2.31 "退票"界面

"退票"功能的主要代码模块包括 delete_clientList(clientListL&cl,clientListL&dp)、show (flightList &air,waitNode *&Q)和 refund(flightList &air)，代码扫描下方二维码查看。

2.8 习题

1．单项选择题

（1）已知线性表 L=(a_1, a_2, … , a_n)，下列说法正确的是（   ）。

A．每个元素都有一个直接前驱和一个直接后继

B．线性表中至少要有一个元素

C．表中各个元素的排列顺序必须是由小到大或由大到小

D．除第一个和最后一个元素外，其余每个元素都有一个且仅有一个直接前驱和直接后继

（2）一个顺序表的第一个元素的存储地址是 90，每个元素的长度为 2，则第 6 个元素的

存储地址是（　　）。

A．98　　　　　　　B．100　　　　　　　C．102　　　　　　　D．106

（3）线性表的顺序存储结构是一种（　　）存储结构。

A．随机存取　　　B．顺序存取　　　C．索引存取　　　D．散列存取

（4）在线性表的下列存储结构中，读取元素花费时间最少的是（　　）。

A．单链表　　　　B．双链表　　　　C．循环链表　　　D．顺序表

（5）若干个数据在计算机存储器内表示时，物理地址与逻辑地址相同并且是连续的，称之为（　　）。

A．存储结构　　　B．逻辑结构　　　C．顺序存储结构　　D．链式存储结构

（6）若长度为 n 的线性表采用顺序存储结构，在其第 i 个位置插入一个新元素算法的时间复杂度（　　）。

A．$O(\log n)$　　　B．$O(n/2)$　　　C．$O(n)$　　　D．$O(n^2)$

（7）若一个线性表中最常用的操作是取第 i 个元素或查找第 i 个元素的前驱元素，则采用（　　）存储方式最方便，节省时间。

A．顺序表　　　B．单链表　　　C．双向链表　　　D．单向循环链表

（8）在一个长度为 n 的顺序表中，在第 i 个元素之前插入一个新元素时，需向后移动（　　）个元素。

A．$n-i$　　　B．$n-i+1$　　　C．$n-i-1$　　　D．$n+i$

（9）链表不具有的特点是（　　）。

A．可随机访问任一元素　　　　　　　B．插入删除不需要移动元素

C．不必事先估计存储空间　　　　　　D．所需空间与线性表长度成正比

（10）线性表采用链式存储时，节点的存储地址（　　）。

A．必须是连续的　　　　　　　　　　B．必须是不连续的

C．连续与否均可　　　　　　　　　　D．和头节点的存储地址相连续

（11）在一个长度为 n 的顺序表中删除第 i 个元素，需要向前移动（　　）个元素。

A．$n-i$　　　B．$n-i+1$　　　C．$n-i-1$　　　D．$i+1$

（12）顺序表中，插入一个元素所需移动的元素平均数是（　　）。

A．$(n-1)/2$　　　B．$n/2$　　　C．$n+1$　　　D．$(n+1)/2$

（13）在下列对顺序表进行的操作中，算法时间复杂度为 $O(1)$ 的是（　　）。

A．在表尾插入新元素　　　　　　　　B．在第 i 个元素之后插入一个新元素

C．删除第 i 个元素　　　　　　　　D．对顺序表中元素进行排序

（14）在以下的叙述中，正确的是（　　）。

A．线性表的顺序存储结构优于链表存储结构

B．线性表的顺序存储结构适用于频繁插入/删除数据元素的情况

C．线性表的链表存储结构适用于频繁插入/删除数据元素的情况

D．线性表的链表存储结构优于顺序存储结构

（15）在表长为 n 的顺序表中，当在任何位置删除一个元素的概率相同时，删除一个元素所需移动的平均个数为（　　）。

A．$(n-1)/2$　　　B．$n/2$　　　C．$(n+1)/2$　　　D．n

（16）带头节点的单链表 head 为空的判定条件是（   ）。

A．head==NULL

B．head->next==NULL

C．head->next!=NULL

D．head!=NULL

（17）单链表的存储密度（   ）。

A．大于 1   B．等于 1   C．小于 1   D．不能确定

（18）创建一个有序线性链表，包括 n 个节点，其时间复杂度为（   ）。

A．$O(1)$ B．$O(n)$ C．$O(n^2)$ D．$O(n\log n)$

2．简答题

（1）简述线性表的概念与特点。

（2）简述顺序表和链表的存储特征。

（3）顺序表和链表的优点、缺点各是什么？

（4）什么是头指针、头节点、数据元素的首节点？头节点在链表中有什么作用？

（5）简述单链表、循环链表、双向链表、双向循环链表、静态链表的区别与联系。

（6）简述线性表的一些典型应用。

3．算法设计题

（1）按照逆序方式建立一个动态顺序表 SL，然后分别删除表头元素、表尾元素和表中元素，并输出该线性表。请设计算法实现。

（2）创建一个动态顺序表 SL = $(a_1, a_2, ..., a_i, ..., a_n)$，求该表中的最大元素和最小元素，并输出。请设计算法实现。

（3）建立一个单链表（以正序方式）L，然后分别在表头、表中插入一个新元素，并输出该线性表。请设计算法实现。

（4）建立一个单链表 L = (10, 20, 30, 40, 50)，将其进行逆置操作，并输出结果(50, 40, 30, 20, 10)。试设计算法实现。

（5）构建一个线性链表 L，设计算法实现顺序查找、修改某元素的操作，并输出结果。

（6）创建一个线性链表 L = $(a_1, a_2, ..., a_i, ..., a_n)$，求数据元素 a_i 的直接前驱元素和直接后继元素。请设计算法实现。

（7）构造两个有序（降序）单链表 LA 和 LB，请设计一个算法，将这两个单链表进行合并，生成一个新的有序（降序）单链表 LC，并输出结果。

（8）请设计一个算法，使用单链表完成两个多项式的相减运算。首先构造两个单链表 LA 和 LB，分别按照降幂方式存储两个多项式，然后进行相减操作，并输出运算结果。

（9）构造一个双向循环链表，分别在表中的第 i 个位置进行插入、删除操作，试设计算法实现。

（10）在图书管理信息系统中，其数据库包括"图书表"，该表中的图书信息使用线性表存储，每一本图书包括书号、书名、作者、出版社、单价、库存量等属性。请对该表进行增、删、改、查等 4 种基本操作。试设计算法实现。

第 3 章

栈与队列

栈和队列是特殊的线性结构，二者均是典型的数据结构。从数据结构上看，栈和队列的逻辑结构是线性结构，但是它们也有不同之处。线性表是一种可以在任意位置进行插入和删除的线性结构，而栈只允许在表的一端进行插入或删除操作，队列则只允许在表的一端进行插入操作，在另一端进行删除操作。本章首先介绍栈的概念、基本运算以及存储方式，然后介绍队列的概念、基本运算以及存储方式，并且分别列举了栈和队列的典型应用。

3.1 实例引入

在现实生活中，我们经常会整理物品，把一些暂时不用的物品放进整理箱里。先放进整理箱的物品在底部，后放进去的物品在上面。当我们把东西都取出来时，一般是上面的物品先取出来，底部的物品后取出来。另外，比如我们在搬家时，会请搬家公司的员工将家里的床、沙发、衣柜等物品依次装入搬家用的货车中；到了新家后，货车中货物只能按照与装车相反的顺序往外搬出，就是先进后出，后进先出。这些事情的处理过程都与栈的操作特点相似。

然而，生活中的另外一些事情，人类在面对稀缺资源时，为体现公平，往往采取排队的办法解决，按"先来先服务"的原则使用这些资源。比如，学生在食堂排队买饭，先去的同学排在队伍前面先买到饭，后去的同学依次排到队伍的后面。又比如，去银行办理业务，在自动叫号机上取号排队等待，先到的人先办理业务，后到的人后办理业务。这些事情的处理过程与队列的操作特点相似。

队列就是模仿人类"排队"法则构建出来的一种数据结构。计算机系统中队列的使用更是比比皆是，早期的主机加终端系统中，多个终端为争用主机中央处理单元（center processing unit, CPU）使用权，就采用排队的解决方法。很多 CPU 的内部都带有取指令队列，以加快指令的执行速度；计算机主机向外设传输数据，比如打印机打印文档，当外设速度较慢，来不及处理主机传来的数据时要使用队列对数据进行缓冲；操作系统中的进程、线程调度等用到队列，Windows 操作系统更是大量使用消息队列，利用消息驱动来调度和管理计算机系统，系统运行时构建众多的消息队列，将不同的消息放入不同的消息队列进行管理。网络应用系统中队列也得到广泛的使用，比如客户端/服务器（client/server, C/S）模式系统中，服务器为了处理众多客户端的并发访问，会用队列对客户端的服务请求进行管理。此外，解决实际问题的应用系统中也会经常使用队列。

栈和队列在各种类型的软件系统中应用广泛。堆栈技术被广泛地应用于编译软件和程序设计中的函数调用中，而在操作系统和事务管理中广泛应用了队列技术。

3.2 栈

3.2.1 栈的概念与基本运算

栈用来保存一些暂时不能处理而又等待处理的数据元素，这些数据元素的处理是依据后进先出（先进后出）的规则。因此，经常把栈称为后进先出线性表。

【例 3-1】 如图 3.1 所示，现有一个直筒杯，杯中放有标号为 a、b、c、d 的 4 个小球，这 4 个小球是按照 a→b→c→d 的顺序放进直筒杯的。当需要往外取球时，则只能按照逆序先取 d，若要想拿到 a 球，则必须先依次把 d、c、b 都取出来。

由此可以看出，杯中的小球的放和取遵循一个原则：最先放进杯中的最后取出来，最后放进杯中的总是最先取出来。这个例子说明了栈操作的特性—先进后出，后进先出。栈是限定仅在表尾进行插入或删除操作的线性表，有人称为运算受限的线性表，也有人称为堆栈。它的逻辑结构与线性表相同，只是限定仅在表的一端进行插入或删除操作。这个操作过程如图 3.2 所示。base 端被称栈底，top 端被称为栈顶。操作对象（a_i）只能从 top 端进出。

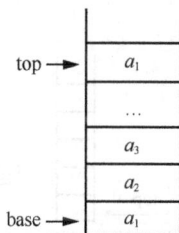

图 3.1 栈的示例图　　　图 3.2 出栈和入栈示意图

与栈相关的其他概念如下。

（1）栈顶：允许进行插入、删除操作的这一端称为栈顶，又称为表尾。由于元素的进栈和退栈，栈顶的位置经常是变动的，因此需要用一个整型量 top 指示栈顶的位置，通常称 top 为栈顶指针。

（2）栈底：在栈中固定的一端称为栈底，同样用一个整型量 base 表示，又称为表头。

（3）空栈：当栈中没有元素时称为空栈，即 top ＝＝ base。

（4）栈的长度：栈中数据元素的个数表示栈的长度。

栈的基本运算如下。

（1）栈的初始化：InitStack（S），将栈 S 初始化为空栈。

（2）判断空栈：EmptyStack（S），若栈 S 为空栈，则返回 TRUE 或者 1，否则返回 FALSE 后者 0。

（3）入栈：Push（S,x），栈 S 已经存在，若栈 S 未满，将 x 插入栈 S 的栈顶位置，函数返回 TRUE；若栈 S 已满，则返回 FALSE，表示操作失败。

（4）出栈：Pop（S），若栈 S 为空，则报错；若栈 S 不空，则返回栈顶元素，并从栈中删除栈顶元素。

（5）读栈顶元素：GetTop（S），若栈 S 为空，则报错；若栈 S 不空，则返回栈顶元素。

（6）栈内存空间释放：DestroyStack（S），栈 S 已经存在，销毁栈并释放空间。

（7）置空栈：ClearStack（S），栈 S 已经存在，将栈 S 清为空栈。

（8）栈长度：StackLength（S），返回 S 的元素个数，即栈的长度。

（9）遍历栈：StackTraverse(S)，从栈底到栈顶依次对栈 S 的每一个数据元素进行访问。

在程序设计中，在函数嵌套调用或者递归调用时，常常遇到保存数据和取出并使用数据时顺序相反，这时就需要用一个栈来实现。在程序设计中的堆栈犹如航行在大海中的船上的导航系统或者指南针，不管函数调用多少层都能够回到初始调用的地方。

3.2.2　栈的顺序存储

栈有顺序存储和链式存储两种存储结构。由于栈是操作受限的线性表，所以栈的顺序存储结构和线性表的顺序存储结构很相似。

1．顺序栈的定义

栈的顺序存储结构也称为顺序栈，是利用一组地址连续的存储单元，依次存放自栈底到栈顶的数据元素，同时附设指针 top 来动态地指示栈顶元素的当前位置，如图 3.3 所示顺序栈顶指针和栈中元素之间的关系。

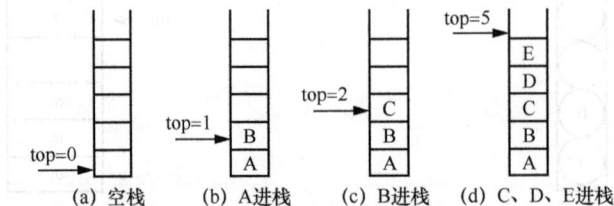

图 3.3　顺序栈存储结构

顺序栈通常使用一个一维数组，配合数组下标表示的栈顶指针完成各种操作。通常设空栈时，top=0，也表示栈中没有数据节点。入栈时，栈顶指针加 1，出栈时，栈顶指针减 1。顺序栈的数据类型用 C 语言定义如下。

```
#define N 32
typedef int datatype_t;
typedef struct{            //定义结构体
    datatype_t data[N];    //使用数组表示顺序栈，栈中的元素不固定，这里为整型
int top;                   //数组下标，表示栈顶位置
}seqStact_t;
```

2．顺序栈的基本运算

（1）创建一个空栈并初始化。

对栈中的数据节点进行操作之前，需要先创建一个空栈。如果一个数据节点所占的空间大小为 L，栈中的节点有 n 个，则栈所占的空为 $n \times L$。但是栈中的节点数不确定时，所占空

间也不确定，那么假设有 max 个节点，则需要先分配 max×*L* 个连续的内存空间。代码如下。

```c
#include <stdio.h>
#include <stdlib.h>

#define N 32

typedef int datatype_t;
typedef struct{              //结构体定义
    datatype_t data[N];      //使用数组表示顺序栈
    int top;                 //数组下标，表示栈顶位置
}seqstack_t;

//创建一个空栈
seqstack_t *seqstack_create(){
    seqstack_t *s;
    //使用 malloc 函数为栈申请内存空间，大小为 sizeof(seqstack_t)
    s = (seqstack_t *)malloc(sizeof(seqstack_t));
    //初始化，将 top 置为 0
    s->top = 0;
    //返回结构体地址
    return s;
}
```

（2）判栈满。

```c
//判断栈是否为满
int seqstack_full(seqstack_t *s){
    //判断 top 是否等于最大值 N，等于 N 返回 1，表示栈满，否则返回 0
    return s->top == N ? 1 : 0;
}
```

（3）入栈。

入栈操作需要将栈和入栈元素的值作为函数参数，由于使用栈指针作为函数参数对栈进行操作，所以入栈函数不需要有返回值；入栈操作时，需要判断是否栈满，当栈不满时，先将栈顶指针加 1，再入栈。

```c
//入栈操作，参数 1 为描述栈的结构体指针，参数 2 为入栈的数据
int seqstack_push(seqstack_t *s, datatype_t value){
    if(seqstack_full(s)){
        printf("seqstack full\n");
        return -1;
    }
    //入栈，本质为将数据保存至数组
    s->data[s->top] = value;
    //top 值加 1
    s->top++;
    return 0;
}
```

（4）判断栈是否为空。

```c
//子函数，判断栈是否为空
int seqstack_empty(seqstack_t *s){
    //判断 top 是否等于 0：等于 0 返回 1，表示栈空，否则返回 0
```

```
        return s->top == 0 ? 1 : 0;
}
```

（5）出栈。

出栈操作需要将栈指针作为函数参数，并返回栈顶元素的值；出栈操作时，需要判断栈是否为空，当栈不为空时，先出栈，再将栈顶指针减 1，可以先将栈顶元素的值记录下来，然后栈顶指针减 1，最后返回记录下来的值。

```
//参数为描述栈的结构体指针
int seqstack_pop(seqstack_t *s){
    datatype_t value;

    if(seqstack_empty(s)){
        printf("seqstack empty\n");
        return -1;
    }
//获取栈顶数据节点
    value = s->data[s->top - 1];
    s->top--;          //top 值减 1
    return value;  //返回栈顶数据
}
//获取栈顶节点数据
int seqstack_get_pop(seqstack_t *s){
    //直接返回栈顶节点的数据
    return s->data[s->top - 1];
}
//显示栈中所有节点数据
int seqstack_show(seqstack_t *s){
    int i = 0;
    //遍历整个栈中的所有节点
    for(i = 0; i < s->top; i++){
        printf("%d ", s->data[i]);
    }
    printf("\n");
    return 0;
}
```

【例 3-2】 结合上面五段代码，实现顺序栈的数据入栈和出栈操作。首先执行入栈操作，并通过显示数据判断入栈是否成功；然后执行出栈操作并显示出栈数据。主函数用于测试子函数是否正确，并输出相应结果。

子函数代码上面已经给出，下面是主函数代码。

```
int main(int argc, const char *argv[])
{
    seqstack_t *s;
    s = seqstack_create(); //创建一个空栈
    seqstack_push(s, 10);  //入栈
    seqstack_push(s, 20);
    seqstack_push(s, 30);
    seqstack_push(s, 40);
    seqstack_show(s);          //查看栈中的节点数据，判断是否入栈成功
        printf("%d\n", seqstack_pop(s));  //出栈，并显示出栈的数据
```

```
    printf("%d\n", seqstack_pop(s));
    seqstack_show(s);        //查看栈中的节点数据，判断是否出栈成功
        return 0;
}
```

运行结果如图 3.4 所示。

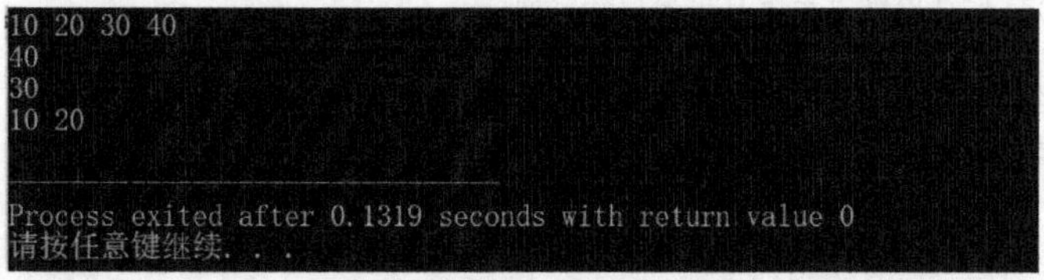

图 3.4　创建顺序栈的运行结果

3.2.3　栈的链式存储

在利用顺序栈进行数据存储时，需要事先对栈的最大元素个数进行设置，这样设置最主要的问题就是当顺序栈满时会出现溢出现象。为解决这个问题，可以采用另一种存储方式来存储栈，这种存储方式就是链式存储。

1．链式栈的定义

采用链式存储结构的栈称为链式栈。链式栈中，栈顶是链表的第一个节点，栈底是链表的最后一个节点。新入栈的元素即为链表新的第一个节点，只要系统还有存储空间，就不会有栈满的情况发生。一个链式栈可由栈顶指针 top 唯一确定，当 top 为 NULL 时，是一个空栈。链式栈的逻辑结构如图 3.5 所示。

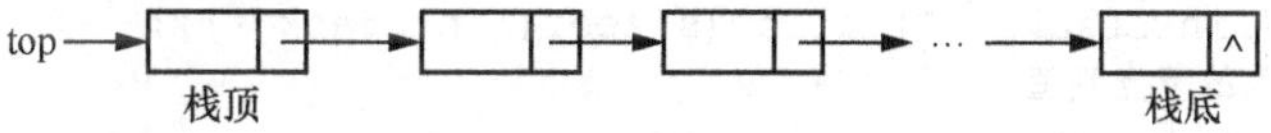

图 3.5　链式栈

链式栈的节点结构与单链表一致，代码如下所示：

```
typedef int datatype_t;
typedef struct node{
    datatype_t data;      //节点数据
    struct node *next;  //指向下一个节点的指针
}linkstack_t;
```

2．链式栈的基本运算

（1）创建一个空链式栈。

对不带头节点的链式栈 S 进行初始化，实际上就是创建一个不带头节点的空链表，并将链式栈的栈顶指针设置 S，S 的值置为空，表示空栈。

```
#include <stdio.h>
#include <stdlib.h>

typedef int datatype_t;
typedef struct node{
    datatype_t data;       //节点数据
```

```
        struct node *next;   //指向下一个节点的指针
}linkstack_t;

//子函数，创建一个空栈
linkstack_t *linkstack_create(){
    linkstack_t *s;
    //使用malloc函数为头节点申请内存空间
    s = (linkstack_t *)malloc(sizeof(linkstack_t));
    //初始化，头节点指针指向为空
    s->next = NULL;
    return s;
}

int main(int argc, const char *argv[])
{
    linkstack_t *s;
    s = linkstack_create();
    return 0;
}
```

（2）入栈。

链式栈不同于顺序栈，不需要设定栈的大小，不需要判断栈是否为满。入栈即向栈顶插入元素，插入数据元素，实际上就是把元素插入链表表头，即成为单链表表头的第一个元素，所以可以参照不带节点的单链表向表头插入数据的方法进行插入。

```
//参数1为栈顶指针（头节点指针），参数2为插入的数据
int linkstack_push(linkstack_t *s, datatype_t value){
    linkstack_t *temp;
    //使用malloc函数为新插入的节点申请内存空间
    temp = (linkstack_t *)malloc(sizeof(linkstack_t));
    //为新插入的节点赋值
    temp->data = value;
    //用头插法实现入栈
    temp->next = s->next;
    s->next = temp;
    return 0;
}
```

（3）判断是否空栈。

判断栈是否为空的条件，是判断栈顶指针的值，如果栈顶指针为S等于NULL，则表示栈为空，返回值0；否则，栈为非空，返回值1。

```
//子函数，判断栈是否为空
int linkstack_empty(linkstack_t *s){
    return s->next == NULL ? 1 : 0;
}
```

（4）出栈。

数据元素要出栈，首先判断栈是否为空。S等于NULL说明栈为空，没有数据元素可以出栈，返回值0；若栈顶指针S不等于NULL，则栈不为空，有数据元素可出栈，出栈的元素即是栈顶元素，即S指针所指元素。因此将S指针所指节点的数据域赋给数据变量，然后将S指向栈顶的下一个元素。出栈操作可以参照不带头节点链表中删除第一个元素节点的操作。

```
//出栈
datatype_t linkstack_pop(linkstack_t *s){
    linkstack_t *temp;
    datatype_t value;

    if(linkstack_empty(s)){
        printf("linkstack empty\n");
        return -1;
    }
    //头删法表示出栈，后入先出
    temp = s->next;
    s->next = temp->next;
    //保存出栈的数据
    value = temp->data;
    //释放出栈的节点的内存空间
    free(temp);
    temp = NULL;
    //返回出栈的数据
    return value;
}
//子函数，显示节点数据
int linkstack_show(linkstack_t *s){
    //判断栈是否为空
    while(!linkstack_empty(s)){
        //遍历下一个节点
        s = s->next;
        printf("%d ", s->data);
    }
    printf("\n");
}
```

【例 3-3】 结合上面四段代码，实现链式栈中的数据入栈和出栈操作。首先执行入栈操作，并通过显示数据判断入栈是否成功；然后执行出栈操作并显示出栈数据。主函数用于测试子函数是否正确，并输出相应结果。

主函数的代码如下。

```
int main(int argc, const char *argv[])
{
    linkstack_t *s;
    s = linkstack_create();              //创建一个空栈
    linkstack_push(s, 10);               //入栈
    linkstack_push(s, 20);
    linkstack_push(s, 30);
    linkstack_push(s, 40);
    linkstack_push(s, 50);
    linkstack_show(s);                   //显示栈中节点的数据
    printf("%d\n", linkstack_pop(s));    //出栈，并输出出栈的数据
    printf("%d\n", linkstack_pop(s));
    linkstack_show(s);                   //显示栈中节点的数据
    return 0;
}
```

运行结果如图 3.6 所示。

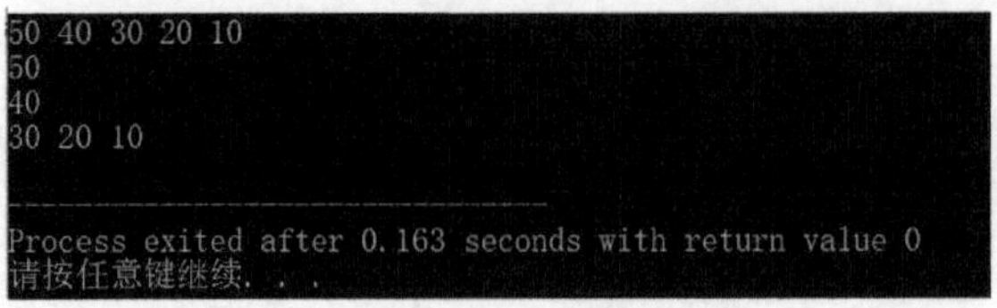

图 3.6　创建链式栈的运行结果

3.2.4　栈的典型应用

【例 3-4】 数制的转换。

十进制数 N 和其他进制数 d 的转换是计算机工作需要解决的基本问题，一个简单的计算过程为 $N=(N \operatorname{div} d)*d+N \bmod d$，其中 div 为整除运算，mod 为求余运算。

设计思路：首先设计一个栈 S，假设 $X=N \operatorname{div} d$，将运算出的 X 压入栈 S 中，然后通过 $N=N \bmod d$ 计算出新的 N。循环执行以上步骤，直到 N 为 0 结束。

```
void conversion()
{
    initStack(S);
    scanf( "%d",N);
    while(N){
        push(S,N,%,8);
        N=N/8;
    }
    while(!StackEmpty(s)){
        pop(S,e);
        printf( "%d",e);
    }
}
```

【例 3-5】 表达式求值。

表达式求值在程序设计语言编译中是一个最基本的问题。有一种广为使用并且简单直观的"算符优先法"算法来解决表达式求值问题，它的实现也是栈应用的一个典型例子。例如，要对算术表达式 $4+2 \times 3-10 / 5$ 求值，首先要了解算术四则运算的规则是：先乘除后加减；从左到右；先括号内，后括号外。算符优先法就是根据这个运算优先关系的规定来实现对表达式的编译或解释执行的。

任何一个表达式都是由操作数（operand）、运算符（operator）和界限符（delimiter）组成的。通常来说，操作数既可以是常数也可以是变量或常量的标识符；运算符一般有算术运算符、关系运算符和逻辑运算符三类；基本界限符有左右括号和表达式结束符等。这里仅讨论包含加、减、乘、除 4 种运算符的简单算术表达式的求值问题。

运算符和界限符统称为运算符，它们构成的集合命名为 OP。根据运算规则，在运算的每步中，任意两个相继出现的算符 θ_1 和 θ_2 之间的优先关系有下面三种关系：①$\theta_1 < \theta_2$：θ_1 操作的优先级低于 θ_2；②$\theta_1 = \theta_2$：θ_1 操作的优先级等于 θ_2；③$\theta_1 > \theta_2$：θ_1 操作的优先级高于 θ_2。

算符优先算法的基本思想是：定义两个栈，一个称作运算符栈（OPTR），用于存放运算符（OPND）；另一个称作操作数栈，用于存放操作数或运算结果。

（1）初始化 OPTR 和 OPND 两个栈，并使表达式起始符"#"为 OPTR 栈的栈底元素。

（2）依次读入表达式中的每个字符，若是操作数则进 OPND 栈；若是运算符，则与 OPTR 栈的栈顶运算符进行优先级比较，并执行相应的操作：①若顶运算符的优先级低于刚读入的运算符（$\theta_1<\theta_2$），则刚读入的运算符进 OPTR 栈；②若栈顶运算符的优先级与刚读入的运算符的优先级相同（$\theta_1=\theta_2$），说明左右括号相遇，则将栈顶运算符（左括号）出栈；③若栈顶运算符的优先级高于刚读入的运算符（$\theta_1>\theta_2$），则将顶运算符出栈送入 θ，同时 OPND 栈弹出两个操作数 a 和 b，对 a 和 b 执行运算，并使运算结果进 OPND 栈。

（3）当 OPTR 栈的栈顶元素和当前读入字符均为"#"时（表达式起始符和表达式结束符相遇），整个表达式求值完毕，OPND 栈的栈顶元素即为表达式结果。

代码请扫描下方二维码查看。

【例 3-6】 迷宫求解。

用一个 $m\times n$ 的方格图表示迷宫，如图 3.7 所示，寻找一条通过迷宫的路径，从入口出发，沿某一方向探索，若能走通（图中的白色方格表示可以通行），则继续向前走；否则沿原路退回（图中的灰色方格表示不能通行），换一个方向继续探索，直到探索出一条通路为止。

算法的基本思想是：（1）设入口点为当前位置。（2）将当前位置的点标记为搜索过的路径，并开始进行搜索。（3）若当前位置的下一位置可以通行，则将当前位置的点存入当前路径，并令下一位置成为当前位置；若下一位置不能通行，则向着未搜索过的其他方向继续搜索；若当前位置的四个方向均不能通行，则从当前路径上删除最后一个点，即沿原路退回到前一位置，并令前一位置成为当前位置。（4）重复前两步，直至到达出口点。

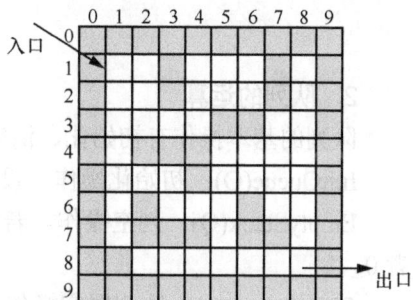

图 3.7 迷宫

将出口点标记为搜索过的路径，并存入当前路径。用一个二维数组对迷宫进行描述，并约定用"0"表示可以通行，用"1"表示不能通行，求解过程中的"当前位置"可以通过数组的下标来描述，搜索过的路径标记为"2"。"下一位置"是指由"当前位置"沿左、右、上、下这四个方向的相邻位置。

为保证在任何位置上都能沿原路退回，需要使用栈来保存从入口点到当前位置作为"当前路径"。因此，将当前位置的点存入当前路径的操作即为进栈；从当前路径上删除一点的操作即为出栈。代码请扫描下方二维码查看。

55

3.3 队列

3.3.1 队列的概念与基本运算

1. 队列的定义

队列是一种操作（运算）受限的线性表，它被限定数据只能在一端插入、另一端删除。允许删除的一端叫作队头，允许插入的一端叫作队尾。由定义可知，队列也是操作（运算）受限的线性表。队列的插入操作称为"入队"，队列的删除操作称为"出队"。没有元素的队列称为空队列。

队列的结构与现实生活中排队的规则是一致的，后来的成员总是加入到队尾，每次离开队列的总是队头上的成员。也就是说，队列中的元素是按照"先进先出"的原则进行的。因此，队列又称为先进先出的线性表。

例如，假设 $Q = (a_1, a_2, \cdots, a_n)$ 为一个队列，a_1 为队头元素，a_n 为队尾元素，队列中的元素是按 $a_1, a_2, \cdots, a_n$ 的顺序依次进入队列的，元素退出队列时也只能按这个顺序依次出队。如图 3.8 所示。

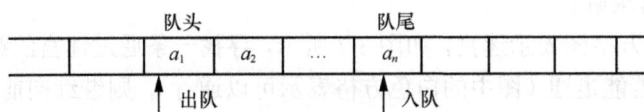

图 3.8 队列示意图

2. 队列的运算

队列的基本操作有初始化、清空、判队空、进队、出队、取队头元素等，其定义如下。

InitQueue(Q)：初始化操作。设置一个空队列 Q。

EmptyStack(Q)：判空操作。若队列 Q 为空，则返回 TRUE 或者 1，否则返回 FALSE 或者 0。

ClearQueue(Q)：队列置空操作。将队列 Q 置为空队列。

DestroyQueue(Q)：队列销毁操作。释放队列 Q 的空间。

GetHead(Q，x)：取队头元素操作。用 x 取得队列 Q 的队头元素值。操作成功，返回值为 TRUE，否则返回值为 FALSE。

QueueLength(Q)：队列的长度。若队列 Q 已经存在，返回元素个数。

EnterQueue(Q，x)：进队操作。在队列 Q 的队尾插入 x。操作成功，返回值为 TRUE，否则返回值为 FALSE。

DeleteQueue(Q，x)：出队操作。使队列 Q 的队头元素出队，并用 x 带回其值。操作成功，返回值为 TRUE，否则返回值为 FALSE。

3.3.2 队列的存储

1. 队列的顺序存储

采用顺序存储结构的队列称为顺序队列，也是一种操作（运算）受限的顺序表。顺序队列利用一组地址连续的存储单元依次存放队列中的数据元素。通常使用一维数组来作为队列的顺序存储空间，同时再设置两个指针：一个是指向队头元素位置的指针（front），另一个是指向队尾元素位置的指针（rear）。初始化队列时，令 front=rear=-1，当插入新的数据元素时，rear 加 1，而当队头元素出队列时，front 加 1，如图 3.9 所示。

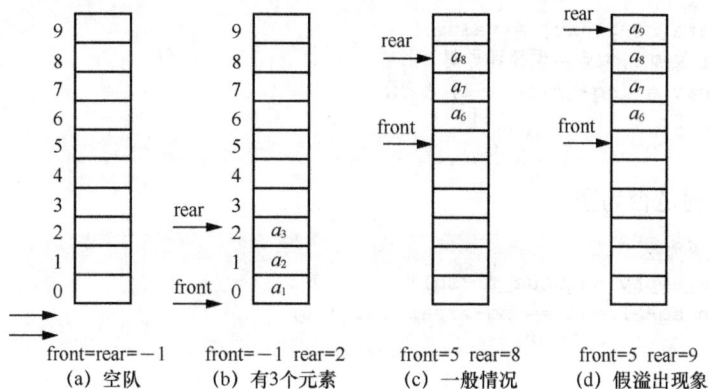

图 3.9　队列的出队和入队操作

队列的顺序存储结构用 C 语言定义如下。

```
#define N 32

typedef int datatype_t;
//定义结构体
typedef struct{
    datatype_t data[N];  //使用数组表示顺序队列
    int front;
    int rear;
}sequeue_t;
```

顺序队列的基本运算主要如下。

（1）创建一个空队列并初始化。

```
//创建一个空的队列
sequeue_t *sequeue_create(){
    sequeue_t *sq;
    //使用malloc函数为顺序队列申请空间
    sq = (sequeue_t *)malloc(sizeof(sequeue_t));
    //初始化,下标初始值为0
    sq->front = sq->rear = 0;
    return sq;
}
```

（2）判断队列是否为满。

```
//判断队列是否为满
int sequeue_full(sequeue_t *sq){
    return sq->front == (sq->rear + 1) % N ? 1 : 0;
}
```

（3）入队。

```
//参数1为指向结构体的指针,参数2为新加入队列的数据
int sequeue_enter(sequeue_t *sq, datatype_t value){
```

```
        if(sequeue_full(sq)){
            printf("sequeue full\n");
            return -1;
        }
        //入队
        sq->data[sq->rear] = value;
        //rear值加1,取余实现循环思想
        sq->rear = (sq->rear + 1) % N;
        return 0;
    }
```

（4）判断队列是否为空。

```
//判断队列是否为空
int sequeue_empty(sequeue_t *sq){
    return sq->front == sq->rear ? 1 : 0;
}
```

（5）出队。

```
//出队
datatype_t sequeue_out(sequeue_t *sq){
    datatype_t value;
    if(sequeue_empty(sq)){
        printf("sequeue empty\n");
        return -1;
    }
    //获取出队的节点数据
    value = sq->data[sq->front];
    //front的值加1,取余实现循环思想
    sq->front = (sq->front + 1) % N;
    //返回出队的数据
    return value;
}
```

在顺序队列的数据元素入队时，队尾指针执行加 1 操作，当 rear=MAXSIZE−1 时，队列已满。如果此时继续向队列中插入数据，顺序队列因为队尾指针超过数组下界而出现溢出。但是，有一种情况，同时队列中有数据元素出队，虽然队列显示状态已满，但在存储队列的数组中仍然有随着元素出队而产生的空的存储空间可以存储元素。所以可见，在不带循环的顺序队列中的"溢出"实际上是一种假溢出，并非存储空间不够。

为了解决假溢出的情况，更有效地利用存储空间，人们把顺序队列的存储空间构造成一个首尾相连的环，形成一个循环结构，头尾指针之间的关系不变，这种结构的队列称为"循环队列"。

如图 3.10 所示，次循环队列中 MaxSize=4，所以其可以存储 3 个元素。此时队列未满，还可以进行入队操作，但若进行 rear=rear+1，则 rear 值超出了 MaxSize-1 的范围。所以，这种情况下需要用(rear+1)%MaxSize（取模），使尾指针循环到 0 的位置。

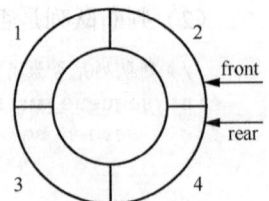

图 3.10 循环队列

【例 3-7】 实现顺序队列数据元素的入队和出队操作。主函数用于测试子函数是否正确，使用子函数先执行入队操作，再执行出队操作，并显示出队数据。

结合上面五段代码，主函数的代码如下所示。

```c
int main(int argc, const char *argv[])
{
    sequeue_t *sq;
    sq = sequeue_create();              //创建一个空的队列
    sequeue_enter(sq, 10);              //入队
    sequeue_enter(sq, 20);
    sequeue_enter(sq, 30);
    printf("%d\n", sequeue_out(sq));    //出队
    printf("%d\n", sequeue_out(sq));
    printf("=========\n");
    sequeue_enter(sq, 100); //再次入队
    printf("%d\n", sequeue_out(sq));    //出队
    printf("%d\n", sequeue_out(sq));
    return 0;
}
```

运行结果如图 3.11 所示。

图 3.11　顺序队列的创建

2．队列的链式存储

顺序队列适合于最大存储规模已知的情况，然而，如果不能预估队列的最大存储规模，则需要采用能动态申请内存的链式存储结构来存储队列，由此得到链队列。

使用链式存储结构的队列称为链式队列。链式队列可以分别用带头节点和不带头节点的单链表来实现。为了方便操作，一般情况下采用不带头节点的单链表来表示队列，同时分别定义队首指针 front 和队尾指针 rear。当队列为空时，链队列的队首指针 front 和队尾指针 rear 都等于 NULL，如图 3.12 所示。

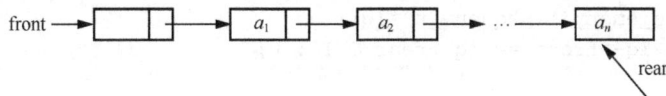

图 3.12　链式队列示意图

C 语言定义链式队列代码如下。

```c
typedef int datatype_t;

typedef struct node{
    datatype_t data;    //节点数据
    struct node *next; //指向下一个节点
}linknode_t;

typedef struct{
```

```
//指向队列头节点与末尾节点的指针
linknode_t *front;
linknode_t *rear;
}linkqueue_t;
```

3. 链式队列的基本操作（运算）

（1）创建空队列并初始化。

```
//子函数，创建一个空的链式队列
linkqueue_t *linkqueue_create(){
    linkqueue_t *lq;
    //使用 malloc 函数为指向对队列头尾节点的指针所在的结构体申请内存空间
    lq = (linkqueue_t *)malloc(sizeof(linkqueue_t));
    //使用 malloc 函数为队列头节点申请内存空间
    //将 front 与 rear 指针指向头节点
    lq->front = lq->rear = (linknode_t *)malloc(sizeof(linknode_t));
    //将头节点中的指针指向 NULL，表示此时没有其他节点
    lq->front->next = NULL;
    //返回存放队列头尾节点指针的结构体地址
    return lq;
}
```

（2）入队。

```
//参数 1 为存放队列头尾节点指针的结构体地址，参数 2 为新入队的数据
int linkqueue_enter(linkqueue_t *lq, datatype_t value){
    linknode_t *temp;
    //使用 malloc 函数为头节点申请内存空间
    temp = (linknode_t *)malloc(sizeof(linknode_t));
    //采用尾插法的设计思想
    temp->data = value;        //为新节点赋值
    temp->next = NULL;         //将新节点的指针指向 NULL
    lq->rear->next = temp;     //入队，将新节点加入队列尾部
    lq->rear = temp;           //移动 rear 指针，指向新加入的节点
    return 0;
}
```

（3）判断队列是否为空。

```
//子函数，判断队列是否为空
int linkqueue_empty(linkqueue_t *lq){
    return lq->front == lq->rear ? 1 : 0;
}
```

（4）出队。

```
//从头节点开始删除，包括头节点
datatype_t linkqueue_out(linkqueue_t *lq){
    linknode_t *temp;
    datatype_t value;
    if(linkqueue_empty(lq)){
        printf("linkqueue empty\n");
        return -1;
    }
    temp = lq->front;   //获取删除节点
    //移动 front 指针到下一个节点
```

```
        lq->front = lq->front->next;
        //获取下一个节点的数据
        value = lq->front->data;
        free(temp);              //释放需要删除节点的内存空间
        temp = NULL;             //避免出现野指针
        //返回节点数据
        return value;
}
```

【例3-8】 实现链式队列数据元素的入队和出队操作。主函数用于测试子函数是否正确,使用子函数先执行入队操作,再执行出队操作,并显示出队数据。

结合上面四段代码,主函数代码如下。

```
int main(int argc, const char *argv[])
{
        linkqueue_t *lq;
        lq = linkqueue_create(); //创建一个空的链式队列
        linkqueue_enter(lq, 10); //入队
        linkqueue_enter(lq, 20);
        linkqueue_enter(lq, 30);
        //如果队列不为空,执行出队
        while(!linkqueue_empty(lq)){
            printf("%d ", linkqueue_out(lq));
        }
        printf("\n");
        return 0;
}
```

运行结果如图 3.13 所示,数据入队成功,出队时,最早入队的数据先出队。

图 3.13 链式队列操作结果

3.3.3 队列的典型应用

【例3-9】 一次华尔兹舞会,有男女若干人参加,男女各排一队,跳舞开始时,依次从男女队伍的队头出一人配成舞伴。若两队初始人数不同,则较长一队中未配对者等待下一轮舞曲。请写出算法模拟舞伴配对问题,显示出每对舞者的信息。

```
void DancePartner()
{
        DataType x;   /*用5位整型数表示舞者信息,最高位表示男女,1为男2为女*/
        QueueQ1;      /*男舞者的队列*/
        QueueQ2;      /*女舞者的队列*/
        InitQueue(&Q1);
        InitQueue(&Q2);
        printf("请输人舞者信息: \n")
        scanf("d",&x);
        while(x!=0)
```

```
{
        if(x/10000==1)      /*最高位为 1 的为男士，Q1 队列*/
            InQueue(&Q1,x);
        if(x/10000==2)      /*最高位为 2 的为女士，Q2 队列*/
            InQueue(&Q2,x);
        scanf("%d",&x);
}
printf("本支曲目跳舞的男女舞伴为:\n");
while(!EmptyQueue(&Q1)&&!EmptyQueue(&Q2))
{
        x=OutQueue(&Q1);
        printf("%d\t",x);
        x=OutQueue(&Q2);
        printf("%d",x);
        printf("\n");
}
if(!EmptyQueue(&Q1))                     /*若 Q1 不为空说明还有男士在等待跳舞*/
        printf("下支舞曲等待跳舞的第 1 名男士为:%d",GetHeadQueue(&Q1));
else
        printf("下支舞曲等待跳舞的第 1 名女士为:%d",GetHeadQueue(&Q2));
}
```

3.4 航空航天应用实例分析与实现

　　旅客到机场办理值机业务的基本流程：首先到所属航空公司值机窗口前排队等候，然后按顺序办理业务，办理好业务之后，离开窗口，工作人员再去办理下一个业务。在排队等待过程中，值机窗口按照"先来先服务"的原则，提供服务。旅客办理业务的操作，就是对一个队列进行操作的过程。首先创建一个队列，然后每个新来的旅客都会进行入队操作，当银行提供服务时，需要为排队中最先到达的客户提供服务，从队首取出元素，即元素的出队操作。

　　1. 算法设计

　　（1）定义到值机窗口办理业务的旅客队列，用链队列来表示；

　　（2）当有新旅客到达时，将新旅客插入链队列队尾，即入队操作；

　　（3）当值机窗口无旅客时，从等候的旅客队列中取队首旅客办理业务，即出队操作；

　　（4）当所有旅客都服务完之后，队列为空，程序终止。

　　2. 算法实现

```
typedef struct qnode
{
    int num;                    //旅客排队序号
    struct QNode * next;        //指向下一个旅客指针
}LQNode;                        //定义链队列节点类型

typedef struct
{
    LNode *front;
    LNode * rear;
}LQueue;                        //定义链队列头尾指针
```

```
void InitQueue(LQueue &Q)                   //构造一个空队列Q作为旅客排队队列
{
    Q.front = Q. rear =(QNode *)malloc(sizeof(QNode));
    if(!Q.front) exit(0);
    Q.front -> next = NULL;
}

void EnQueue(LQueue &Q,int num)             //有旅客到达时,进行入队操作
{
    num++;
    printf("您前面共有%d人在排队等候,您是第%d号客户!",QueueLength(LQueue Q),num);
    p=(QNode*)malloc(sizeof(QNode));
    if(!p)
        exit(0);
    p ->data = num;
    p ->next = NULL;
    Q.rear ->next = p;
    Q.rear = p;
}

Status DeQueue(LQueue &Q,int e)
{//如果队列不为空,即队列中有旅客,则通知下一旅客准备,
    //用e返回其值,即出队操作
    if(Q.front == Q.rear)                   //如果队列为空,则返回值0
        return 0;
    p = Q.front -> next;
    e = p -> num;
    printf("请%d旅客到窗口,现在为您办理业务!",e);
    Q.front -> next = p -> next;            //删除队首,即出队操作
    if(Q. rear ==p)                         //如果出队元素是最后一个元素
            Q.rear = Q.front;               //删除元素后,队列为空队列。
    free(p);
    return e;
}

Status DestroyQueue(LQueue&Q)
{//当没有等待的客户,即销毁队列
    while(Q.front)
    {
        Q.rear = Q.front -> next;           //Q.rear指向当前删除节点下一节点
        free(Q.front);
        Q.front = Q. rear;                  //Q.front指向当前删除队头元素
    }
    return 1;
}

int QueueLength(LQueue Q)
{//求队列的长度,即有多少旅客正在排队
    int j=0;
    LQueue p;
    p = Q.front;
    while(p!= Q.rear)
```

```
        {
            j++;
            p = p -> next;
        }
        return j;
}

int main()
{
    LQueue *queue;
    int i,n;
    char select;
    num=0;                          //初始化旅客排队号
    queue=InitQueue (LQueue &Q);     //初始化队列
    if(queue == NULL)
    {
        printf("创建队列时出错!\n");
        getch( );
        return 0;
    }
    do{
        select= etch( );            //接收字符
        switch(select)
        {
            case '1':               //旅客入队操作
              EnQueue (LQueue &Q,int num);
              break;
            case '2':               //旅客出队操作
              DeQueue (LQueue &Q,int e)
              break;
            case '0':               //退出
              break;
        }
    }while(select!='0');
    DestroyQueue(LQueue &Q);        //释放队列
    getch( );
    return 0;
}
```

3.5 习题

1. 填空题

（1）线性表、栈和队列都是_____结构，可以在线性表的_____位置插入和删除元素；对于栈只能在_____插入和删除元素；对于队列只能在_____插入元素和_____删除元素。

（2）在具有 n 个单元的循环队列中，队满时共有_____个元素。

（3）一个栈的输入序列是 12345，则栈的输出序列 43512 是_____。

（4）一个栈的输入序列是 12345，则栈的输出序列 12345 是_____。

（5）栈亦称为_____的线性表，简称为 LIFO 表。

（6）队列亦称作_____的线性表，简称为 FIFO 表。

（7）若在一个函数、过程或者数据结构定义的内部又直接（或间接）出现定义本身的应用，则称它们是_____的。

（8）为充分利用向量空间，克服顺序队列"假上溢"现象而提出的一种方法：将向量空间想象为一个首尾相接的圆环，存储在其中的队列称为_____。

（9）顺序栈和链栈进行插入或删除运算的时间复杂度均为_____。

（10）假设以 S 和 X 分别表示进栈和退栈操作，则对输入序列 1、2、3、4、5 进行一系列栈操作 SXSSXSSXXX 之后，得到的输出序列为_____。

（11）表达式求值是_____应用的一个典型例子。

（12）以下运算实现在链栈上的初始化，请在_____处用适当句子予以填充。

```
Void InitStacl( LstackTp *ls){_____; }
```

（13）以下运算实现在链栈上的进栈，请在_____处用适当句子予以填充。

```
Void Push( LStackTp *ls,DataType x)
{LstackTp *p;p=malloc(sizeof(LstackTp));
_____;
p -> next = ls;
_____;
}
```

（14）以下运算实现在链栈上的退栈，请在_____处用适当句子予以填充。

```
Int Pop( LstackTp *ls,DataType *x)
{ LstackTp *p;
  if(ls!=NULL)
  {p=ls;
   *x=_____;
   ls = ls -> next;
   _____;
   return(1) ;
  }else return(0) ;
}
```

（15）以下运算实现在链队上的入队列，请在_____处用适当句子予以填充。

```
Void EnQueue(QueptrTp *lq,DataType x)
{LqueueTp*p;
 p=(LqueueTp*)malloc(sizeof(LqueueTp));
 _____=X;
 p->next = NULL;
  (lq -> rear)->next = _____;
  _____;
}
```

2. 选择题

（1）设栈 S 和队列 Q 的初始状态均为空，元素 a、b、c、d、e、f、g 依次进入栈 S。若每个元素出栈后立即进入队列 Q，且 7 个元素出队的顺序是 b、d、c、f、e、a、g，则栈 S 的容量至少是（　　）。

A. 1 　　　　　　　 B. 2 　　　　　　　 C. 3 　　　　　　　 D. 4

（2）若元素 a、b、c、d、e、f 依次进栈，允许进栈、退栈操作交替进行，但不允许连续三次进行退栈操作，则不可能得到的出栈序列是（　　）。

A．d c e b f a　　B．c b d a e f　　C．b c a e f d　　D．a f e d c b

（3）某队列允许在其两端进行入队操作，但仅允许在一端进行出队操作。若元素 a、b、c、d、e 依次入此队列后再进行出队操作，则不可能得到的出队序列是（　　）。

A．b a c d e　　B．d b a c e　　C．d b c a e　　D．e c b a d

（4）元素 a，b，c，d，e 依次进入初始为空的栈中，若元素进栈后可停留、可出栈，直到所有元素都出栈，则在所有可能的出栈序列中，以元素 d 开头的序列个数是（　　）。

A．3　　B．4　　C．5　　D．6

（5）设有 6 个元素按 1、2、3、4、5、6 的顺序进栈，下列不合法的出栈序列是（　　）。

A．234165　　B．324651　　C．431256　　D．546321

（6）已知循环队列存储在一维数组 A[0,...,n-1] 中，且队列非空时 front 和 rear 分别指向队头元素和队尾元素。若初始时队列为空，且要求第 1 个进入队列的元素存储在 A[0] 处，则初始时 front 和 rear 的值分别是（　　）。

A．0、0　　B．0、n-1　　C．n-1、0　　D．n-1、n-1

（7）若用一个大小为 5 的数组来实现循环队列，且当前 rear 和 front 的值分别为 0 和 2，当从队列中删除 2 个元素，再加入 1 个元素后，rear 和 front 的值分别为（　　）。

A．2 和 3　　B．1 和 4　　C．4 和 1　　D．3 和 2

（8）循环队列放在一组数组 A[0,...,M-1] 中，End$_1$ 指向队头元素，End$_2$ 指向队尾元素的后一个位置。假设队列两端均可进行入队和出队操作，队列中最多能容纳 M-1 个元素。初始时为空，下列判断队空和队满的条件中，正确的是（　　）。

A．队空:End$_1$==End$_2$;队满:End$_1$==(End$_2$+1)mod$M$

B．队空:End$_1$==End$_2$;队满:End$_2$==(End$_1$+1)mod(M-1)

C．队空:End$_2$==(End$_1$+1)mod$M$;队满:End$_1$==(End$_2$+1)mod$M$

D．队空:End$_1$=(End$_2$+1)mod$M$;队满:End$_2$==(End$_1$+1)mod(M-1)

（9）循环队列 Q 的存储空间为 0～m-1，用 front 表示队头，用 rear 表示队尾，采用少用一个单元的方法来区分队列空和满，那么循环队列满的条件是（　　）。

A．Q.rear+1==Q.front　　　　　B．(Q.rear+1)%m==Q.front

C．Q.front+1==Q.rear　　　　　D．(Q.front+1)%m==Q.rear

（10）若用链表来表示队列，则应该选用（　　）。

A．带头指针的非循环链表　　　　B．带头指针的循环链表

C．带尾指针的非循环链表　　　　D．带尾指针的循环链表

3. 判断题

（1）线性表的每个节点只能是一个简单类型，而链表的每个节点可以是一个复杂类型。
（　　）

（2）在表结构中最常用的是线性表，栈和队列不太常用。　　　　　　（　　）

（3）栈是一种对所有插入、删除操作限于在表的一端进行的线性表，是一种后进先出线性表。
（　　）

（4）栈和队列的存储方式既可是顺序存储，也可是链式存储。　　　（　　）

（5）队列是一种插入与删除操作分别在表的两端进行的线性表，是一种先进后出线性表。

                           （ ）

（6）一个栈的输入序列是 12345，则栈的输出序列不可能是 12345。 （ ）

（7）消除递归不一定需要使用栈。   （ ）

（8）即使对不含相同元素的同一输入序列进行两组不同的合法的入栈和出栈组合操作，所得的输出序列也一定相同。   （ ）

（9）栈和队列都是限制存取点的线性结构。   （ ）

（10）任何一个递归过程都可以转换成非递归过程。   （ ）

4．简答题

（1）假设以 S 和 X 分别表示入栈和出栈操作，则对初态和终态均为空的栈操作可由 S 和 X 组成的序列表示（如 SXSX）。

① 试指出判别给定序列是否合法的一般规则。

② 两个不同合法序列（对同一输入序列）能否得到相同的输出元素序列？如能得到，请举例说明。

（2）什么是递归程序？递归程序的优、缺点是什么？递归程序在执行时，应借助于什么来完成？

（3）简述顺序存储队列的假溢出的避免方法及队列满和空的条件。

（4）假设以带头节点的循环链表表示队列，并且只设一个指针指向队尾节点，但不设头指针，请写出相应的入队列和出队列算法。

（5）给出栈的两种存储结构形式名称，在这两种栈的存储结构中如何判别栈空与栈满？

5．算法题

（1）正读和反读都相同的字符序列，称为回文，如"abcba""olvlo"等是回文，请写一个算法判断读入的一个以"#"为结束符的字符序列是否为回文。

（2）写一个算法，借助于栈将一个单链表逆置。

（3）假设以带头节点的单循环链表表示一个队列，并且只设一个队尾指针指向尾元素节点，不设队头指针，请写出相应的初始化队列、入队、出队的算法。

第 **4** 章

串

串（即字符串）是一种特殊的线性表，它的数据元素仅由一个字符组成。本章首先介绍了串的概念和基本运算，然后分别介绍了串的顺序存储结构与运算、链式存储结构与运算，最后还介绍了串的模式匹配算法。

4.1 实例引入

计算机的产生以及早期发展主要是满足人们的数值计算需求，随着人们需求不断增多，技术的不断发展，计算机开始引入字符的计算，这就有了字符串的概念。由于我们现今使用的计算机的硬件结构主要是面向数值计算的需要，基本上没有提供对串进行操作的指令，因此需要用软件来实现串数据类型。

计算机非数值处理的对象主要是字符串数据，例如，在汇编和高级语言的编译程序中，源程序和目标程序都是字符串数据；在购物平台中，用户的姓名、地址，货物的产地、名称等，一般也是作为字符串处理的。除此之外，由于其自身的特性，我们常常把一个串作为一个整体来处理。

字符串在日常生活中的应用非常广泛，例如，与人们息息相关的信用卡、电话卡、手机卡等都涉及密码检测。密码检测的最简单的处理办法就是用一个字符串存储已有的密码，然后在使用各种卡时再要求输入密码与已有的密码进行逐个字符比较。如果相同，则密码检测成功；如果不同则密码检测失败。

字符串在事务处理程序中也有广泛的应用，例如，顾客的姓名和地址以及货物的名称、产地和规格等一般都是被作为字符串处理的，还有信息检索系统、文字编辑程序、问答系统、自然语言翻译系统、音乐分享程序以及机器自动化阅卷等都是以字符串数据为处理对象。

4.2 串的概念及基本运算

4.2.1 串的概念

由零个或多个任意字符组成的字符序列称为字符串（串）。假设字符串 S，令

$s = "s_1,s_2,s_3,\cdots,s_n"$，这里 S 是串名或者串变量，双引号为串的定界符。s_i（$1<i<n$）是一个任意字符，称为串的元素。n 为串的长度，表示串中所包含的字符个数。当 $n=0$ 时，S 为空串，通常记为 Φ，或 $S=""$。

串中任意连续的字符组成的子序列称为该串的子串，包含子串的串相应地称为主串。空串是任何串的子串，任何串是自身的子串。子串的第一个字符在主串中的序号称为子串的位置。两个串的长度相等且对应字符都相等就可以说这两个串是相等的，子串可以与主串相等。

4.2.2 串的基本运算

串的逻辑结构和线性表的逻辑结构很相似，但是串的基本操作和线性表的却有很大的差别。常见的串的基本运算如下。

（1）求串的长度。StrLength(S)，S 存在，返回一个整型值，即 S 的元素个数，也称为串的长度。例如，S="data"，则返回 S 的长度为 4。

（2）连接操作。Concat(S, T)，把指定的串 S 和 T 连接成一个新串，并存储为串 S。T 的第一个字符接在 S 的最后一个字符之后，并返回结果 S。例如，S="data"，T="structure"，则执行 Concat(S,T)后得到 S="datastructure"。

（3）比较串。StrCompare(S,T)，串 S 和 T 存在，比较两个串。若 S>T，则返回值>0；若 S=T，则返回值=0；若 S<T，则返回值<0。此处比较两个串的大小，是指在左对齐的情况下，按两个串的对应位字符的 ASCII 码之间大小的比较。如果仅比较是否相等，可以采用函数 equal(S,T)，返回值为 TRUE（或者 1）与 FALSE（或者 0），分别表示相等关系的成立和不成立）。

（4）判断串是否空。StrEmpty(S)，设串 S 存在，若 S 为空串，则返回 TRUE，否则返回 FALSE。

（5）串插入操作。Insert(S,i,T)，给定串 S、T 和整数 i，在 S 的第 i 个字符之前插入 T。例如，S="stunt"，T="de"，$i=4$，则返回 S="student"。

（6）串删除操作。Delete(S,i,len)，给定串 S、整数 i 和整数 len，从串 S 中删除第 i 个字符开始的连续 len 个字符构成的子串。例如，S="student"，$i=2$，$len=3$，则返回 S="sent"。

上述可以看到，在线性表的基本操作中，大多以"单个元素"作为操作对象，如在线性表中查找某个元素，求取某个元素，在某个位置上插入一个元素或删除一个元素等；而在串的基本操作中，通常以"串的整体"作为操作对象，例如在串中查找某个子串，求取一个子串，在串的某个位置上插入一个子串以及删除一个子串等。

4.3 串的顺序存储结构与运算

字符串的存储结构跟线性表相似，也有顺序存储和链式存储两种存储结构。而顺序存储又可以细分为静态存储分配和动态存储分配。

4.3.1 串的定长顺序存储与运算

1. 串的定长顺序存储表示

静态存储分配的顺序串也称为串的定长顺序存储表示，所谓的定长顺序存储结构就是按照预定义的大小，为每一个串变量分配一个固定长度的分配区。串的定义代码如下所示：

```
#define MAXSIZE 256
char S[MAXSIZE];
```

其中，串的最大长度不能超过 256。

如何标识串的实际长度？

（1）用数组的 0 号单元存放串的长度，串值从 1 号单元开始存放，如图 4.1 所示。例如，设 char S[MAXSIZE＋1]，用 S[0]存放串的实际长度，串值存放在 S[1]～S[MAXSIZE]，字符的序号和存储位置一致，应用更为方便。

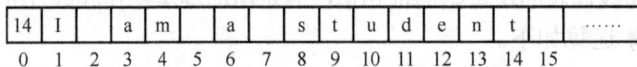

14	I		am		a		s	t	u	d	e	n	t		……
0	1	2	3	4	5	6	7	8	9	10	11	12	13	14	15

图 4.1　串的定长顺序存储（1）

（2）在串尾存储一个特殊字符作为串的终结符，如图 4.2 所示。例如，C 语言中使用'\0'表示串的结束。这种方法不能直接得到串的长度，通过判断当前字符是否是'\0'来确定串是否结束，从而得到串的长度，此方法的优点是便于系统自动实现。

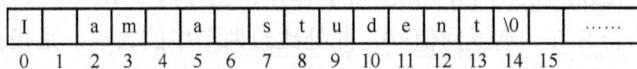

I		am		a		s	t	u	d	e	n	t	\0		……
0	1	2	3	4	5	6	7	8	9	10	11	12	13	14	15

图 4.2　串的定长顺序存储（2）

2．定长顺序串的运算

定长串的运算主要有连接、求子串、串比较等算法，设串结束用"\0"来标识。

（1）串连接：把串 S1 连接到 S2 之后，结果保存到 S1 中。

【例 4-1】 串连接。

```
int Concat(s1,s2)
{    len1=length(s1);
     len2=Length(s2);
     if(len1＋len2>MAXSIZE-1)
          return 0;              // s 长度不够
     s1[len1..len1+len2-1]=s2[0..len2-1];
     s1[len1+len2]='\0';
     return 1;
}
```

（2）求子串：给定整数 i 和 len，返回从指定的串 S 中读取从第 i 个字符开始，连续 len 个字符的串，$len=0$ 得到的是空串。

【例 4-2】 求子串。

```
int substring (char *t, char *s, int i, int len)
//用 t 返回串 s 中第个 i 字符开始的长度为 len 的子串 1≤i≤串长
{    int slen;
     slen=length(s);
     if( i<1 || i>slen || len<=0 || len>slen-i+1)
     {    printf("参数不对");
          return 0;
```

```
    }
    t[o..len-1]=s[i-1..i+len-1];
    t[len-1]='\0';
    return 1;
}
```

（3）串比较。

【例 4-3】 串的比较。

```
int StrComp(char *s1, char *s2)
{   int i=0;
    while(s1[i]==s2[i]&&s1[i]!='\0')
        i++;
    return(s1[i]-s2[i]);
}
```

4.3.2 串的堆存储与运算

1. 串的堆存储

由于定长顺序串的空间是在编译阶段就确定的，运行阶段不能够改变空间大小，这样就会出现一些常见的问题：预留空间太大、串长较小而造成空间的浪费；如果空间不是足够大，在做插入、联接操作时可能会舍弃超长部分，造成数据的丢失。为此，可以考虑采用线性表中动态存储分配的顺序表，利用动态分配函数，根据串长来申请分配串需要的空间，并用空间释放函数来释放串空间。例如，在 C 语言中的串类型就是采用这种存储方式实现的，使用函数 malloc( )和 free( )进行串值空间的动态管理。由于使用 malloc( )函数申请内存空间时是在程序运行时逻辑空间中的堆空间（heap space）进行的，所以动态存储分配的顺序串也被称为串的堆存储分配表示，简称堆串。

堆串的定义代码如下。

```
typedef struct{
    char *stradr;
    int lenth;
}HString
```

其中，lenth 指示串的长度，stradr 指示串的起始位置。借助此结构可以在串名和串值之间建立一个对应关系，称为串名的存储映像。系统中所有串名的存储映像构成一个符号表。

2. 堆串的运算

堆串的运算仍然基于字符序列的复制进行，基本思想：当需要产生一个新串时，要判断堆空间中是否还有存储空间，若有，则从 free 指针开始划出相应大小的区域为该串的存储区，然后根据运算求出串值，最后建立该串存储映象索引信息，并修改 free 指针。

假设：堆空间定义为 char store[SMAX＋1]，自由区指针定义为 int free。

（1）串连接：串 S1 和串 S2 连接成新串，用 S 返回新串。

【例 4-4】 串连接。

```
void Concat(s1,s2,s)
{   Store[free..free+s1.length-1] = Store[s1.stradr.. s1.stradr+s1.length－1];
    Store[free+s1.length1.free+s1.length+s1.length-1]=Store[s2.stradr..s2.stradr+
    s2.length-1];
```

```
        s.stradr=free
        s.length=s1.length+s2.length;
        free=free+s1.length+s2.length;
}
```

（2）求子串：将串 s 中第 i 个字符开始的长度为 len 的子串送到一个新串 t 中。

【例 4-5】 求子串。

```
int substring(HString *t, HString s,int i,int len)
{    int i;
    if(i<0 || len<0 || len>s.lenth-i+1)
        return error;
    else{    t->length=len;
            t->stradr=s.stradr+i-1;
        }
}
```

（3）串比较：比较两个字符串 S 和 T，如果 S 等于 T，则返回 0；如果 S>T，则返回值大于 0；如果 S 小于 T，则返回值小于 0。

【例 4-6】 串比较。

```
int StrCompare( HString S, HString T)
{    for(i=0; i<S.length && i<T.length;++i)
        if(S.stradr[i]!=T.stradr[i])
            return S.stradr[i]-T.stradr[i];
        return S.length-T.length;
}
```

4.4 串的链式存储结构与运算

4.4.1 块链串

与线性表的链式存储结构类似，可以采用链式存储结构来存储串。在链表中的每个节点存储一个元素，而串结构中每个数据元素是一个字符，那么一个节点应该定义多大呢？

如果每个节点仅存放一个字符，如图 4.3 所示，则十分便于对串进行插入和删除操作，但是这种存储结构会使节点的指针域较多，造成系统空间浪费。另一种情况，每个节点存放若干个字符，这种结构称为块链结构或块链串，图 4.4 所示的是节点大小为 4 的串的块链式存储结构。这种块链结构可以节省存储空间，提高空间的利用率。

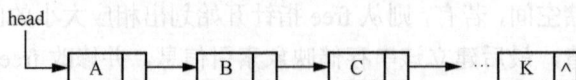
图 4.3 节点大小为 1 的链表

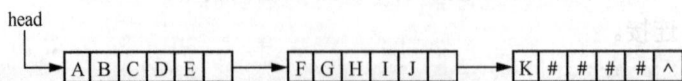
图 4.4 节点大小为 5 的链表

块链串的每个节点的定义如下。

```
#define DATASIZE 801
typedef struct snode
{
    char data[DATASIZE];
    struct snode *next;
}snode;
```

块链串的定义如下。

```
typedef struct
{
    snode * head, * tail;
    int curlenth;
}LString;
```

有时候，设计字符串连接功能时需要注意处理第一个串尾的无效字符。因为，当节点大小大于 1 时，串长度不一定是节点大小的整数倍，则链表中的最后一个节点就不一定全被串占满，此时通常会填充上 "#" 或其他非串值字符。

4.4.2　块链串的运算

以串连接和求子串来讨论一下这种存储结构下实现串的操作。

（1）串连接：将串 S 和串 T 连接成一个新串 str。

```
LString *Concat(LString *S,LString *T)
{
    LiString *str,*p=s->next,*q,*r;
    str=(LString * )malloc(sizeof(LString));
    r=str;
    while(p! = NULL)
    {
        q= ( LiString * ) malloc( sizeof( LiString));
        q -> data = p-> data;
        r -> next = q;r = q;
        p=p -> next;
    }
    p = t -> next ;
    while (p!= NULL)
    {
        q= ( LiString  ) malloc( sizeof( LiString));
        q -> data = p -> data;
        r -> next = q;r =q;
        p =p -> next ;
    }
    r -> next = NULL;
    return str;
}
```

（2）求子串：返回串 S 中从第 i 个字符到第 j 个字符连续组成的子串。

```
LiString * SubStr( LiString *S, int i , int j)
{   int k;
    LiString * str , * p =s-> next, * q, * r;
    str = (LiString * )malloc(sizeof(LiString));
```

```
        r = str;
        if( i <=0 || i > StrLength(s) || j<0 || i+j-1 > StrLength(S))
        {        printf("参数错误\n");
                 return str;
        }
        for(k=0;k<i-1;k++)
             p = p -> next;
        for(k=1;k<=j;k++)
        {    q=(LiString * )malloc(sizeof(LiString));
             q -> data = p -> data;
             q -> next = NULL;
             r -> next = q;r=q;
             p =p-> next;
        }
        r->next=NULL;
        return str;
    }
```

4.5 串的模式匹配

子串在主串中的定位称为模式匹配（或称为串匹配、字符串匹配）。设 S 和 T 是给定的两个串，S 为主串，T 为模式串。在主串 S 中找到子串 T 的过程称为模式匹配。如果在 S 中找到 T，则称匹配成功，函数返回 T 在 S 中的首次出现的存储位置（或序号），否则匹配失败，返回-1。

串的模式匹配应用也是非常广泛，例如，在文本编辑程序中，确定某一特定单词在给定文本中出现的位置，正是使用了模式匹配。模式匹配是一个非常复杂的串操作过程，学界也提出了许多算法。本节介绍两种主要的模式匹配算法。

4.5.1 BF 算法

Brute-Force 模式匹配算法也称为 BF 算法，它算法简单，易于理解，因此也称为简单模式匹配算法。基本算法思想如下。设主串 S 和模式串 T，首先将 S 中的第 1 个字符 s_1 与 T 中的第 1 个字符 t_1 进行比较，若不同，就将 s_2 与 t_1 进行比较，直到 S 的某一个字符 s_i 和 t_1 相同，再将它们之后的字符进行比较，若也相同，则如此继续往下比较。当 S 的某一个字符 s_i 与 T 的字符 t_j 不同时，则 S 返回到本趟开始字符的下一个字符，即 s_{i-j+2}，t 返回到 t_1，继续开始下一趟的比较，重复上述过程。若 t 中的字符全部比完，则说明本趟匹配成功，本趟的起始位置是 $i-j+1$ 或 $i-t[0]$，否则匹配失败。

例如，主串 S="ababcdabc"，模式串 T="abcd"，匹配过程如图 4.5 所示。

算法实现如下。

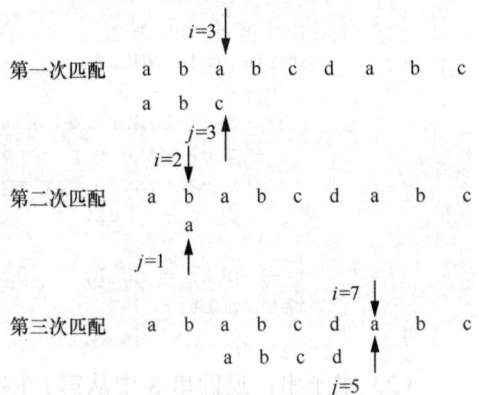

图 4.5 串匹配过程

```
int IndexString(StringType S,StringType T,int pos)
{   char *p,*q;
```

```
    int k ,j;
    k=pos-1;              //顺序存放时第 pos 位置的下标值为 pos-1
    j=0;                 //设置初始匹配位置
    p=S.str + pos -1;
    q=T.str;
    while(k<S.length)&&(j<T.length)
    {
         if(*p == *q)
           { p++;   q++;   k++;   j++)
         else
           { k=k-j+1;   j=0;   q=T.str;   p=S.str+k;}
    }
      if(j == T.length)
            return(k-T.length);
      else
            return(-1);
 }
```

该算法的时间复杂度为 $O(n \times m)$，其中 n、m 分别是主串和模式串的长度。通常在实际运行过程中，该算法的执行时间近似于 $O(n+m)$。

4.5.2 KMP 算法

简单模式匹配算法简单但效率较低，D.E.Knuth，J.H.Morris 和 V.R.Pratt 三人提出了一种改进的模式匹配算法，简称 KMP 算法，消除了主串指针的回溯，使得算法效率进一步提高。

KMP 算法的思路是利用 next[ ]数组来改进模式匹配算法。假设主串为 S，模式串为 T，设 i 指针和 j 指针分别指向主串和模式串中正待比较的字符，i 和 j 的初值均设为1。如果 $S_i=T_j$ 则 i 和 j 分别加 1，比较下一个字符。否则，i 不变，j 退回到"j=next[j]"的位置，依此类推。直到出现下列两种情况：

（1）退回到某个下一个[j]值时字符比较相等，则指针各自加 1 继续进行匹配。

（2）退回到 $j=0$，将 i 和 j 分别加 1，即从主串的下一个字符 S_{i+1} 模式串的 T 重新开始匹配。算法代码如下。

```
#define Max_Strlen 1024
int next[ Max_Strlen] ;
int KMP_index ( StringType S , StringType t)
{
    int k=0,j=0;//初始匹配位置
    while(k<S.length)&&(j<t.length)
    {
        if((j == -1)||(S.str[k] == t.str[j]))
            { k+;  j++;  }
        else   j=next[j];
     }
    if(j>=t.length)
        return(k-t.length) ;
    else   return(-1) ;
}
void next(StringType t,int next[ ])
{   int k=1,j=0;
```

```
        next[1]=0;
        while(k<t.length)
    {    if((j==0)||(t.str[k]==t.str[j]))
        {    k++;
             j++;
             if(t.str[k]!=t.str[j])
                        next[k]=j;
             else
                        next[k]=next[j];
        }
        else next[j]=j;
    }
}
```

4.6 航空航天应用实例分析与实现

航空公司客户信息系统会保存旅客私人信息，如表 1.1 所示。有关旅客私人信息的数据常常需要进行加密处理。如果对其中某一个字段进行加密，例如 MEMBER_NO 字段，其数据类型为字符串，在进行数据填入时可以就使用加密算法进行处理。本节提出的加密算法是对字符串中的单个字符的二进制形式进行操作，通过右移与位运算将其分为两部分，存储在两个字符中。

其具体代码如下。

```
#include<stdio.h>
#include<string.h>
#define MaxStrSize 256
typedef struct{
    char ch[MaxStrSize];
    int length;
}SString;                          //定义顺序串类型
void InitString(SString *S,char a[])
{
    int i,j;
    for(j=0;a[j]!='\0';j++);
    for(i=0;i<j;i++)
        S->ch[i]=a[i];
    S->length=strlen(a);
}//串的初始化
void Encrypt(SString S,SString*T)
{
    char c;
    int i,h,1,j=0;
    for(i=0;i<S.length;i++)
    {
        c=S.ch[i];
        h=(c>>4)&0xf;
//取前四位向右移四位，然后再与 0xf 与操作 xf 也就是 00001111
        l=c&0xf;
        T->ch[j]=h+'x';
        T->ch[j+1]=l+'z';       //取后四位
```

```
            j+=2;
        }
        T->length=2*s.length;
} //加密算法
void show(sstring s)
{
        int i;
        for(i=0;i<S.length;i++)
                printf("%c",S.ch[i]);
}
```

4.7 习题

1. 填空题

（1）设 S="I_am_a_teacher"，其长度为_____。

（2）空串是_____其长度为_____。

（3）空格串是由_____组成的非空串，其长度等于串中_____的个数。

（4）组成串的数据元素只能是_____。

（5）一个字符串中_____称为该串的子串。

（6）设 S1='GOOD'，S2='   '，S3='BYE!'，则 S1、S2 和 S3 连接后的结果是_____。

（7）两个串相等的充分必要条件是_____。

（8）串的两种最基本的存储方式是_____。

（9）INDEX('DATASTRUCTURE','STR')=_____。

（10）设正文串长度为 n，模式串长度为 m，则串匹配的 KMP 算法的时间复杂度为_____。

2. 选择题

（1）空串与空格串是（   ）。

A. 不相同　　　　　B. 相同　　　　　C. 不能确定

（2）串是一种特殊的线性表，其特殊性体现在（   ）。

A. 可以顺序存储　　　　　　　　B. 数据元素是一个字符

C. 可以链式存储　　　　　　　　D. 数据元素可以是多个字符

（3）设有两个串 p 和 q，求 q 在 p 中首次出现的位置的操作是（   ）。

A. 连接　　　B. 模式匹配　　　C. 定位　　　　D. 求串长

（4）若串 s="software"，求子串个数是（   ）。

A. 8　　　　　B. 37　　　　　C. 36　　　　　D. 9

（5）S$_1$="bc cad cabcadf"，S$_2$="abc"，则 S$_2$ 在 S$_1$ 中的位置是（   ）。

A. 7　　　　　B. 8　　　　　C. 6　　　　　D. 9

（6）函数 SubStr("DATASTRUCTURE",5,9)的返回值为（   ）。

A. "STRUCTURE"　　　　　　　　B. "DATA"

C. "ASTRUCTUR"　　　　　　　　D. "DATASTRUCTURE"

（7）字符串的长度是指（   ）。

A. 串中不同字符的个数　　　　　B. 串中不同字母的个数

C．串中所含字符的个数　　　　　　D．串中不同数字的个数

（8）两个字符串相等的充要条件是（　　）。

A．两个字符串的长度相等　　　　　B．两个字符串中对应位置上的字符相等

C．同时具备 A.和 B.两个条件仪　　D．以上答案都对

（9）关于串的叙述中，正确的是（　　）。

A．空串是只含有零个字符的串

B．空串是只含有空格字符的串

C．空串是含有零个字符或含有空格字符的串

D．串是含有一个或多个字符的有穷序列

（10）下面关于串的叙述中，哪一个是不正确的？（　　）

A．串是字符的有限序列

B．空串是由空格构成的串

C．模式匹配是串的一种重要运算

D．串既可以采用顺序存储，也可以采用链式存储

3．判断题

（1）子串"ABC"在主串"AABCABCD"中的位置为 2。（　　）

（2）KMP 算法的特点是在模式匹配时指示主串的指针不会变小。（　　）

（3）设模式串的长度为 m，目标串的长度为 n，当 $n \approx m$ 且处理只匹配一次的模式时，朴素的匹配（即子串定位函数）算法所花的时间代价可能会更小。（　　）

（4）串是一种数据对象和操作都特殊的线性表。（　　）

（5）串长度是指串中不同字符的个数。（　　）

4．简答题

（1）设主串 S="xxyxxxyxxxxyxyx"，模式串 T="xxyxy"。请问：如何用最少的比较次数找到 T 在 S 中出现的位置？相应的比较次数是多少？

（2）KMP 算法（字符串匹配算法）较 Brute（朴素的字符串匹配）算法有哪些改进？

（3）已知下列字符串（假设采用定长存储结构）

```
a="this",
b="",
c="good",
d="ne",
f="a sample",
g="is"
```

顺序执行以下操作后，S、T、U、V、Length(S)、Index(V,g)、Index(U,g)各是什么？

```
S=Concat(a,concat(Substr(f,2,7),Concat(b,Substr(a,3,2))))
T=Replace(f,Substr(f,3,6),c)
U=Concat(Substr(c,3,1),d)
V=Concat(S,Concat(b,Concat(T,Concat(b,U))))
```

（4）执行以下函数会产生怎样的输出结果？

```
Void demonstrate( ){
    Strassign(s,"this is a book");
    Replace(s,Substring(s,3,7),"ese are");
```

```
    Strassign(t,Concat(s,"s"));
    Strassign(u,"xyxyxyxyxyxy");
    Strassign(v,Substring(u,6,3));
    Strassign(w,"w");
    Printf("t=",t,"v=",v,"u=",Replace(u,v,w));
}
t=these are books;    v=yxy;    u=xwxwxw
```

（5）设 S="I am a student"，t="good"，q="worker"。求 strlength(s)，strlength(t)，substr(s,8,7)，substr(t,2,1)，index(s,"a")，index(s,t)，replace(s,"student",q)，concat(substr(s,6,2)，concat(t,substr(s,7,8)))。

5．算法题

（1）串 s 和 t 采用堆存储，设计一个函数，求第一个在 s 而不在 t 中的字符的序号。

（2）采用堆存储串 s，设计函数删除 s 中第 i 个字符开始的 j 个字符。

（3）若 x 和 y 是采用堆存储的串，设计一个比较两个串是否相等的函数。

（4）两个字符串 S_1 和 S_2 的长度分别为 m 和 n。求这两个字符串最大共同子串算法的时间复杂度为 $T(m,n)$。估算最优的 $T(m,n)$，并简要说明理由。

（5）S 和 T 是用节点大小为 1 的单链表存储的两个串，设计一个算法将串 S 中首次与 T 匹配的子串逆置。

第 5 章
数组和广义表

数组是最常用的数据结构之一，它和广义表是线性表的推广。本章首先介绍了数组的定义和存储，然后对二维数组的表现形式矩阵以及其压缩存储进行介绍，最后对广义表的概念、存储以及基本操作进行了介绍。

5.1 实例引入

数组是一类应用非常广泛的数据结构，可以说数组是其他数据类型的基础。从前面学习过的基本线性表、栈、队列、串等典型数据结构类型中可以看到数组的应用，高级程序设计语言都提供了数组这种数据结构类型，而线性表的顺序存储也是用一维数组来实现的。

在算法设计中，数组经常用于解决一些复杂的问题。例如，排序算法（如冒泡排序、快速排序等）需要使用数组来存储待排序的数据，并通过遍历和比较数组元素来实现排序。

在航空领域中，机票预订网站中航空班次信息可以由二维数组来保存，"航班号""航空公司""乘客数量""出发地""目的地"和"票价"可以作为数组元素，通过检索和分析航空信息可以为乘客出行和机场线路安排提供准确的决策支持。需要记录机场跑道的利用率，使用二维数组来保存跑道上固定时段飞机起飞降落的次数，通过数据分析可以高效地管理和调度飞机出行。

5.2 数组

5.2.1 数组的定义

数组是具有相同数据类型的 n（$n>1$）个元素按一定顺序排列的集合，该有限序列存储在一块连续的内存单元。数组表示是把有限个类型相同的变量用一个名字命名，这个名字称为数组名，然后用编号区分集合里的每一个变量，编号称为下标。组成数组的各个变量称为数组的元素，有时也称为下标变量。数组元素也是一个数据结构，它可以是整型、实型等简单数据类型，也可以是数组、结构体、指针等构造类型。根据数组元素的组织形式不同，数组可以分为一维数组、二维数组以及多维（n维）数组。

数组可以理解为如果一个向量的所有元素又都是向量（或称子向量），且这些子向量具有相同的上限和下限标号，那么这种特殊形式的向量称为数组。

一维数组可以看成是一个线性表或一个向量，它的每一个元素都是该结构中不可分割的最小单位，它是存放在一块连续的存储单元中，适合于随机查找。一维数组记为 $A[n]$ 或 $A = (a_0, a_1, \ldots, a_i, \ldots, a_{n-1})$。

二维数组又称为矩阵，二维数组中的每一个元素又是一个一维数组，都属于某一行、某一列。例如，A 是一个有 m 行 n 列的二维数组，则 A 可以表示为图 5.1 所示。二维数组可以看成由 m 个行向量组成的向量，也可以看由 n 个列向量组成的向量。数组中的每个元素由元素值 a_{ij} 及一组下标 (i, j) 来确定。a 既属于第 i 行的行向量，又属于第 j 列的列向量。

以此类推，多维数组可以表示成 n（$n>1$）维数组，它是这样一个向量，每个元素都是 $n-1$ 维数组，且具有相同的上限和下限。多维数组是特殊的线性表，是线性表的推广。

对数组的运算，通常有如下两种：

（1）给定一组下标，存取相应的数组元素；

（2）给定一组下标，修改相应的元素值。

可以看出，这两个运算在内部实现时都需要

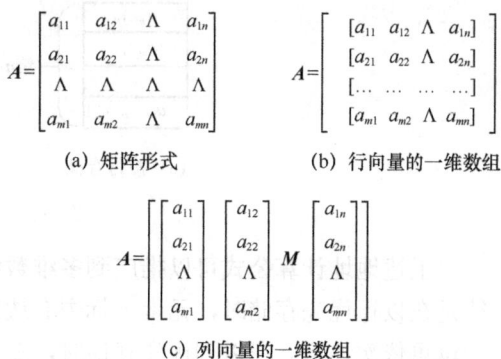

(a) 矩阵形式 　　　　　(b) 行向量的一维数组

(c) 列向量的一维数组

图 5.1　一维数组

计算出给定元素的实际存储地址，因此，计算数组元素地址这一运算就成了数组中最基本的运算，当数组在采用特定的存储结构时，都需要先计算数组元素地址。

5.2.2　数组的顺序存储

存储单元是一维结构，多维数组是多维结构，如果用一组连续的存储单元存储数组元素，则需要有次序约定。同时，因为数组一般没有插入和删除运算，数组一旦建立，数组结构中数据元素的个数和元素之间的关系不再变动，所以采用顺序结构是理想的。现在的问题：以什么次序来存储各元素的值？

由于一维数组与计算机内存存储结构一致，因此存储起来比较方便。而在多维数组中，情况就要麻烦一些。一般有两种存储方式，以二维数组为例来说明。

（1）以行序为主序的存储，即行优先次序：逐行地顺序存储各元素，如图 5.2（a）所示。在 C、Java、C#、PASCAL、COBOL、PL/L 等语言中均采用这种存储方式。

在实现数组运算中，需要求解给定元素的地址时，根据顺序存储方式的规律性，假设二维数组的元素 $A[i, j]$，在以行序为主序的存储方式中，该元素的序号为 $Num(i, j) = (i-1)*n + j$。

（2）以列序为主序的存储，即列优先次序：逐列地顺序存储各元素，如图 5.2（b）所示。FORTRAN 语言中采用的就是这种方式。在求解元素的地址，仍然假设二维数组的元素 $A[i, j]$，在以行序为主序的存储方式中，该元素的序号为 $Num(i, j) = (j-1)*n + i$。

若给定存储区的起始地址为 Addr0，每个元素占 C 个单元，则元素 $A[i, j]$ 在内存中的地址为 $Loc(i, j) = Addr0 + (Num(i, j) - 1)*C$。注意，此处所给出的数组的行、列下标序号是从 1 开始的，在 C、C++、Java 等语言中，数组下标是从 0 开始的，故计算公式会有所变化。例如，如果行列数不变，但均是从 0 开始，采用行优先，序号计算公式变成 $Num(i, j) = i*n + j + 1$。

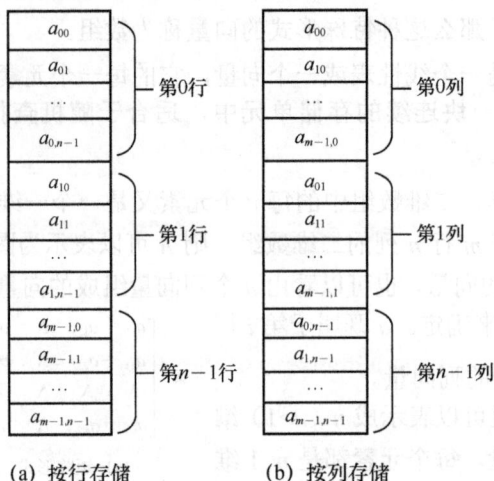

图 5.2　二维数组存储方式

上述地址计算公式可以推广到多维数组。在 n 维数组中，两种存储方式下的下标变化规律是在以行优先存储时，元素下标中右边的数字下标变化快于左边，当低位满了，就要向前一位再依次递增。在以列优先存储时，左边数字下标快于右边。

以上讨论的是假设二维数组的行、列下界从 0 开始的情况。在一般的情况下，假设二维数组行下界是 c_1，行上界限是 d_1，列下界是 c_2，列上界限是 d_2。二维数组 $A[c_1..d_1],[c_2...d_2,]$ 的存储的地址如式（5-1）所示。

$$LOC(a_{ij}) = LOC(a_{c_1c_2}) + [(i - c_1) * (d_2 - c_2 + 1) + j - c_2] * L \qquad (5-1)$$

其中：

① $LOC(a_{c1c2})$ 为基地址；

② $(i - c_1)$ 表示矩阵的行下标；

③ $(d_2 - c_2 + 1)$ 表示矩阵的列数；

④ $j - c_2$ 表示矩阵的列下标。

同理，可推出"以列序为主序"存储的地址。

$$LOC(a_{ij}) = LOC(a_{c_1c_2}) + [(j - c_2) * (d_1 - c_1 + 1) + i - c_1] * L$$

【例 5-1】　二维数组 A[10..20][5..10]采用以行序为主序存储，每个元素占 4 个存储单元，并且 A[10][5]的存储地址是 1000，则 A[18][9]的存储地址是多少？

解：因为 A 的下标不是从 0 开始，则计算

$$LOC(a_{ij}) = LOC(a_{c_1c_2}) + [(i - c_1) * (d_2 - c_2 + 1) + j - c_2] * L$$
$$LOC(18,9) = LOC(10,5) + [(18 - 10) * (10 - 5 + 1) + 9 - 5] * 4$$
$$= 1000 + [8 * 6 + 4] * 4 = 1208$$

5.3　矩阵的压缩存储

5.3.1　特殊矩阵的压缩存储

矩阵是许多科学研究和工程应用中常见的数学对象。在高级语言程序设计中，一般的矩

阵常常用二维数组来存储矩阵元素。

若矩阵中值相同的元素或零元素的分布有一定的规律，则称此类的矩阵为特殊矩阵，如对称矩阵、三角矩阵、稀疏矩阵和带状矩阵等。

1. 对称矩阵

对称矩阵的定义如下。

在一个 n 阶矩阵 A 中，如果元素满足下述性质：

$$a_{ij} = a_{ji}, \quad 1 \leq i, \quad j \leq n$$

则称 A 为 n 阶对称矩阵。如图 5.3，矩阵 A 为一个 4 阶对称矩阵。

由于对称矩阵的元素是关于主对角线对称的，知道矩阵的上三角或下三角的元素就能知道其他的元素，所以在存储对称矩阵时，只需要存储矩阵的上三角或下三角部分即可，这样就实现了压缩存储。例如，只存储上三角中的元素 $a_{ij}(i \leq j, 1 \leq j \leq n)$，对于下三角中的元素 a_{jk} 和它对应的上三角中的元素 a_{ij} 相等。所以当要访问的元素在下三角中时，直接访问所对应的上三角元素即可。这样由于每两个对称的元素共享同一个存储空间，可以节约近一半的存储空间。

当要存储图 5.3 中的 4 阶矩阵时，按以行为主序的顺序表存储包括主对角线及主对角线以下的元素，其对称矩阵的压缩存储如图 5.4 所示。

$$A = \begin{bmatrix} 2 & 4 & 3 & 2 \\ 4 & 5 & 7 & 1 \\ 3 & 7 & 3 & 5 \\ 2 & 1 & 5 & 6 \end{bmatrix}$$

2	4	5	3	7	3	2	1	5	6

图 5.3 4 阶对称矩阵　　　　　　图 5.4 对称矩阵的压缩存储

从上述可知，n 阶对称矩阵 $A_{n \times n}$ 用二维数组存储时所占的存储空间为 n^2 个元素的存储空间。可以将 n^2 个元素压缩存储到只有 $n(n+1)/2$ 个元素空间的一维数组 M 中。对给定的下三角元素 a_{ij}，其在 M 中的序号 $num(i, j)$ 可由下式来确定：

$$num(i, j) = 1 + 2 + 3 + \cdots + (i-1) + j = i(i-1)/2 + j, \quad i \geq j$$

若元素 a_{ij} 是上三角部分的元素，即 $i < j$，则其序号的计算公式为：

$$num(i, j) = 1 + 2 + 3 + \cdots + (j-1) + i = j(j-1)/2 + i$$

需要说明的是，此处行列下标都是从 1 开始，如果在 C 语言中使用矩阵，下标需从 0 开始，因此需要进行调整公式。

2. 三角矩阵

三角矩阵分为上三角矩阵和下三角矩阵两种。所谓 n 阶下三角矩阵就是行列数均为 n 的矩阵的上三角（不包括对角线）中的数据元素均为常数 c（典型情况 c=0）。如图 5-5 所示，（a）所示为上三角矩阵，（b）所示为上三角矩阵。

三角矩阵在存储时可以只存储下三角矩阵或上三角中的元素，然后多加一个空间存储常数 c（c 常为 0）。假设以一维数组 V_a 作为三角矩阵 A 的压缩存储单元，则一维数组 V_a 的元素个数为 $n(n+1)/2+1$，也就是说，三角矩阵的存储空间是 $n(n+1)/2+1$。下三角矩阵存储如图 5.6 所示。同理上三角存储与下三角类似，只是在找相应的数据元素时位置不同。

$$\begin{bmatrix} 1 & 2 & 3 & 4 \\ 0 & 5 & 6 & 7 \\ 0 & 0 & 8 & 9 \\ 0 & 0 & 0 & 1 \end{bmatrix} \quad \begin{bmatrix} 1 & 0 & 0 & 0 \\ 2 & 3 & 0 & 0 \\ 4 & 5 & 6 & 0 \\ 7 & 8 & 9 & 1 \end{bmatrix}$$

(a) 上三角矩阵　(b) 下三角矩阵

图 5.5　三角矩阵

a_{11}	a_{21}	a_{22}	a_{31}	…	a_{nn}	c
$Va[0]$	$Va[1]$	$Va[2]$	$Va[3]$	…	$Va[n(n+1)/2+1]$	$Va[n(n+a)/2]$

图 5.6　三角矩阵的存储结构

设 a_{ij} 为 n 阶下三角矩阵中第 i 行 j 列的数据元素，k 为一维数组 V_a 的下标序号，有如下数学映射公式（5-2）：

$$k = \begin{cases} i(i-1)/2 + j - 1, & i \leqslant j \\ n(n+1)/2, & i < j \end{cases} \tag{5-2}$$

设 a_{ij} 为 n 阶上三角矩阵中第 i 行 j 列的数据元素，k 为一维数组 V_a 的下标序号，有如下数学映射公式：

$$k = \begin{cases} n(n+1)/2, & i > j \\ (i-1)(2n-i+2)/2 + j - i, & i \leqslant j \end{cases} \tag{5-3}$$

3．带状矩阵

在 n 阶矩阵中，除了主对角线和它的上下方若干条对角线上的元素以外，其他所有元素都为零（或同为一个常数），即所有非零元素集中在以主对角线为中心的带状区域中，这样的矩阵称为带状矩阵，或者称为对角矩阵。若和主对角线相邻的两侧有 m 条对角线，则矩阵的带宽为 $k = 2m+1$，k 称为该带状矩阵的半带宽，该矩阵也称为 k 对角阵。图 5.7 所示为 $m=1$ 的 4 阶带状矩阵。

$$\begin{bmatrix} a_{00} & a_{01} & 0 & 0 \\ a_{10} & a_{11} & a_{12} & 0 \\ 0 & a_{21} & a_{22} & a_{23} \\ 0 & 0 & a_{32} & a_{33} \end{bmatrix}$$

图 5.7　4 阶带状矩阵

带状矩阵可以按照逐行、逐列或以对角线的顺序将元素存储到一维数组中。使用这种压缩存储过程，按行优先存储下元素 a_{ij} 在矩阵中的序号 $num(i,j)$ 的计算公式为 $num(i,j) = i*(2m+1) + j - i$，$1 \leqslant i \leqslant n-1, 1 \leqslant j \leqslant n-1, |i-j| < m$。

4．特殊矩阵的经典例题

特殊矩阵的压缩存储和数据元素地址的确定过程中还需要注意以下 3 点：①确定矩阵类型属于哪一种；②确定首元素下标、首元素地址和每个元素占的字节数；③确定对应的公式进行求解。

【例 5-2】　设有一个 $n \times n$ 的对称矩阵 A，将其上三角部分按行存放在一个一维数组 B 中，$A[0][0]$ 存放于 $B[0]$ 中，那么第 i 行的对角元素 $A[i][i]$ 存放于 B 中何处？

解题思路：从题目中可以得到这些信息，矩阵 A 是对称矩阵，采用上三角存储，而且第一个元素为 $A[0][0]$。由于对称矩阵采用上三角形式存储，所以可以使用上三角的对应公式。但是，当 $i>j$ 时，此公式使用时 i 和 j 调换，与公式（5-2）不完全相同。此公式对应的是第一个元素 $A[1][1]$，所以套用的时候，i 和 j 在原公式上分别加 1，代入后 $k = (i+1-1)(2n-(i+1)+2)/2 + j - i$，化简后 $k = i(2n-i+1)/2$。

【例 5-3】　设数组 $a[1...10,5...15]$ 的元素以行为主序存放，每个元素占用 4 个存储单元，则数组元素 a_{ij} 的地址计算公式是什么？

解题思路：从题目中可知这是一个普通矩阵，以行为主存放数据，数组第一个元素是 $a[1][5]$，每个元素占用 4 个存储单元，使用公式 $Loc(i,j)=Addr0+(Num(i,j)-1)*C$。本题首地址有所变化，公式中的值也灵活变化，代入后是 $a[i,j]=a[1,5]+((i-1)\times(15-5+1)+(j-5))\times 4$，化简后是 $a-64+44i+4j$。

通过本题可以总结出，元素个数、i 和 j 的值都是有变化的，只要掌握基本原则，任何变化都可以化简。

5.3.2 稀疏矩阵的压缩存储

在很多的工程计算和科学管理中，常常会出现一些特殊矩阵，它的阶数很高而且矩阵中非零元素的个数远远小于零元素的个数，如果按照矩阵常规的顺序分配的方法，将会对内存造成很大的浪费。例如，一个 50 阶的方阵中，只有 50 个非 0 元素，用 50×50 的二维数组存放，将会有 2000 个单元空闲。

压缩存储是指在不影响完整性的前提下，用更少的存储空间存储其元素，也就是可以为多个相同值的节点分配一个存储空间，值为零的节点不分配存储空间。

假定在 $m\times n$ 矩阵 A 中有 t 个不为零的元素，且 $t\leqslant m\times n$，这样的矩阵称为稀疏矩阵。令 $\delta=t/(m\times n)$ 为矩阵 A 的稀疏因子，通常情况下，认为 $\delta\leqslant 0.05$ 时称为稀疏矩阵。

稀疏矩阵压缩存储方法是只存储非零的元素，但是这些非零元素的分布并没有规律，所以需要在存储非零元素 a_{ij} 的同时存储该元素所对应的行下标 i 和列下标 j。按照这样的规律，在稀疏矩阵中每个非零元素对应一个三元组 (i,j,a_{ij})，整个稀疏矩阵的压缩存储可通过存储这些三元组来实现。如果将这些三元组集合按照行优先的顺序存储以线性表的形式组织起来，则可构成三元组表。同一行中列号按从小到大排成一个序列。稀疏矩阵如图 5.8 所示。

$$\begin{bmatrix} 5 & 0 & 0 & 0 & 0 \\ 0 & 0 & 2 & 0 & 0 \\ 0 & 4 & 0 & 0 & 0 \\ 0 & 0 & 0 & 0 & 1 \\ 3 & 0 & 0 & 6 & 0 \end{bmatrix}$$

图 5.8　稀疏矩阵

上图稀疏矩阵的三元组线性表表示为

```
((0,0,5),(1,2,2),(2,3,4),(3,4,1),(4,0,3),(4,3,6))
```

这种存储结构需要分两步进行描述，首先定义三元组结构，然后再定义整体表结构。

```
#define MAXSIZE 1000          //非零元素个数的最大值
typedef struct
{
  int i,j;                    //行下标，列下标
  ElementType e;              //非零元素的值
}Triple;
typedef struct
{
  int mu,nu,tu;               //矩阵行数、列数、非零元素个数
  Triple data[MAXSIZE+1];     //非零元素三元组表, data[0]未用
}TSMatrix;
```

5.4　广义表

5.4.1　广义表的概念与存储

广义表（lists，又称列表）是线性表的推广。线性表的元素仅限于原子项，原子是作为

结构上不可分割的成分，而广义表中的数据元素既可以是单个元素，也可以是广义表，可以看出来线性表是广义表的特例。

举例说明，中国举办的某体育项目国际邀请赛，参赛队清单可采用如下的表示形式：（法国，巴西，（国家，河南，四川），古巴，美国，（），日本），在这个拓宽了的线性表中，韩国队应排在美国队的后面，但由于某种原因未参加，故成为空表。国家队、河南队、四川队均作为东道主的参赛队参加，构成一个小的线性表，成为原线性表的一个数据项，此表就是广义表。

1．广义表的定义

广义表是由 n（$n \geq 0$）个数据元素 $a_1, a_2, a_3, \cdots, a_i, \cdots, a_n$ 组成的有限序列，记作 $LS = (a_1, a_2, a_3, \cdots, a_n)$，其中，LS 是广义表的名称，$n$ 是它的长度，记作 Length(LS)。在线性表中，a_i（$1 \leq i \leq n$）只限于单个元素，而在广义表的定义中，a_i 既可以是单个元素，也可以是广义表，分别称为广义表 LS 的原子和子表，一般用大写字母表示广义表的表名，用小写字母或数字表示原子。

广义表的每个原子的值被限定为一个英文字母或数字。广义表的逻辑表示格式为元素之间用一个逗号分隔，表元素的起止符号分别为左、右圆括号，空表在其圆括号内不包含任何字符。例如，((),a,(b,c,d))就是一个合格的广义表。

当 $n=0$ 时，广义表称为空表。当 $n>0$ 时，广义表 LS 非空，第一个元素 a_i 称为 LS 的表头，其他数据元素组成的子表 $(a_2, a_3, \cdots, a_i, \cdots, a_n)$ 为 LS 的表尾。一个广义表中的括号嵌套层数称为广义表的深度，记作 Depth(LS)。

2．广义表的形式

【例 5-4】 广义表的几种形式如下。

A=()，A 是一个空表，它的长度为零，深度为 1，表头是()，表尾是()。

B=(a,b,c)，B 有 3 个原子 a,b,c；B 的长度为 3，深度为 1；表头是 a，表尾是(b,c)。

C=(a,(b,c,d),e)，C 有 2 个原子 a 和 e，还有一个子表(b,c,d)，C 的长度为 3，深度为 2，表头是 a，表尾是((b,c,d),e)；

D=(A,B,C)，D 的长度为 3，深度为 3，三个元素都是广义表，将子表的值代入后，则有 D=((),(a,b,c),(a,(b,c,d),e))。

E=(a,E)，这是一个递归的表，它的长度为，E 相当于一个无限的广义表 E=(a, (a,(a,(a,…))))。

几点说明如下。

（1）()和(())是不同的。第一个()是长度为 0 的空表，深度为 1，第二个(())是长度为 1，深度为 2，可分解得到表头、表尾均为空表。

（2）广义表的长度与深度的区别：长度是指广义表中所包含的元素（包括原子和子表）的个数；深度是指广义表中所包含括号的层数。

（3）广义表的树形图表示。树形结构中原子用小矩形表示，子表用圆圈表示，如图 5.8 所示。

3．广义表的性质

（1）广义表是一种多层次的线性结构。广义表与线性表相似，元素之间存在着固定的顺序。广义表中的元素既可以是原子，也可以是子表，而且子表中的元素也可以是子表。

（2）广义表可以共享。一个广义表可以为其他广义表共享，这种共享广义表称为再入表。例 5-4 中，广义表 D 共享子表 A、B、C。在引用中广义表的共享特性可以减少存储结构中的数据冗余，节约存储空间。

（3）广义表可以是递归的表。一个广义表可以是自身的子表，例如，广义表 E 就是递归表，长度为 2，但是深度是任意大，树形结构如图 5.9 所示。

4. 广义表的存储

广义表是递归的数据结构，由于数据元素具有不同的结构，所以通常不易用顺序存储结构存储及表示。因此，广义表的存储结构一般采用链式存储结构，每个数据元素用一个节点表示。这种链式存储结构便于解决广义表的共享和递归。

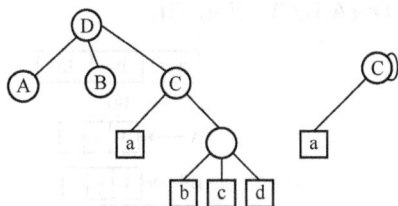

图 5.9　广义表的树形图

广义表中就有两类节点：一类是表节点，用来表示广义表项，由标志域、表头指针域、表尾指针域组成；另一类是原子节点，用来表示原子项，由标志域、原子的值域组成。

只要广义表非空，都是由表头和表尾组成。也就是说，一个确定的表头和表尾就唯一确定一个广义表。例如，广义表 A=()、B=(a,b,c)、C=(a,(b,c,d),e)、D=(A,B,C)、E=(a,E)的存储结构如图 5.10（c）所示，其中，图 5.10（a）表示广义表链表节点，图 5.10（b）表示广义表链表节点的原子结构。

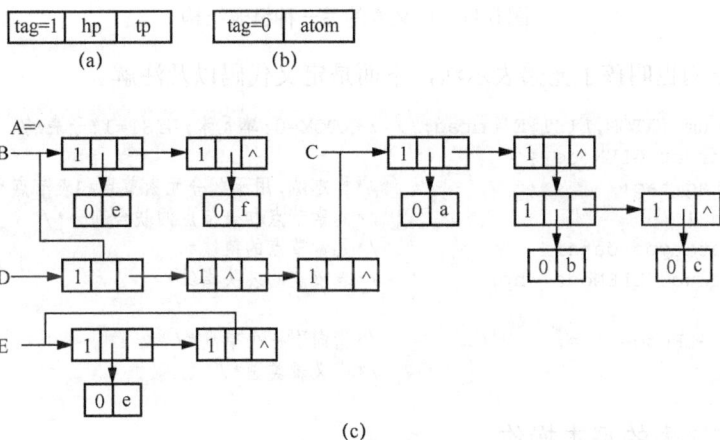

图 5.10　广义表的链表结构

这种存储结构也叫头尾表示法，下面是定义代码以及注解。

```
typedef enum{ATOM,LIST}Elemtag;        / * ATOM=0:单元素;LIST=1:子表*/
typedef struct GLNode{
Elemtag tag;                           /*标志域,用于区分元素节点和表节点*/
union{                                 /*元素节点和表节点的联合部分*/
datatype data;                         / * data是元素节点的值域*/
struct{
struct GLNode * hp, * tp
}ptr;          / * ptr是表节点的指针域, ptr.hp和 ptr.tp分别*/
/*指向表头和表尾*/
    };
}* GList;    /*广义表类型*/
```

另外一种存储结构是表节点和原子节点结构相同（扩展的线性链表），也就是原子节点多了一个指向下一个元素的指针，这种存储结构图如图 5.11（c）所示，图 5.11（a）是表节点，图 5.11（b）是原子节点。仍然使用上一个例子中的广义表 A=()、B=(a,b,c)、C=(a,(b,c,d),e)、D=(A,B,C)、E=(a,E)。

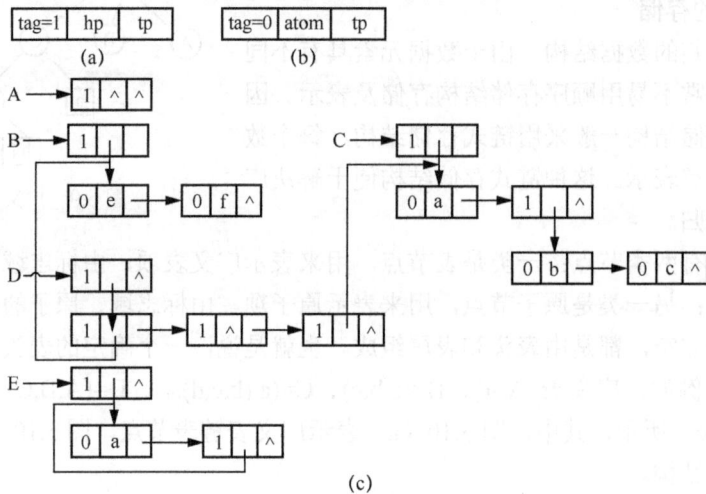

图 5.11　广义表的另一种链表结构

这种存储结构也叫孩子兄弟表示法，下面是定义代码以及注解。

```
typedef enum {ATOM,LIST}Elemtag;     /*ATOM=0:单元素;LIST=1:子表*/
typedef struct GLENode {
    Elemtag tag;                     /*标志域,用于区分元素节点和表节点*/
    union {                          /*元素节点和表节点的联合部分*/
        datatype data;               /*元素节点的值域*/
        struct GLENode *hp;          /*表节点的表头指针*/
    };
    struct GLENode *tp;              /*指向下一个节点*/
}*EGList;                            /*广义表类型*/
```

5.4.2　广义表的基本操作

1. 广义表的两种基本操作

（1）GetHead(L)：取表头（可能是原子或列表）。

输入：广义表 L。

输出：广义表 L 的表头（第一个元素）。

前置条件：L 非空。

功能：返回广义表 L 的第一个元素。

注意：如果 L 的第一个元素是子表，则返回整个子表作为表头。

（2）GetTail(L)：取表尾（一定是列表）。

输入：广义表 L。

输出：广义表 L 的表尾（除去表头的剩余部分）。

前置条件：L 非空。

功能：返回广义表 L 除去表头后的剩余部分。

代码如下。

```
GetTail(b,k,p,h)=(k,p,h);
GetHead((a,b),(c,d))=(a,b);
GetTail((a,b), (c, d))=((c,d));(表尾一定是列表)
GetTail(GetHead((a, b),(c, d)))=(b);
GetTail(e)=();(表尾为空列表)
GetHead(())=();
GetTail(())=();(表尾为空列表)
```

在广义表上还可以定义与线性表类似的一些操作,例如,建立、插入、删除、拆开、连接、复制、遍历等。下面列举几个常用的操作。

(1) CreateLists(LS):创建一个广义表 LS。

(2) IsEmpty(LS):若广义表 LS 空,则返回 True;否则返回 False。

(3) Length(LS):求广义表 LS 的长度。

(4) Depth(LS):求广义表 LS 的深度。

(5) Locate(LS,x):在广义表 LS 中查找数据元素 x。

(6) Merge(LS1,LS2):以 LS1 为头、LS2 为尾建立广义表。

(7) CopyGList(LS1,LS2):复制广义表,即按 LS1 建立广义表 LS2。

(8) Head(LS):返回广义表 LS 的头部。

(9) Tail(LS):返回广义表 LS 的尾部。

2.广义表的相关操作实现

(1) 广义表取表头、取表尾。

```
GList Head(GList ls)
{
    if (ls->tag==1)
        p= ls->hp;
    return p;
}
GList Tail(GList ls)
{
        if (ls->tag==1)
            p= ls->tp;
        return p;
}
```

(2) 建立广义表。

```
void CreateGList(Glist &Ls,SString s)
{
    if( StrEmpty(s))  Ls=NULL;                          //如果 S 为空串,则创建空表
    else{
        if(!(Ls=(GList)malloc(sizeof(GLNode))))
            exit(OVERFLOW);
        else{
            Ls->tag=LIST;
            p=Ls;                                       //重复建立 n 个子表
            SubString(sub,S,2,StrLength(S) -2);         //脱去外层的括号
```

```
                do {
                    sever(sub,hsub);                      //从 sub 中分离出表头串
                    CreateGList(p-> ptr.hp,hsub);
                    q=p;
                    if(!StrEmpty(sub))                    //表尾不为空
                        {
                            if(!(p=(GList)malloc(sizeof(CLNode))))
                                exit(OVERFLOW);
                        }
                }while(!StrEmpty(sub));
            q-> ptr.tp=NULL;
            }
        }
    return OK;
}
status sever(SString &str,SString &hstr)                 //从子表 str 分离出表头串
{
    n = StrLength(str);
    i=1;k=0;
    for(i=1,k=0;i<=n || k!=0; i++)
    {
            if(ch!=',')
                SubString( ch , str,i,1 );
            if(ch=='(')
                ++k;
            else if(ch==')')
                --k;
        }
    if(i<=n)
    {
        hstr=SubString(hstr,str,1,i-2);
        str=SubString(str,str,i, ,n-i+1);
    }
    else
    {
        StrCopy(hstr,str);
        ClearString(str);
    }
}
```

（3）求广义表的深度。

```
int CListDepth(GList Ls)
{
    if(!Ls)   return 1;                        //如果 Ls 是空表,则返回其深度为 1
    if(Ls->tag = = ATOM)   return 0;            //如果 aᵢ 是原子,则返回其深度为 0
    for(max=0,p=Ls;p;p->ptr.tp)
        {
        dep=GListDepth(Ls->p->ptr.hp);         //递归调用求出子表的深度
        if(dep>max)
            max=dep;                            //max 为同一层所求过的子表中深度的最大值
```

```
    }
    return max+1;                                  //返回表的深度
    }
```

5.5 航空航天应用实例分析与实现

机场跑道使用情况描述表现为单位时间段起飞飞机数量和降落飞机数量总和，有利于合理安排飞机起飞和降落的调度，节约旅客候机时间。假设以 2 个小时为一个单位时间，一天分为 12 个时间段，某机场有 10 条跑道，跑道与单位时间段起飞飞机数量用一个稀疏矩阵 A 表示，跑道与单位时间段降落飞机数量用另一个稀疏矩阵 B 表示，$A+B$ 记录了机场跑道一天的使用情况。稀疏矩阵 A 和 B 都用十字链表方式存储，则 $A+B$ 的结果存于 C 中，C 也用十字链表方式存储。

根据矩阵相加的运算法则，若将矩阵 B 加到矩阵 A 上，对于 A 的十字链表来说，可能进行的操作如下：

① 当 a_{ij} 与 b_{ij} 均不等于 0，且 $a_{ij}+b_{ij}\neq0$ 时，改变节点的 value 值；

② 当 $a_{ij}\neq0$ 且 $b_{ij}=0$ 时，value 值不变；

③ 当 $a_{ij}=0$ 且 $b_{ij}\neq0$ 时，插入一个新节点；

④ 当 a_{ij} 与 b_{ij} 均不等于 0，且 $a_{ij}+b_{ij}=0$ 时，删除一个节点。

进行运算时，从矩阵的第一行开始逐行进行比较，对每一行都从行表头（即 A 和 B 在该行中的第一个非零元素节点）出发，假设 pa 和 pb 分别指向 A 和 B 的十字链表中行值相同的两个节点，该算法基本思想如下。

（1）令 pa 和 pb 分别指向 A 和 B 的本行的第一个非零元素的节点。

（2）对本行所有非零节点按以下 4 种情况进行处理：

① 若 pa->col<pb->col 且 pa!=NULL（不是表头节点），则令 pa 指向本行下一个非零元素节点；

② 若 pa->col>pb->col 或 pa=NULL，则在 A 的十字链表中插入一个新节点，且值为 pb 所指节点的 value 值，同时 A 的列链表中的指针也要作相应改变；

③ 若 pa->col=pb->col 且 pa->v+pb->v≠0，则将 B 中当前节点的值与 A 中当前节点的值相加后送给 pa 所指节点的 value 值；

④ 若 pa->col=pb->col 且 pa->v+pb->v=0，则在 A 的十字链表中删除 pa 所指的节点同时 A 的列链表中的指针也要作相应改变。

重复以上步骤，直到 B 的本行中无非零元素节点结束。

（3）令 pa 和 pb 指向下一行的第一个非零元素节点，重复步骤（2）。另外，为了便于插入和删除节点，需要设置两个指针 qa 和 q，分别指向该节点在同一行中的前驱节点和在同一列中的前驱节点。

代码请扫描下方二维码查看。

5.6 习题

1．填空题

（1）设 a 是含有 N 个分量的整数数组，则求该数组中最大整数的递归定义为_____，最小整数的递归定义为_____。

（2）稀疏矩阵常用的压缩存储方法有_____和_____两种。

（3）二维数组 $A[10][5]$ 采用行序为主方式存储，每个元素占 4 个存储单元，并且 $A[5][3]$ 的存储地址是 1000，则 $A[4][3]$ 的地址是_____。

（4）二维数组 $A[10][20]$ 采用列序为主方式存储，每个元素占一个存储单元，并且 $A[0][0]$ 的存储地址是 200，则 $A[6][12]$ 的地址是_____。

（5）广义表的_____定义为广义表中括弧的重数。

（6）数组是 n（$n>1$）个_____的有序组合，数组中的数据是按顺序存储在一块_____的存储单元中。

（7）数组中的每个数据通常称为_____，用下标区分，其中下标的个数由数组的_____决定。

（8）对于需要压缩存储的矩阵可以分为_____和_____。对那些具有相同值元素或零元素分布具有一定规律的矩阵，称之为_____；对那些零元素数目远远多于非零元素数目，并且非零元素的分布没有规律的矩阵称为_____。

（9）设广义表 L=((),())，则 Head(L)=_____；Tail(L)=_____；L 的长度是_____；L 的深度是_____。

（10）广义表中的元素可以是_____，其描述宜采用程序设计语言中的_____表示。

2．选择题

（1）在以下讲述中，正确的是（　　）。

A．线性表的线性存储结构优于链表存储结构

B．二维数组是其数据元素为线性表的线性表

C．栈的操作方式是先进先出

D．队列的操作方式是先进后出

（2）若采用三元组压缩技术存储稀疏矩阵，只要把每个元素的行下标和列下标互换，就完成了对该矩阵的转置运算，这种观点（　　）。

A．正确　　　　　　　　　　　　　B．错误

（3）二维数组 SA 中，每个元素的长度为 3 个字节，行下标 i 从 0 到 7，列下标 j 从 0 到 9，从首地址 SA 开始连续存放在存储器内，该数组按列存放时，元素 A[4][7] 的起始地址为（　　）。

A．$SA+141$　　　　B．$SA+180$　　　　C．$SA+222$　　　　D．$SA+225$

（4）数组 SA 中，每个元素的长度为 3 个字节，行下标 i 从 0 到 7，列下标 j 从 0 到 9，从首地址 SA 开始连续存放在存储器内，存放该数组至少需要的字节数是（　　）。

A．80　　　　　　B．100　　　　　　C．240　　　　　　D．270

（5）设一维数组中有 n 个数组元素，则读取第 i 个数组元素的平均时间复杂度为（　　）。

A．$O(n)$　　　　B．$O(n\log_2 n)$　　　C．$O(1)$　　　　D．$O(\log_2 n)$

（6）常对数组进行的两种基本操作是（　　）。

A．建立与删除　　B．索引和修改　　C．查找和修改　　D．查找和索引

（7）将一个 $A[15][15]$ 的下三角矩阵（第一个元素为 $A[0][0]$），按行优先存入一维数组 $B[120]$ 中，A 中元素 $A[6][5]$ 在 B 数组中的位置 K 为（　　）。

A．19　　　　　B．26　　　　　C．21　　　　　D．15

（8）二维数组 $M[0…7,0…9]$ 的元素是由 4 个字符组成的串（每个字符占用 1 个存储单元），存放 M 需要存储单元数为（　　）。

A．360　　　　　B．480　　　　　C．320　　　　　D．240

（9）若广义表 A 满足 Head(A)=Tail(A)，则 A 为（　　）。

A．()　　　　　B．(())　　　　C．((),())　　　　D．((),(),())

（10）广义表 ((b),b) 的表头是（　　），表尾是（　　）。

A．b　　　　　B．0　　　　　C．(b)　　　　　D．((b))

3．计算题

（1）数组 $A[8][6][9]$ 以行主序存储，设第一个元素的首地址是 54，每个元素的长度为 5，求元素 $A[2][4][5]$ 的存储地址。

（2）假设二维数组 A 为 6×8，每个元素用相邻的 6 个字节存储，存储器按字节编址，已知 A 的基地址为 1000，计算：

① 数组 A 的体积（存储量）。

② A 的最后一个元素第一个字节的地址。

③ 按行存储时，a_4 的第一个字节的地址。

④ 按列存储时，a_4 的第一个字节的地址。

（3）按行优先顺序和按列优先顺序分别列出四维数组 $A[2][2][2][2]$ 所有元素在内存中的存储顺序。

（4）一个 n 阶对称矩阵 A 采用一维数组 S 按行序为主序存放其上三角各元素，写出 $S[h]$ 与 $A[i,j]$ 的关系公式。设 $A[1,1]$ 存于 $S[1]$ 中。

（5）写出下面稀疏矩阵对应的三元组表示，并画出十字链表表示法。

$A=\big[\ (0,0,2,0),(3,0,0,0),(0,0,-1,5),(0,0,0,0)\ \big]$

（6）设有矩阵 A，执行下列语句后，矩阵 C 和 A 的结果分别是什么，已知矩阵

$$A = \begin{bmatrix} 2 & 3 & 1 \\ 1 & 3 & 2 \\ 3 & 1 & 2 \end{bmatrix}$$

```
① for(i=1;i<=3;i++)
    for(j=1;j<=3;j++)
        C[i,j]=A[A[i,j],A[j,i]]
② for(i=1;i<=3;i++)
    for(j=1;j<=3;j++)
        A[i,j]=A[A[j,i],A[i,j]]
```

4．简答题

（1）什么是广义表，简述广义表与线性表的主要区别。

（2）利用广义表的 Head 和 Tail 运算把原子 student 从下列广义表中分离出来。

1）L1=(soldier,teacher,student,worker,farmer)

2）L2=(soldier,(teacher,student),(worker,farmer))

（3）画出下列广义表的存储结构图，并求它的深度。

① (((()),a,((b,c)),(((d))))

② ((((a),(b))),((((),d),(ef)))

5. 设计题

（1）对于二维数组 $A[m][n]$，分别编写相应函数实现如下功能：

① 求数组 A 靠边元素之和；

② 求从 $A[0][0]$ 开始的互不相邻的各元素之和；

③ 当 $m=n$ 时分别求两条对角线上的元素之和，否则打印出 $m \neq n$ 的信息。

（2）如果矩阵 A 中的一个元素 $A[i][j]$ 满足下列条件：$A[i][j]$ 是第 1 行中最小的元素，又是第 j 列中值最大的元素，则称之为该矩阵的一个马鞍点。编写函数计算 $m \times n$ 的矩阵 A 的所有马鞍点，并分析算法的时间复杂度。

第2篇 树形结构

第 6 章
树

树形结构中数据元素之间存在着一对多的关系，典型的树形结构是树。树形结构属于非线性结构，比较复杂。本章主要介绍树的相关概念，二叉树的定义、性质和存储，二叉树的遍历与应用，线索二叉树，树和森林，哈夫曼树及应用，以及航空航天应用实例分析与实现。

6.1 实例引入

6.1.1 数据编码压缩问题

在信息传输过程中，需要对字符文字进行加密编码，我们总是希望能够找到一种编码，其能将待处理数据进行压缩编码，并且可以唯一且无二义性译码。如何解决这一问题呢？需要使用哈夫曼树及其编码译码即可解决。

哈夫曼树是一种最优二叉树，哈夫曼编码也是一种最优编码，便于译码，适用于信息传输及数据编码压缩。

6.1.2 树与等价类划分问题

等价关系是现实世界中广泛存在的一种关系，许多应用问题可以归结为按照给定的等价关系将集合划分为等价类的问题。

对于集合 S 中的关系 R，若具有自反性、对称性和传递性，则关系 R 是集合 S 上的一个等价关系，由关系 R 可得到集合 S 的唯一划分，即可以按关系 R 将 S 划分为若干个不相交的子集 S_1、S_2……这些子集的并集等于 S，子集 S_i 称为集合 S 的 R 等价类。一般可以使用并查集求解等价问题，使用树表示集合。

6.1.3 表达式的树形表示及求值

对于任意一个表达式，可以用树形结构表示。大部分的运算符是双目运算符，有两个操作数，所以可以使用二叉树表示具有双目运算的表达式，这种树称为表达式树。表达式树中一般无括号，但其结构却可以有效地表达其运算符间的运算次序。

利用二叉树的先序遍历、中序遍历、后序遍历等操作，还可以得到表达式的三种不同表示形式，即前缀表达式、中缀表达式、后缀表达式，并可以实现表达式的求值运算。

6.1.4　*N* 皇后问题

N 皇后问题是一个典型的树应用，在一个 *N×N* 格的棋盘上放置 *N* 个皇后，使其互不攻击。按照其规则，互不攻击的约束条件为：任意两个皇后不能同时处于同一行、同一列或同一对角线上，要求给出满足约束条件的所有棋盘布局。

一般有四皇后问题、八皇后问题等，在整个游戏过程将出现多个选择步骤，可使用树的回溯算法解决。

6.2　树的相关概念

6.2.1　树的定义与表示

树（tree）是 *n*（*n*≥0）个节点的有限集 *T*，*T* 为空（*n*=0）时称为空树。在任意一棵非空树中：（1）有且仅有一个特定的称为根（root）的节点；（2）当 *n*>1 时，其余的节点可分为 *m*（*m*>0）个互不相交的子集 T_1、T_2……T_m。其中每个子集是一棵树，并称为根的子树。

树的定义是递归定义，意味着树的一些操作也可以使用递归算法实现。树是一类重要的非线性数据结构，是以分支关系定义的层次结构，树中数据元素之间是一对多的关系。

树的示例如图 6.1 所示，其中（a）所示是一棵空树，（b）所示是一棵只有根节点的树，（c）所示是一棵一般的树，由根节点 A 和三棵互不相交的子树构成：T_1 = {B,E,F,K,L}，T_2 = {C,G}，T_3 = {D,H,I,J,M}。

树的表示方式有多种形式，以图 6.1（c）为例，树除了层次表示法以外，还有嵌套集合表示法、广义表表示法和凹入式表示法等，如图 6.2 所示。

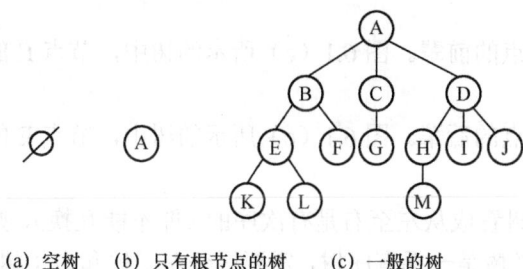

（a）空树　　（b）只有根节点的树　　（c）一般的树

图 6.1　树的示例

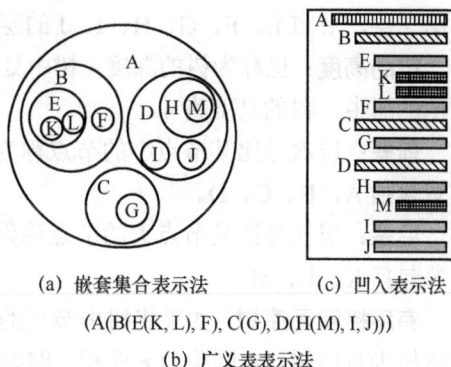

（a）嵌套集合表示法　　　　（c）凹入表示法

(A(B(E(K, L), F), C(G), D(H(M), I, J)))

（b）广义表表示法

图 6.2　树的多种表示方法

6.2.2　树的基本术语

以下是树的一些基本术语。

节点：在树中通常把数据元素和若干指向其子树的分支称为节点。图 6.1（c）所示的树中包含 A、B、C、D……M 等节点。

节点的度：节点所拥有的子树个数称为该节点的度。图 6.1（c）所示的树中，根节点 A 的度为 3，分支节点 B 的度为 2，叶子节点 K 的度为 0。

根节点：非空树的第一个节点（最上层节点）称为根节点。图 6.1（c）所示的树中，节点 A 是根节点。

叶子节点：度数为 0 的节点称为叶子节点，也称为终端节点。图 6.1（c）所示的树中，节点 K、L、F、G、M、I、J 都是叶子节点。

内部节点：度数不为 0 的节点称为内部节点，也称为分支节点或非终端节点。图 6.1（c）所示的树中，节点 A、B、C、D、E、H 都是内部节点。

孩子节点：一个节点的子树的根节点称为该节点的孩子节点。图 6.1（c）所示的树中，节点 B、C、D 是根节点 A 的孩子节点。

双亲节点：若一个节点有孩子节点，则该节点被称为其孩子节点的双亲节点。图 6.1（c）所示的树中，节点 B、C、D 的双亲节点都是根节点 A。需要注意的是，根节点没有双亲节点，根节点之外的其他节点的双亲节点是唯一的。

兄弟节点：具有同一个双亲节点的所有节点互称为兄弟节点。图 6.1（c）所示的树中，节点 B、C、D 互相之间互为兄弟。

堂兄弟节点：其双亲在同一层的节点互为堂兄弟节点。图 6.1（c）所示的树中，节点 G 与节点 E、F、H、I、J 之间互为堂兄弟。

节点的祖先：从根到该节点所经分支上的所有节点称为节点的祖先。图 6.1（c）所示的树中，节点 K 的祖先为节点 A、B、E。

节点的子孙：以该节点为根的所有子树上的节点称为节点的子孙。图 6.1（c）所示的树中，节点 B 的子孙为节点 E、K、L、F。

节点的层次：在一棵树中，根节点位于树的第 1 层；某个节点所处的层次数是其双亲节点的层次数加 1。图 6.1（c）所示的树中，根节点 A 的层次为第 1 层，节点 B、C、D 的层次为第 2 层，节点 E、F、G、H、I、J 的层次为第 3 层，节点 K、L、M 的层次为第 4 层。

树的高度：也称为树的深度，树中处在最高层的节点的层次数即是树的高度。图 6.1（c）所示的树中，树的高度为 4。

前辈：层次号比某节点小的节点称为该节点的前辈。图 6.1（c）所示的树中，节点 E 的前辈包括 A、B、C、D。

后辈：层次号比某节点大的节点称为该节点的后辈。图 6.1（c）所示的树中，节点 E 的后辈包括 K、L、M。

有序树和无序树：如果将树中节点的各子树看成从左至右是有次序的（即不能互换），则称该树为有序树，否则称为无序树。例如，二叉树是一棵有序树，需要区分左子树和右子树。

森林：指 m（$m \geq 0$）棵互不相交的树的集合称为森林。对树中每个节点而言，其子树的集合即为森林。

6.2.3 树的基本操作

树的基本操作比较复杂，包括初始化树、遍历访问树、子树的插入和删除、为树中节点赋值、求树的深度、求某个节点等。以下是树的抽象数据类型及基本操作。

```
ADT Tree{
数据对象 D: D 是具有相同特性的数据元素的集合。
数据关系 R: 若 D 为空集, 则称为空树。
    若 D 仅含有一个数据元素, 则 R 为空集, 否则 R={H}, H 是如下定义的二元关系。
    (1) 在 D 中存在唯一的称为根的数据元素 root, 它在关系 H 下无前驱;
    (2) 若 D-{root}≠Ø, 则存在 D-{root} 的一个划分 D₁, D₂, …, Dₘ(m>0), 对任意 j≠k(1≤j, k≤m)
有 Dⱼ∩Dₖ= Ø, 且对任意的 i(1≤i≤m), 存在唯一数据元素 xᵢ∈Dᵢ, <root, xᵢ>∈H;
    (3) 对应于 D-{root} 的划分, H-{<root, x₁>, …, <root, xₘ>}有唯一的一个划分 H₁, H₂, …,
Hₘ(m>0), 对任意 j≠k(1≤j, k≤m) 有 Hⱼ∩Hₖ=Ø, 且对任意 i(1≤i≤m), Hᵢ 是 Dᵢ 上的二元关系, (Dᵢ, {Hᵢ})
是一棵符合本定义的树, 称为根 root 的子树。
    基本操作 P:
    (1) InitTree(&T): 构造一棵空树 T。
    (2) DestroyTree(&T): 销毁树 T。
    (3) CreateTree(&T,definition): 按定义创建树 T。
    (4) ClearTree(&T): 清空树 T。
    (5) TreeEmpty(T): 判断树 T 是否为空树。
    (6) TreeDepth(T): 返回树 T 的深度。
    (7) Root(T): 返回树 T 的根节点。
    (8) Value(T,cur_e): 返回树 T 中节点 cur_e 的值。
    (9) Assign(T,cur_e,value): 为树 T 的节点 cur_e 赋值。
    (10) Parent(T,cur_e): 返回树 T 中节点 cur_e 的双亲节点。
    (11) RightSibling(T,cur_e): 返回树 T 中节点 cur_e 的右孩子节点。
    (12) LeftChild(T,cur_e): 返回树 T 中节点 cur_e 的左孩子节点。
    (13) InsertChild(&T,p,i,c): 在树 T 的指定位置 i 插入子树。
    (14) DeleteChild(&T,p,i): 在树 T 的指定位置 i 删除子树。
    (15) TraverseTree(T): 遍历树 T, 输出树中的各个节点。
}ADT Tree
```

6.3　二叉树的定义、性质和存储

二叉树在树型结构的应用中起着非常重要的作用,二叉树的许多操作算法较树相对简单。由于树可以与二叉树相互转换,这样便解决了树的存储结构及其运算中存在的复杂性。二叉树可遵循一些规则,实现相关操作。

6.3.1　二叉树的定义和性质

1. 二叉树的定义

二叉树是由 n($n≥0$) 个节点的有限集合构成, 此集合或者为空集, 或者由一个根节点及两棵互不相交的左右子树组成,并且左右子树都是二叉树。

这也是一个递归定义,二叉树可以是空集合,根的左子树或右子树可以为空。二叉树节点的子树需要区分左子树和右子树,即使只有一棵子树也要进行区分,说明其是左子树,还是右子树,因此二叉树是一棵有序树。

二叉树的五种形态如图 6.3 所示。其中(a)所示为空二叉树,(b)所示为仅有根节点的二叉树,(c)所示为右子树是空的二叉树,(d)所示为左、右子树均非空

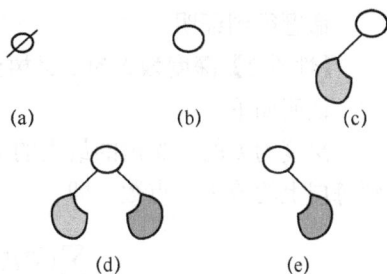

图 6.3　二叉树的五种形态

99

的二叉树，（e）所示为左子树是空的二叉树。

根据二叉树的定义可知，在二叉树中不存在度大于2的节点。有两种特殊情况的二叉树，分别称为满二叉树和完全二叉树。

一棵深度为 k 且有 2^k-1 个节点的二叉树称为满二叉树，如图6.4所示。除了叶子节点以外，满二叉树中每一个节点的度均为2。

若一棵具有 n 个节点的二叉树，其结构与满二叉树的前 n 个节点的结构相同，这样的二叉树称为完全二叉树。三层的完全二叉树有四种情况，如图6.5所示。

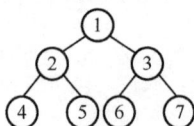

图6.4　满二叉树示例　　　　　　　　　　　图6.5　完全二叉树示例

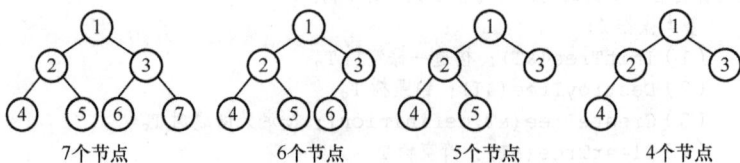

一棵深度为 k 的完全二叉树，特点：①所有的叶节点都出现在第 k 层或 $k-1$ 层。②对任一节点，如果其右子树的最大层次为 H，则其左子树的最大层次为 H 或 H+1。满二叉树是一种特殊的完全二叉树。

二叉树的基本操作与树的基本操作类似，只是在遍历一棵二叉树时，进行了细化，包括以下几种情况。

（1）PreOrderTraverse(T)：先序遍历二叉树 T。

（2）InOrderTraverse(T)：中序遍历二叉树 T。

（3）PostOrderTraverse(T)：后序遍历二叉树 T。

（4）LevelOrderTraverse(T)：层序遍历二叉树 T。

2．二叉树的性质

根据二叉树的定义与特点，可推出二叉树的以下重要性质。

【性质1】如果根节点的层次数为1，则在二叉树的第 i 层上至多有 2^{i-1} 个节点（$i \geq 1$）。

证明如下。

采用归纳法证明此性质。

当 $i=1$ 时，只有一个根节点，$2^{i-1}=2^0=1$，命题成立。

现假定对所有的 j（$1 \leq j < i$），此命题成立，即第 j 层上至多有 2^{i-1} 个节点。

由归纳假设可知，在第 $i-1$ 层上至多有 2^{i-2} 个节点。由于二叉树每个节点的度最大为2，故在第 i 层上最大节点数为第 $i-1$ 层上最大节点数的二倍，即 $2 \times 2^{i-2}=2^{i-1}$。

命题得到证明。

【性质2】深度为 k 的二叉树至多有 2^k-1 个节点（$k \geq 1$）。

证明如下。

深度为 k 的二叉树的最大的节点数为二叉树中每层上最大节点数之和，由性质1可以得到每层上的最大节点数，即

$$\sum_{i=1}^{k}(\text{第}i\text{层上的最大节点数}) = \sum_{i=1}^{k}2^{i-1} = 2^k-1$$

【**性质 3**】对于任何一棵二叉树，如果其叶子节点数为 n_0，度为 2 的节点数为 n_2，则 $n_0 = n_2 + 1$。

证明如下。

设二叉树中度为 1 的节点数为 n_1，度为 2 的节点数为 n_2，二叉树的节点总数为 N，因为二叉树中所有节点的度均小于或等于 2，所以二叉树的节点总数为

$$N = n_0 + n_1 + n_2 \tag{6-1}$$

再考虑二叉树中的分支数，除根节点以外，其余节点都有一个进入分支，设 B 为二叉树中的分支总数，则有

$$N = B + 1 \tag{6-2}$$

由于这些分支都是由度为 1 和 2 的节点发出的，所以有

$$B = 1 \times n_1 + 2 \times n_2 \tag{6-3}$$

由式（6-1）、式（6-2）和式（6-3）得

$$n_0 = n_2 + 1$$

【**性质 4**】具有 n 个节点的完全二叉树的深度为

$$\lfloor \log_2(n) \rfloor + 1$$

其中符号 $\lfloor x \rfloor$ 表示不大于 x 的最大整数。

证明如下。

假设此完全二叉树的深度为 k，则

当第 k 层恰好只有一个节点时，完全二叉树的节点 $n = 2^{k-1} - 1 + 1 = 2^{k-1}$；

当第 k 层恰好有 2^{k-1} 个节点时，完全二叉树的节点 $n = 2^k - 1$。

所以有 $2^{k-1} \leq n \leq 2^k - 1 < 2^k$，

两边取对数得到 $k-1 <= \log_2 n < k$，可推导出

$$k \leq \log_2 n + 1 \text{ 且 } k > \log_2 n$$

因为 k 是整数，所以

$$k = \lfloor \log_2(n) \rfloor + 1$$

【**性质 5**】如果对一棵有 n 个节点的完全二叉树的节点按层序编号（从第 1 层到第 $\log_2(n) + 1$ 层，每层从左到右），则对任一节点 i（$1 \leq i \leq n$），有如下结论。

（1）如果 $i = 1$，则节点 i 无双亲，该节点是二叉树的根；如果 $i > 1$，则其双亲节点的编号是 $i/2$ 的整数部分，即 $\lfloor i/2 \rfloor$。如图 6.6 所示。

（2）如果 $2i > n$，则节点 i 为叶子节点，该节点无左右孩子；否则 $2i \leq n$，其左孩子的节点编号为 $2i$。如图 6.7 所示。

（3）如果 $2i + 1 > n$，则节点 i 无右孩子；否则 $2i + 1 \leq n$，其右孩子的节点编号为 $2i + 1$。如图 6.8 所示。

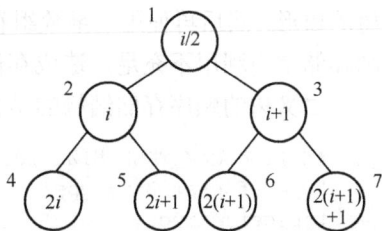

图 6.6　完全二叉树的节点编号（1）

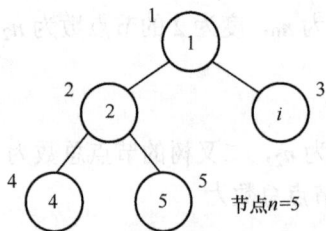

图 6.7 完全二叉树的节点编号（2）　　　　图 6.8 完全二叉树的节点编号（3）

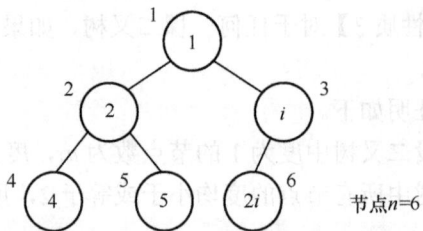

6.3.2 二叉树的存储

二叉树的存储有两种方式，即顺序存储结构和链式存储结构。

1．顺序存储结构

使用一组连续的存储单元存储二叉树的数据元素，实现二叉树的顺序存储。可将二叉树中的节点值按照从上到下、从左到右的次序存储到一个一维数组中。

因此，必须把二叉树的所有节点安排成为一个恰当的序列，节点在这个序列中的相互位置能反映出节点之间的逻辑关系。依照二叉树的性质 5，使用节点编号的方法从树根开始，自上层至下层，每层自左至右给所有节点编号。

对于完全二叉树和满二叉树，可以采用"以编号为地址"的方法，将编号为 i 的节点存入一维数组中下标为 i 的单元。图 6.9 所示的完全二叉树按此方法存入数组中，这种存储结构比较适用于完全二叉树和满二叉树，未浪费存储空间。

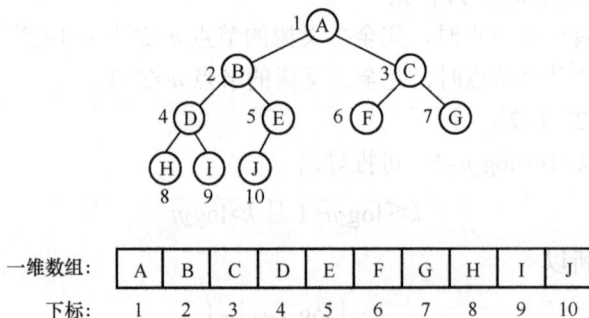

图 6.9 完全二叉树顺序存储结构

对于非完全二叉树，中间有一些节点不存在，需要增加一些虚节点，使之变成完全二叉树的树形，然后再使用一维数组存储。采用顺序存储结构时，数组中必然要有一些空闲单元，则存储空间利用不充足，造成存储空间的浪费。

二叉树的顺序存储结构的结构体类型如下。

```
#define MAX_TREE_SIZE 100      //一维数组的容量
typedef char DataType;         //二叉树节点值的类型，起别名 DataType
typedef struct                 //二叉树的顺序存储
{
    typedef DataType SqBiTree[MAX_TREE_SIZE+1];    //一维数组
    int nodeMaxIndex;          //一维数组中最后一个节点的下标
}SqBiTree;
```

2. 链式存储结构

二叉树的链式存储结构，包括二叉链表和三叉链表两种形式。

（1）二叉链表

二叉链表存储结构的每个节点包含三个域，即一个数据域 data，用于存储节点值；两个指针域 lchild 和 rchild，分别指向该节点的左孩子和右孩子，如图 6.10 所示。

二叉链表表示法是一种最常用的表示方法，可以方便地找到某个节点的子节点，但寻找某个节点的双亲节点比较困难。为了解决这一问题，可以采用三叉链表表示法。

图 6.10　二叉链表的存储结构

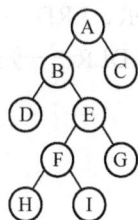

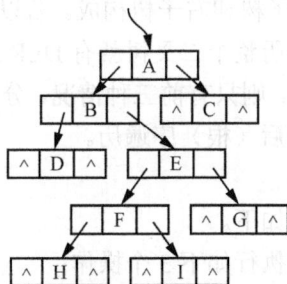

二叉链表的结构体类型如下所示。

```
typedef char TElemType;
typedef struct BiTNode
{
    TElemType data;                    //数据域
    struct BiTNode *lchild, *rchild;   //左右孩子指针
}BiTree;
```

若一棵二叉树使用二叉链表存储表示，其逻辑图如图 6.11 所示。

（2）三叉链表

三叉链表存储结构在二叉链表存储结构的基础上进行了改进，在节点结构中新增了一个指向双亲节点的指针域 parent。

三叉链表存储结构的每个节点包含 4 个域，即一个数据域 data，用于存储节点值；三个指针域 lchild、rchild 和 parent，分别指向该节点的左孩子节点、右孩子节点和其双亲节点。如图 6.12 所示。

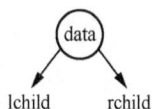

图 6.11　二叉链表的逻辑图

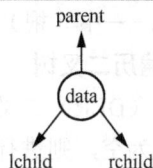

图 6.12　三叉链表的存储结构

三叉链表的结构体类型如下所示。

```
typedef char TElemType;
typedef struct TriTNode
{
    TElemType data;                    //数据域
    struct TriTNode *lchild, *rchild;  //左右孩子指针
    struct TriTNode *parent;           //双亲指针
}TriTree;
```

若一棵二叉树使用三叉链表存储表示，其逻辑图如图 6.13 所示。

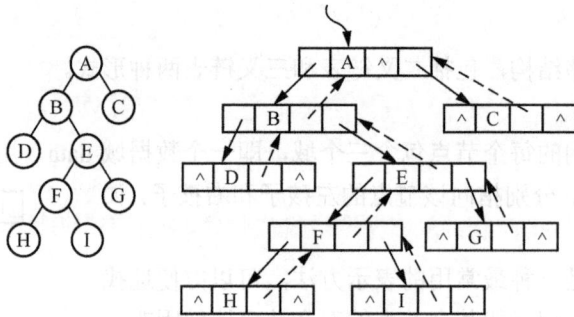

图 6.13　三叉链表的逻辑图

6.4　二叉树的遍历与应用

二叉树的遍历包括先序遍历、中序遍历、后序遍历和层次遍历等多种形式，并且根据二叉树遍历的算法思想，进而可派生出二叉树遍历的应用。

6.4.1　二叉树的遍历

在二叉树的一些应用中，常常要求在树中查找具有某种特征的节点，或者对树中全部节点逐一进行某种处理。因此引入了遍历二叉树的问题，即如何按照某条搜索路径寻访二叉树中的每一个节点，使得每一个节点均被访问一次，而且仅被访问一次。

遍历操作对于线性结构是容易解决的，但二叉树是非线性结构，所以需要寻找一种规律，以使二叉树上的节点能排列在一个线性队列上，从而便于遍历。二叉树遍历的算法可使用递归算法和非递归算法编写。

根据二叉树的定义，二叉树由根节点、左子树和右子树构成。若以 L、D、R 分别表示遍历左子树、遍历根节点和遍历右子树，那么遍历整个二叉树就有 DLR、LDR、LRD、DRL、RDL、RLD 等 6 种遍历方案。若规定先左后右，则只有前三种情况，分别为 DLR——先（根）序遍历、LDR——中（根）序遍历和 LRD——后（根）序遍历。

1. 先序遍历二叉树

先序遍历（DLR）二叉树的递归实现步骤如下。

若二叉树为空，则进行空操作，否则依次执行如下 3 个操作：

（1）访问根节点；

（2）按先序遍历左子树；

（3）按先序遍历右子树。

以图 6.11 的二叉树为例，其先序遍历序列为 A、B、D、E、F、H、I、G、C。

先序遍历二叉树的递归算法如下。

```
void PreOrder(BiTree *bt)
{//先序递归遍历二叉树
    if (bt! =NULL)
    {
        printf("%c ",bt ->data);   //访问根节点
        PreOrder(bt ->lchild);     //先序遍历左子树
```

```
        PreOrder(bt ->rchild);        //先序遍历右子树
    }
}
```

2. 中序遍历二叉树

中序遍历（LDR）二叉树的递归实现步骤如下。

若二叉树为空，则进行空操作，否则依次执行如下三个操作：

（1）按中序遍历左子树；

（2）访问根节点；

（3）按中序遍历右子树。

以图 6.11 的二叉树为例，其中序遍历序列为 D、B、H、F、I、E、G、A、C。

中序遍历二叉树的递归算法如下。

```
void InOrder(BiTree *bt)
{//中序递归遍历二叉树
    if (bt! =NULL)
    {
        InOrder(bt ->lchild);        //中序遍历左子树
        printf("%c ",bt ->data);     //访问根节点
        InOrder(bt ->rchild);        //中序遍历右子树
    }
}
```

3. 后序遍历二叉树

后序遍历（LRD）二叉树的递归实现步骤如下。

若二叉树为空，则进行空操作，否则依次执行如下三个操作：

（1）按后序遍历左子树；

（2）按后序遍历右子树；

（3）访问根节点。

以图 6.11 的二叉树为例，其后序遍历序列为 D、H、I、F、G、E、B、C、A。

后序遍历二叉树的递归算法如下。

```
void PostOrder(BiTree *bt)
{//后序递归遍历二叉树
    if (bt! =NULL)
    {
        PostOrder(bt ->lchild);     //后序遍历左子树
        PostOrder(bt ->rchild);     //后序遍历右子树
        printf("%c ",bt ->data);    //访问根节点
    }
}
```

二叉树遍历的递归算法逻辑清晰、易懂，但在实现时，由于函数调用栈层层叠加，效率不高，所以也会考虑使用非递归算法进行遍历。使用非递归算法可以对二叉树进行先序遍历、中序遍历和后序遍历，还可以进行层次遍历。

4. 中序遍历二叉树的非递归实现

若二叉树已使用二叉链表存储，则可利用栈将递归算法改写成非递归的形式。以下以中序遍历二叉树为例，介绍其非递归算法。

中序遍历二叉树的非递归步骤如下。

（1）建立一个顺序栈，并且初始化；

（2）若所遍历的节点存在，或者栈不为空，则

① 若节点存在：该节点入栈，指针指向其左孩子。

② 若节点不存在：栈顶的节点出栈，访问该节点，指针指向其右孩子。

（3）重复第 2 步，直至节点不存在并且栈为空，则完成了所有节点的遍历，结束遍历。

中序遍历二叉树的非递归算法如下。

```
void InOrder(BiTree *bt)
{
    SqStack S;
    BiTree *p;
    InitStack(S);                    //初始化栈 S
    p=bt;                            //指针 p 指向根节点
    while (p || !emptystack(S))
    {
        while (p)                    //指针 p 所指向节点非 NULL
        {
            push(S, p);              //指针 p 所指向的节点地址进栈
            p = p->lchild;          //指针 p 指向该节点的左孩子
        }
        //若指针 p 所指向节点为 NULL
        p=pop(S);                    //出栈，指针 p 指向该元素
        printf(" %c ", p->data);     //输出该节点的值
        p = p->rchild;              //指针 p 指向该节点的右孩子
    }
}
```

5．层次遍历二叉树的非递归实现

层次遍历二叉树非递归算法的思想为，使用队列，不断地将二叉树节点入队、出队，以及将出队节点的左孩子和右孩子入队。此算法类似于图的广度优先遍历。

层次遍历二叉树非递归实现的步骤如下。

（1）创建一个队列，用于存储二叉树的节点地址。

（2）将根节点的节点地址入队。

（3）当队列不为空时，则

① 取队头元素，遍历该元素对应的节点；

② 队头元素出队；

③ 若刚刚遍历的队头元素节点有左孩子，则将其左孩子节点地址入队；

④ 若刚刚遍历的队头元素节点有右孩子，则将其右孩子节点地址入队；

（4）重复第 3 步，直至所有的节点遍历完毕。

层次遍历二叉树的非递归算法如下。

```
void LevelOrder(BiTree *bt)
{//二叉树的层次遍历，非递归实现
    LinkQueue Q;
    BiTree *p=bt;
    InitQueue(Q);                            //初始化一个空队列
```

```
    EnQueue(Q, p);                      //将二叉树的根节点地址入队
    while(!Empty(Q))                    //当队列不为空时
    {
        GetTop(Q, p);                   //取队头元素（节点地址），为指针 p 赋值
        cout<<p->data<< " ";            //输出队头元素对应的节点元素值
        DeQueue(Q);                     //队头元素（节点地址）出队
        if (p->lchild!=NULL)            //若指针 p 的左孩子不为空
            EnQueue(Q, p->lchild);      //指针 p 的左孩子（节点地址）入队
        if (p->rchild!=NULL)            //若指针 p 的右孩子不为空
            EnQueue(Q, p->rchild);      //指针 p 的左孩子（节点地址）入队
    }
}
```

6.4.2 二叉树遍历的应用

根据二叉树遍历的算法，可派生出一些相关的应用，包括创建二叉树、求二叉树的高度、统计二叉树节点或叶子节点的数目等。

1. 创建二叉树

按先序递归遍历算法建立一棵二叉树（以二叉链表表示），根据二叉树的定义，创建二叉树时首先建立根节点，然后建立其左子树和右子树。与先序遍历过程一致，只需将访问换成生成节点即可。

先序建立二叉树的过程：若二叉树为空，则空操作，否则依次执行如下 3 个操作。

（1）建立根节点；

（2）按先序方式建立左子树；

（3）按先序方式建立右子树。

二叉树的生成过程如下。

（1）输入根节点的值；

（2）若其左子树不空，则输入左子树，否则输入一个结束符；

（3）若其右子树不空，则输入右子树，否则输入一个结束符。

以图 6.11 的二叉树为例，其先序遍历序列为 A、B、D、E、F、H、I、G、C。若结束符设为%，则按照先序方式创建一棵二叉树，输入序列为 ABD%%EFH%%I%%GC%%。

若以图 6.14 的二叉树为例，其先序遍历序列为 ABCDGEFHI，按先序方式创建二叉树的输入序列为 ABC%%DG%%%E%FH%%I%%，其中%表示结束符。

图 6.14 二叉树应用示例

按照先序遍历方式创建一棵二叉树的递归算法如下。

```
BiTree *CreBiTree()
{//创建一棵二叉树
    BiTree *bt;
    TElemType x;
    scanf("%c",&x);
    if(x=='%')              //若二叉树为空（约定%为结束符）
        bt=NULL;            //设置空指针
    else
    {
```

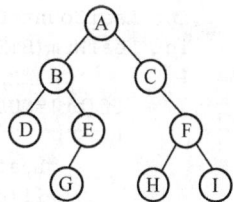

```
        bt=(BiTree *)malloc(sizeof(BiTree));    //建立根节点
        bt->data=x;      //加入节点值
        //构造左子树链表，并将左子树根节点指针赋给根节点的左孩子域
        bt->lchild=CreBiTree();
        //构造右子树链表，并将右子树根节点指针赋给根节点的右孩子域
        bt->rchild= CreBiTree();
    }
    return bt;           //返回根节点的指针
}
```

2．求二叉树的高度

求二叉树高度的递归定义为：假设指针 bt 指向一棵二叉树，若 bt 为空，则二叉树高度为 0；若 bt 非空，二叉树高度应为其左右子树高度的较大值加 1。求二叉树高度的递归算法如下。

```
int hightree(BiTree *bt)
{
    int h,hl,hr;
    if (bt==NULL)
        h=0;
    else
    {
        hl=hightree(bt->lchild);    //递归调用，求左子树的高度
        hr=hightree(bt->rchild);    //递归调用，求右子树的高度
        h=(hl>hr?hl:hr)+1;          //条件表达式，求出二叉树的高度
    }
    return h;                       //返回二叉树的高度
}
```

3．统计二叉树叶子节点的数目

有两种方法可以统计二叉树叶子节点的数目。第一种方法结合遍历过程求解，需要使用全局变量。遍历方式可以是先序遍历、中序遍历或者后序变量，在遍历过程中，若遇到叶子节点，使计数器递增 1。结合中序遍历过程，统计叶子节点数目的递归算法如下。

```
int LeafCount=0;                  //设置全局变量 LeafCount
int LeafNum(BiTree *bt)           //按照中序遍历方式统计叶子节点数目
{
    if(bt!=NULL)                  //若二叉树非空
    {
        LeafNum(bt->lchild);     //递归调用其左孩子
        if(bt->lchild==NULL && bt->rchild==NULL)     //bt 指向叶子节点
            LeafCount++;         //计数器递增 1
        LeafNum(bt->rchild);     //递归调用其右孩子
    }
    return LeafCount;            //返回叶子节点数目
}
```

第二种方法为分治法，二叉树的叶子节点数目=左子树叶子节点数目+右子树叶子节点数目。根据函数的返回值，若是空树，返回 0；若是叶子，返回 1；否则返回左右子树的叶子节点之和。采用分治法统计叶子节点数目的递归算法如下。

```
int LeafN(BiTree *bt)             //按照函数返回值方式统计叶子节点数目
{
    int nl,nr;
    if(bt==NULL)
```

```
        return 0;
    if(bt->lchild==NULL && bt->rchild==NULL)
        return 1;
    nl=LeafN(bt->lchild);              //递归求左子树的叶子数目
    nr=LeafN(bt->rchild);              //递归求右子树的叶子数目
    return (nl+nr);                    //返回叶子节点数目
}
```

4. 统计二叉树的所有节点总数目

统计二叉树的节点总数目，其算法采用遍历方式实现，需使用全局变量。结合先序遍历过程，统计二叉树节点总数目的递归算法如下。

```
int Count=0;                          //设置全局变量 Count
int totalNum(BiTree *bt)              //按照先序遍历方式统计节点数目
{
    if(bt!=NULL)                      //若二叉树非空
    {
        Count++;
        totalNum(bt->lchild);         //递归调用其左孩子
        totalNum(bt->rchild);         //递归调用其右孩子
    }
    return Count;                     //返回二叉树的节点总数目
}
```

5. 输出二叉树的叶子节点

输出二叉树的叶子节点，其算法可以采用遍历方式实现。结合中序遍历过程，输出二叉树叶子节点的递归算法如下。

```
void InOrderInput(BiTree *bt)         //按照中序遍历方式输出叶子节点
{
    if(bt!=NULL)                      //若二叉树非空
    {
        InOrderInput(bt->lchild);
        if(bt->lchild==NULL && bt->rchild==NULL)
            cout<<bt->data<<endl;
        InOrderInput(bt->rchild);
    }
}
```

6. 求节点的双亲节点

求某个节点的双亲节点 p，也需使用遍历的思想。在遍历过程中，若节点 p 非空，并且这个节点 p 的左孩子或右孩子为某节点，则节点 p 为某节点的双亲节点。结合中序遍历过程，求某节点的双亲节点 p，其非递归算法如下。

```
BiTree *Parent(BiTree *bt,char value)     //求某节点的双亲节点 p
{//按照中序遍历非递归算法模式求解，在遍历过程中寻找双亲节点
    BiTree *p;
    SqStack S;
    InitStack(S);                     //初始化栈 S
    p=bt;
    if(bt==NULL || bt->data==value)   //若 bt 是空树或 value 为根节点
        return NULL;                  //返回 NULL
    while(p || !emptystack(S))        //当指针 p 非空，或者栈非空时
    {
```

```
        while(p)                          //p 所指节点非 NULL
        {
             if(p->lchild!=NULL && p->lchild->data==value)
                 return p;                //返回双亲节点
             if(p->rchild!=NULL && p->rchild->data==value)
                 return p;                //返回双亲节点
             push(S,p);                   //指针 p 入栈
                 p=p->lchild;             //修改指针 p
        }
        p=pop(S);                         //指针 p 所指向 NULL，栈顶元素出栈
        p=p->rchild;                      //修改指针 p
    }
}
```

7. 由遍历序列确定二叉树

已知一棵二叉树，可以对其进行先序遍历、中序遍历和后序遍历，由其中的两种遍历序列（必须包含中序序列），便可唯一确定一棵二叉树。

（1）由先序序列和中序序列确定二叉树。

由先序序列，可获取二叉树的根节点，将中序序列分解为左子树、根节点和右子树。按照递归的思想，首先建立根节点，然后分别创建其左子树和右子树。由中序序列和先序序列确定二叉树的递归算法如下。

```
BTNode *CreateBTree_pre(ElemType a[],ElemType b[],int n)
{//由先序序列 a[0..n-1]和中序序列 b[0..n-1]建立二叉链表
    int k;
    if (n<=0) return NULL;
    ElemType root=a[0];                      //根节点值
    BTNode *bt=(BTNode *)malloc(sizeof(BTNode));
    bt->data=root;
    for (k=0;k<n;k++)                        //在数组 b 中查找 b[k]=root 的根节点
        if (b[k]==root)
            break;
    bt->lchild=CreateBTree(a+1,b,k);         //递归创建左子树
    bt->rchild=CreateBTree(a+k+1,b+k+1,n-k-1); //递归创建右子树
    return bt;
}
```

（2）由中序序列和后序序列确定二叉树。

按照相同的思路，首先由后序序列获取根节点，同样将中序序列分解为左子树、根节点和右子树。由中序序列和后序序列确定二叉树的递归算法如下。

```
BTNode *CreateBTree_post(ElemType a[],ElemType b[],int n)
{//由后序序列 a[0..n-1]和中序序列 b[0..n-1]建立二叉链表
    int k;
    if (n<=0) return NULL;
    ElemType root=a[n-1];                    //根节点值
    BTNode *bt=(BTNode *)malloc(sizeof(BTNode));
    bt->data=root;
    for (k=0;k<n;k++)                        //在数组 b 中查找 b[k]=root 的根节点
        if (b[k]==root)
            break;
    bt->lchild=CreateBTree(a,b,k);           //递归创建左子树
    bt->rchild=CreateBTree(a+k,b+k+1,n-k-1); //递归创建右子树
```

```
        return bt;
}
```

6.5 线索二叉树

6.5.1 线索二叉树的基本概念

在 n 个节点的二叉链表中，有 $n+1$ 个空指针域，如图 6.11 的二叉链表示意图，这样导致二叉链表空间存储效率较低。能否利用这些空闲区存放有用的信息或线索，比如用于存储遍历序列中某个节点的直接前驱元素或者直接后继元素，可加快查找速度，也方便了遍历操作。

遍历二叉树是以一定的规则将二叉树中的节点排列成一个线性的序列，将一棵二叉树的层次结构转换成线性结构。线索二叉树的相关概念如下。

线索：指向二叉树遍历序列中直接前驱元素或直接后继元素的指针称为线索。

线索化：将二叉链表中的空指针修改为线索的过程，称为线索化。

线索二叉树：经过线索化的二叉树，称为线索二叉树。

线索链表：含有线索的二叉链表，称为线索链表。

若节点有左子树，则 lchild 指向其左孩子，否则 lchild 指向其直接前驱（即线索）；若节点有右子树，则 rchild 指向其右孩子，否则 rchild 指向其直接后继（即线索）。线索二叉树的节点结构如图 6.15 所示，增加了两个标志域 ltag 和 rtag。

其中：

$$ltag = \begin{cases} 0 & lchild域指示节点的左孩子 \\ 1 & lchild域指示节点的直接前驱 \end{cases}$$

$$rlag = \begin{cases} 0 & rchild域指示节点的右孩子 \\ 1 & rchild域指示节点的直接后继 \end{cases}$$

线索二叉树节点的结构体类型定义如下。

```
typedef char TElemType;
typedef struct BiThrNode
{
    TElemType data;                    //数据域
    struct BiThrNode *lchild, *rchild; //左右孩子的指针域
    int ltag, rtag;                    //标志域
};
```

由于二叉树可以进行先序遍历、中序遍历和后序遍历，线索二叉树包括先序线索二叉树、中序线索二叉树和后序线索二叉树。已知一棵如图 6.16 所示的二叉树，则其先序线索二叉树、中序线索二叉树和后序线索二叉树如图 6.17 所示，其中虚线表示线索。

lchild	ltag	data	rtag	rchild

图 6.15 线索二叉树的节点结构

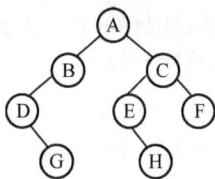

先序遍历序列：ABDGCEHF
中序遍历序列：DGBAEHCF
后序遍历序列：GDBHEFCA

图 6.16 一棵二叉树

（a）先序线索二叉树　　　　　　（b）中序线索二叉树

（c）后序线索二叉树

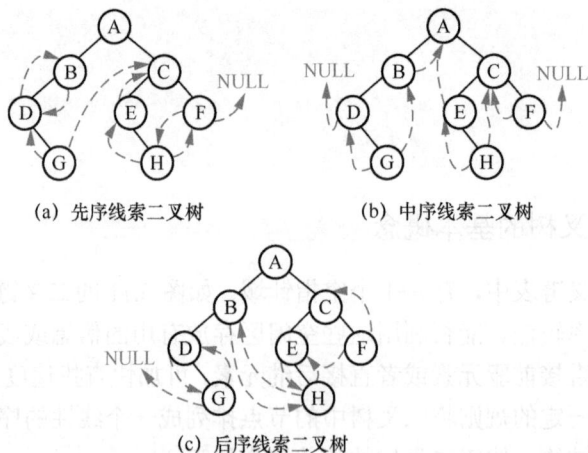

图 6.17　三种线索二叉树

6.5.2　二叉树的线索化

二叉树线索化的过程，即是将二叉链表中的空指针，逐一线索化的过程，线索化二叉树是伴随着遍历过程而进行的。

已建立一棵线索化格式（节点带有标志变量）的二叉树，设两个指针 p 和 pre，指针 p 指向当前访问节点，指针 pre 指向当前访问节点 p 的前驱节点，pre 和 p 始终是一对动态变化的指针，其中指针 pre 指向前驱节点，指针 p 指向后继节点。若指针 p 的 lchild 域为空，则修改指针 p，使其指向前驱节点 pre；若指针 pre 的 rchild 域为空，则修改指针 pre，使其指向后继节点 p。

按照中序遍历过程，创建一棵中序线索二叉树的算法如下，涉及两个子函数。

```
BiThrNode *pre;              //定义 pre 为全局变量
void Thread(BiThrNode *&p)
{//对以*p 为根节点的二叉树进行中序线索化
    if (p!=NULL)
    {
        Thread(p->lchild);      //左子树线索化
        if (p->lchild==NULL)    //前驱线索
        {
            p->lchild=pre;      //给节点*p 添加前驱线索
            p->ltag=1;
        }
        else
            p->ltag=0;
        if (pre->rchild==NULL)
        {
            pre->rchild=p;      //给节点*pre 添加后继线索
            pre->rtag=1;
        }
        else
            pre->rtag=0;
        pre=p;
        Thread(p->rchild);      //右子树线索化
```

```
        }
}
BiThrNode *CreaThread(BiThrNode *bt)
{//对以*bt为根节点的二叉树中序线索化
        BiThrNode *head;                          //增加一个头节点head，用于遍历
        head=(BiThrNode *)malloc(sizeof(BiThrNode));    //创建头节点
        head->ltag=0;head->rtag=1;
        if (bt==NULL)                             //若bt为空树时
                head->lchild=head;
        else
        {
                head->lchild=bt;            //head的左孩子是根节点
                pre=head;                   //pre是p的前驱节点，供加线索用
                Thread(bt);                 //中序线索化二叉树
                pre->rchild=head;           //最后处理，加入指向头节点的线索
                pre->rtag=1;
        }
        return head;
}
```

6.5.3 线索二叉树的遍历

以中序线索二叉树为例，其遍历过程如下。

（1）首先在中序线索二叉树中寻找遍历的第1个节点，将其地址放于指针p中。

（2）当指针p不是头节点指针head时：

① 输出指针p对应的节点（遍历）；

② 在中序线索二叉树中查找指针p对应节点的直接后继节点，将其地址放于指针post中，将post重新赋值给指针p。

（3）重复第2步，直至遍历中序线索二叉树的所有节点。

遍历一棵中序线索二叉树的算法如下，涉及三个子函数。

```
BiThrNode *FirstNode(BiThrNode *tb)
{//在中序线索树中查找中序序列的第1个节点
        BiThrNode *p=tb->lchild;
        while (p->ltag==0)
                p=p->lchild;
        return(p);
}


BiThrNode *PostNode(BiThrNode *p)
{//在中序线索二叉树上查找p节点的后继节点
        BiThrNode *post;
        post=p->rchild;
        if (p->rtag!=1)
        while (post->ltag==0)
                post=post->lchild;
        return(post);
}

void ThInOrder(BiThrNode *tb)
{//遍历中序线索二叉树，输出中序遍历序列
```

```
    BiThrNode *p;
    p=FirstNode(tb);
    while (p!=tb)
    {
        printf("%c ", p->data);
        p=PostNode(p);
    }
    printf("\n");
}
```

6.6 树和森林

6.6.1 树的表示与存储

树的存储结构包括双亲表示法、孩子表示法、孩子兄弟表示法等三种形式。

1. 双亲表示法

除了根节点以外，树中每个节点均有一个双亲节点。根据这一性质，构造出双亲表示法的存储结构。每一个节点包括数据元素的数据域和指示其双亲节点位置的虚拟指针域，如图 6.18 所示。

data	parent

图 6.18　双亲表示法的节点

树的双亲表示法是一种顺序存储方法，如图 6.19 所示。

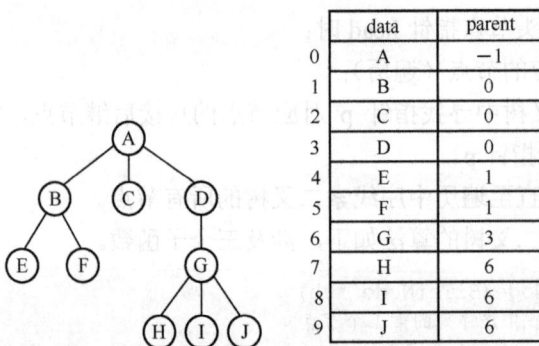

	data	parent
0	A	−1
1	B	0
2	C	0
3	D	0
4	E	1
5	F	1
6	G	3
7	H	6
8	I	6
9	J	6

图 6.19　树的双亲表示法

树的双亲表示法存储结构定义如下。

```
#define MAX 100          //定义符号常量 MAX
typedef char DataType;   //为数据类型 char 起一个别名 DataType
typedef struct TNode     //节点结构
{
    DataTyte data;       //数据域
    int parent;          //双亲位置域
};
typedef struct           //树结构
{
    TNode tree[MAX];     //树的节点
    int root, num;       //根的位置和节点数目
}PTree;
```

双亲表示法使用了每个孩子节点只有一个双亲节点的性质,在这种存储结构下,求每个节点的双亲节点十分方便,求树的根节点也很容易,但求某个节点的孩子节点不够直接,需要遍历整个存储结构。

2. 孩子表示法

孩子表示法是一种由双亲顺序表示法和孩子链式表示法相结合的存储方法,对于每一个孩子节点都需要建立孩子链表,如图 6.20 所示。

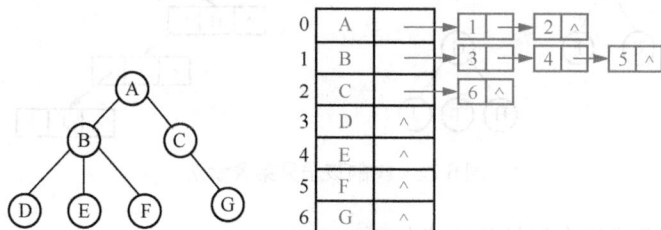

图 6.20　树的孩子表示法

树的孩子表示法存储结构定义如下。

```
#define MAX 100
typedef char DataType;          //为数据类型 char 起一个别名 DataType
typedef struct ChildNode        //孩子节点
{
    int Child;                  //节点序号
    struct ChildNode *next;     //链表指针域
};
typedef struct  DataNode        //顺序表节点
{
    DataType data;              //节点数据域
    ChildNode *FirstChild;      //孩子链表头指针
};
typedef struct Ctree            //树
{
    DataNode nodes[MAX];        //树的节点
    int root, num;              //根的位置和节点数目
};
```

使用孩子表示法可以很方便地找到某个节点的孩子,但孩子表示法找其双亲节点不直接。

3. 孩子兄弟表示法

孩子兄弟表示法是一种有关树的二叉链表表示法,这种表示方法为每个节点设计三个域,即数据元素域,该节点的第一个孩子指针域,该节点的下一个兄弟节点指针域,如图 6.21 所示。

firstChild	data	nextSibling

图 6.21　孩子兄弟表示法的节点

树的孩子兄弟表示法是一种链式表示法,如图 6.22 所示。

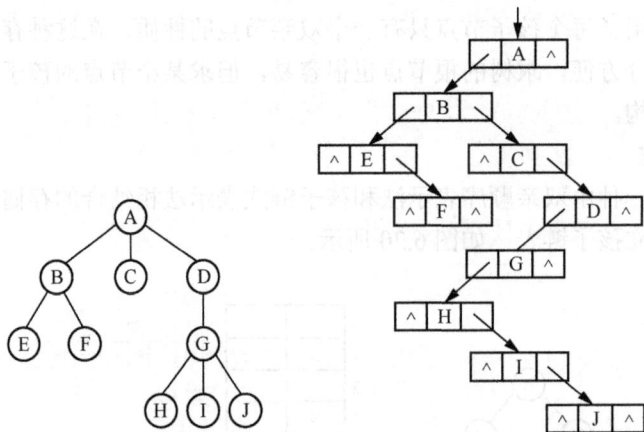

图 6.22　树的孩子兄弟表示法

树的孩子兄弟表示法存储结构定义如下。

```
typedef char DataType;      //为数据类型 char 起一个别名 DataType
typedef struct CSNode       //节点结构
{
    DataTyte data;          //节点数据域
    struct CSNode *firstChild, *nextSibling;    //节点指针域
}CSNode, *CSTree;
```

该表示方法又称为二叉树表示法，本质上与二叉链表的表示法一致。

使用孩子兄弟表示法可以很方便地找到该节点的第一个孩子节点，也很容易找到该节点的下一个兄弟节点。

6.6.2　树、森林与二叉树的转换

1. 树与二叉树的转换

由于树和二叉树均可使用二叉链表进行存储，则以二叉链表为媒介，可推导出树与二叉树之间的转换关系。

（1）将树转换为二叉树。

将树转换为二叉树时，二叉树根节点的右子树一定为空。树中父节点与第一个孩子的父子关系保持不变，成为二叉树中父节点与其左孩子；树中兄弟节点之间的关系转换为二叉树中的父子关系，且右兄弟成为其左兄弟的右孩子。

树与二叉树的转换方法如下。

① 加线：在树的兄弟之间加一条连线。

② 删线：对树中的每一个节点，除了其第一个孩子外，删除其与其余孩子之间的关系。

③ 旋转调整：以树的根节点为轴心，将整棵树顺时针转 45°，并做层次调整。

按照以上的转换方法，将树转换为二叉树，如图 6.23 所示。

（2）将二叉树转换为树。

若二叉树的根节点没有右子树，则转换为一棵树；若二叉树的根节点有右子树，则转换为森林。

二叉树中父节点与左孩子的关系，转换为树时父子关系保持不变，其左孩子变成父节点

的第一个孩子；二叉树中父节点与右孩子的关系，转换为树时转变为兄弟关系，右孩子变成父节点的右兄弟。

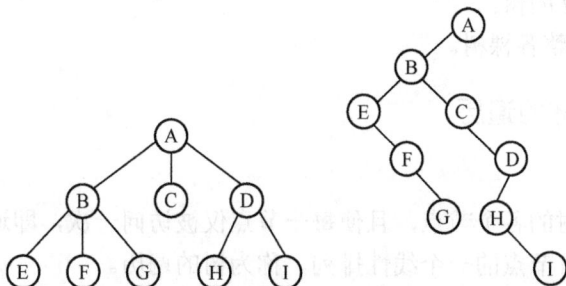

图 6.23　将树转换为二叉树

将二叉树转换为树的转换方法如下。

① 加线：若 p 节点是父节点的左孩子，则将 p 节点的右孩子，右孩子的右孩子……沿右分支找到的所有右孩子，都与 p 节点的父节点用线连起来；

② 删线：抹掉二叉树中父节点与右孩子之间的连线；

③ 调整：将节点按层次排列，形成树型结构。

2．森林与二叉树的转换

（1）将森林转换为二叉树。

将森林转换为二叉树的过程如下。

① 转换：将各棵树分别转换成二叉树。

② 加线：将每棵二叉树的根节点用线相连。

③ 旋转调整：将第一棵二叉树的根节点作为转换后二叉树的根节点，再以该根节点为轴心，顺时针旋转，构成二叉树型结构。

按照以上的转换方法，将森林转换为二叉树，如图 6.24 所示。其中（a）所示为森林，（b）所示为二叉树。

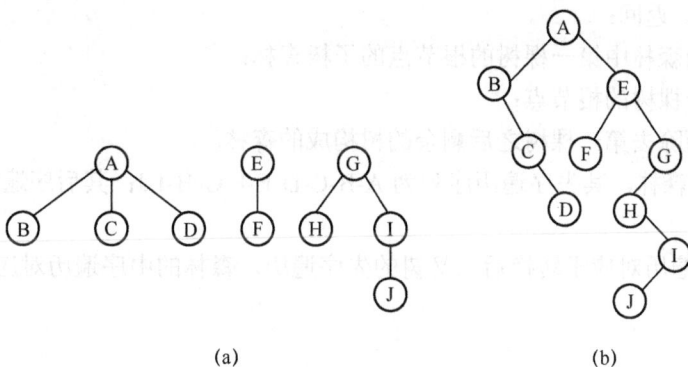

（a）　　　　　　　　　　　　　　　（b）

图 6.24　将森林转换为二叉树

（2）将二叉树转换为森林。

将二叉树转换为森林的过程如下。

① 加线：若某节点是父节点的左孩子，则将该节点的右孩子，右孩子的右孩子……沿右

分支找到的所有右孩子，都与该节点的父节点用线连起来。

② 删线：将二叉树中根节点与其右孩子的连线及沿右分支搜索到的所有右孩子间连线全部去掉，使之变成孤立的树。

③ 旋转调整：调整各棵树。

6.6.3 树和森林的遍历

1．树的遍历

按一定规律访问树的各个节点，且使每一节点仅被访问一次，即通过一个完整而有规律的方法，得到树中所有节点的一个线性排列，称为树的遍历。

树的遍历包括层次遍历、前序遍历和后序遍历，没有中序遍历，因为子树无左右之分。

① 层次遍历：先访问第一层上的节点，然后依次遍历第二层，直至第 n 层的节点。

② 先序遍历：若树非空，先访问根节点，然后依次先序遍历根的每棵子树。

③ 后序遍历：若树非空，先依次后序遍历根的每棵子树，然后访问根节点。

如图 6.23 的树，其层次遍历序列为 A-B-C-D-E-F-G-H-I；其先序遍历序列为 A-B-E-F-C-D-H-I；其后序遍历序列为 E-F-G-B-C-H-I-D-A。

树的先序遍历对应于转换后二叉树的先序遍历，树的后序遍历对应于转换后二叉树的中序遍历。

2．森林的遍历

森林的遍历是指依次遍历各棵树，包括先序遍历和中序遍历两种形式。

（1）先序遍历。

若森林为空，返回；

① 访问森林中第一棵树的根节点；

② 先序遍历第一棵树中根节点的子树森林；

③ 先序遍历除去第一棵树之后剩余的树构成的森林。

（2）中序遍历。

若森林为空，返回；

① 中序遍历森林中第一棵树的根节点的子树森林；

② 访问第一棵树的根节点；

③ 中序遍历除去第一棵树之后剩余的树构成的森林。

如图 6.24 的森林，其先序遍历序列为 A-B-C-D-E-F-G-H-I-J；其后序遍历序列为 B-C-D-A-F-E-H-J-I-G。

森林的先序遍历对应于转换后二叉树的先序遍历，森林的中序遍历对应于转换后二叉树的中序遍历。

6.7 哈夫曼树及应用

哈夫曼树也称为最优二叉树，是树的带权路径长度值最小的二叉树，可用于构造最优编码，在信息传输、数据压缩方面有着广泛的应用。

6.7.1 哈夫曼树

1. 基本概念

在学习哈夫曼树之前，首先了解以下相关概念。

路径：从树中一个节点到另外一个节点的分支序列，构成这两个节点之间的路径。

路径长度：路径上的分支数目称为路径长度。

树的路径长度：从树根到每一个叶子节点的路径长度之和，称为树的路径长度。

节点的权：给节点赋予的数值称为该节点的权。若树中的节点带有权值，则称该树称为带权树。

节点的带权路径长度：从该节点到根节点的路径长度与该节点权值的乘积，称为节点的带权路径长度。

树的带权路径长度：树中所有叶子节点的带权路径长度之和，称为树的带权路径长度。

树的带权路径长度通常记为 $WPL = \sum_{i=1}^{n} W_i \times L_i$，其中 n 为叶子节点的个数，W_i 为第 i 个叶子节点的权值，L_i 为第 i 个叶子节点到根节点的路径长度，$W_i \times L_i$ 为第 i 个叶子节点的带权路径长度。

哈夫曼树：带权路径长度值 WPL 最小的二叉树，称为哈夫曼树。

已知五个叶子节点 A、B、C、D、E，其权值分别为 7、9、6、4、2，试构建各种不同的二叉树，并计算相应的 WPL。如图 6.25 所示。

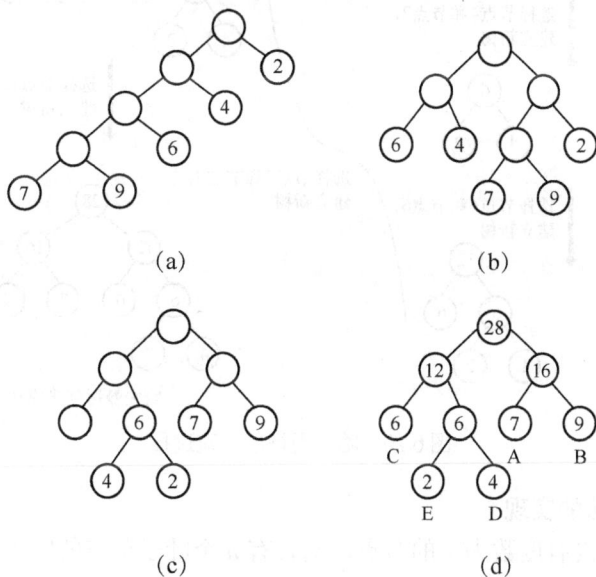

图 6.25　计算二叉树的 WPL

图 6.25（a）的 WPL=7×4+9×4+6×3+4×2+2×1=92，图 6.25（b）的 WPL=6×2+4×2+7×3+9×3+2×2=72，图 6.25（c）的 WPL=4×3+2×3+6×2+7×2+9×2=62。在这三棵二叉树中，图 6.25（c）的 WPL 值最小，按照哈夫曼树的定义，这是一棵哈夫曼树。

2．哈夫曼树的基本性质

（1）哈夫曼树只有度为0和2的节点，没有度为1的节点。

（2）权值大的叶子节点离哈夫曼树根节点较近，权值小的叶子节点离哈夫曼树根节点较远。

（3）n个叶子节点的哈夫曼树，其形态一般不唯一，但各个哈夫曼树的 *WPL* 值是相同的。如图6.25的（c）和（d），是两棵不同形态的哈夫曼树。

（4）n个叶子节点的哈夫曼树，共有$2n-1$个节点。

3．创建哈夫曼树

已知n个叶子节点的权值为$\{w_1, w_2, ..., w_n\}$，创建一棵哈夫曼树的过程如下。

（1）首先进行初始化操作，按照给定的权值集合$\{W_1, W_2, ..., W_n\}$，构造n棵二叉树集合$F=\{T_1, T_2, ..., T_n\}$，其中二叉树T_i只包含权值为W_i的根节点其左右子树均为空。

（2）在集合F中选取根节点权值最小的两棵二叉树T_i和T_j，分别作为左、右子树，构造一棵新的二叉树T_k，并设置新二叉树根节点的权值为其左、右子树根节点的权值之和。

（3）从集合F中删除选中的两棵二叉树T_i和T_j，并加入刚刚生成的新二叉树T_k。

（4）重复第2步和第3步，直至集合F中只包含一棵二叉树为止。该二叉树即为创建成功的哈夫曼树。

以图6.25（c）哈夫曼树为例，其创建过程如图6.26所示。

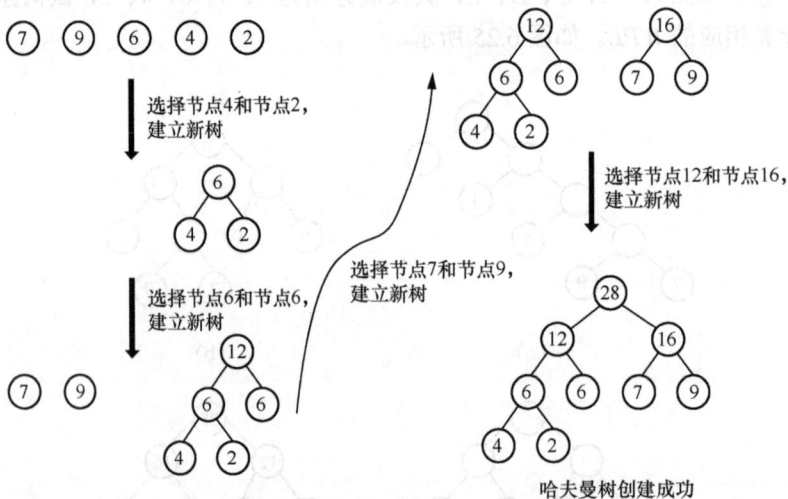

图6.26　哈夫曼树的创建过程

4．哈夫曼树算法的实现

由于哈夫曼树中没有度数为1的节点，则含有n个叶子节点的哈夫曼树，其总的节点数是$2n-1$。可以使用包含$2n-1$个元素的数组存储哈夫曼树，节点之间的父子关系使用下标表示，即使用静态链表存储哈夫曼树。

在使用哈夫曼树进行编码和译码中，需要用到节点的双亲信息和孩子信息，所以使用静态三叉链表存储哈夫曼树，如图6.27所示。

哈夫曼树的存储结构定义如下。

data	weight	parent	lchild	rchild

图6.27　哈夫曼树的静态三叉链表

```
#define N 50              //叶子节点数目
#define M 2*N-1           //哈夫曼树的节点总数
typedef struct
{
    char data[10];       //节点值
    double weight;       //节点的权值
    int parent;          //双亲节点
    int lchild;          //左孩子节点
    int rchild;          //右孩子节点
}HTNode;
```

创建哈夫曼树的实现过程如下。

（1）首先进行初始化操作。①为 n 个叶子节点（下标 1 至 n 对应的节点）赋权值，将叶子节点的双亲域和左右孩子域均置 0；②将其余节点的双亲域和左右孩子域均置 0（下标 $n+1$ 至 $2n-1$ 对应的节点，共 $n-1$ 个分支节点）。

（2）循环 $n-1$ 次，构建哈夫曼树，创建分支节点和相关父子节点的关系。①选择最小树：选择根节点（双亲域为 0 的节点）权值最小的两棵二叉树；②逐步构造新的二叉树：新节点 i 的权值为左右孩子权值之和，设置新节点的左右孩子域，设置新节点左右孩子的双亲域。

创建哈夫曼树的算法如下。

```
void CreateHT(HTNode ht[], int n)        //构造哈夫曼树
{
    int i,k,lnode,rnode;
    double min1,min2;
    for (i=1; i<=2*n-1; i++)             //所有节点的相关域置初值0
        ht[i].parent=ht[i].lchild=ht[i].rchild=0;
    for (i=n+1; i<=2*n-1; i++)           //构造哈夫曼树的n-1个节点
    {
        min1=min2=32767;
        lnode=rnode=0;                   //lnode和rnode为最小权值的两个节点位置
        for (k=1; k<=i-1; k++)           //在ht[1..i-1]中找权值最小的两个节点
            if (ht[k].parent==0)         //只在尚未构造二叉树的节点中查找
            {
                if (ht[k].weight<min1)
                {
                    min2=min1;
                    rnode=lnode;
                    min1=ht[k].weight;
                    lnode=k;
                }
                else if (ht[k].weight<min2)
                {
                    min2=ht[k].weight;
                    rnode=k;
                }
            }
        //ht[i]作为双亲节点
        ht[i].weight=ht[lnode].weight+ht[rnode].weight; //为双亲节点赋权值
        ht[i].lchild=lnode;    //为双亲节点的左孩子赋值
        ht[i].rchild=rnode;    //为双亲节点的右孩子赋值
```

```
        ht[lnode].parent=i;        //为左孩子节点的双亲节点赋值
        ht[rnode].parent=i;        //为右孩子节点的双亲节点赋值
    }
}
```

以图 6.25（d）哈夫曼树为例，按照静态三叉链表进行存储，其存储结构的初始状态如表 6.1 所示，终止状态如表 6.2 所示。

表 6.1　　　　　　　　　　　　　　初始状态

节点		weight	parent	lchild	rchild
1	A	7	0	0	0
2	B	9	0	0	0
3	C	6	0	0	0
4	D	4	0	0	0
5	E	2	0	0	0
6		—	0	0	0
7		—	0	0	0
8		—	0	0	0
9		—	0	0	0

表 6.2　　　　　　　　　　　　　　终止状态

节点		weight	parent	lchild	rchild
1	A	7	8	0	0
2	B	9	8	0	0
3	C	6	7	0	0
4	D	4	6	0	0
5	E	2	6	0	0
6		6	7	5	4
7		12	9	3	6
8		16	9	1	2
9		28	0	7	8

6.7.2　哈夫曼编译码

在信息传输过程中，为了保密起见，需要将文本中出现的字符进行二进制编码，对方接收后，又需要将二进制码翻译为原先的字符，这即是文本的编码与译码。

在字符编码设计中，通常需要遵守两个原则：①编码能够唯一地被译码；②编码长度尽可能短。使用哈夫曼树可以得到平均长度最短的编码，哈夫曼编译码是哈夫曼树的一种典型应用。

1．基本概念

字符编码分为等长编码和不等长编码两类。等长编码是指每个字符的编码长度均相等，不等长编码是指字符的编码长度可以不相等。

例如：待编码字符集为：{A, B, C, D}，分别进行等长编码和不等长编码。等长编码对每位字符进行两位二进制编码，A:00，B:01，C:10，D:11。不等长编码可设计为 A:0，B:11，C:01，D:1。若待编码文本为 AAABCDDA，其编码结果分别为。

等长编码：0000000110111100，总长度为 16 位。

不等长编码：0001101110，总长度为 10 位。

由此例可知：等长编码的优势是在译码时不会出现二义性；劣势是密码长度较长，不利于信息传输。不等长编码的优势是密码长度较短，便于信息传输；劣势是在译码时会出现二义性，无法识别真正的字符。

在远程通信应用中，若要将待传输字符加密后转换成二进制字符串，需如何编码才能使报文在网络中传得最快呢？一般情况下，出现频率较大的字符采用尽可能短的编码。需设计长度不等的编码，并且必须使任一字符的编码都不是另一字符编码的前缀编码。

需要构造一棵哈夫曼树，然后对各个叶子节点（字符）进行哈夫曼编码。哈夫曼编码是不等长编码，哈夫曼编码是前缀编码，前缀编码的译码结果是唯一的。

哈夫曼树的特点为，叶子节点权值越大，离根节点越近。因此哈夫曼编码的特点为，字符使用频率越高，编码越短。

哈夫曼编码具有以下两个结论。

结论一：哈夫曼编码是前缀编码。不同的字符对应不同的叶子节点，从根节点到不同叶子节点的路径最后一定会分叉，所以根节点到任何一个叶子节点的路径不可能是到另一个叶子节点的前段路径，即一个字符的编码不可能是另一个字符编码的前缀，因此哈夫曼编码是前缀编码。

结论二：哈夫曼编码是最优前缀编码。由于哈夫曼树的 *WPL* 值最小，所以将字符的使用频率作为叶子的权值构造一棵哈夫曼树，依据根节点到叶子节点的路径长度构造字符编码，所以编码的平均长度必定最小，即哈夫曼编码为最优编码。

2．哈夫曼编码

由哈夫曼树构造哈夫曼编码，需要从叶子节点出发，走一趟从叶子节点到根节点的路径，编码是由哈夫曼树的底部向顶部生成，每经过一条分支，就得到一位哈夫曼编码值。若当前节点为双亲的左孩子，当前编码位为 0，否则为 1。由叶子节点走到根节点，则可完成一个叶子节点编码的构造。

对哈夫曼树的每条分支做标记，左分支标 0，右分支标 1，由根节点到叶子节点路径所对应的 0、1 序列，构成该叶子节点对应字符的哈夫曼编码。

以图 6.25（d）的哈夫曼树为例，进行哈夫曼编码，则字符 A、B、C、D、E 的哈夫曼编码分别为，A:10，B:11，C:00，D:011，E:010，如图 6.28 所示。

哈夫曼编码的结构体类型如下。

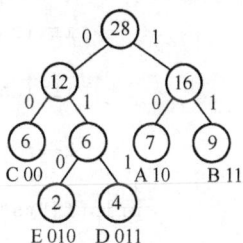

图 6.28 字符的哈夫曼编码

```
typedef struct
{//哈夫曼编码的结构体类型
    char cd[N];     //存放哈夫曼编码
    int start;      //哈夫曼编码的起始位置下标
}HCode;
```

哈夫曼编码的算法请扫描下方二维码查看。

3. 哈夫曼编码的译码

由于哈夫曼编码是前缀编码，所以译码的结果是唯一的，不存在二义性。哈夫曼编码的译码过程，需要走一条从根节点到叶子节点的路径。依据某个字符的哈夫曼编码，若当前编码位为"0"时走向左子树；若当前编码位为 1 时走向右子树。当走到叶子节点时，则完成一个字符的译码。反复此过程，直到接收数据结束。

哈夫曼编码的译码算法如下。

```
void Decoding(HTNode ht[], int n)
{//哈夫曼编码的译码
    int f, m, k;
    char c, ch[200];
    printf("请输入电文(0 or 1)，以#为结束标志: \n");
    c = getchar();
    k = 1;
    while(c!='#')      //输入电文字符串
    {
    ch[k] = c;
    c = getchar();
    k = k + 1;
    }
    m = k;
    f = 2 * n - 1;                   //设置根节点的下标
    k = 1;
    printf("输出哈夫曼译码: \n");
    while (k < m)
    {
    while (ht[f].lchild != 0 && ht[f].rchild != 0)    //当 ht[f]不是叶子节点时
    {
        if (ch[k] == '0')
            f = ht[f].lchild;    //设置左孩子节点的下标
        if (ch[k] == '1')
            f = ht[f].rchild;    //设置右孩子节点的下标
        k++;
    }
    printf("%s", ht[f].data);    //输出字符（叶子节点值）
    f = 2 * n - 1;               //恢复根节点的下标
    }
    printf("\n");
}
```

6.8 航空航天应用实例分析与实现

以航空航天为例，飞行器在作业时，需要传输信息，一般以加密的方式进行通信。由于哈夫曼编码具有编码短无二义性的优点，可以将文本信息按照出现频率的不同，进行哈夫曼编码，对方收到信息后，再进行哈夫曼编码的译码。

首先根据需要创建一棵哈夫曼树，进行哈夫曼编码，编码以字符串形式存储，然后进行哈夫曼译码。

假设传输的文本由字符集合{'a', 'b', 'c', 'd', 'e', 'f', 'g', 'h'}构成，各个字符的使用频率为{0.07,0.19,0.02,0.06,0.32,0.03,0.21,0.1}，则按照上一节哈夫曼树及编码译码的算法，可以编写完整的程序，用于信息加密和解密。

main()函数代码如下。

```
int main(int argc, char* argv[])
{
    int n=8,i;                              //n 表示初始字符串（叶子节点）的个数
    char *str[]={" ","a","b","c","d","e","f","g","h"};
    double fnum[]={0.0,0.07,0.19,0.02,0.06,0.32,0.03,0.21,0.1};
    HTNode ht[M+1];                         //哈夫曼树,静态三叉链表
    HCode hcd[N+1];                         //哈夫曼编码
    for (i=1;i<=n;i++)                      //为叶子节点赋值、赋权值
    {
        strcpy(ht[i].data,str[i]);          //叶子节点值
        ht[i].weight=fnum[i];               //叶子节点权值
    }
    printf("\n");
    CreateHT(ht,n);                         //创建哈夫曼树
    CreateHCode(ht,hcd,n);                  //创建哈夫曼编码
    DispHCode(ht,hcd,n);                    //输出哈夫曼编码
    Decoding(ht,n);                         //哈夫曼译码
    return 1;
}
```

运行结果如图 6.29 所示。

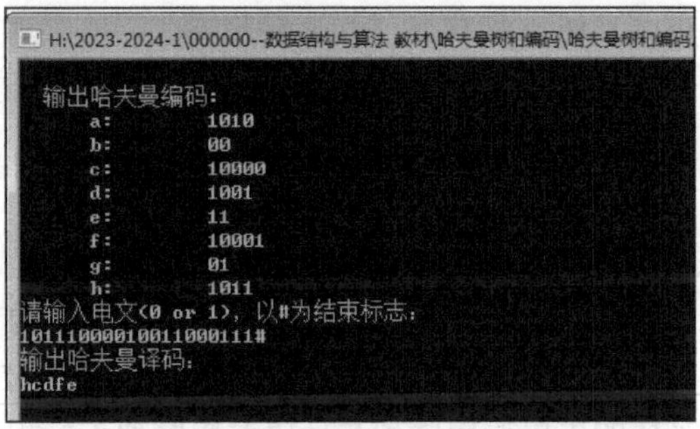

图 6.29　信息传输及编译码的运行结果

6.9　习题

1. 单项选择题

（1）以下（　　　）实例是树的典型应用。

A．模式匹配问题　　B．数据压缩问题　　C．魔方问题　　　　D．优先队列问题

（2）将一棵树转换为二叉树后，这棵二叉树的形态是（　　）。

A．唯一的
B．有多种
C．有多种，但根节点都没有左孩子
D．有多种，但根节点都没有右孩子

（3）树的表示方法有多种，以下（　　）方法不是树的表示方法。

A．广义表表示法
B．集合表示法
C．缩进表示法或凹入表示法
D．十字链表表示法

（4）由3个节点可以构造出（　　）种不同的二叉树。

A．2
B．3
C．4
D．5

（5）树中处于最高层节点的层次数就是树的（　　）。

A．宽度
B．高度
C．度
D．叶子节点数

（6）一棵完全二叉树上有1001个节点，其中叶子节点的个数是（　　）。

A．250
B．500
C．254
D．501

（7）以下描述中，不属于二叉树特点的是（　　）。

A．在二叉树中不存在度大于2的节点
B．二叉树不能进行层次遍历
C．二叉树的子树有左右之分，其次序不能任意颠倒
D．有两种特殊形态的二叉树：满二叉树和完全二叉树

（8）一棵具有1025个节点的二叉树，其高h为（　　）。

A．11
B．10
C．11至1025之间
D．10至1024之间

（9）一棵深度为k的满二叉树，有（　　）个节点

A．2^k-1
B．2^k+1
C．$2^{k-1}-1$
D．$2^{k+1}+1$

（10）深度为h的满m叉树的第k层有（　　）个节点。($1 \leq k \leq h$)

A．$mk-1$
B．mk
C．$mh-1$
D．mh

（11）一棵三层的完全二叉树，共有（　　）种形态。

A．四
B．五
C．六
D．七

（12）在下列存储形式中，（　　）不是树的存储形式？

A．双亲表示法
B．孩子链表表示法
C．孩子兄弟表示法
D．顺序存储表示法

（13）对于任何一棵二叉树，如果其叶子节点数为n_0，度为2的节点数为n_2，则（　　）。

A．$n_0=n_2+2$
B．$n_0=n_2+1$
C．$n_2=n_0+1$
D．$n_2=n_0-1$

（14）一棵非空的二叉树的先序遍历序列与后序遍历序列正好相反，则该二叉树一定满足（　　）。

A．所有的节点均无左孩子
B．所有的节点均无右孩子
C．只有一个叶子节点
D．是任意一棵二叉树

（15）在一个二叉链表中，若有N个节点，则有（　　）个空指针。

A．N
B．$N+1$
C．$N-1$
D．$N+2$

（16）设哈夫曼树中有199个节点，则该哈夫曼树中有（　　）个叶子节点。

A．99
B．100
C．101
D．102

（17）引入二叉线索树的目的是（　　）。

A．加快查找节点的前驱或后继的速度　　B．为了能在二叉树中方便地进行插入与删除

C．为了能方便地找到双亲　　D．使二叉树的遍历结果唯一

（18）树的存储方式有多种，以下（　　）不属于树的存储。

A．双亲表示法　　B．孩子表示法

C．孩子兄弟表示法　　D．邻接表表示法

（19）n（n≥3）个权值均不相同的字符构成哈夫曼树，关于该树的叙述中，错误的是（　　）。

A．该树一定是一棵完全二叉树或满二叉树

B．树中一定没有度为 1 的节点

C．树中两个权值最小的节点一定是兄弟节点

D．树中任一非叶节点的权值一定不小于下一层任一节点的权值

（20）一棵含有 n 个节点的哈夫曼树，其节点总数为（　　）。

A．2n+1　　　　B．2n−1　　　　C．n+1　　　　D．n−1

2．简答题

（1）简述树的概念及相关术语。

（2）简述二叉树的定义及性质。

（3）简述线索二叉树的概念及构造过程。

（4）简述哈夫曼树的概念及构造过程。

（5）如何进行树、二叉树及森林之间的相互转换，试简述之。

（6）如何进行哈夫曼编码及其译码，试简述之。

3．综合应用题

（1）假设有序对<p, q>表示父节点为 p，子节点为 q；若一棵树的关系集合为{<a, b>, <a, c>, <a, d>, <c, e>, <c, f>, <c, g>, <c, h>, <e, i>, <e, j>, <g, k>}。请回答下列问题。

① 哪个节点是根节点？

② 哪些节点是叶子节点？

③ 哪些节点是 k 的祖先？

④ 哪些节点是 j 的兄弟？

⑤ 树的深度是多少？

⑥ 画出该树。

（2）已知二叉树的前序序列为 ABCDEFG，中序序列为 CBEDAFG，请画出此二叉树，并写出其后序遍历序列。

（3）下图为一棵二叉树，请先写出其先序遍历序列、中序遍历序列和后序遍历序列；然后分别画出该树的先序线索二叉树、中序线索二叉树和后序线索二叉树。

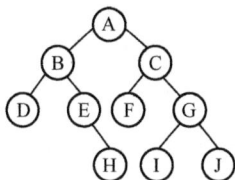

（4）下图为一棵树，请将其转换为一棵二叉树。

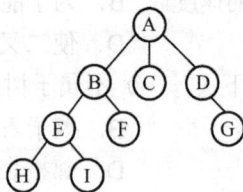

（5）构建一棵哈夫曼树，该树的叶子节点为 L={ "A"，"B"，"C"，"D"，"E"，"F" }，对应的权值为 W={6，3，7，9，5，10}。

① 画出哈夫曼树。

② 写出叶子节点 A、B、C、D、E 的哈夫曼编码。

（6）已知字符 A、B、C、D、E、F、G、H，它们的使用频率分别为 0.07，0.19，0.02，0.06，0.32，0.03，0.21，0.1，请进行以下操作：

① 请画出相应的哈夫曼树；

② 请为各个字符进行哈夫曼编码；

③ 已知密码串 01001011100001011111，请译码。

4. 算法设计题

（1）编程实现：创建一棵二叉树，分别进行先序遍历、中序遍历、后序遍历，并输出遍历序列。

（2）编程实现：创建一棵二叉树，然后统计叶子节点的数目，并求树的高度。

（3）编程实现：构建一棵二叉树（递归方式），求某个节点的双亲节点。

（4）编程实现：创建一棵二叉树，进行中序遍历二叉树的非递归算法操作，并输出结果。

（5）编程实现：构造一棵线索二叉树，并进行中序线索遍历。

（6）编程实现：创建一棵哈夫曼树，进行哈夫曼编码（以字符串形式存储），输出哈夫曼编码，并进行哈夫曼译码。

第 3 篇　图状结构

第**7**章

图

图状结构中数据元素之间存在着多对多的关系，典型的图状结构是图。图状结构属于非线性结构，比较复杂。本章首先介绍图的基本概念及术语，接下来介绍图的 4 种存储表示，然后介绍图的两种遍历方式，最后介绍图的一些典型应用。

7.1 实例引入

7.1.1 城市交通问题

城市交通问题是一个常见问题，包括任意两个城市之间的最短路径、城市之间的道路连通性问题等。

图 7.1 所示是一张交通线路图，其中城市表示顶点，城市之间的道路表示边。针对这一交通线路图，我们需要考虑以下问题：（1）逻辑结构，顶点与顶点之间的关系是非线性结构，存在着多对多的关系；（2）存储结构，如何将这张图存储到计算机中，涉及图的存储方式；（3）操作运算，如何在图概念的前提下，进行相关的操作，包括构造图、存储图、求最短路径等。

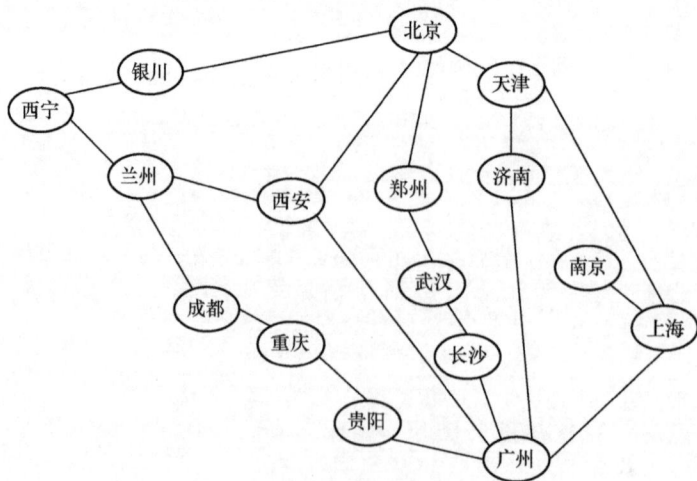

图 7.1　交通路线图

7.1.2 工程问题

工程问题主要涉及关键路径，在项目管理中管理进度计划需要求关键路径，由关键路径可以推导出工程的最短工期。

假设有一个工程，该工程可以用一个有向图表示，如图 7.2 所示，该图包括 7 个顶点和 12 条边（每条边表示一个活动），其关键路径为 $a_1{\rightarrow}a_4{\rightarrow}$ $a_5{\rightarrow}a_9{\rightarrow}a_{12}$。

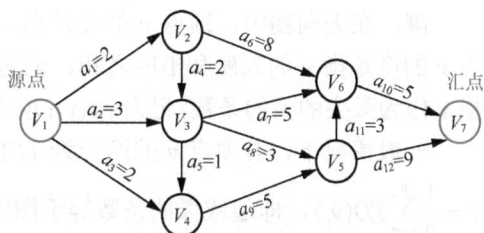

图 7.2　工程问题有向图

7.2　图的相关概念

7.2.1　图的概念

图（graph）：图 G 由集合 $V(G)$ 和集合 $E(G)$ 组成，记为 $G=(V, E)$。其中 $V(G)$ 是顶点的非空有限集合，$E(G)$ 是关系的有限集合，关系表示的是顶点的无序对或有序对。

有向图：有向图 G 由集合 $V(G)$ 和集合 $E(G)$ 组成，$V(G)$ 是顶点的非空有限集，$E(G)$ 是有向边（也称弧）的有限集合，弧表示的是顶点的有序对，记为 $<v_i, v_j>$，v_i 和 v_j 是顶点，v_i 称为弧尾，v_j 称为弧头。如图 7.3（a）所示。

无向图：无向图 G 由集合 $V(G)$ 和集合 $E(G)$ 组成，$V(G)$ 是顶点的非空有限集，$E(G)$ 是边的有限集合，边表示的是顶点的无序对，记为 (v_i, v_j) 或者 (v_j, v_i)，并且 $(v_i, v_j) = (v_j, v_i)$，如图 7.3（b）所示。

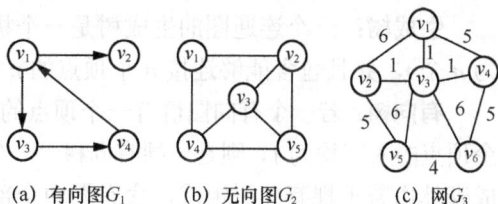

(a) 有向图 G_1　(b) 无向图 G_2　(c) 网 G_3

图 7.3　图的实例

按照图的概念，图 G_1 和图 G_2 可以表示为

$G_1=(V_1, \{E_1\})$

其中，$V_1=\{v_1, v_2, v_3, v_4\}$

$E_1=\{<v_1, v_2>, <v_1, v_3>, <v_3, v_4>, <v_4, v_1>\}$

$G_2=(V_2, \{E_2\})$

其中，$V_2=\{v_1, v_2, v_3, v_4, v_5\}$

$E_2=\{(v_1, v_2), (v_1, v_4), (v_2, v_3), (v_2, v_5), (v_3, v_4), (v_3, v_5)\}$

网：顶点之间的连线上标有与之关联的数值（称为权值），这种形式的图通常称为网，如图 7.3（c）所示。

完全图：有 n 个顶点，且每两个顶点之间均有边的无向图，称为完全图。完全图共有 $n(n-1)/2$ 条边。

有向完全图：有 n 个顶点，且每两个顶点之间均有弧的有向图，称为有向完全图。有向完全图共有 $n(n-1)$ 条弧。

稀疏图、稠密图：边或弧很少，且满足 $e<n\log n$ 的图称为稀疏图，反之称为稠密图。其中 n 表示图的顶点数目，e 表示边或弧的数目。

子图：如果图 $G(V, E)$ 和图 $G'(V', E')$ 满足：$V'{\subseteq}V$，$E'{\subseteq}E$，则称 G' 为 G 的子图。

邻接点：（1）无向图的邻接点：边的两端顶点，互为邻接点。（2）有向图的邻接点：弧头是弧尾的邻接点，且弧尾可以有多个邻接点。

度：在无向图中，顶点 v 的度是指与 v 相连的边的条数，记为 $TD(v)$。在有向图中，顶点 v 的度是指 v 的入度和出度之和，记为 $TD(v)$，$TD(v)=ID(v)+OD(v)$；其中顶点 v 的入度是指 v 作为弧头的弧的条数，记为 $ID(v)$；顶点 v 的出度是指 v 作为弧尾的弧的条数，记为 $OD(v)$。

一般情况下，若顶点 v_i 的度记为 $TD(v_i)$，则一个含有 n 个顶点和 e 条边或弧的图，满足 $e=\dfrac{1}{2}\sum_{i=1}^{n}TD(v_i)$，即边或弧的条数等于图中所有顶点度之和的一半。

路径：顶点 v 到顶点 w 的路径指从顶点 v 出发沿着边或者弧到达顶点 w 所经过的顶点序列。路径上边或者弧的数目称为路径的长度。顶点序列中顶点不重复的路径称为简单路径。

回路：第一个顶点和最后一个顶点相同的路径称为回路或者环。除第一个顶点和最后一个顶点之外，其余顶点不重复出现的回路，称为简单回路或者简单环。

连通图：在无向图中，如果从顶点 v 到顶点 w 之间有路径，则称顶点 v 和顶点 w 是连通的。如果图中任意两个顶点都是连通的，则称该图为连通图。

连通分量：无向图中的一个极大连通子图，称为该无向图的连通分量。

强连通图：在有向图中，如果对于每一对 $<v_i, v_j>\in V(v_i\neq v_j)$，从 v_i 到 v_j 和从 v_j 到 v_i 都存在路径，则称该图是强连通图。

强连通分量：有向图中的一个极大强连通子图，称为该有向图的强连通分量。

生成树：一个连通图的生成树是一个极小连通子图。生成树中包含图的全部顶点（假定为 n 个），并且包含能够连接 n 个顶点的 $n-1$ 条边。

有向树：若一个有向图恰有一个顶点的入度为0，其余顶点的入度均为1，则是一棵有向树。一个有向图的生成森林由若干棵有向树组成，含有图中全部顶点，但只有足以构成若干棵不相交的有向树的弧。图7.4（a）是一个有向图，图7.4（b）是由两棵有向树构成的生成森林。

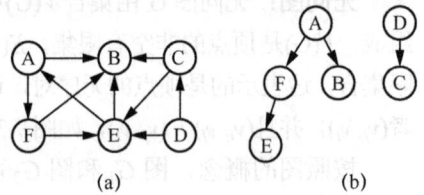

图7.4 有向树和生成森林

7.2.2 图的基本操作

图的基本操作包括添加新顶点、添加弧或边、删除顶点、删除弧或边、深度优先遍历、广度优先遍历等。以下是图的抽象数据类型及基本操作。

```
ADT Graph{
    数据对象V：V是具有相同特性的数据元素的集合，称为顶点集。
    数据关系R：R={VR}
            VR={<v,w>|v,w∈V且P(v,w)，<v,w>表示从v到w的弧，谓词P(v,w)定义了弧
<v,w>的意义或信息}
    基本操作P：
    （1）GraphCreat(G,, V, VR);           //创建图
    （2）GraphDestory(G);                 //销毁图
    （3）GraphLocateVertex(G, v);         //寻找顶点v
    （4）GraphGetVertex(G, v);            //返回顶点v的值
    （5）GraphPutVertex(&G, v, value);    //为顶点v赋值
    （6）GraphFirstAdjVex(G, v);          //返回v的第一个邻接点
```

```
（7）GraphNextAdjVex(G, v, w);        //返回 v 的下一个邻接点
（8）GraphInsertVertex(G, v);         //在图中添加新顶点 v
（9）GraphDeleteVertex(G, v);         //删除顶点 v 及相关的弧/边
（10）GraphInsertArc(G, v, w);        //在图中增加弧<v,w>/边(v,w)
（11）GraphDeleteArc(G, v, w);        //删除图中 v 和 w 之间的弧/边
（12）DFSTtraverse(G, v, Visit());    //深度优先遍历
（13）BFSTtraverse(G, v, Visit());    //广度优先遍历
}ADT Graph
```

7.3 图的存储表示

由于图的顶点之间存在着多对多的关系，图的存储结构相应比较复杂。图的存储有以下 4 种表示方法。

（1）邻接矩阵：可存储有向图、无向图、网。

（2）邻接表：可存储有向图、无向图、网。

（3）十字链表：可存储有向图、带权值的有向图。

（4）邻接多重表（也称为多重链表）：可存储无向图、带权值的无向图。

图的基本操作包括：①图的初始化；②查找顶点是否存在；③查找边或弧是否存在；④插入一个顶点；⑤插入一条边或弧；⑥求顶点的邻接点；⑦输出所有顶点的所有邻接点；⑧删除一条边或弧；⑨删除一个顶点等。

7.3.1 邻接矩阵表示法

邻接矩阵表示法也称为数组表示法，一维数组用于存储顶点的信息，二维数组用于存储数据元素之间关系（边或弧）的信息。

设图 G 是一个包含 n 个顶点的图，其顶点集合 $V=\{v_1, v_2, ..., v_n\}$，则顶点之间的关系可以使用矩阵 $arcs$ 描述，矩阵 $arcs$ 中的每一个元素 $arcs[v_i][v_j]$ 满足

$$arcs[v_i][v_j] = \begin{cases} 1 & \text{若} v_i、 v_j \text{之间有边或弧相连} \\ 0 & \text{若} v_i、 v_j \text{之间无边或弧相连} \end{cases}$$

有向图的邻接矩阵表示法如图 7.5 所示。

无向图的邻接矩阵表示法如图 7.6 所示。

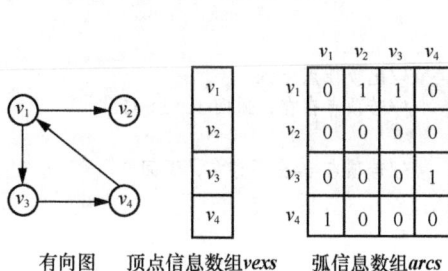

有向图　顶点信息数组 *vexs*　弧信息数组 *arcs*

图 7.5　有向图的邻接矩阵表示法

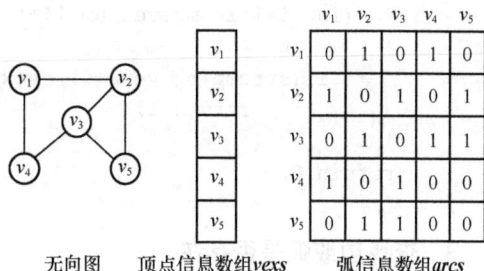

无向图　顶点信息数组 *vexs*　弧信息数组 *arcs*

图 7.6　无向图的邻接矩阵表示法

带权图（网）的邻接矩阵表示法如图 7.7 所示，矩阵 *arcs* 中的每一个元素 $arcs[v_i][v_j]$ 满足。

$$arcs[v_i][v_j] = \begin{cases} w_{ij} & \text{若} v_i、v_j \text{之间有边或弧相连} \\ \infty & \text{若} v_i、v_j \text{之间无边或弧相连} \end{cases}$$

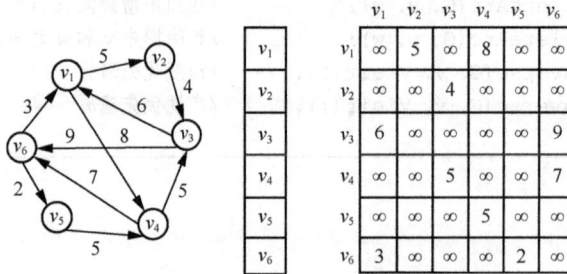

图 7.7 带权图（网）的邻接矩阵表示法

邻接矩阵的结构体类型如下。

```
struct MGraph
{//邻接矩阵表示法的结构体类型
    char *vexs[100];              //存储顶点信息，动态数组
    double arcs[100][100];        //存储边或弧的信息，静态数组
    int vexnum, arcnum;          //顶点数目、边或弧的数目
}
```

1．图的初始化

按照邻接矩阵方式存储图 mg，初始化图 mg 的算法如下。

```
void InitGraph_M(MGraph &mg)
{//图的初始化
    mg.arcnum=mg.vexnum=0;       //将顶点、边或弧的数目设置为 0
    for(int i=1;i<100;i++)       //下标从 1 开始
        for(int j=1;j<100;j++)
            mg.arcs[i][j]=0;     //初始化时各个顶点之间没有关系
}
```

2．查找顶点是否存在

按照邻接矩阵方式存储图 mg，查找顶点 vex 是否在图 mg 中存在的算法如下。

```
int FindVex_M(MGraph mg, char *vex)
{//查找顶点 vex 是否存在
    for(int i=1;i<=mg.vexnum;i++)
    {
        if(strcmp(mg.vexs[i], vex) == 0)     //比较顶点 vex
            return i;                         //若顶点存在，返回 i，i>=1
    }
    return 0;                                 //若顶点 vex 不存在，返回 0
}
```

3．查找边或弧是否存在

按照邻接矩阵方式存储图 mg，查找边(v_1, v_2)或弧$<v_1, v_2>$是否在图 mg 中存在的算法如下。

```
int FindArc_M(MGraph mg,char *v1, char *v2)
{//查找边(v1,v2)或弧<v1,v2>是否存在
```

```
    int x,y;
    x=FindVex(mg,v1);
    y=FindVex(mg,v2);
    if(x==0 || y==0)
        return 0;       //若某个顶点不存在，对应的边肯定不存在，返回0
    if(mg.arcs[x][y] == 1)
        return 1;       //对应的边或弧存在，返回1
    else
        return -1;      //顶点存在，但对应的边或弧不存在，返回-1
}
```

4. 插入顶点

按照邻接矩阵方式存储图 mg，在图 mg 中插入一个顶点 vex 的算法如下。

```
void InsertVex_M(MGraph &mg, char *vex)
{//插入顶点 vex，不能重复插入
    if(FindVex(mg,vex)==0)                          //若顶点 vex 不存在，插入
    {
        mg.vexnum++;
        mg.vexs[mg.vexnum]=new char[strlen(vex)+1];
        strcpy(mg.vexs[mg.vexnum], vex);        //插入新顶点 vex
    }
}
```

5. 插入边或弧

按照邻接矩阵方式存储图 mg，在图 mg 中插入一条边(v_1, v_2)或弧$<v_1, v_2>$的算法如下。

```
void InsertArc_M(MGraph &mg,char *v1,char *v2)
{//插入一条边(v1, v2)或弧<v1, v2>
    int x, y, z;
    x=FindVex(mg,v1);
    y=FindVex(mg,v2);
    if(x&&y)              //若边或弧两端的顶点存在
    {
        z=FindArc(mg,v1,v2);
        if(z==0)     //若边或弧不存在，则插入
        {
            mg.arcs[x][y]=1;
            mg.arcnum++;
        }
    }
}
```

6. 求顶点的邻接点

按照邻接矩阵方式存储图 mg，求顶点 v 的第一个邻接点，其算法如下。

```
int FirstAdjVex_M(MGraph mg, int v)
{//在图 mg 中，求顶点 v 的第一个邻接点
//使用顶点的下标代替字符串，
//如顶点"v1"对应下标为 v，则使用 v 代表"v1"
    for(int j=1;j<=mg.vexnum;j++)
        if(mg.arcs[v][j]!=0)
            return j;
    return 0;    //不存在邻接点时，返回0
}
```

按照邻接矩阵方式存储图 mg，求顶点 v 相对于顶点 w 的下一个邻接点，其算法如下。

```
int NextAdjVex_M(MGraph mg, int v, int w)
{//在图 mg 中，求顶点 v 相对于顶点 w 的下一个邻接点
    for(int j=w+1; j<=mg.vexnum; j++)
        if(mg.arcs[v][j]!=0)
            return j;
    return 0;
}
```

7. 输出所有顶点的所有邻接点

按照邻接矩阵方式存储图 mg，输出所有顶点的所有邻接点，其算法如下。

```
void printAdjVex_M(MGraph mg)
{//输出所有顶点的所有邻接点（下标方式）
    int i, j;
    for(i=1;i<=mg.vexnum;i++)
    {
        cout<<mg.vexs[i]<<": ";     //第 i 个顶点
        for(j=1;j<=mg.vexnum;j++)
        {
            if(mg.arcs[i][j]!=0)
                cout<<j<<" ";       //输出邻接点
        }
        cout<<endl;
    }
}
```

8. 删除边或弧

按照邻接矩阵方式存储图 mg，删除一条边(v_1, v_2)或弧$<v_1, v_2>$的算法如下。

```
void DeleteArc_M(MGraph &mg,char *v1, char *v2)
{//删除一条边(v1,v2)或弧<v1,v2>
    int x, y, z;
    x=FindVex(mg,v1);
    y=FindVex(mg,v2);
    if(x&&y)              //若边或弧两端的顶点存在
    {
        z=FindArc(mg, v1, v2);
        if(z != 0)    //若边或弧存在，则删除这条边或弧
        {
            mg.arcs[x][y]=0;
            mg.arcnum--;
        }
    }
}
```

9. 删除一个顶点

按照邻接矩阵方式存储图 mg，删除一个顶点包括两个步骤：（1）删除该顶点对应的边或弧；（2）删除该顶点。

```
void DeleteVex_M(MGraph &mg, char *v)
{//删除一个顶点
    int index;
```

```
index=FindVex(mg, v);
if(index)     //若顶点v存在
{
    for(int i=1; i<=mg.vexnum; i++)
        for(int j=1; j<=mg.vexnum; j++)
            if(mg.arcs[i][j] != 0 && (i==index || j==index))
            {//对应边或弧存在
                    mg.arcs[i][j]=0;       //删除顶点v对应的边或弧
                    mg.arcnum--;           //边或弧的数目递减
            }
    for(int k=index+1;k<=mg.vexnum;k++)     //删除第index行
        for(int m=1;m<=mg.vexnum;m++)
            mg.arcs[k-1][m]=mg.arcs[k][m];
    for(int k=index+1;k<=mg.vexnum;k++)     //删除第index列
        for(int m=1;m<=mg.vexnum;m++)
            mg.arcs[m][k-1]=mg.arcs[m][k];
    for(int k=index+1;k<=mg.vexnum;k++)     //删除顶点v
        mg.vexs[k-1]=mg.vexs[k];
    mg.vexnum--;
}
}
```

7.3.2　邻接表表示法

邻接矩阵表示法适用于稠密图,不适用于稀疏图,因为会造成关系矩阵存储空间的浪费,而使用邻接表表示法可以解决这一问题。

图的邻接表表示法是一种链式存储结构,仅存储顶点之间有关联的信息。邻接表由顶点表和边表组成,其中顶点表是一个结构体类型的一维数组,边表是一个单链表,存储某个顶点的所有邻接点。

有向图的邻接表表示法如图7.8所示。

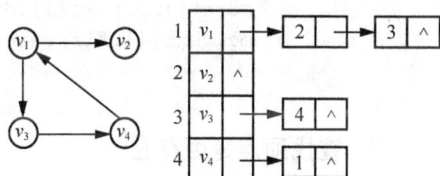

图7.8　有向图的邻接表表示法

无向图的邻接表表示法如图7.9所示。

有向图的邻接表关注每一个顶点的出度,若对每一个顶点的入度关注,则需要建立逆邻接表。以头节点的数据域为弧头组成单链表,此时该邻接表称为逆邻接表,如图7.10所示。

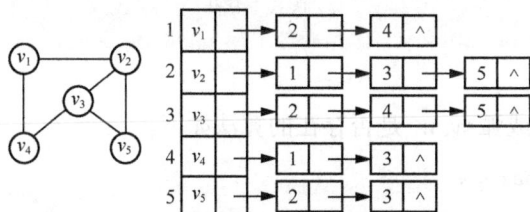

图7.9　无向图的邻接表表示法

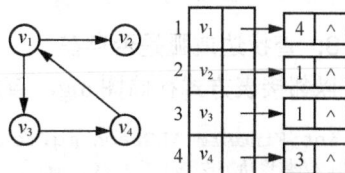

图7.10　有向图的逆邻接表

邻接表的结构体类型如下。

```
struct ArcNode
{//边节点的结构体类型
    int adjvex;                 //邻接点下标
```

```
        double weight;          //边或弧的信息(权值)
        ArcNode *nextarc;       //指向下一个邻接点的指针
};
typedef struct VexNode
{//头节点的结构体类型
        char data[5];           //顶点信息（字符串）
        ArcNode *firstarc;      //指向第一个邻接点的指针
};
typedef struct
{//图的结构体类型
        VexNode vexs[100];      //顶点的集合，静态数组
        int vexnum,arcnum;      //顶点的数目、边或弧的数目
}ALGraph;
```

从结构体类型定义可以看出，邻接表中存在两种节点，一种是链表的头节点，用于存储顶点信息，另一种是边节点，用于存放邻接点以及边的信息，如图 7.11 所示。

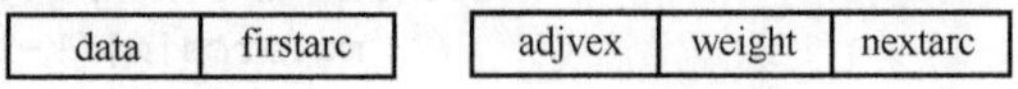

data	firstarc

(a) 头节点

adjvex	weight	nextarc

(b) 边节点

图 7.11 头节点与边节点

1. 图的初始化

以邻接表方式存储图 mg，初始化算法如下。

```
void InitGraph(ALGraph &mg)
{//图的初始化
        mg.arcnum=mg.vexnum=0;      //设置图的边或弧的数目为 0
        for(int i=1;i<100;i++)      //下标从 1 开始
        {//设置头节点
                strcpy(mg.vexs[i].data, "");
                mg.vexs[i].firstarc=0;
        }
}
```

2. 查找顶点是否存在

以邻接表方式存储图 mg，查找顶点 vex 是否存在的算法如下。

```
int FindVex(ALGraph mg, char *vex)
{//查找顶点 vex 是否存在
        for(int i=1; i<=mg.vexnum; i++)
                if(strcmp(mg.vexs[i].data,vex) == 0)    //比较相等
                        return i;                        //顶点存在
        return 0;                                        //顶点不存在
}
```

3. 查找边或弧是否存在

以邻接表方式存储图 mg，查找边(v, w)或弧<v, w>是否存在的算法如下。

```
int FindArc(ALGraph mg, char *v, char *w)
{//查找边(v, w)或弧<v, w>是否存在
        int v1=FindVex(mg,v);
        int w1=FindVex(mg,w);
        if(v1*w1==0)
                return 0;                    //若两端的顶点不存在，则边或弧也不存在
        ArcNode *p=mg.vexs[v1].firstarc;    //指针 p 指向边节点
        while(p)                            //若两端的顶点存在，判断边或弧是否存在
        {
```

```
                    if(p->adjvex == w1)
                            return 1;                   //找到了，边或弧存在
                    p=p->nextarc;                       //指针 p 指向下一个邻接点（下一条边）
        }
        return -1;                                      //顶点存在，但边或弧不存在
}
```

4. 插入顶点
以邻接表方式存储图 mg，插入一个顶点 *vex* 的算法如下。

```
void InsertVex(ALGraph &mg, char *vex)
{//插入一个顶点 vex
    int v=FindVex(mg, vex);
    if(v != 0)
            return;      //顶点已经存在，返回
    //顶点不存在，插入顶点
    mg.vexnum++;
    strcpy(mg.vexs[mg.vexnum].data,vex);
    return;
}
```

5. 插入边或弧
以邻接表方式存储图 mg，插入一条边(v_1, v_2)或弧$<v_1, v_2>$的算法如下。

```
void InsertArc(ALGraph &mg, char *v1, char *v2)
{//插入一条边(v1,v2)或弧<v1,v2>
    int v=FindVex(mg,v1);
    int w=FindVex(mg,v2);
    if( v && w )                              //顶点已经存在
    {
        if(FindArc(mg, v1, v2)==0)            //边或弧不存在
        {
            ArcNode *p=new ArcNode;           //定义边节点指针
            //生成一个新的边节点
            p->adjvex=FindVex(mg, v2);
            p->weight=0;
            p->nextarc=0;
            //新节点作为链表第一个节点，逆序插入
            p->nextarc=mg.vexs[v].firstarc;
            mg.vexs[v].firstarc=p;
            mg.arcnum++;
        }
    }
}
```

6. 求顶点的邻接点
以邻接表方式存储图 mg，求顶点 *v* 的第一个邻接点，其算法如下。

```
int FirstAdjVex(ALGraph mg, int v)
{//求顶点 v 的第一个邻接点
//使用顶点的下标代替字符串
//如顶点 "v1" 对应下标为 v，则使用 v 代表 "v1"，假定 v 存在
    if(mg.vexs[v].firstarc != 0)    //第一个邻接点存在
        return mg.vexs[v].firstarc->adjvex;
```

```
        else
            return 0;
    }
```

以邻接表方式存储图 mg，求顶点 *v* 相对于顶点 *w* 的下一个邻接点，其算法如下。

```
int NextAdjVex(ALGraph mg, int v, int w)
{//求顶点 v 相对于顶点 w 的下一个邻接点，先找到 w 在 v 链表中的位置
    ArcNode *p;                        //表节点指针
    p=mg.vexs[v].firstarc;             //p 为指向顶点 v 的第一个邻接点
    while (p)
    {
        if(p->adjvex==w)               //p 指向顶点 w 时退出循环
            break;
        p=p->nextarc;
    }
    if(p==0)
        return 0;                      //顶点 v 没有邻接点或没有找到顶点 w
    if(p->nextarc != 0)                //找到顶点 w
        return p->nextarc->adjvex;     //顶点 v 相当于顶点 w 的下一个邻接点
    else
        return -1;                     //顶点 v 仅有一个邻接点 w
}
```

7. 输出各个顶点的所有邻接点

以邻接表方式存储图 mg，输出各个顶点的所有邻接点，其算法如下。

```
void printAdjVex(ALGraph mg)
{//输出各个顶点的所有邻接点
    int i;
    for(i=1;i<=mg.vexnum;i++)
    {
        cout<< mg.vexs[i].data <<":  ";    //第 i 个顶点
        ArcNode *p=mg.vexs[i].firstarc;    //边节点 p 指向第 1 个邻接点
        while (p)
        {
            cout<<p->adjvex<<"  ";         //输出邻接点
            p=p->nextarc;                  //指针后移
        }
        cout<<endl;
    }
}
```

7.3.3　十字链表表示法

有向图除了可以使用邻接表表示法存储以外，还可以使用十字链表表示法进行存储。十字链表表示法仅能存储有向图，不能存储无向图。十字链表是一种比较复杂的链式存储，是将有向图的邻接表与逆邻接表结合起来得到的一种链表。

有向图的十字链表如图 7.12 所示。

在十字链表中包含两种节点：弧节点和顶点节点，结构如图 7.13 所示。

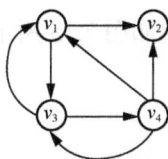

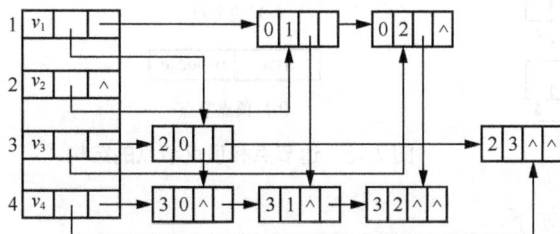

图 7.12　有向图的十字链表

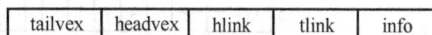

tailvex	headvex	hlink	tlink	info

(a) 弧节点

data	firstin	firstout

(b) 顶点节点

图 7.13　弧节点和顶点节点的结构

有向图的十字链表存储，其结构体类型如下。

```
#define MAX_VERTEX_NUM 20
typedef struct ArcBox
{//弧节点的结构体类型
    int tailvex, headvex;            //分别指示弧尾和弧头这两个顶点在图中的位置
    struct ArcBox *hlink, *tlink;    //指向弧头和弧尾相同的下一条弧
    InfoType *info;                  //指向该弧的相关信息
};
typedef struct VexNode
{//顶点节点的结构体类型
    char data[10];                   //用字符串类型表示顶点信息
    ArcBox *firstin, *firstout;      //分别指向该顶点的第一条入弧和出弧
};
typedef struct
{//十字链表结构体类型
    VexNode xlist[MAX_VERTEX_NUM];   //表头向量
    int vexnum, arcnum;              //有向图的顶点数和弧数
}OLGraph;
```

使用十字链表存储有向图，其步骤如下。

① 输入有向图的顶点数、弧数。

② 建立顶点节点。

③ 建立弧。包括建立弧节点、将该弧节点添加到横向链表、将该弧节点添加到纵向链表。

使用十字链表存储有向图的算法代码请扫描下方二维码查看。

7.3.4　多重链表表示法

多重链表表示法也称为邻接多重表表示法，表示的是无向图的另外一种链式存储结构。无向图的多重链表表示法如图 7.14 所示。

在多重链表中包含两种节点：边节点和顶点节点，其结构如图 7.15 所示。

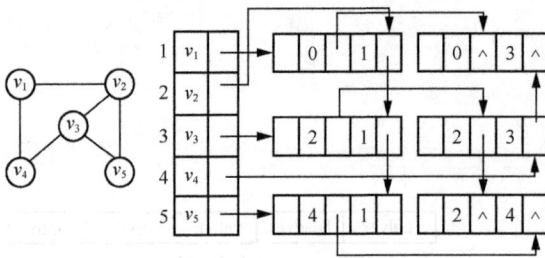

图 7.14　无向图的多重链表表示法　　　　图 7.15　边节点和顶点节点的结构

无向图的多重链表存储，其结构体类型如下。

```
#define MAX_VERTEX_NUM 20
Typedef struct Ebox
{//边节点的结构体类型
    int mark;                        //访问标记
    int ivex, jvex;                  //该边依附的两个顶点的位置
    struct Ebox *ilink, *jlink;      //分别指向依附于顶点的下一条边
    InfoType *info;
}Ebox;
Typedef  struct  VexBox
{//顶点节点的结构体类型
    char data;                       //顶点信息
    Ebox *firstedge;                 //指向第一条依附于该顶点的边
}VexBox;
Typedef struct
{//图的结构体类型
    VexBox adjmulist[Max_Vertex_Num];  //n个顶点存放于一维数组
    int vexnum, edgenum;               //顶点数与边数
}AMLGraph;
```

7.4　图的遍历

从图中某一顶点出发，沿着边或弧访问图中所有的顶点，且使每个顶点仅被访问一次，这一过程称为图的遍历。

图的遍历包括深度优先搜索遍历和广度优先搜索遍历两种形式，图的遍历算法是求解图的连通性、拓扑排序、关键路径算法等问题的基础。

7.4.1　图的深度优先搜索遍历

图的深度优先搜索（depth first search，DFS）遍历类似于树的先根遍历，是树的先根遍历的推广。

遍历是图的基本运算，其实质是寻找每个顶点的邻接点的过程，需要指定起始顶点，图的起始顶点可以不唯一。

深度优先搜索遍历以顶点 v 开始的连通图的步骤如下。

① 访问顶点 v。

② 分别深度优先遍历顶点 v 的各个未被访问的邻接点。

已知一个无向图及其邻接表表示如图 7.16 所示，从顶点 v_1 开始进行深度优先搜索遍历，其遍历序列为 $v_1 \rightarrow v_2 \rightarrow v_4 \rightarrow v_8 \rightarrow v_5 \rightarrow v_3 \rightarrow v_6 \rightarrow v_7$。

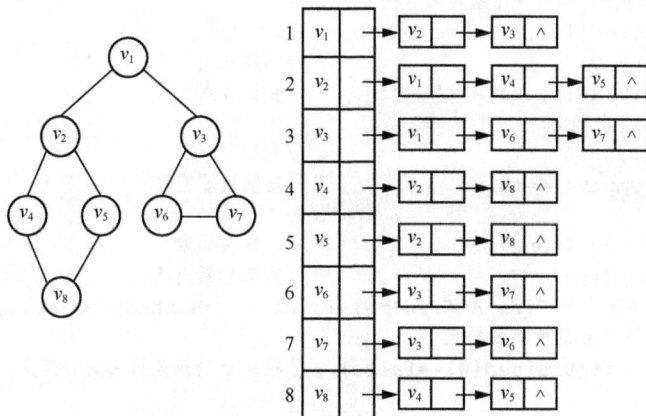

图 7.16 无向图及其邻接表表示

对应的算法如下。

使用一个全局数组 visited[ ] 记录顶点是否被访问过。如果 visited[i] 的值为 True，则顶点 v_i 已经被访问，否则没有被访问。

```
bool visited[100]={false};          //全局变量
void DFS(ALGraph mg, int v)         //v为遍历的起始顶点
{//深度优先搜索遍历算法，图的存储结构为邻接表
    visited[v]=true;                //以前未被访问，此时被访问
    cout<<mg.vexs[v].data<<" ";     //访问节点v
    for(int w=FirstAdjVex(mg,v); w>0; w=NextAdjVex(mg,v,w))
    {//对于v的每一个邻接点进行考察
        if(visited[w]==false)       //当该节点未被访问时
            DFS(mg, w);             //进行深度优先遍历
    }
}
```

7.4.2 图的广度优先搜索遍历

图的广度优先搜索（breadth first search，BFS）遍历类似于树的按层次遍历过程。

广度优先搜索遍历以顶点 v 开始的连通图的步骤如下。

① 创建一个队列。

② 访问顶点 x，且顶点 x 入队列。

③ 若队列不为空，重复以下步骤，直至队列为空：

a. 取队头元素并放入顶点 v 中，队头元素出队；

b. 依次考查顶点 v 的各个邻接点，若未被访问则先访问，然后将顶点 v 的各个邻接点放在队列尾部；

c. 返回步骤③。

依然以图 7.16 所示的无向图及其邻接表为例，从顶点 v_1 开始进行广度优先搜索遍历，其遍历序列为 $v_1 \rightarrow v_2 \rightarrow v_3 \rightarrow v_4 \rightarrow v_5 \rightarrow v_6 \rightarrow v_7 \rightarrow v_8$。

对应的算法如下。

```
void BFS (ALGraph mg,int x)              //x 为遍历的起始顶点
{//广度优先搜索算法，图的存储结构为邻接表
    bool visited[100]={false};
    queue<int> q;                        //创建队列对象 q<int>
    cout<<mg.vexs[x].data<<"  ";         //输出节点 x
    visited[x]=true;
    q.push(x);                           //入队
    while(q.empty()==false)              //当队列非空时
    {
        int v=q.front();                 //取队头元素
        q.pop();                         //队头元素出队
        for(int w=FirstAdjVex(mg,v); w>0; w=NextAdjVex(mg,v,w))
        {//顶点 v 的所有邻接点
            if(visited[w]==false)        //顶点 v 的未被访问的邻接点
            {
                cout<<mg.vexs[w].data<<"  ";   //输出节点 w
                visited[w]=true;
                q.push(w);               //邻接点入队
            }
        }
    }
}
```

7.5 图的典型应用

图的应用较广，尤其适用于交通领域和工程领域，如求最小生成树、求最短路径、进行拓扑排序、求关键路径等。

7.5.1 最小生成树

在规划铁路、公路时，常常考虑的问题是如何既能够达到连通各个地点又能够使得所耗费的资源最少。如何解决这一问题？最好的办法是将这些现实的问题转换成图的问题。

比如，把城市转换成顶点（假设有 n 个），把城市之间的可能存在的道路转换成边，从该图中寻找 $n-1$ 条边，使得这 $n-1$ 条边不仅能把这 n 个顶点连成一个连通图，并且它们所代表的路程之和最短。这样的连通图，形态上就是一棵树。求解这种耗费最少的问题，即转化成为求相应图的最小生成树问题。

一个连通图的生成树是一个极小连通子图，它含有图中全部 n 个顶点和构成一棵树的 $n-1$ 条边。如果在一棵生成树上添加一条边，必定构成一个环。带权连通图 G，可能有多棵不同生成树，每棵生成树的所有边的权值之和可能不同，其中权值之和最小的生成树称为图的最小生成树。

对于连通图：仅需调用遍历过程（DFS 或 BFS）一次，从图中任一顶点出发，便可以遍历图中的各个顶点，产生相应的生成树。最小生成树由带权无向图生成，属于带权无向图的

一种应用。

使用最小生成树要解决以下两个问题。

（1）尽可能选择权值小的边，但不能构成回路。

（2）选取 $n-1$ 条合适的边，以连接带权图中的 n 个顶点。

有两种求最小生成树的方法：普里姆（Prim）算法和克鲁斯卡尔（Kruskal）算法。

一、普里姆（Prim）算法

普里姆（Prim）算法归并顶点，与边数无关，属于稠密网，其基本思想如下。

（1）从连通图某顶点 u_0 出发，选择与其关联的具有最小权值的边(u_0, v)，将其顶点加入到生成树的顶点集合 U 中；

（2）从一个顶点在 U 中、另一个顶点不在 U 中的各条边中选择权值最小的边(u, v)，将其顶点加入到顶点集合 U 中；

（3）重复此过程，直到所有顶点都加入到生成树顶点集合 U 中为止。

取图中任意一个顶点 u_0 作为生成树的根，之后往生成树上添加新的顶点 v。在添加的顶点 v 和已经在生成树上的顶点 u_0 之间必定存在一条边，该边的权值在所有连通顶点 u_0 和 v 之间的边中取值最小。之后继续往生成树上添加顶点，直至生成树上含有 n 个顶点为止。

图 7.17 所示为一个带权值的连通图，按照 Prim 算法，假设顶点 a 为起始顶点，构造一棵最小生成树的过程如图 7.18 所示。

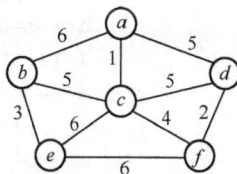

图 7.17　一个带权值的连通图

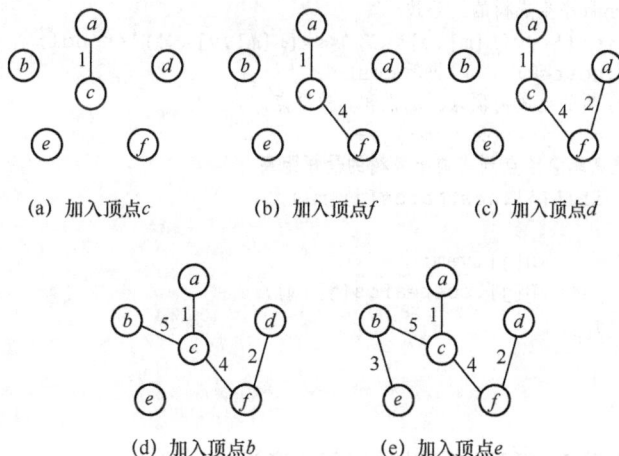

(a) 加入顶点c　　(b) 加入顶点f　　(c) 加入顶点d

(d) 加入顶点b　　(e) 加入顶点e

图 7.18　Prim 算法构造一棵最小生成树的过程

Prim 算法采用邻接矩阵存储带权连通图，使用数组 L 存储各个顶点到当前最小生成树的最短距离。使用 Prim 方法生成最小生成树的算法如下。

```
void Prim(char firstvex)
{
    struct edge
    {
        int u;
        int v;
```

```
            int cost;
    };
    edge L[MAX_VERTEX_NUM+1];                    //构造数组 L
    int u;                                       //firstvex 对应的下标
    u=LocateVex(firstvex);
    int i,j;
    for(i=1; i<=vex_num; i++)                     //初始化数组 L
    {
        L[i].u=i;
        L[i].v=u;
        L[i].cost=arcs[i][u];
    }
    L[u].cost=0;
    for(i=1; i<=vex_num-1; i++)                   //每次选择出一条边
    {//若有 n 个顶点, 选出 n-1 条边
        //选择权值最小的边
        int min=99999;
        int m=0;
        for(int k=1; k<=vex_num; k++)       //找出最小的不为 0 的 cost
        {//n 个数中找最小数
            if(L[k].cost<min && L[k].cost!=0)
            {
                min=L[k].cost;
                m=k;
            }
        }
        //输出最小生成树的一条边
        cout<<'('<<v[L[m].u]<<','<<v[L[m].v]<<')'<<endl;
        L[m].cost=0;    //更新 cost
        //对于新的生成树顶点, 优化和其他顶点的 cost
        for(j=1; j<=vex_num; j++)
        {//更新剩余顶点到当前生成树的最短距离
            if(L[j].cost>arcs[j][m])
            {
                L[j].v=m;
                L[j].cost=arcs[j][m];
            }
        }
    }
}
```

Prim 算法中有两重 for 循环, 所以时间复杂度为 $O(n^2)$。

二、克鲁斯卡尔（Kruskal）算法

克鲁斯卡尔（Kruscal）算法归并边, 适于稀疏网, 其基本思想如下。

假设连通网络 N={V, E}

（1）构造一个有 n 个顶点、没有边的非连通图 T = {$V, \emptyset$}, 每个顶点自成一个连通分量。

（2）在 E 中选择权值最小的边, 若该边的两个顶点落在不同的连通分量上, 则将该边加入 T, 否则舍去重新选择, 直到所有顶点在同一连通分量上为止。

为使生成树上边的权值之和达到最小, 应使生成树中每一条边的权值尽可能小。先构造一个含 n 个顶点的子图 T, 然后从权值最小的边开始, 若添加这条边不使 T 中产生回路, 则

在 T 上加上这条边，如此重复，直至加上 *n*-1 条边为止。

根据图 7.17 所示的带权值的连通图，按照 Kruscal 算法，构造一棵最小生成树的过程如图 7.19 所示。先对"边的权值"按照从小到大的顺序排序，然后采取逐条"边"加入的方法，生成一棵最小树。

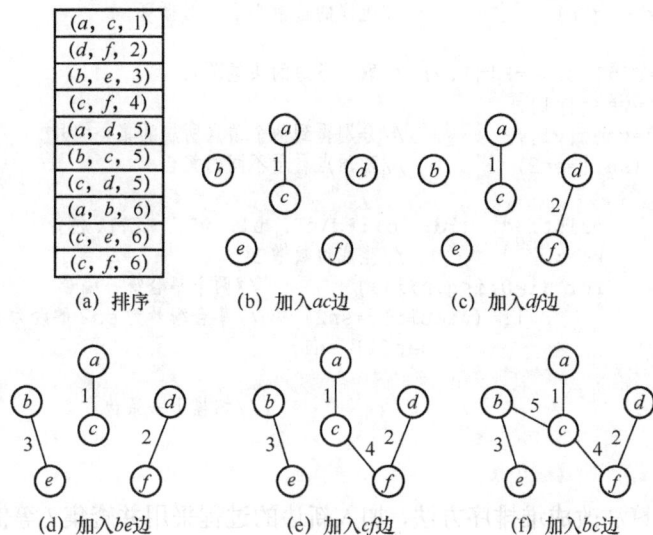

图 7.19　Kruscal 算法构造一棵最小生成树的过程

Kruscal 算法也是一种求带权无向图的最小生成树的构造性算法，是一种按照权值递增次序选择合适的边来构造最小生成树的方法。在实现 Kruscal 算法时，使用邻接矩阵存储带权连通图 *G*；使用数组 *E* 存放图 *G* 中的所有边，采用直接插入排序算法解决边的排序问题；采用连通分量编号或顶点集合编号，解决判断加入一条边后是否出现回路的问题。

使用 Kruscal 方法求一棵最小生成树，算法如下。

```
void Kruskal(MatGraph g)
{//克鲁斯卡尔（Kruskal）算法
    typedef struct
    {//边的结构体类型
        int u;                  //边的起始顶点
        int v;                  //边的终止顶点
        int w;                  //边的权值
    }Edge;
    Edge E[MAXV];
    int i, j, u1, v1, sn1, sn2, k;
    int vset[MAXV];
    Edge E[MaxSize];            //存放所有边
    k=0;                        //E 数组的下标从 0 开始计
    for (i=0; i<g.n ;i++)       //由 g 产生的边集 E
        for (j=0; j<g.n; j++)
            if (g.edges[i][j]!=0 && g.edges[i][j] != INF)
            {
                E[k].u=i;  E[k].v=j;  E[k].w=g.edges[i][j];
                k++;
```

```
            }
    InsertSort(E, g.e);          //用直接插入排序对 E 数组按权值递增排序
    for (i=0;i<g.n;i++)          //初始化辅助数组
        vset[i]=i;
    k=1;                         //k 表示当前构造生成树的第几条边
    j=0;                         //E 中边的下标，初值为 0
    while (k < g.n)              //生成的边数小于 n 时循环
    {
        u1=E[j].u;v1=E[j].v;     //取一条边的头尾顶点
        sn1=vset[u1];
        sn2=vset[v1];            //分别得到两个顶点所属的集合编号
        if (sn1!=sn2)            //两顶点属于不同的集合
        {
            printf("  (%d, %d):%d\n", u1, v1, E[j].w);
            k++;                 //生成边数增 1
            for (i=0;i<g.n;i++)          //两个集合统一编号
                if (vset[i]==sn2)        //集合编号为 sn2 的改为 sn1
                    vset[i]=sn1;
        }
        j++;                             //扫描下一条边
    }
}
```

若将边的排序算法改成堆排序方法，加入新边的过程采用并查集（等价类划分）的方法，则 Kruscal 算法的时间复杂度为 $O(elog_2e)$。

7.5.2 最短路径

一个带权有向图，将一条路径（仅仅考虑简单路径）上所经过的有向边的权值之和定义为该路径的路径长度或称带权路径长度，如图 7.20 所示。

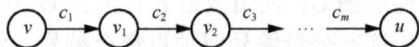

图 7.20 有向图的路径长度

路径长度 = $c_1 + c_2 + ... + c_m$，路径 = $(v, v_1, v_2, ..., u)$。若源点表示路径的开始顶点，终点表示路径的最后一个顶点，且从源点到终点可能不止一条路径，则将路径长度最短的那条路径称为最短路径。

比如，使用带权的有向图表示一个交通运输网，图中顶点表示城市，有向边表示城市间的交通联系，权表示此线路的长度或沿此线路运输所花的时间/费用等。如何求图中的最短路径？其实就是求从某城市出发到达另一城市所经过的路径中，哪一条路径最短或沿此路径花费的时间/费用最少。

通常使用迪杰斯特拉（Dijkstra）算法或弗洛伊德（Floyd）算法求最短路径。

1．从某个源点到其余各顶点的最短路径

Dijkstra 算法用于求图中从某个源点到其余各顶点的最短路径，称为单源最短路径问题。给定一个带权有向图 G 与源点 v，求从 v 到 G 中其余各顶点的最短路径，并限定各边上的权值大于或等于 0。

按照路径长度递增的次序产生最短路径，即先找出离源点最近的顶点；然后逐个找出其余顶点，形成最短路径。其中，从源点 v_0 到顶点 v_i 的最短路径是 v_0 到各顶点最短路径集合中长度最短者，如图 7.21 所示。

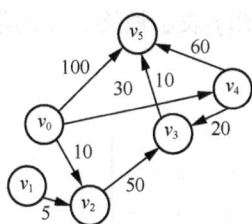

源点	终点	最短路径	路径长度
v_0	v_0	无	99999
v_0	v_1	无	99999
v_0	v_2	$(v_0,\ v_2)$	10
v_0	v_3	$(v_0,\ v_4,\ v_3)$	50
v_0	v_4	$(v_0,\ v_4)$	30
v_0	v_5	$(v_0,\ v_4,\ v_3,\ v_5)$	60

图 7.21 从某个源点到其余各顶点的最短路径

如果定义源点为 u，那么 Dijkstra 算法描述的步骤如下。

① 定义一个数组 $D[]$，用于存储源点 u 到其他各个顶点的路径长度。

② 从数组 D 中选择长度最短的一项 $D[v]$，$D[v]$ 表示源点 u 到顶点 v 的最短路径长度。考查顶点 v 能够到达的所有顶点 k，如果 $D[v]+vk<D[k]$（vk 表示顶点 v 和顶点 k 之间边的权值），说明存在一条通过顶点 v 到达顶点 k 的路径，且比原来找到的路径短，则更新 $D[k]=D[v]+vk$。对 v 所有的邻接点都进行上述操作。

③ 重复步骤②，直到所有顶点都被选出。

使用 Dijkstra 算法求最短路径的算法请扫描下方二维码查看。

Dijkstra 算法的时间主要消耗在二重循环上，外循环为 n 次（顶点的个数），内循环为 n 次（顶点的个数）。所以，算法总的时间复杂度为 $O(n^2)$。

2．每对顶点之间的最短路径

方法一：每次以一个顶点为原点，重复执行 Dijkstra 算法 n 次，则时间复杂度 $T(n)=O(n^3)$。

方法二：弗洛伊德（Floyd）算法。

算法思想：逐个顶点试探。Floyd 算法用于求从图中某个源点到其余各顶点的最短路径，称为多源最短路径问题，即对于一个各边权值均大于零的有向图，对每一对顶点 $i\neq j$，求出顶点 i 与顶点 j 之间的最短路径和最短路径长度。

Floyd 算法求最短路径的步骤如下。

① 初始时设置一个 n 阶矩阵，令其对角线元素为 0，若存在弧 $<v_i, v_j>$，则对应的矩阵元素为权值；否则为∞。

② 逐步试着在原直接路径中增加中间顶点，若加入中间点后路径变短，则修改路径；否则，维持原值。

③ 试探所有顶点完毕，算法结束。

假设有向图 $G=(V, E)$ 采用邻接矩阵存储。设置一个二维数组 A 用于存放当前顶点之间的最短路径长度，分量 $A[i][j]$ 表示当前顶点 $i \to j$ 的最短路径长度。按顶点 0、1、2……的顺序依次考虑，递推产生一个矩阵序列：$A_0 \to A_1 \to ... \to A_k... \to A_{n-1}$。

使用二维数组 A 存储最短路径长度：$A_k[i][j]$ 表示考虑顶点 $0\sim k$ 后得出的 $i \to j$ 的最短路径长度，$A_{n-1}[i][j]$ 表示最终的 $i \to j$ 的最短路径长度。使用二维数组 $path$ 存放最短路径 $path_k[i][j]$

表示考虑顶点 0～k 后得出的 $i{\to}j$ 的最短路径，$path_{n-1}[i][j]$ 表示最终 $i{\to}j$ 的最短路径。带权有向图及其邻接矩阵如图 7.22 所示。

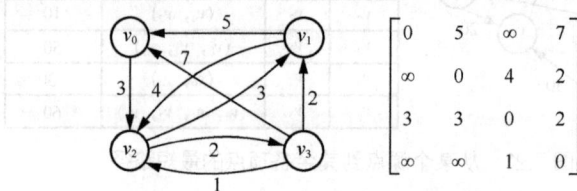

图 7.22　带权有向图及其邻接矩阵

使用 Floyd 算法求解过程中最短路径及其路径长度的变化如图 7.23 所示。

A_{-1}

	0	1	2	3
0	0	5	∞	7
1	∞	0	4	2
2	3	3	0	2
3	∞	∞	1	0

$path_{-1}$

	0	1	2	3
0	-1	0	-1	0
1	-1	-1	1	1
2	2	2	-1	2
3	-1	-1	3	-1

(a) 初始状态

A_0

	0	1	2	3
0	0	5	∞	7
1	∞	0	4	2
2	3	3	0	2
3	∞	∞	1	0

$path_0$

	0	1	2	3
0	-1	0	-1	0
1	-1	-1	1	1
2	2	2	-1	2
3	-1	-1	3	-1

(b) 加入顶点 v_0

A_1

	0	1	2	3
0	0	5	∞	7
1	∞	0	4	2
2	3	3	0	2
3	∞	∞	1	0

$path_1$

	0	1	2	3
0	-1	0	-1	0
1	-1	-1	1	1
2	2	2	-1	2
3	-1	-1	3	-1

(c) 加入顶点 v_1

A_2

	0	1	2	3
0	0	5	9	7
1	7	0	4	2
2	3	3	0	2
3	4	4	1	0

$path_2$

	0	1	2	3
0	-1	0	-1	0
1	2	-1	1	1
2	2	2	-1	2
3	2	2	3	-1

(d) 加入顶点 v_2

A_3

	0	1	2	3
0	0	5	8	7
1	6	0	3	2
2	3	3	0	2
3	4	4	1	0

$path_3$

	0	1	2	3
0	-1	0	3	0
1	2	-1	3	1
2	2	2	-1	2
3	2	2	3	-1

(e) 加入顶点 v_3

图 7.23　Floyd 算法的求解过程

采用邻接矩阵存储图，使用 Floyd 算法求最短路径，其算法如下。

```
typedef struct
{
    int no;                      //顶点编号
    char data[MAXL];             //顶点其他信息
}VertexType;                     //顶点结构体类型
typedef struct
{
    int edges[MAXV][MAXV];       //邻接矩阵的边数组，假设权值为 T 类型
    int n,e;                     //顶点数，边数
    VertexType vexs[MAXV];       //存放顶点信息
}MGraph;                         //图的结构体类型

void Floyd(MGraph g)             //求每对顶点之间的最短路径
{//Floyd算法
    int A[MAXVEX][MAXVEX];       //建立 A 数组
    int path[MAXVEX][MAXVEX];    //建立 path 数组
    int i, j, k;
    for (i=0; i<g.n; i++)
        for (j=0;j<g.n;j++)
        {
            A[i][j]=g.edges[i][j];
            if (i!=j && g.edges[i][j]<INF)
                path[i][j]=i;    //i和j顶点之间有一条边时
            else                 //i和j顶点之间没有一条边时
                path[i][j]=-1;
        }
    for (k=0; k<g.n; k++)            //求 Ak[i][j]
    {
        for (i=0;i<g.n;i++)
            for (j=0;j<g.n;j++)
                if (A[i][j]>A[i][k]+A[k][j])    //找到更短路径
                {
                    A[i][j]=A[i][k]+A[k][j]; //修改路径长度
                    path[i][j]=path[k][j];   //修改最短路径为经过顶点 k
                }
    }
}
```

此算法的时间复杂度为 $O(n^3)$。

7.5.3 拓扑排序

1. 拓扑排序的概念

拓扑排序属于有向图的一种应用，拓扑排序涉及一些并发、顺序问题，例如大学课程的编排问题就属于拓扑排序。

在所开课程中，某些课程之间有先后关系（所谓的先修课），有些则没有先后关系。有

先后关系的课程必须按先后顺序开设，没有先后关系的则可以放在同一个学期一起开设。拓扑排序解决的是如何把这些课程组织成一个线性序列，使得序列中课程的先后关系不被破坏。

如果使用有向图表示课程开设活动，其中顶点表示活动，有向边表示活动的优先关系，这种有向图就称为顶点表示活动的网络（activity on vertex network），简称为 AOV 网。拓扑排序是基于 AOV 网来展开的。

2. 拓扑排序的算法步骤

首先构建一个有向图，使用邻接表表示法进行存储，其中顶点表示活动，有向边表示活动的优先关系。拓扑排序的算法步骤如下。

① 在 AOV 网中，选择一个入度为 0 的顶点并输出。

② 从 AOV 网中删除此顶点及该顶点发出的所有有向边。

③ 重复①和②，直到所有的顶点都被输出或者不存在入度为 0 的顶点。

若 AOV 网中所有顶点都被输出，则表明网中没有环存在，拓扑排序成功；否则，在 AOV 网中存在环，说明某些顶点之间存在循环依赖关系，则它们不能形成先后关系，没有拓扑序列，拓扑排序失败。

建立一个一维数组 indegree，存储各个顶点的入度；建立一个顺序栈，将入度为 0 的顶点入栈。拓扑排序的存储结构如图 7.24 所示。

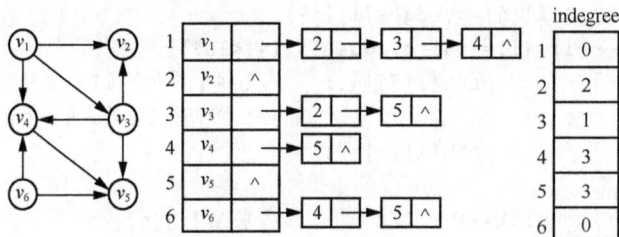

图 7.24　拓扑排序的存储结构

已知某大学计算机专业的课程安排如图 7.25 所示，有向图表示课程之间的先导关系。其拓扑排序序列为 $C_9 \rightarrow C_{11} \rightarrow C_6 \rightarrow C_{10} \rightarrow C_1 \rightarrow C_{12} \rightarrow C_4 \rightarrow C_2 \rightarrow C_3 \rightarrow C_8 \rightarrow C_5 \rightarrow C_7$。

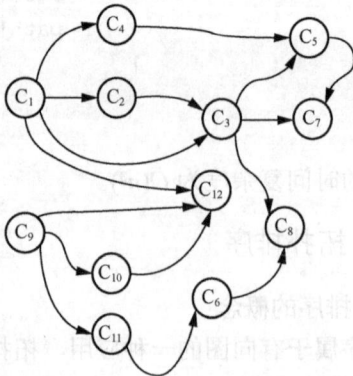

课程编号	课程名称	先修课程
C_1	程序设计基础	无
C_2	离散数学	C_1
C_3	数据结构	C_1、C_2
C_4	汇编语言	C_1
C_5	高级语言程序设计	C_3、C_4
C_6	计算机原理	C_{11}
C_7	编译原理	C_3、C_5
C_8	操作系统	C_3、C_6
C_9	高等数学	无
C_{10}	线性代数	C_9
C_{11}	大学物理	C_9
C_{12}	数值分析	C_1、C_9、C_{10}

图 7.25　课程安排

拓扑排序的算法请扫描下方二维码查看。

对于有 n 个顶点和 e 条边的有向图，在进行拓扑排序时，需要建立入度为 0 的顶点栈，以及更新顶点的入度，因此时间复杂度为 $O(n+e)$。

7.5.4 关键路径

在有向图中求关键路径，适用于工程问题。指在有向图中，如果用顶点表示事件，用有向边表示活动，边的权值表示活动持续的时间，则这样的有向网称为弧表示活动（acticity on edge）的网，简称为 AOE 网。对仅有一个开始点和一个完成点的工程，可用 AOE 网来表示，并用 AOE 网来估算工程的完成时间。

本章的图 7.2 所示为一个有向图，表示一个工程问题。此工程问题包括 7 个顶点、12 个活动，整个工程完成的时间为从有向图的源点到汇点的最长路径，即关键路径。关键活动持续时间的总和（关键路径的长度）即整个工程的最短工期。

在 AOE 网中求解关键路径的步骤如下。

① 按照拓扑顺序求出每个事件的最早发生时间。

② 按照逆拓扑序列求出每个事件的最迟发生时间。

③ 计算每个活动的最早开始时间和最晚发生时间。

④ 找出关键活动，即 $ee(a_i)=el(a_i)$ 的活动，所有的关键活动即构成关键路径。

求关键路径涉及以下概念。

源点和汇点：网中仅有一个入度为 0 的顶点称为源点，表示工程的开始；同时，也仅有一个出度为 0 的顶点称为汇点，表示工程的结束。只有在进入某一顶点的各有向边所代表的活动均已完成，该顶点所代表的事件才能发生；只有在某顶点所代表的事件发生后，从该顶点发出的所有有向边所代表的活动才能开始。

事件（顶点）最早发生的时间：$ve(j)$ 表示从源点到顶点 v_j 的最长路径长度，约定 $ve(源点)=0$，$ve(j)=Max\{ve(k)+dut(<k,j>)\}$，$dut$ 表示顶点 v_k 到顶点 v_j 的路径长度或活动。

事件（顶点）最迟发生的时间：$vl(k)$ 表示从顶点 v_k 到汇点的最短路径长度，约定 $vl(汇点)=ve(汇点)$，$vl(k)=Min\{vl(j)-dut(<k,j>)\}$。

图 7.2 中各个事件的 $ve(j)$ 和 $vl(k)$ 如图 7.26 所示。

	v_1	v_2	v_3	v_4	v_5	v_6	v_7
$ve(j)$	0	2	4	5	10	13	19
$vl(k)$	0	2	4	5	10	14	19

图 7.26 各个事件的 $ve(j)$ 和 $vl(k)$

在 AOE 网中，若某个事件（顶点）的 $ve(j) = vl(k)$，则将这些事件（顶点）连接起来，则构成一条关键路径：$v_1 \rightarrow v_2 \rightarrow v_3 \rightarrow v_4 \rightarrow v_5 \rightarrow v_7$。

活动（有向边）最早开始的时间：$ee(a_i)=ee(v_j—v_k)=ve(v_j)$。例如：$ee(a_1)=ee(v_1—v_2)=ve(v_1)=0$。

活动（有向边）最晚发生的时间：$el(a_i)=el(v_j—v_k)=vl(v_k)-dut(<j,k>)$，其中：$<j,k>$ 为 a_i 所在的弧（j 为弧尾，k 为弧头），$dut(<j,k>)$ 为活动持续的时间。例如，$el(a_1)=el(v_1—v_2)=vl(v_2)-2=0$。

根据上面的公式可求出图 7.2 的 $ee(a_i)$ 和 $el(a_i)$，具体如下所示。

$ee(a_1)=ee(v_1—v_2)=ve(v_1)=0$ $el(a_1)=el(v_1—v_2)=vl(v_2)-2=0$

$ee(a_2)=ee(v_1—v_3)=ve(v_1)=0$ $el(a_2)=el(v_1—v_3)=vl(v_3)-3=1$

$ee(a_3)=ee(v_1—v_4)=ve(v_1)=0$ $el(a_3)=el(v_1—v_4)=vl(v_4)-2=3$

$ee(a_4)=ee(v_2—v_3)=ve(v_2)=2$ $el(a_4)=el(v_2—v_3)=vl(v_3)-2=2$

$ee(a_5)=ee(v_3—v_4)=ve(v_3)=4$ $el(a_5)=el(v_3—v_4)=vl(v_4)-1=4$

$ee(a_6)=ee(v_2—v_6)=ve(v_2)=2$ $el(a_6)=el(v_2—v_6)=vl(v_6)-8=6$

$ee(a_7)=ee(v_3—v_6)=ve(v_3)=4$ $el(a_7)=el(v_3—v_6)=vl(v_6)-5=9$

$ee(a_8)=ee(v_3—v_5)=ve(v_3)=4$ $el(a_8)=el(v_3—v_5)=vl(v_5)-3=7$

$ee(a_9)=ee(v_4—v_5)=ve(v_4)=5$ $el(a_9)=el(v_4—v_5)=vl(v_5)-5=5$

$ee(a_{10})=ee(v_6—v_7)=ve(v_6)=13$ $el(a_{10})=el(v_6—v_7)=vl(v_7)-5=14$

$ee(a_{11})=ee(v_5—v_6)=ve(v_5)=10$ $el(a_{11})=el(v_5—v_6)=vl(v_6)-3=11$

$ee(a_{12})=ee(v_5—v_7)=ve(v_5)=10$ $el(a_{12})=el(v_5—v_7)=vl(v_7)-9=10$

如何求关键路径？将 $ee(a_i)=el(a_i)$ 的活动连接起来，便形成一条关键路径。其中 a_i 为活动。图 7.2 的关键路径为 $a_1→a_4→a_5→a_9→a_{12}$。

使用邻接矩阵表示法存储图，求关键路径的算法请扫描下方二维码查看。

7.6　航空航天应用实例分析与实现

这里以"航空飞行线路规划系统"为例进行讲解。该系统可用来对航空线路进行规划，设置城市和城市之间的飞行航程。将不同的城市及城市之间的飞行线路建立成图，通过图的应用，可实现相应的功能。

7.6.1　航空飞行线路规划系统的结构体类型

"航空飞行线路规划系统"的结构体类型如下。

```
#define MAXVEX 20
#define INFINITY 32768
typedef struct                 //顶点
{
    int No;                    //城市序号
```

```
    char name[20];                //城市名
}Vextype;                         //顶点
typedef struct
{
    int arcs[MAXVEX][MAXVEX];     //边集
    Vextype vex[MAXVEX];          //顶点集
    int vexnum;                   //顶点数目
    int arcnum;                   //边数目
}AdjMatrix;                       //邻接矩阵
```

7.6.2 航空飞行线路规划系统实现

航空飞行线路规划系统主要功能包括显示基本信息、查询某个城市航空路线基本情况、添加新航线、撤销旧航线、查询从某个城市出发到另外一个城市的最短航空路线等，其主要代码模块请扫描下方二维码查看。

"航空飞行线路规划系统"的运行结果如下，其中"请输入飞行航线中的城市数目和线路数目"界面如图 7.27 所示，"显示基本信息"界面如图 7.28 所示，"查询某个城市航空路线基本情况"界面如图 7.29 所示，"添加新航线"界面如图 7.30 所示，"撤销旧航线"界面如图 7.31 所示，"查询从某个城市出发到另外一个城市的最短航空路线"界面如图 7.32 所示，"查询从某个城市出发的最短连通航线"界面如图 7.33 所示。

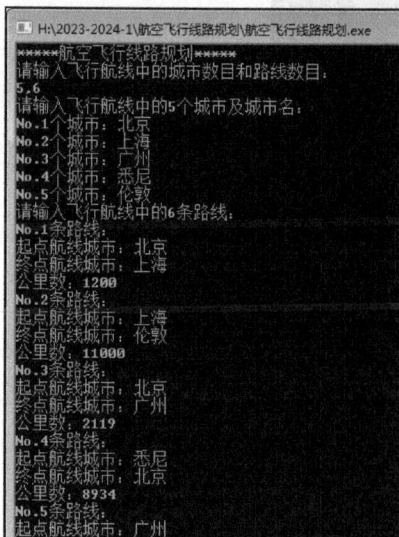

图 7.27 输入飞行航线城市及线路

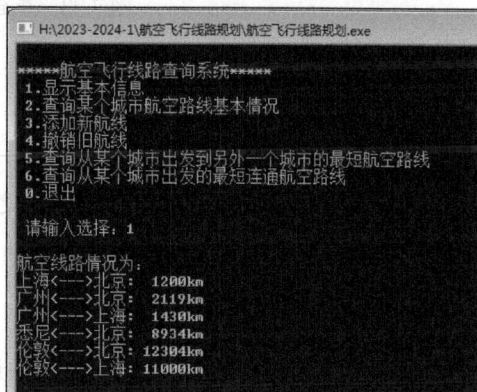

图 7.28 显示基本信息

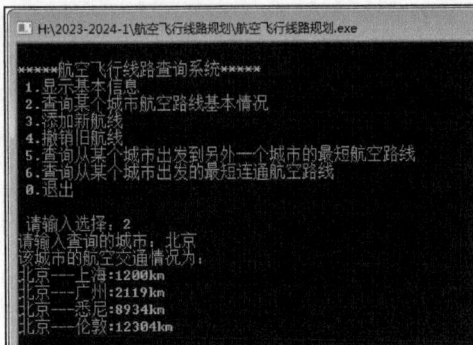

图 7.29 查询城市航空路线基本情况图

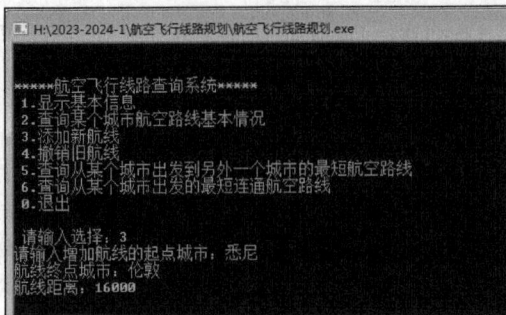

图 7.30 添加新航线

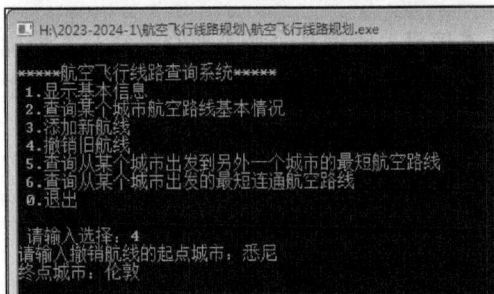

图 7.31 撤销旧航线

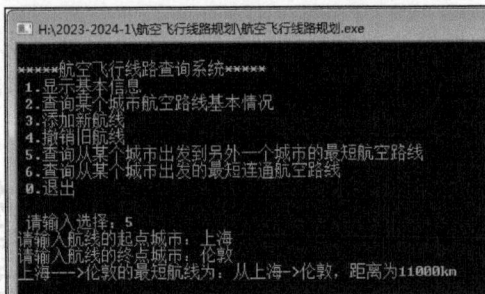

图 7.32 查询最短航空路线

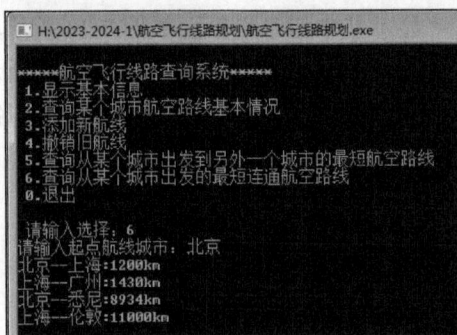

图 7.33 查询最短连通航线

7.7 习题

1. 单项选择题

（1）在一个有向图中，所有顶点的入度之和等于所有顶点的出度之和的（　　）倍。

A. 1/2　　　　　　　　B. 1　　　　　　　　C. 2　　　　　　　　D. 4

（2）具有 n 个顶点的有向图最多有（　　）条边。

A. n　　　　　　　　B. $n(n-1)$　　　　　C. $n(n+1)$　　　　　D. n^2

（3）G 是一个非连通无向图，共有 28 条边，则该图至少有（　　）个顶点。

A. 7　　　　　　　　　B. 8　　　　　　　　C. 9　　　　　　　　D. 10

（4）若从无向图的任意一个顶点出发进行一次深度优先搜索可以访问图中所有的顶点，

则该图一定是（　　）图。

　A．非连通　　　　B．连通　　　　　C．强连通　　　　D．有向

（5）下面的（　　）适合构造一个稠密图 G 的最小生成树。

　A．Prim 算法　　　B．Kruskal 算法　　C．Floyd 算法　　D．Dijkstra

（6）用邻接表表示图进行广度优先遍历时，通常借助（　　）来实现算法。

　A．栈　　　　　　B．队列　　　　　C．树　　　　　　D．图

（7）深度优先遍历类似于二叉树的（　　）。

　A．先序遍历　　　B．中序遍历　　　C．后序遍历　　　D．层次遍历

（8）广度优先遍历类似于二叉树的（　　）。

　A．先序遍历　　　B．中序遍历　　　C．后序遍历　　　D．层次遍历

（9）使用下面的（　　）方法可以判断一个有向图是否有环。

　A．深度优先遍历　B．拓扑排序　　　C．求最短路径　　D．求关键路径

（10）下面的（　　）算法用于求"从某个源点到其余各顶点"的最短路径。

　A．Prim　　　　　B．Kruskal　　　　C．Floyd　　　　　D．Dijkstra

2．简答题

（1）简述图的概念及相关术语。

（2）简述图的四种存储结构及适用范围。

（3）简述图的深度优先搜索遍历和广度优先搜索遍历过程。

（4）简述求最小生成树的过程。

（5）简述求最短路径的过程。

（6）如何进行拓扑排序，试简述之。

（7）如何求关键路径，试简述之。

3．综合应用题

（1）已知图的邻接表如下图所示，从顶点 v_0 出发按广度优先遍历该图，再按深度优先遍历该图，分别写出遍历序列。

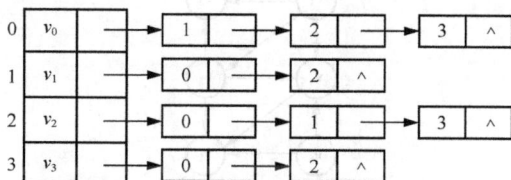

（2）已知如下图所示的有向图，请分别画出该图的邻接表及逆邻接表。

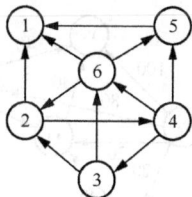

（3）下图所示为一个带权无向图，表示一个地区的通信网，设计了 n 个城市，边表示城市间的通信线路，边上的权值表示架设线路花费的代价。如何选择能连通每个城市且总代价最省的 n-1 条线路？请画出最小生成树。

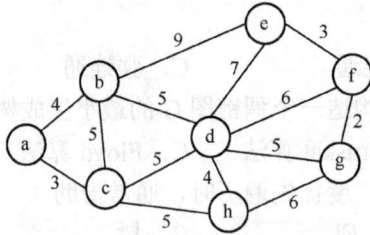

（4）已知某工程的进度如下图所示，请设计其关键路径。

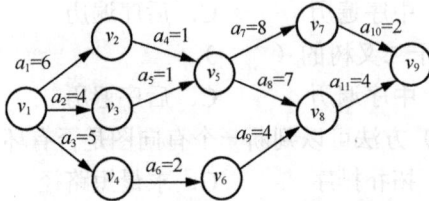

（5）下图所示为一个无向图，分别按照图的深度优先搜索遍历、广度优先搜索遍历方式进行遍历，请写出遍历序列。提示：分别以 v_1、v_2 作为遍历的起始点进行遍历。

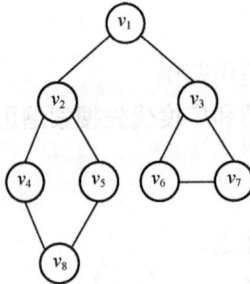

（6）下图所示为一个有向图，首先计算各顶点的入度；若对其进行拓扑排序，能否成功？若成功，请输出其拓扑排序序列。

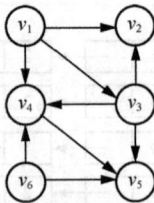

（7）下图所示为一个有向图，请使用 Dijkstra 算法求最短路径。假设起始顶点为 v_0。

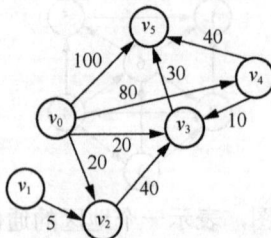

（8）下图所示为一个带权无向图，请使用 Prim 算法求其最小生成树。假设以 a 作为起始顶点。

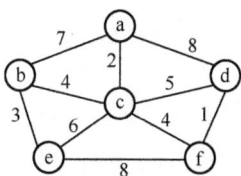

4．算法设计题

（1）编程实现：创建一个无向图，使用邻接矩阵表示法进行存储，删除其中的一条边，并输出该图的所有顶点的邻接点。

（2）编程实现：创建一个有向图，使用邻接表表示法进行存储，并输出该图的所有顶点的邻接点。

（3）编程实现：创建一个有向图，使用十字链表表示法进行存储，并输出该图。

（4）编程实现：构造一个无向图，按照邻接表表示法存储，输出所有顶点的邻接点；然后分别进行图的深度优先搜索遍历和广度优先搜索遍历。

（5）编程实现：已知一个连通图，使用 Prim 算法求其最小生成树，并输出该生成树。

（6）编程实现：已知一个表示交通的带权有向图，使用 Dijkstra 算法求最短路径，并输出结果。

（7）编程实现：已知一个有向图（AOV 网），对其进行拓扑排序，并输出结果。

（8）编程实现：已知一个 AOE 网表示工程问题，求其关键路径，并输出结果。

第4篇　查找与排序

第8章
查找

数据结构中有许多典型的操作，其中查找和排序是两种较为常见的。

查找也称为检索或查询，是一种常见的数据结构操作。在对数据进行处理时，经常涉及信息检索，也即查找。查找包括静态表查找、动态表查找及哈希表查找等，每一种类型的查找特点不同，适用范围也不同。

8.1 查找的相关概念

有关查找的相关概念如下。

查找：根据给定的关键字值，在一组记录集合中确定某条特定的记录，或者找到属性值符合特定条件的某些记录。

查找表：在计算机中，被查找的数据对象是由同一类型的记录构成的集合，称为查找表。查找是在查找表中找出给定值与关键字值相同的记录。

关键字：查找表中每个记录由多个数据项（属性）组成，若通过一个属性（或属性组合）能够确定一条唯一记录，称这个属性（或属性组合）为关键字。

主关键字：唯一标识一条记录（或数据元素）的数据项。

次关键字：可以标识多条记录（或若干个数据元素）的数据项。

查找成功：对于给定的关键字值，如果在查找表中经过查找能找到相应的记录，则称查找成功，一般可输出该记录的有关信息或指示该记录在查找表中的位置。

查找失败：对于给定的关键字值，若查找表中不存在相应的记录，则称查找失败，此时应输出查找失败的信息。

平均查找长度（average search length，ASL）：为确定记录在查找表中的位置，需要与给定值进行比较的关键字的个数的期望值称为查找算法的平均查找长度。

对于含有 n 条记录的查找表，$ASL = \sum_{i=1}^{n} p_i c_i$

其中 p_i 要查找的元素为查找表中第 i 个元素的概率，且 $\sum_{i=1}^{n} p_i = 1$ 一般情况下 p_i 均等，即 $p_i = 1/n$；c_i 为找到查找表中第 i 个元素所需比较的次数。

查找算法中的基本运算是对记录的关键字值与给定值进行比较，其执行时间通常取决于比较的次数。因此，通常以关键字值与给定值进行比较的次数的平均值作为衡量查找算法效率的标准。

查找方法的选择首先取决于查找表的数据结构，查找表内数据存储方式的不同在很大程度上决定了查找的效率。因此在研究各种查找算法时，首先必须清楚每种算法所需要的数据结构，尤其是存储结构。另外还需要知道查找表中记录的排列顺序，是按关键字有序排列还是随机排列。

查找表分为两类，即静态查找表和动态查找表。静态查找表是一种仅执行查询和检索操作的查找表；动态查找表是一种除了执行查询和检索还可以进行插入、删除操作的查找表。显然，查找也分为静态查找和动态查找。

8.2 静态查找

静态查找是一种基于静态查找表的查找方式，包括顺序查找、折半查找和分块查找等。静态查找是一种基于线性表的查找。

8.2.1 顺序查找

顺序查找的过程为，从表的一端开始，按照顺序进行记录关键字值与给定值的比较，查找结果为成功或者失败。

顺序查找的表结构体类型定义如下。

```
typedef int keytype;        //关键字类型
typedef struct
{
    keytype key;            //关键字域
    char *others;           //其他数据
}ElemType;                  //查找表中记录（数据元素）类型
typedef struct
{
    ElemType *elem;         //顺序表基地址，0号单元闲置可作为监视哨
    int length;             //顺序表长度
}stable;                    //查找表类型
```

1. 顺序查找算法

若从表尾开始进行顺序查找，查找成功返回记录位置，失败返回 0，且数组的 0 号单元不使用，则顺序查找的算法如下。

```
int seqsearch1(stable *ST, keytype key)
{
    int i;
    for(i=ST->length; i>0 && ST->elem[i].key != key; i--);
    return i;
}
```

设置监视哨，对以上算法进行改进。通过在 0 号单元（数组下标为 0 的数组元素）设置"监视哨"，既控制循环变量 i 的出界，同时也用于判断查找是否成功。

改进后的算法如下。

```
int seqsearch2(stable *ST, keytype key)
{
    int i;
    ST->elem[0].key=key;    //在 0 号单元设置监视哨
    for(i=ST->length; ST->elem[i].key != key; i--);
    return i;
}
```

2. 算法性能分析

分析顺序查找的 ASL，包括查找成功和查找失败两种情况。

当查找成功时，查找第 i 个元素比较次数为 $n-i+1$ 次。假设表中每个元素的查找概率相同，$p_i = \dfrac{1}{n}$，则 $ASL_{\text{suc}} = \sum_{i=1}^{n} p_i c_i = \dfrac{1}{n} \sum_{i=1}^{n} (n-i+1) = \dfrac{1}{n} \cdot \dfrac{n(n+1)}{2} = \dfrac{n+1}{2}$。

当查找失败时，$ASL_{\text{fail}} = n+1$。

顺序查找的应用范围：①使用顺序表或线性链表表示的静态查找表；②表内的数据元素无序。顺序查找不适用于表内记录较多的情况。

8.2.2 折半查找

折半查找也称为二分查找，查找效率较高，但要求数据在线性表中按查找的关键字值有序排列。这是一种缩小区间的查找方法，每次将待查记录所在区间缩小一半。

1. 折半查找算法

假设有一个按照关键字值升序排序的顺序表，表中元素下标从 1 开始，表中有 n 个元素。折半查找的步骤如下。

设置 low、high 和 mid 分别指向待查元素所在区间的下界、上界和中点，key 为给定值。初始时，令 low=1，high=n，low≤high。

（1）使用待查找的给定值 key 与表正中间元素的关键字值进行比较，表正中间元素的下标 $m = \lfloor (1+n)/2 \rfloor$，其中 $\lfloor\ \rfloor$ 表示 m 取整，取小于或等于 $(1+n)/2$ 的最大整数，舍弃小数位。

（2）将 key 与 mid 指向的记录关键字进行比较：

若 key=ST→elem[mid].key，查找成功，返回 mid；

若 key<ST→elem[mid].key，则 high=mid-1；

若 key>ST→elem[mid].key，则 low=mid+1；

（3）在新的查找区间内重复上述操作，直至 low>high，则查找失败，返回 0。

已知有序序列 D = { 5, 13, 19, 21, 37, 56, 64, 75, 80, 88, 92 }，按照关键字值升序排列。若查找关键字 64，经过三次查找，查找成功，如图 8.1 所示。若查找关键字 70，经过四次查找，查找失败，如图 8.1 和图 8.2 所示。

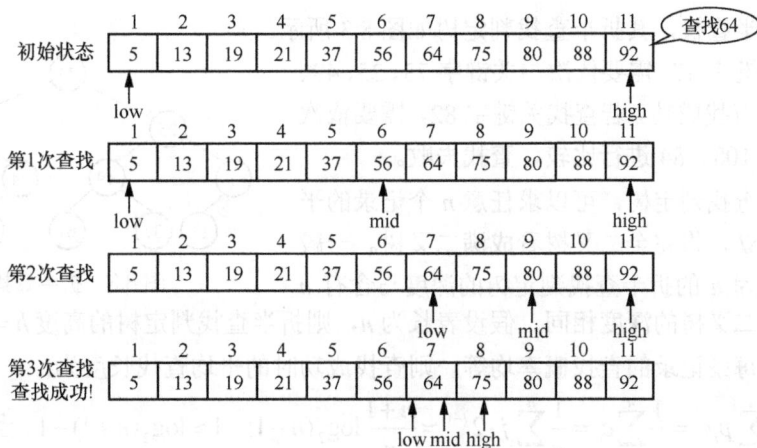

图 8.1 查找成功

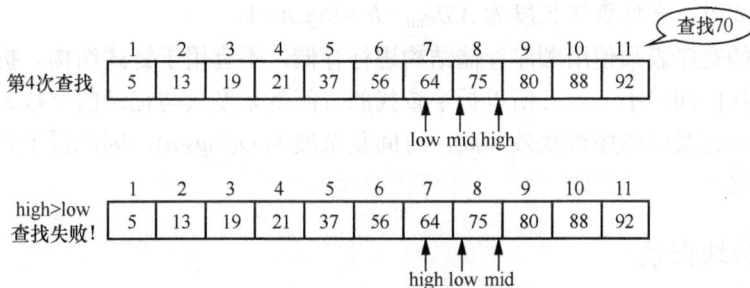

图 8.2 查找失败

假设记录中关键字值按照升序排列，则折半查找的算法如下。

```
int binSearch(stable *ST, keytype key)
{//折半查找算法
    int low=1, high=ST->length, mid;          //下标从 1 开始
    while(low <= high)
    {
        mid = (low+high)/2;                    //获取中间元素的下标
        if(ST->elem[mid].key == key)
            return mid;                        //找到了
        if(key < ST->elem[mid].key)
            high = mid-1;                      //在左半区间查找
        else
            low = mid+1;                       //在右半区间查找
    }
    return 0;                                  //未找到关键字 key
}
```

2. 算法性能分析

折半查找的过程可以通过二分查找判定树进行描述。二分查找判定树是一棵二叉树，其中树的根节点是查找区间中间记录在表中的位置（或关键字值），左半区间构成左子树，右半区间构成右子树。左半区间和右半区间对应的二叉树仍然是一棵二分查找判定树。

已知一个有序顺序表(1, 13, 25, 37, 49, 61, 73, 84, 96, 108, 110, 125, 130)，括 13 个数据元

素，若进行折半查找，其折半查找判定树如图 8.3 所示。

若查找关键字 37，需要依次与关键字 73、25、49、37 进行比较，查找成功。若查找关键字 82，需要依次与关键字 73、108、84 进行比较，查找失败。

基于折半查找判定树，可以求任意 n 个记录的平均查找长度 ASL，将完全二叉树看成满二叉树。一般情况下，表长为 n 的折半查找判定树的深度与含有 n

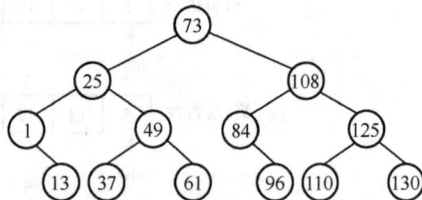
图 8.3　折半查找判定树

个节点的完全二叉树的深度相同。假设表长为 n，则折半查找判定树的高度 $h = \log_2 n + 1$。

假设表中每条记录的查找概率均等，则查找成功时的平均查找长度为

$$ASL_{\text{suc}} = \sum_{i=1}^{n} p_i c_i = \frac{1}{n} \sum_{i=1}^{n} c_i = \frac{1}{n} \sum_{j=1}^{h} j \cdot 2^{j-1} = \frac{n+1}{n} \log_2(n+1) - 1 \approx \log_2(n+1) - 1 ，当 n 大于 50 时，$$

可得到近似结果。j 是待查记录所在的层次，也是比较次数，2^{j-1} 是第 j 层上的最多节点数。

若查找失败时，平均查找长度为 $ASL_{\text{fail}} = h = \log_2 n + 1$。

折半查找的有序表须使用顺序存储结构进行存储，不宜用于链式结构。折半查找算法每次循环可将查找区间缩小一半，所以折半查找的时间复杂度只与记录的个数 n 有关，与元素取值无关。折半查找比顺序查找效率高，时间复杂度为 $O(\log_2 n)$，因此折半查找适用于记录个数较多的情况。

8.2.3　分块查找

分块查找也称索引查找，是顺序查找方法的一种改进，其性能介于顺序查找和二分查找之间。

分块查找将线性表分成若干块，每一块中元素的存储顺序是任意的，但块与块之间必须按照关键字大小有序排列，即前一块中的最大关键字值小于后一块中的最小关键字值。

1．索引存储结构

分块查找的特点为块内无序、块间有序，即分块有序。分块有序是指，将静态查找表分成若干个子表（块），要求每个子表中的关键字值都比后一块中的关键字值小，子表内部可以是无序的。分块查找将各个子表中的最大关键字值构成一个索引表，该索引表包含每个子表的起始地址（即头指针）。

在索引存储结构中包含一个分块有序表和一个索引表，如图 8.4 所示。分块有序表是一个记录按关键字"分块有序"的顺序表。索引表是按"索引项"排序的顺序表，每个索引项包括各块的"最大关键字"和"起始位置"，是一个递增有序表。

在图 8.4 中，静态查找表元素总个数 n=18，块数 b=3，每块中元素数 s=6，即 $s=n/b$。

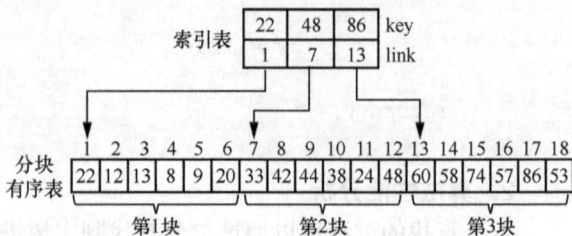
图 8.4　索引存储结构

2．分块查找算法

在线性表中进行分块查找的过程如下。

（1）首先在索引表中进行折半或顺序查找，以确定待查关键字 key 在分块有序表中所在的"块"；

（2）然后在"块"中按照待查关键字值进行顺序查找（因块内无序），得出是否找到的结论。

分块查找算法的结构体类型定义如下。

```
#define MAXBLOCK 3          //约定的块数（子表个数）为3
#define MAXLEN 18           //分块有序表的长度为18
typedef int KeyType;
typedef struct
{//分块有序表中的数据元素类型
    KeyType key;            //关键字域
    datatype others;        //其他数据项，可根据需要定义
}ElemType;
typedef struct
{//分块有序表结构体类型
    ElemType *elem;         //顺序表基地址
    int length;             //顺序表长度
}stable;


typedef struct
{//索引表中的数据元素类型
    KeyType key;            //对应块的最大关键字域
    int link;               //保存对应块中第一个记录的位置
}IdxType;
typedef IdxType Idx[MAXBLOCK+1];   //索引表类型，下标从1开始
```

约定索引表、分块有序表的下标从 1 开始，折半查找索引表的分块查找算法如下。

```
int IndexSearch(Idx I, stable *ST, int b, KeyType key)
{//分块查找算法
    int low=1, high=b, mid, i;    //b为索引表中元素个数即分块有序表块数
    int s=ST->length/b;           //s为每块中元素数
    while (low <= high)           //二分查找索引表
    {
        mid = (low+high)/2;
        if(I[mid].key>key)
            high=mid-1;           //数据可能在左半区间
        else if(I[mid].key<key) low=mid+1;    //数据可能在右半区间
        else                                  //当I[mid].key==key时
        {
            low=mid;
            break;
        }
    }//退出时low<=b，则找到对应的块，继续在块中查找元素
    if (low>b)                    //low为key所对应记录可能存在的块，此时key过大
        return 0;                 //未找到数据，返回0
    for (i=I[low].link; i<=I[low].link+s-1 && ST->elem[i].key!=key; i++);
    if (i<=I[low].link+s-1)
        return i;                 //找到数据，返回key所在的下标
    else
        return 0;                 //未找到数据，返回0
}
```

3. 算法性能分析

折半查找的平均查找长度为 $ASL_{bs} = L_b + L_w$，其中 L_b 为查找索引表确定所在块的平均查找长度，L_w 为在块中查找元素的平均查找长度。若将表长为 n 的表平均分成 b 块，每块包含 s 条记录，并设表中每条记录的查找概率相等，则

（1）使用折半查找确定所在块的分块查找。

$$ASL_{bs} = \log_2(b+1) - 1 + \frac{s+1}{2}$$

（2）使用顺序查找确定所在块的分块查找。

$$ASL_{bs} = \frac{1}{b}\sum_{j=1}^{b} j + \frac{1}{s}\sum_{i=1}^{s} i = \frac{b+1}{2} + \frac{s+1}{2}$$

分块查找的优点为，插入和删除比较容易，无需进行大量数据元素的移动。其缺点为，需要增加一个索引表的存储空间，并对初始索引表进行排序操作。

分块查找适用于线性表既要快速查找，又经常动态变化的情况。

基于静态查找表的三种查找方法，各有其优势和特点，三种查找方法的比较如表 8.1 所示。

表 8.1　　　　　　　　　静态查找表的三种查找方法比较

	顺序查找	折半查找	分块查找
平均查找长度 ASL	最大	最小	介于两者之间
表的结构	有序表、无序表	有序表	分块有序表
表的存储	顺序存储、链式存储	顺序存储	索引存储

8.3　动态查找

动态查找是一种基于树的查找方式，包括基于二叉树的查找、基于 B 树的查找等。树表在查找过程中动态生成，对于给定的关键字值 key，若在树表中存在，则查找成功；否则在树表中插入关键字值等于 key 的记录。

8.3.1　基于二叉树的查找

1. 二叉排序树

（1）二叉排序树的概念。

二叉排序树（binary sort tree，BST）又称为二叉查找树，二叉排序树要么是空树，要么是满足如下性质的二叉树：

① 若左子树非空，则左子树上所有节点的值均小于根节点的值；

② 若右子树非空，则右子树上所有节点的值均大于根节点的值；

③ 左、右子树本身又各是一棵二叉排序树。

如图 8.5（a）所示，这是一棵二叉排序树，中序遍历序列为"3、12、24、37、50、53、61、79、100"，显然这是一个升序序列，这也是二叉排序树名字的由来。

二叉排序树还有一种定义方式，要求二叉树满足以下性质：①若它的左子树非空，则左子树上所有节点的值均大于根节点的值；②若它的右子树非空，则右子树上所有节点的值均小于根节

点的值；③左、右子树本身又各是一棵二叉排序树。

这种定义方式将图 8.5（a）所示的左右子树的位置进行了互换，如图 8.5（b）所示。若对此二叉树进行中序遍历，会是一个降序序列"100、79、61、53、50、37、24、12、3"。一般情况下，采用第一种定义方式，即每一个节点的值大于其左孩子，且小于其右孩子。

二叉排序树的结构体类型如下。

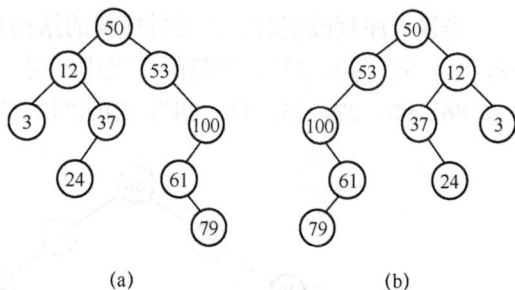

图 8.5　一棵二叉排序树

```
typedef int KeyType;
typedef char InfoType[10];
typedef struct node
{//二叉排序树的结构体类型
    KeyType key;                    //关键字项
    InfoType data;                  //其他数据域
    struct node *lchild, *rchild;   //左右孩子指针
}BSTNode;
```

（2）创建二叉排序树。

创建二叉排序树是一个不断插入节点的过程。

已知输入序列为"52，30，86，20，42，90，11，27，35，88"，二叉排序树的手动构造过程如图 8.6 所示。

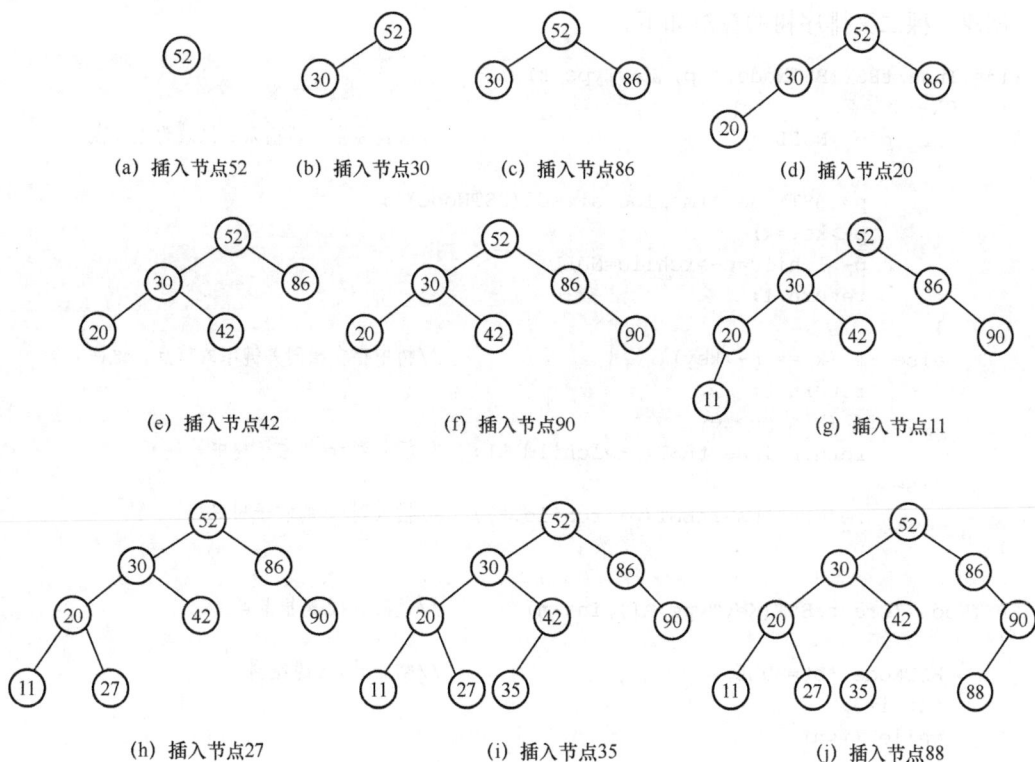

(a) 插入节点52　　(b) 插入节点30　　(c) 插入节点86　　　　(d) 插入节点20

(e) 插入节点42　　　(f) 插入节点90　　　　　(g) 插入节点11

(h) 插入节点27　　　　(i) 插入节点35　　　　　(j) 插入节点88

图 8.6　二叉排序树的手动构造过程

当输入序列改变时，二叉排序树的结构也不同。若输入序列为"86，52，30，20，42，88，11，35，90，27"，创建的二叉排序树如图 8.7（a）所示；若输入序列为"30，52，20，42，86，90，27，35，11，88"，创建的二叉排序树如图 8.7（b）所示。

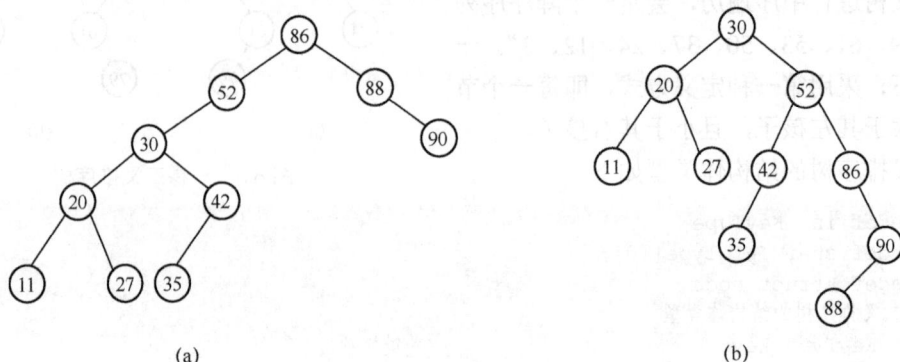

(a)   (b)

图 8.7　二叉排序树的不同结构

按照二叉排序树的定义，通过以下步骤可以创建一棵二叉排序树。

在以 *bt* 为树根的二叉排序树中插入数据 *k*。

① 当 *bt* 为空树时，*bt* 为插入位置，即 *bt* 应指向待插入节点；

② 当 *k* 小于 *bt* 的关键字值时，应该在 *bt* 的左子树上插入 *k*；当 *k* 大于 *bt* 的关键字时，应该在 *bt* 的右子树上插入 *k*。

创建一棵二叉排序树的算法如下。

```
int InsertBST(BSTNode *&p, KeyType k)
{//插入一个节点
    if (p == NULL)                           //原树为空，新插入的记录为根节点
    {
        p=(BSTNode *)malloc(sizeof(BSTNode));
        p->key=k;
        p->lchild=p->rchild=NULL;
        return 1;
    }
    else if (k == p->key)                     //树中存在相同关键字的节点，返回0
        return 0;
    else if (k < p->key)
        return InsertBST(p->lchild,k);       //插入到*p的左子树中
    else
        return InsertBST(p->rchild,k);       //插入到*p的右子树中
}

BSTNode *CreateBST(KeyType A[],int n)         //返回BST树根节点指针
{
    BSTNode *bt=NULL;                        //初始时bt为空树
    int i=0;
    while (i<n)
    {
        InsertBST(bt,A[i]);                  //将关键字A[i]插入二叉排序树中
        i++;
```

```
    }
    return bt;                                //返回建立的二叉排序树的根指针
}
```

（3）二叉排序树的查找。

在以 *bt* 为树根的二叉排序树中查找数据 *k*，相应的查找过程如下（假设初始时指针 *bt* 指向根节点）。

① 当 *bt* 为空树时，查找不成功，函数返回空指针 0；

② 如果 *k* 等于 *bt* 的关键字值，函数返回值为 *bt*；否则，让 *k* 和 *bt* 的关键字值进行比较，如果 *k* 小于 *bt* 的关键字值，则在 *bt* 的左子树上重复这个过程；如果 *k* 大于 *bt* 的关键字值，则在 *bt* 的右子树上重复这个过程。

二叉排序树的查找操作算法如下。

```
BSTNode *SearchBST(BSTNode *bt, KeyType k)
{//二叉排序树的查找操作算法
    if (bt == NULL || bt->key==k)             //递归终结条件
        return bt;
    if (k < bt->key)
        return SearchBST(bt->lchild, k);      //在左子树中递归查找
    else
        return SearchBST(bt->rchild, k);      //在右子树中递归查找
}
```

（4）二叉排序树的删除。

假设在二叉排序树上被删除的节点为 *p*，其双亲节点为 *f*，设 *p* 是 *f* 的左孩子（不失一般性，*p* 是 *f* 的右孩子时，方法一样），可分为三种情况，下面分别讨论。

① 待删除节点 *p* 为叶子节点。

若待删除节点 *p* 是叶子节点，由于删除叶子节点不会破坏整棵树的结构，则只需将双亲节点 *f* 指向叶子节点 *p* 的指针设置为空即可。

例如，要在图 8.8 所示的二叉树中删除叶子节点 80，直接删除即可。

② 待删除节点 *p* 只有左子树或右子树。

若待删除节点 *p* 的度为 1，只有左子树 p_l 或者只有右子树 p_r，此时只需要将 p_l 或者 p_r 直接成为其双亲节点 *f* 的子树即可。

例如，要在图 8.9 所示的二叉树中删除节点 53，需重新设置其双亲节点 45 的子树。由于 53 只有右子树，则让 53 的双亲节点 45 的右指针直接指向 53 的右孩子即可。

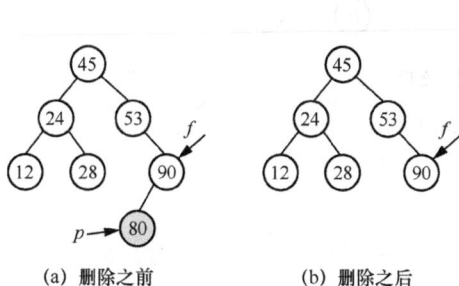

(a) 删除之前　　(b) 删除之后　　(a) 删除之前　　(b) 删除之后

图 8.8　删除叶子节点　　　　图 8.9　删除度为 1 的节点

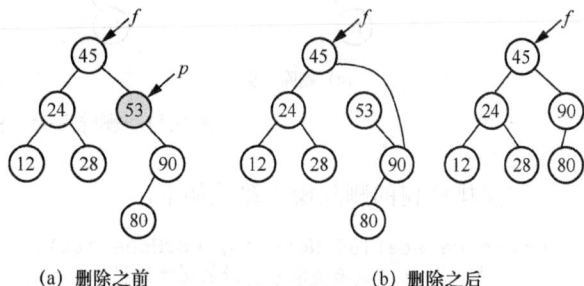

③ 待删除节点 p 既有左子树，又有右子树。

若待删除节点 p 的度为 2，既有左子树 p_l，又有右子树 p_r，则需要分为两种情况处理。

a. 将待删除节点 p 的右子树设置为节点 p 的左子树上最大节点的右子树，然后删除节点 p。

例如，要在 8.10 图所示的二叉树中删除节点 24，首先设置节点 24 的右子树，使其成为节点 20 的右子树，然后问题便转化成为删除只有左子树的节点 24。

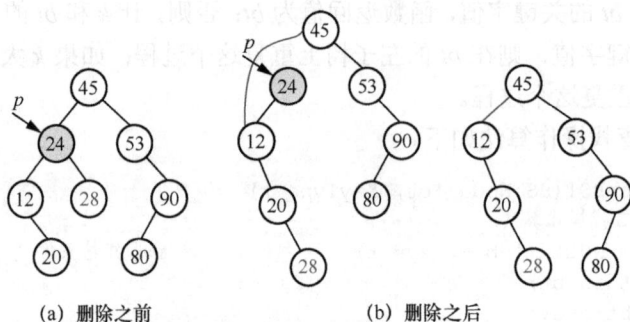

(a) 删除之前   (b) 删除之后

图 8.10 删除度为 2 的节点（1）

b. 将待删除节点 p 的左子树上最大节点 s 替换节点 p，然后在原来的节点 p 的左子树上删除节点 s。

（a）节点 p 和节点 s 不是父子关系时：若 s 只有左子树，设置 s 的父节点右子树为 s 的左子树；若 s 为叶子节点，设置 s 的父节点右子树为空。

（b）节点 p 和节点 s 是父子关系时：若 s 只有左子树，直接将节点 s 替换节点 p，节点 s 的左子树保持不变；若 s 为叶子节点，直接将节点 s 替换节点 p。

例如，要在图 8.11 所示的二叉树中删除节点 24，首先将节点 24 左子树上的最大值节点 20 替换节点 24，使节点 20 的左子树成为其原父节点的右子树，并删除节点 20。

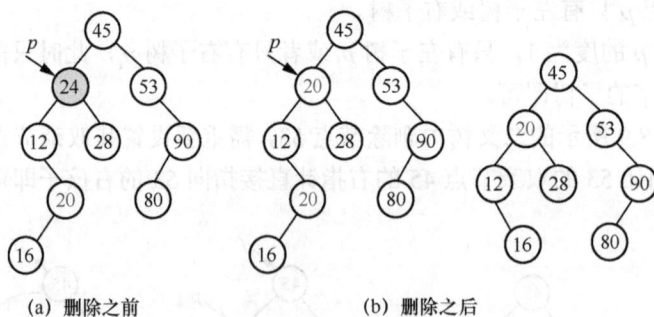

(a) 删除之前   (b) 删除之后

图 8.11 删除度为 2 的节点（2）

二叉排序树的删除操作算法如下。

```
void Delete1(BSTNode *p, BSTNode *&r)
{//当被删*p节点有左右子树时的删除过程
    BSTNode *q;
    if (r->rchild != NULL)
```

```
            Delete1(p,r->rchild);        //递归查找 p 左子树最右下节点
    else     //找到了最右下节点*r
    {
            p->key = r->key;             //替换,将*r 的关键字值赋给*p
            q=r;
            r=r->lchild;                 //直接将其左子树的根节点放在被删节点的位置上
            free(q);                     //释放原*r 的空间
    }
}

void Delete(BSTNode *&p)
{//从二叉排序树中删除*p 节点
    BSTNode *q;
    if (p->rchild == NULL)               //*p 节点没有右子树的情况
    {
            q=p;
            p=p->lchild;                 //直接将其左子树的根节点放在被删节点的位置上
            free(q);
    }
    else if (p->lchild==NULL)            //*p 节点没有左子树的情况
    {
            q=p;
            p=p->rchild;                 //将*p 节点的右子树作为双亲节点的相应子树
            free(q);
    }
    else
    Delete1(p,p->lchild);                //*p 节点既有左子树又有右子树的情况
}

int DeleteBST(BSTNode *&bt, KeyType k)
{//在 bt 中删除关键字为 k 的节点
    if (bt==NULL)
            return 0;                    //空树删除失败
    else
    {
            if (k<bt->key)
                return DeleteBST(bt->lchild,k); //递归在左子树中删除关键字为 k 的节点
            else if (k>bt->key)
                return DeleteBST(bt->rchild,k); //递归在右子树中删除关键字为 k 的节点
            else
            {
                Delete(bt);                     //调用 Delete(bt) 函数删除*bt 节点
                return 1;
            }
    }
}
```

(5) 输出二叉排序树。

按照广义表的表示方式输出一棵二叉排序树的算法如下。

```
void DispBST(BSTNode *bt)
{//输出一棵二叉排序树
    if (bt != NULL)
    {
```

```
            printf("%d", bt->key);
            if (bt->lchild != NULL || bt->rchild != NULL)
            {
                printf("(");                //有孩子节点时才输出"("
                DispBST(bt->lchild);        //递归处理左子树
                if (bt->rchild != NULL)
                    printf(",");            //有右孩子节点时输出","
                DispBST(bt->rchild);        //递归处理右子树
                printf(")");                //有孩子节点时输出")"
            }
    }
}

void DispBST1(BSTNode *bt)
{//输出一棵二叉排序树
    printf("(");
    if (bt!=NULL)
    {
        printf("%d", bt->key);
        if (bt->lchild!=NULL || bt->rchild!=NULL)
        {
            printf("(");                //有孩子节点时输出"("
            DispBST(bt->lchild);        //递归处理左子树
            if (bt->rchild!=NULL)
                printf(",");            //有右孩子节点时输出","
            DispBST(bt->rchild);        //递归处理右子树
            printf(")");                //有孩子节点时才输出")"
        }
    }
    printf(")");
}
```

（6）二叉排序树的性能分析

① 同样的 n 个关键字，当输入顺序不同时，构造的二叉排序树不同。

② 最好的二叉排序树形态是 n 个关键字的折半查找对应的判定树的平均查找长度和折半查找是同一数量级 $\log_2 n$。

③ 最坏的二叉排序树形态是单链表形态（输入数据是有序的），平均查找长度为$(n+1)/2$。

2. 平衡二叉树

在构造二叉排序树的过程中，若能够进行平衡化处理，形成平衡二叉树，则可以使得树的形态接近判定树，从而提高查找效率。平衡二叉树也称 AVL 树，因其由数学家 G.M.Adelson-Velsky 和 E.M.Landis 首次提出。

（1）平衡二叉树的概念及形态。

平衡二叉树要么是一棵空树，要么是具有下列性质的二叉排序树：

① 左子树和右子树都是 AVL 树；

② 左子树和右子树高度之差的绝对值不超过 1。

平衡因子是指节点左子树与右子树的高度之差，因此平衡二叉树的平衡因子只能是-1、0 和 1。通过计算平衡因子，可以判定图 8.12（a）所示的二叉树是一棵平衡二叉树，图 8.12（b）所示的则不是。

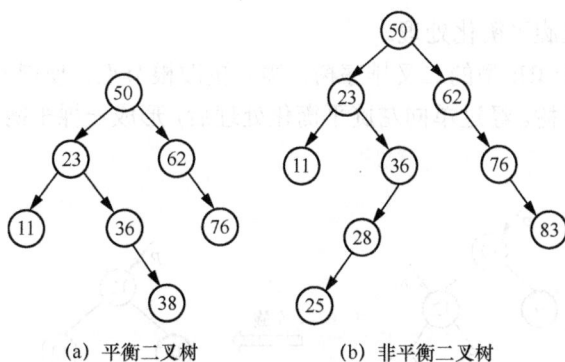

(a) 平衡二叉树   (b) 非平衡二叉树

图 8.12 判定平衡二叉树

图 8.12 所示的两棵二叉树各节点的平衡因子如图 8.13 所示。

（2）平衡化处理。

二叉排序树的平衡化处理有 4 种方式，包括单向右旋平衡化处理、单向左旋平衡化处理、先左旋后右旋平衡化处理、先右旋后左旋平衡化处理等。

① 单向右旋平衡化处理

若在节点 p 的左孩子的左子树上插入一个新节点而导致节点 p 失衡，则需要一个单向右旋的操作，称为单向右旋平衡化处理。

图 8.14（a）是一个 LL 型的二叉排序树，需要更改根节点，使得原根节点及其他部分节点成为新根节点的右子树。经过单向右旋平衡化处理后，形成一棵平衡二叉树，如图 8.14（b）所示。

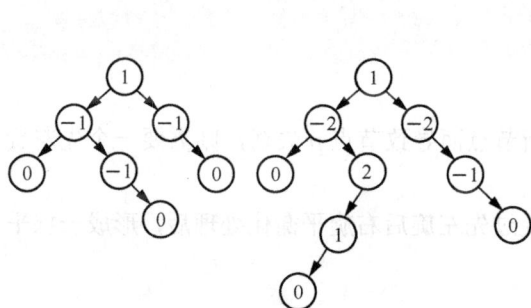

图 8.13 计算平衡因子

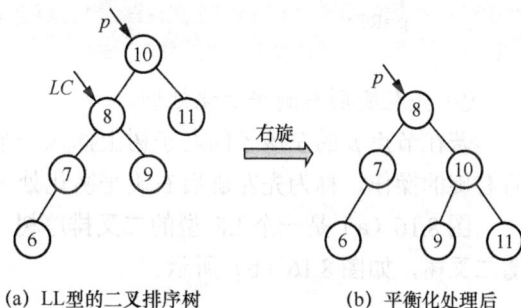

(a) LL型的二叉排序树   (b) 平衡化处理后

图 8.14 单向右旋平衡化处理

二叉排序树采用二叉链表进行存储，初始状态下，指针 p 指向根节点，指针 LC 指向根节点的左孩子。单向右旋平衡化处理的算法如下。

```
void R_Rotate(Node *&p)
{//单向右旋平衡化算法
    Node *LC=p->lchild;
    p->lchild=LC->rchild;
    LC->rchild=p;
    p=LC;
}
```

② 单向左旋平衡化处理。

若在节点 p 的右孩子的右子树上插入一个新节点而导致节点 p 失衡，则需要一个单向左旋的操作，称为单向左旋平衡化处理。

图 8.15（a）是一个 RR 型的二叉排序树，需要更改根节点，使得原根节点及其他部分节点成为新根节点的左子树。经过单向左旋平衡化处理后，形成一棵平衡二叉树，如图 8.15（b）所示。

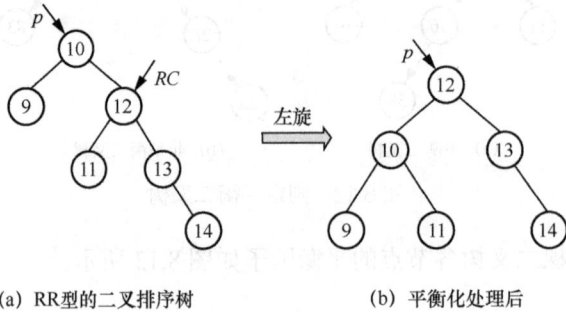

(a) RR型的二叉排序树   (b) 平衡化处理后

图 8.15　单向左旋平衡化处理

二叉排序树采用二叉链表进行存储，初始状态下，指针 p 指向根节点，指针 RC 指向根节点的右孩子。二叉排序树的单向左旋平衡化处理的算法如下。

```
void L_Rotate(Node *&p)
{//单向左旋平衡化算法
    Node *RC=p->rchild;
    p->rchild=RC->lchild;
    RC->lchild=p;
    p=RC;
}
```

③ 先左旋后右旋平衡化处理。

若在节点 p 的左孩子的右子树上插入一个新节点而导致节点 p 失衡，则需要一个先左旋后右旋的操作，称为先左旋后右旋平衡化处理。

图 8.16（a）是一个 LR 型的二叉排序树，经过先左旋后右旋平衡化处理后，形成一棵平衡二叉树，如图 8.16（b）所示。

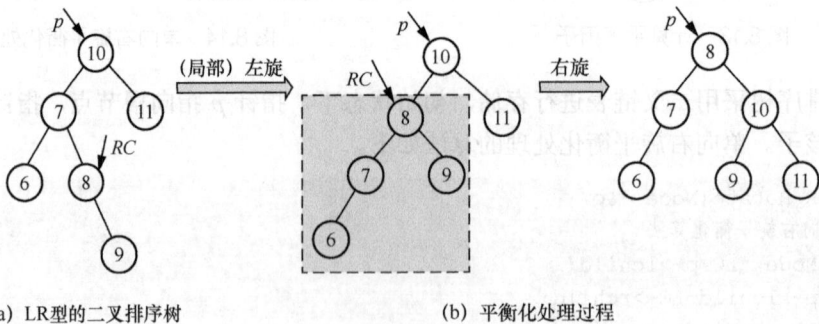

(a) LR型的二叉排序树   (b) 平衡化处理过程

图 8.16　先左旋后右旋平衡化处理

二叉排序树采用二叉链表进行存储，初始状态下，指针 p 指向根节点。二叉排序树的先左旋后右旋平衡化处理的算法如下。

```
void LR_Rotate(Node *&p)
{//先左旋后右旋平衡化算法
    L_Rotate(p->lchild);    //先左旋
    R_Rotate(p);            //后右旋
}
```

④ 先右旋后左旋平衡化处理。

若在节点 p 的右孩子的左子树上插入一个新节点而导致节点 p 失衡，则需要一个先右旋后左旋的操作，称为先右旋后左旋平衡化处理。

图 8.17（a）是一个 RL 型的二叉排序树，经过先右旋后左旋平衡化处理后，形成一棵平衡二叉树，如图 8.17（b）所示。

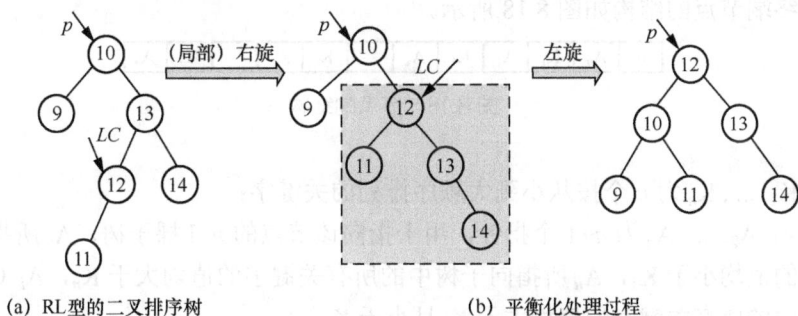

(a) RL型的二叉排序树   (b) 平衡化处理过程

图 8.17 先右旋后左旋平衡化处理

二叉排序树采用二叉链表进行存储，初始状态下，指针 p 指向根节点。二叉排序树的先右旋后左旋平衡化处理的算法如下。

```
void RL_Rotate(Node *&p)
{//先右旋后左旋平衡化算法
    R_Rotate(p->rchild);    //先右旋
    L_Rotate(p);            //后左旋
}
```

（3）平衡二叉树的查找分析。

高度为 h 的一棵平衡二叉树至少有多少个节点？空的平衡二叉树的节点 $N_0=0$，高度为 1 的平衡二叉树的节点 $N_1=1$，高度为 2 的平衡二叉树的节点 $N_2=2$，高度为 3 的平衡二叉树的节点 $N_3=4$，高度为 4 的平衡二叉树的节点 $N_4=7$，以此类推，可知高度为 h 的平衡二叉树的节点 $N_h=N_{h-1}+N_{h-2}+1$。

若已知一棵平衡二叉树的节点为 n，则由公式 $N_h=N_{h-1}+N_{h-2}+1$ 可以倒推出该树的高度。因此平衡二叉树查找的时间复杂度 $O(\log_2 n)$，与树高是同一数量级。

8.3.2 基于 B 树的查找

当文件的数据量较小时，可以完全存储在计算机的内存，使用顺序查找、折半查找、分块查找、平衡二叉树查找等方法进行查找。当文件的数据量较大时，需存放于外部存储设备，并在查找过程中避免频繁的数据交换。

1970 年，R.Bayer 和 E.McCreight 两位提出了适用于外部查找的一种多路平衡查找树——B-树，B-树也称为 B 树。B 树通常用于磁盘管理系统中的目录管理，以及数据库系统中的索引组织。

1．B 树的概念

一棵 m 阶的 B 树，要么是空树，要么是满足下列特性的 m 叉树：

① 每个节点至多有 m 棵子树；

② 若根节点不是叶子节点，则至少有两棵子树；

③ 除根节点之外的所有非终端节点至少有 $m/2$ 棵子树；

④ 所有的叶子节点在同一层，可以有 $m/2-1$ 到 $m-1$ 个关键字，并且叶子节点所在的层数为树的深度；

⑤ 所有非终端节点至多有 $m-1$ 个关键字。

所有非终端节点的结构如图 8.18 所示。

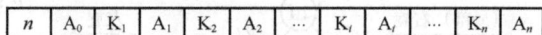

图 8.18　节点的结构

其中，

① $K_1, K_2, ... , K_n$ 为 n 个按从小到大顺序排列的关键字；

② $A_0, A_1, A_2, ... , A_n$ 为 $n+1$ 个指针，用于指向该节点的 $n+1$ 棵子树，A_0 所指向子树中的所有关键字的值均小于 K_1，A_n 所指向子树中的所有关键字的值均大于 K_n，A_i（$1 \leqslant i \leqslant n-1$）所指向子树中的所有关键字的值均大于 K_i 且小于 K_{i+1}；

③ n（$m/2-1 \leqslant n \leqslant m-1$）为关键字的个数，其子树个数为 $n+1$。

对于 m 阶 B 树，m 的值是提前确定好的。对于非根节点的所有非终端节点，n 的取值范围为 $m/2-1 \leqslant n \leqslant m-1$。对于根节点，$n$ 的取值范围为 $1 \leqslant n \leqslant m-1$。

例如，一棵 4 阶 B 树的结构特点如下。

① 对于非根节点的所有非终端节点，n 的取值范围为 $m/2-1 \leqslant n \leqslant m-1$，即[1, 3]，即每个分支节点中至少有 1 个关键字，最多有 3 个关键字。

② 对于根节点，n 的取值范围为 $1 \leqslant n \leqslant m-1$，即[1, 3]。

③ 对于叶子节点，其子树均为空树，即没有子节点，又规定叶子节点不含有任何信息，因此可以将叶子节点看作不在树中的外部节点。

按照 B 树的定义，一棵 4 阶 B 树如图 8.19 所示。

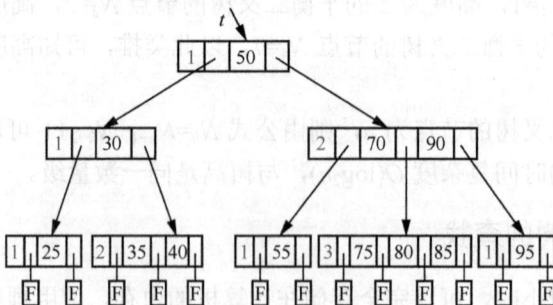

图 8.19　一棵 4 阶 B 树

B 树的结构体类型如下。

```
#define MAXM 10              //定义 B 树的最大的阶数
typedef int KeyType;         //KeyType 为关键字类型
```

```
typedef struct node
{//B 树的结构体类型
    int keynum;                  //节点当前拥有的关键字数目
    KeyType key[MAXM];           //存放关键字
    struct node *parent;         //双亲节点指针
    struct node *child[MAXM];    //孩子节点指针数组
}BTNode, BTree;
```

2．B 树的查找操作

B 树是一种多路平衡查找树，其中多路是指树的分支多于两叉，平衡是指所有的叶子节点均在同一层上。B 树在文件系统中十分有用，用于查找大量数据。

由 B 树的定义可知，在 B 树上进行查找的过程与二叉排序树的查找类似。

（1）根据给定的关键字值 key，先在根节点的键值集合中采用顺序法（当 m 较小时）或二分查找方法（当 m 较大时）进行查找。

（2）若有 key=key[i]，则查找成功，根据相应的指针即可取得记录；否则，当 key 在 key[i] 和 key[$i+1$]之间，取指针 A_i 所指的节点。

重复此查找过程，直到在某节点中查找成功；或在某节点处出现 A_i 为空，则查找失败。

B 树的查找算法如下。

```
BTNode *BTSearch(BTree root, int x, int *position)
{//B 树的查找算法
    int i=0;
    BTNode *p=NULL;
    while ( i<p->keynum && p->key[i]<x )         //在节点内查找
        i++;
    if ( p->key[i] == x )                        //查找成功
    {
        *position = i;
        retrun p;
    }
    if ( !root->child[i] )                       //查找失败
        retrun NULL;
    return BTSearch(root->child[i], x, position); //在子树中递归查找
}
```

可以证明，在含有 N 个关键字的 B 树上进行查找时，从根节点到待查找关键字，所在路径上涉及的节点数不超过树的高度 h，$h \leqslant 1+\log m/2(N+1)/2$。

3．B 树的插入操作

在 B 树中插入一个关键字 key，不是在树中添加一个叶子节点，而是首先在最底层的某个非终端节点中添加一个关键字 key，且要使插入节点中的关键字个数小于等于 $m-1$，这涉及节点的"分裂"问题。

B 树插入操作的过程如下。

（1）首先要经过一个从树根节点到叶子节点的查找过程，若关键字 key 已在树中，则不进行插入操作；否则，需要先找出合适的插入位置，再进行插入操作。

（2）对于叶子节点处于第 $h+1$ 层的树，插入的位置总是在第 h 层。若节点的关键字个数不超过 $m-1$，直接将关键字 key 插入；否则需要将一个节点分裂为两个。

（3）分裂节点的过程：取一个新节点，将原节点上的关键字和 key 按照升序排序，从中

间位置（即 $m/2$ 之处）将关键字（不包括中间位置的关键字）分成两部分，左部分所含关键字放在原节点中，右部分所含关键字放在新节点中，将中间位置关键字连同新节点的存储位置插入父节点中。若父节点的关键字个数也超过 $m-1$，需要再次分裂，再往上插入其父节点中，直至不需要分裂为止。

例如，给定关键字值序列为{70, 45, 80, 20, 10, 30, 50, 65, 75, 90}，创建一棵 3 阶 B 树。按照 B 树的插入操作，需要不断进行分裂操作，如图 8.20 所示。

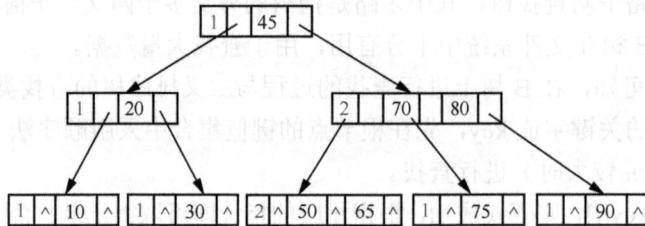

图 8.20　创建一棵 3 阶 B 树

4．B 树的删除操作

B 树的删除过程与插入过程类似，首先应找到关键字 key 所在的节点，并从中删除。若该节点是最下层的非终端节点，且其中的关键字个数大于等于 $m/2$，则删除完成，否则涉及节点的"合并"操作。

若在非终端节点删除关键字 key[i]，则用 K_i 的右孩子（右指针 A_i 所指节点）的最小值 Y 取代 K_i，问题就转化为在 K_i 的右孩子上删除最小值 Y。将这个过程继续下去，最终会归结为在最下层非终端节点上删除某个值。

因此只需要讨论如何删除最下层非终端节点即可，这分为以下 3 种情况。

（1）若被删除关键字所在节点中的关键字数目大于 $m/2-1$，则只需从该节点中删除该关键字 K_i 和相应指针 A_i，树的其他部分不变。这种情况下，直接删除，不需要合并节点。

在图 8.20 所示的 B 树中，若删除关键字 65，则直接删除，结果如图 8.21 所示。

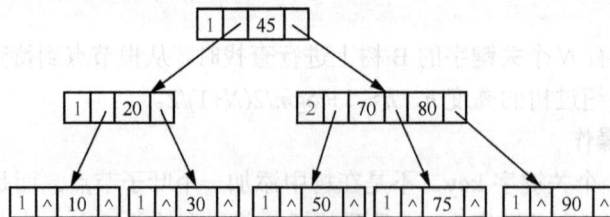

图 8.21　直接删除节点

（2）若被删除关键字所在节点中的关键字数目等于 $m/2-1$，而与该节点相邻的右兄弟（或左兄弟）节点中的关键字数目大于 $m/2-1$，则需将其兄弟节点中的最小（或最大）的关键字上移至双亲中，而将双亲节点中小于（或大于）且紧靠该上移关键字的关键字下移至被删除关键字所在节点中。这种情况下，需要先合并，再进行删除。

在图 8.20 所示的 B 树中，若删除关键字 75，则先合并节点再删除，结果如图 8.22 所示。

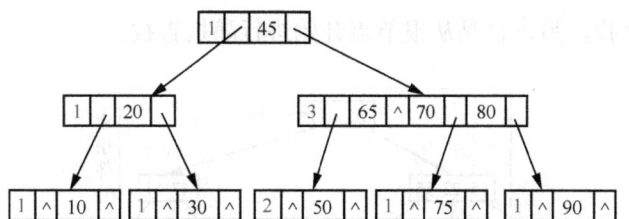

(a) 合并

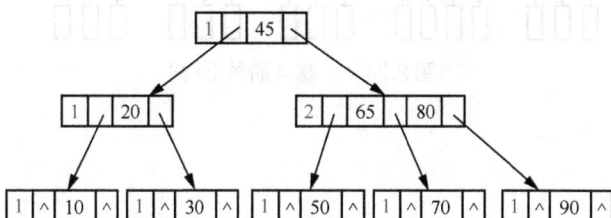

(b) 删除

图 8.22 先合并再删除

（3）若被删除关键字所在的节点和其相邻的兄弟节点中的关键字数目均等于 $m/2-1$。假设该节点有右兄弟，且其右兄弟节点地址由双亲节点中的指针 A_i 所指，则在删除关键字之后，将其所在节点中剩余关键字和指针，加上双亲节点中的关键字 K_i，一起合并到 A_i 所指的兄弟节点中（若没有右兄弟，合并至左兄弟节点中）。此种情况下，也需要合并。

在图 8.20 所示的 B 树中，若删除关键字 65，则删除进行合并，结果如图 8.23 所示。

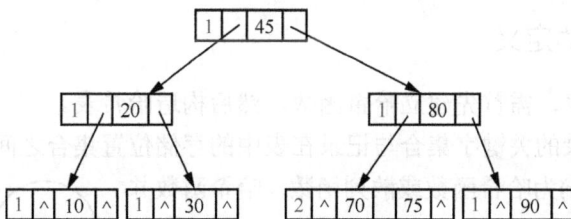

图 8.23 先删除再合并

5．B+树

B+树是一种 B 树的变型树，也应用于文件系统。在 B+树上进行查找、插入、删除的操作和 B 树类似。

和一棵 m 阶的 B-树相比，一棵 m 阶的 B+树的主要差异如下。

（1）具有 n 棵子树的节点含有 n 个关键字，且每个关键字对应一棵子树。

（2）所有的叶子节点中包含了全部关键字信息，以及指向含这些关键字记录的指针，且叶子节点本身依关键字的大小自小而大顺序链接。

（3）所有的非终端节点可以看成是索引部分，节点中仅含有其子树（根节点）中的最大（或最小）关键字。

例如，图 8.24 所示为一棵 4 阶的 B+树，通常在 B+树上有两个头指针，一个指向根节点，另一个指向关键字最小的叶子节点。因此，可以对 B+树进行两种查找运算，一种是从最小关键字开始进行顺序查找，另一种是从根节点开始进行随机查找。

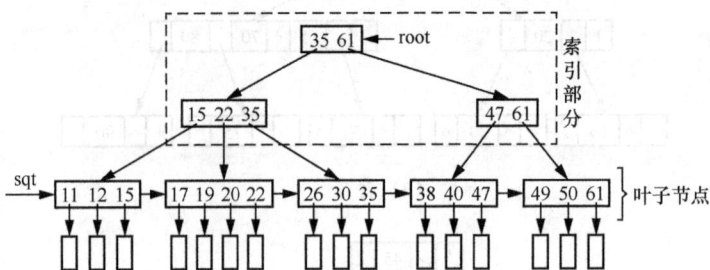

图 8.24　一棵 4 阶的 B+树

8.4　哈希表查找

前文所介绍的静态查找表、动态查找表均具有以下特点：

① 记录在表中的位置和其关键字值之间不存在确定关系；

② 查找记录是基于一系列与关键字值的比较实现的；

③ 平均查找长度 ASL 都不为零，查找的效率取决于与给定值进行比较的关键字值个数。

对于频繁使用的查找表，如果希望平均查找长度 $ASL = 0$，如何解决这一问题？需预先知道待查关键字在表中的存储位置，即要求记录在表中的存储位置与其关键字值之间存在一种确定的关系。为此，一种新的查找表存储结构——哈希表出现了。基于哈希表进行查找，可以大大提高查找效率。

8.4.1　哈希表的定义

哈希表也称散列表，需首先建立哈希函数，然后构造哈希表。

哈希函数：在记录的关键字集合与记录在表中的存储位置集合之间建立一种映射关系，通常称这个函数 H(key)为哈希函数或散列函数。哈希函数并不一定是数学函数。

哈希函数的示意如图 8.25 所示。

哈希函数是一个映象，通过哈希函数将关键字存储在哈希表中。因此哈希函数的设置很灵活，只需要使所有关键字的哈希函数值都在表长允许的范围之内即可。

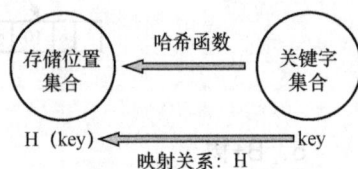

图 8.25　哈希函数的示意

哈希表：设要存储的对象个数为 n，设置一个长度为 m（$m \geqslant n$）的连续内存单元，以线性表中每个对象的关键字 key 为自变量，通过哈希函数，将每个关键字值映射为内存单元的地址（或称数组下标），即 H(key)的值（称为哈希地址），并把该对象存储在这个内存单元中。这种构造的表存储结构称为哈希表。

冲突：若 $key_i \neq key_j$，但 H(key_i) = H(key_j)，则产生了冲突。

同义词：关键字不同而哈希地址相同的对象，称为同义词。

同义词冲突：由同义词引起的冲突，称为同义词冲突。

哈希函数是一种压缩映象，很难找到一个不产生冲突的哈希函数，所以冲突不可避免，只能尽量减少。同时，冲突发生后，应该有处理冲突的方法。

8.4.2 哈希函数的构造方法

在进行哈希函数构造时，需选择合适的构造方法。对于数字关键字，有 6 种常见的构造方法，即除留余数法、直接定址法、数字分析法、平方取中法、折叠法、随机数法。对于非数字关键字，则需先进行数字化处理，然后再选择相应的构造方法。

1．除留余数法

除留余数法的函数构造方法为，使用关键字 key 除以一个小于或等于哈希表长度 m 的整数 p，然后将得到的余数作为哈希地址，即

$$H(key) = key\%p，p \leqslant m$$

其中余数的取值范围为 $[0, p-1]$。

除留余数法比较简单，是一种常用的构造方法，可与其他几种方法结合使用。

整数 p 的选取很重要，若整数 p 选得不好，容易产生同义词。整数 p 一般应为不大于 m 的质数，或是不包含小于 20 的质因数的合数（不大于 m）。

例如，给定一组关键字：3, 6, 9, 12, 39, 18, 24, 33, 21，若取 $p=9=3 \times 3$（合数，含质因数 3），则对应的哈希函数值：3, 6, 0, 3, 3, 0, 6, 6, 3。

分析可见，若整数 p 中含质因数 3，则所有含质因数 3 的关键字均映射到"3 的倍数"的地址上，从而增加了冲突的可能。若整数 p 取质数 7，则对应的哈希函数值：3, 6, 2, 5, 4, 4, 3, 5, 0，冲突的可能显然降低了。

2．直接定址法

直接定址法的函数构造方法为，取关键字或关键字的某个线性函数作为哈希地址，即 H(key)=key，或 H(key)=a·key+b。

直接定址法所获得的地址集合与关键字集合大小相等，不会产生同义词冲突。此法仅适用于地址集合的大小等于关键字集合的大小的情况，但实际上这种情况很少见。

3．数字分析法

数字分析法的函数构造方法为，对关键字进行分析，取关键字分布均匀的若干位或其组合作为哈希地址。

例如，有 80 条记录，其关键字为 8 位十进制数，如图 8.26 所示，要求哈希地址为 2 位十进制数。

通过分析可知，关键字第 1 位只取 9，第 2 位只取 1，第 3 位大多数取 2，第 8 位取 3、7、4，而第 4 位至第 7 位的数字分布近乎随机，因此可以取其中的任意两位作为哈希地址

数字分析法适用于关键字位数比哈希地址位数大，并且是关键字值可能已知的情况。

①②③④⑤⑥⑦⑧

```
9 1 2 | 4 6 5 3 | 3
9 1 2 | 7 2 2 4 | 3
9 1 2 | 9 7 4 2 | 3
9 1 2 | 0 1 3 6 | 7
9 1 2 | 2 2 9 1 | 7
9 1 2 | 3 9 8 6 | 7
9 1 5 | 6 9 5 3 | 7
9 1 2 | 1 8 3 5 | 4
```

图 8.26 数字分析法示例

4．平方取中法

平方取中法的函数构造方法为，取关键字值平方后的中间几位作为哈希地址。进行平方的目的是"扩大差别"，同时平方值的中间几位又能受到整个关键字中各个数位的影响，所截取的位数由哈希表的长度确定。

例如，某一个查找表的关键字为 4 位十进制数，如图 8.27 所示，表长为 1000，试构造哈希函数。

平方取中法适用于不知道全部关键字值的情况。

5. 折叠法

折叠法的函数构造方法为，将关键字分割为位数相同的几部分，然后取这几部分叠加的和（舍去进位）作为哈希地址。

折叠法有两种，①移位叠加，将分割后的几部分低位对齐相加。②间界叠加，从一端沿分割界来回折送，然后对齐相加。

例如，已知某个关键字为 0442205864，哈希地址位数为 4，计算该关键字的哈希地址，如图 8.28 所示。

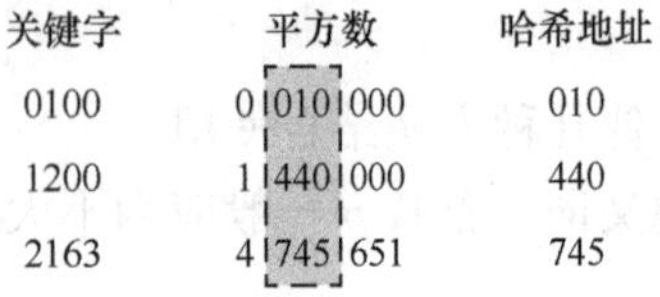

关键字	平方数	哈希地址
0100	0 0101 000	010
1200	1 1440 000	440
2163	4 7451 651	745

```
        5864                    5864
        4220                    0224
          04    移位叠加           04    间界叠加
      ——————                  6092
      1 0088                ——————
   H (key) =0088          H (key) =6092
```

图 8.27 平方取中法示例 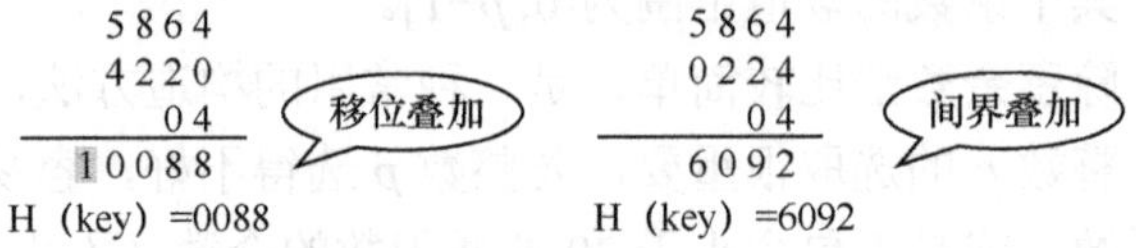   图 8.28 折叠法示例

折叠法适用于关键字位数很多，并且每一位上数字分布大致均匀的情况。

6. 随机数法

随机数法的函数构造方法为，取关键字的随机函数值作为哈希地址，即

$$H(key) = random(key)$$

其中 key 为随机数因子。

随机数法适用于关键字长度不等的情况。

哈希函数的构造方法比较多，在选取哈希函数时，需考虑以下因素：①计算哈希函数所需要的时间；②关键字的长度；③哈希表的长度（哈希地址范围）；④关键字分布情况；⑤记录的查找频率等。

在构造哈希表时，使用何种哈希函数构造方法取决于建表的关键字集合情况，包括关键字的范围和形态，基本原则是使产生冲突的可能性降到尽可能小。

8.4.3 处理冲突的方法

在构造哈希表时，若产生冲突，处理方法包括开放地址法、再哈希法、链地址法、建立公共溢出区等。

1. 开放地址法

开放地址是指哈希表中尚未被占用的地址。当冲突发生时，为产生冲突的关键字所对应的记录重新获取一个地址序列。按此序列逐个地址探查，直到找到一个空闲地址（开放地址）为止，将发生冲突的记录放到该地址中，即

$$H_0 = H(key)$$
$$H_i = (H(key)+d_i) \% m$$

其中 $H(key)$ 为哈希函数，m 为哈希表的表长，d_i 为增量。

增量 d_i 有以下 3 种取值方法。

（1）线性探测再散列：$d_i = i$，即 $d_i = 1, 2, 3, …, m-1$。

例：已知关键字集合为{19, 1, 23, 14, 55, 68, 11, 82, 36}，共 9 个关键字。设定哈希函数用除留余数法构造，$p=11$，即 H(key) = key%11，设表长 m 为 11。若采用线性探测再散列处理冲突，构造哈希表的过程如下。

按照关键字的顺序，根据哈希函数 H(key)计算存储地址，依次将关键字记录存储到哈希表中，若产生冲突，使用线性探测再散列法解决冲突。

H(19)=8，不冲突；

H(1)=1，不冲突；

H(23)=1，产生冲突，重新计算地址 H_1(23)=(H(23)+1)%11=2；

H(14)=3，不冲突；

H(55)=0，不冲突；

H(68)=2，冲突，重新计算地址 H_1(68)=(H(68)+1)%11=3，再次冲突，H_2(68)＝(H(68)+2)%11=4；

H(11)=0，冲突，重新计算地址 H_1(11)=1，再次冲突，H_2(11)=2，第 3 次冲突，H_3(11)=3，第 4 次冲突，H_4(11)=4，第 5 次冲突，H_5(11)=5；

H(82)=5，冲突，重新计算地址 H_1(82)=6；

H(36)=3，冲突，重新计算地址 H_1(36)＝4，再次冲突，H_2(36)＝5，第 3 次冲突，H_3(36)=6，第 4 次冲突，H_4(36)=7。

按照以上过程，构造哈希表，如图 8.29 所示。

	0	1	2	3	4	5	6	7	8	9	10
哈希表	55	1	23	14	68	11	82	36	19		
探查次数	1	1	2	1	3	6	2	5	1		

图 8.29 构造哈希表（线性探测再散列）

哈希表采用顺序存储方式存储，其结构体类型如下。

```
#define MaxSize 100         //定义最大哈希表长度
#define NULLKEY -1          //定义空关键字值
#define DELKEY  -2          //定义被删关键字值
typedef int KeyType;        //关键字类型
typedef char * InfoType;    //其他数据类型
typedef struct
{
    KeyType key;            //关键字域
    InfoType data;          //其他数据域
    int count;              //探查次数域
}HashTable[MaxSize];        //哈希表类型
```

构造一个哈希表，按照线性探测再散列的方式解决冲突，其算法如下。

```
void InsertHT(HashTable ha, KeyType k, int p, int &n)
{//将关键字 k 插入到哈希表中
    int i, adr;
    adr=k % p;
    if (ha[adr].key==NULLKEY || ha[adr].key==DELKEY)
    {//x[j]可以直接放在哈希表中
```

```
        ha[adr].key=k;
        ha[adr].count=1;
    }
    else                    //发生冲突时采用线性探查法解决冲突
    {
        i=1;                //i记录x[j]发生冲突的次数
        do
        {
            adr=(adr+1) % p;
            i++;
        } while (ha[adr].key!=NULLKEY && ha[adr].key!=DELKEY);
        ha[adr].key=k;
        ha[adr].count=i;
    }
    ++n;
}

void CreateHT(HashTable ha, KeyType x[], int n, int m, int p)
{//创建哈希表
    int i, n0=0;
    for (i=0;i<m;i++)       //哈希表置初值
    {
        ha[i].key=NULLKEY;
        ha[i].count=0;
    }
    for (i=0;i<n;i++)
        InsertHT(ha,x[i],p,n0);
}
```

（2）二次（平方）探测再散列：$d_i = \pm i^2$，即 $d_i = 1^2, -1^2, 2^2, -2^2, 3^2, ..., \pm k^2$，$k \leq m/2$。

例：上例中的题目若采用二次探测再散列处理冲突，构造哈希表的过程如下。

按照关键字的顺序，根据哈希函数 H(key)计算存储地址，依次将关键字记录存储到哈希表中，若产生冲突，使用二次探测再散列法解决冲突。

H(19)=8，不冲突；

H(1)=1，不冲突；

H(23)=1，产生冲突，重新计算地址 $H_1(23)=(H(23)+1)\%11=2$；

H(14)=3，不冲突；

H(55)=0，不冲突；

H(68)=2，产生冲突，重新计算地址 $H_1(68)=(2+1)\%11=3$，再次冲突，$H_2(68)=(2-1)\%11=1$，第 3 次冲突，$H_3(68)=(2+22)\%11=6$；

H(11)=0，产生冲突，重新计算地址 H1(11)=(0+1)%11=1，再次冲突，$H_2(11)=(0-1)\%11=10$；

H(82)=5，不冲突；

H(36)=3，产生冲突，重新计算地址冲突，$H_1(36)=(3+1)\%11=4$。

按照以上过程，构造哈希表，如图 8.30 所示。

	0	1	2	3	4	5	6	7	8	9	10
哈希表	55	1	23	14	36	82	68		19		11
探查次数	1	1	2	1	2	1	4		1		3

图 8.30　构造哈希表（二次探测再散列）

（3）随机探测再散列：d_i 是一组伪随机数列。

随机探测再散列方法需要建立一个随机数发生器，并给定一个随机数作为起始点。

2．再哈希法

再哈希法涉及多个哈希函数，其公式为

$$H_i = RH_i(key) \qquad i=1, 2, \dots, k$$

其中 RH_i 是两个不同的哈希函数，当一个哈希函数的结果产生冲突时则计算另一个哈希函数，直到冲突不再发生为止。

再哈希法的优点是不易产生聚集，可减少冲突；缺点是增加了计算时间。

3．链地址法

链地址法将所有哈希地址相同的记录链接在同一个单链表中，使用哈希表存放相应同义词单链表的头指针。

例如，已知关键字集合{19, 1, 23, 14, 55, 68, 11, 82, 36}，设定哈希函数为除留余数法，整数 p=7，即 H(key) = key%7，设表长为 7。若采用链地址法处理冲突，构造哈希表的过程如下。

H(19)=5 　　　　　H(1)=1 　　　　　H(23)=2
H(14)=0 　　　　　H(55)=6 　　　　　H(68)=5
H(11)=4 　　　　　H(82)=5 　　　　　H(36)=1

9 个关键字，根据哈希函数 H(key)计算出 6 个不同的地址，形成 6 个单链表，如图 8.31 所示。

4．建立公共溢出区

建立公共溢出区解决冲突时，除了设置哈希基本表，还需要另外设置一个溢出向量表。所有关键字和哈希基本表中关键字为同义词的记录，以及由哈希函数计算的地址，一旦发生冲突，均填入溢出向量表（公共溢出区）。

例如，设关键字集合为{1, 2, 12, 13, 22, 23, 32, 33}，整数 p=11，表长 m=11，哈希函数为 Hash(key) = key mod 11。使用公共溢出区法处理冲突，构造的哈希表与建立的公共溢出区如图 8.32 所示。

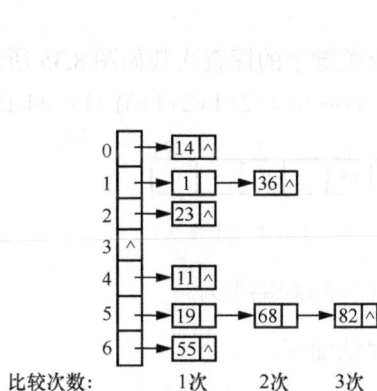

图 8.31　使用链地址法解决冲突　　　　图 8.32　使用建立公共溢出区的方法解决冲突

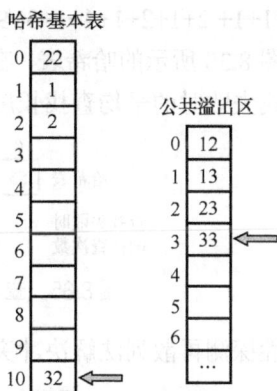

8.4.4　哈希表查找

哈希表查找过程和构造表过程一致，是一种不需要进行关键字比较的查找方法，其查找过程如图 8.33 所示。已知待查关键字 key，按照哈希函数计算存储地址，若该地址不存在，则查找失败；若该地址的记录关键字为查关键字 key，则查找成功，若关键字值不相等，则按照处理冲突的方法再次选择另一个存储地址进行比较，直至找到关键字，则查找成功。

1. 根据开放地址法进行查找

若有 n 个关键字，查找成功时的平均查找长度 ASL，其公式为

$$ASL\text{suc} = \sum_{i=1}^{n} p_i c_i$$

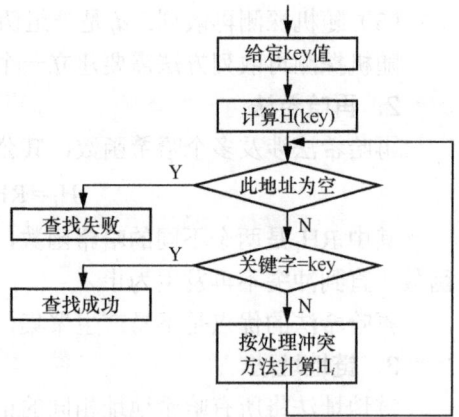

图 8.33 哈希表的查找过程

查找成功时的查找长度 c_i 等于第 i 个元素的探查次数，是等概率查找，则 $\sum_{i=1}^{n} p_i = 1$。

（1）线性探测再散列

按照线性探测再散列方法处理冲突，图 8.29 所示的哈希表查找成功时的平均查找长度 $ASL\text{suc} = (1+1+2+1+3+6+2+5+1)/9 = 22/9$。

对于图 8.29 所示的哈希表，在查找失败时，各个关键字的探查次数如图 8.34 所示。在此例中，查找失败时的平均查找长度 $ASL\text{unsuc} = (10+9+8+7+6+5+4+3+2+1+1)/11 = 56/11$。

	0	1	2	3	4	5	6	7	8	9	10
哈希表	55	1	23	14	68	11	82	36	19		
查找失败时的探查次数	10	9	8	7	6	5	4	3	2	1	1

图 8.34 查找失败时的探查次数（线性探测再散列）

（2）二次探测再散列

按照二次探测再散列方法处理冲突，图 8.30 所示的哈希表查找成功时的平均查找长度 $ASL\text{suc} = (1+1+2+1+2+1+4+1+3)/9 = 16/9$。

对于图 8.30 所示的哈希表，在查找失败时，各个关键字的探查次数如图 8.35 所示。在此例中，查找失败时的平均查找长度 $ASL\text{unsuc} = (5+9+5+4+8+4+2+1+2+1+3)/11 = 44/11$。

	0	1	2	3	4	5	6	7	8	9	10
哈希表	55	1	23	14	36	82	68		19		11
查找失败时的探查次数	5	9	5	4	8	4	2	1	2	1	3

图 8.35 查找失败时的探查次数（二次探测再散列）

以线性探测再散列法解决冲突，哈希表的查找算法如下。

```c
int SearchHT(HashTable ha, int p, KeyType k)
{//在哈希表中查找关键字 k
    int i=0,adr;
    adr=k % p;
    while (ha[adr].key!=NULLKEY && ha[adr].key!=k)
    {
```

```
        i++;                    //采用线性探查法找下一个地址
        adr=(adr+1) % p;
    }
    if (ha[adr].key==k)     //查找成功
        return adr;
    else                    //查找失败
        return -1;
}
```

2. 根据链地址法进行查找

假设有 n 个关键字，单链表的最大长度为 m，则查找成功时的

$$ASL\text{suc} = \frac{\sum\limits_{i=1}^{m} 单链表相应位置的节点个数之和 * 查找次数 i}{关键字总数 n}。$$

在图 8.35 所示的例子中，$ASL\text{suc} = (6×1+2×2+1×3)/9 = 13/9$。

8.4.5 哈希表的查找分析

评价哈希表查找效率需要使用平均查找长度 ASL，决定哈希表查找的 ASL 的因素包括：①选用的哈希函数；②选用的处理冲突的方法；③哈希表的饱和程度，装载因子 α 值的大小。

$$装载因子 \alpha = \frac{表中填入的记录数}{哈希表的长度}$$

其中，装载因子 α 值越小，发生冲突的可能性越小；α 值越大，哈希表装载得越满，冲突的可能性越大。

哈希表查找速度极快，其时间复杂度为 $O(1)$，查找效率与关键字个数 n 无关。

8.5 航空航天应用实例分析与实现

这里以"蓝宇航空售票系统"为例进行讲解。该系统可以实现各种查找操作，包括查询航班、查询订单、查询航班候补乘客订单等。

8.5.1 航空售票系统查询航班

系统具有"查询航班"的功能，运行界面如图 8.36 所示。

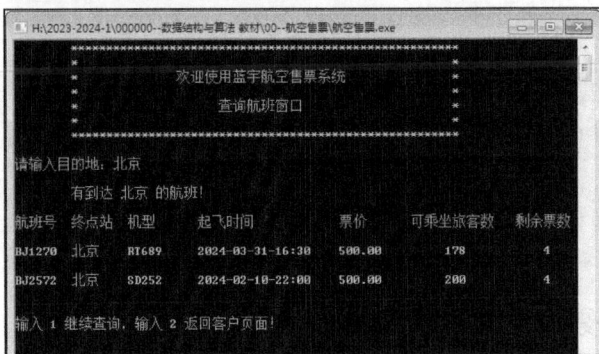

图 8.36 "查询航班"界面

"查询航班"功能包括 find(flightList air)模块，代码如下。

```
void find(flightList air)
{//查询航班，客户功能1
    void home();
    system("cls"); //清屏代码
    printf("\t***********************************************\n");
    printf("\t*                                             *\n");
    printf("\t*              欢迎使用蓝宇航空售票系统           *\n");
    printf("\t*                                             *\n");
    printf("\t*                  查询航班窗口                 *\n");
    printf("\t*                                             *\n");
    printf("\t***********************************************\n");
    char destination[MAXSIZE];
    printf("\n请输入目的地: ");
    scanf("%s", &destination);
    Flight *p;p = air->next;    //从头节点的下一节点开始查询
    Flight *k;k = air->next;
    int mark = 0;
    while(p){
        if(strcmp(destination,p->destination)==0){
            printf("\n\t有到达 %s 的航班! \n",p->destination);
            mark = 1;
            break;
        }
        p = p->next;
    }//结束航班遍历
    if(mark == 1){
        printf("\n%-8s%-8s%-10s%-20s%-10s%-15s%-6s\n","航班号","终点站","机型",
"起飞时间","票价","可乘坐旅客数","剩余票数\n");
        while(k){
            if(strcmp(destination,k->destination)==0){
                printf("%-8s%-8s%-10s%-20s%-15.2f%-14d%-6d\n",k->flightId,k->
destination,k->planeId,k->time,k->money,k->num,k->tickets);
            }
            k = k->next;
        }    //结束航班遍历
    }
    if(mark == 0)
        printf("\n\t无到达 %s 的航班! \n", destination);
    printf("\n 输入 1 继续查询，输入 2 返回客户页面! ");
    char l;
    scanf("%s",&l);
    while(l!='1' && l!='2') {
        printf("\n\t无效数据，请重新输入! ");
        scanf("%s", &l);
    }
    if(l == '1') find(air);
    if(l == '2') userView();
}
```

8.5.2 航空售票系统查询订单

系统具有"查询订单"的功能，运行界面如图 8.37 所示。

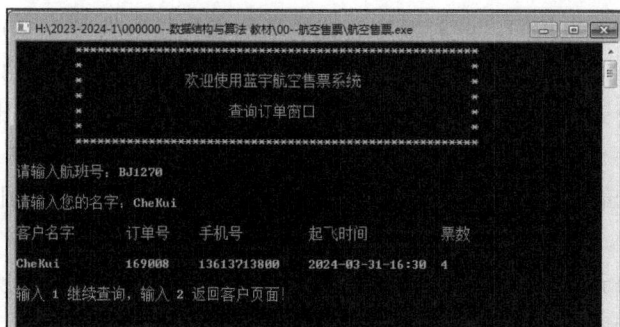

图 8.37 "查询订单"界面

"查询订单"功能包括 findOrder(flightList air)模块，代码请扫描下方二维码查看。

8.5.3 航空售票系统查询航班候补乘客订单

系统管理员拥有"查询航班候补乘客订单"的权限，运行界面如图 8.38 所示。

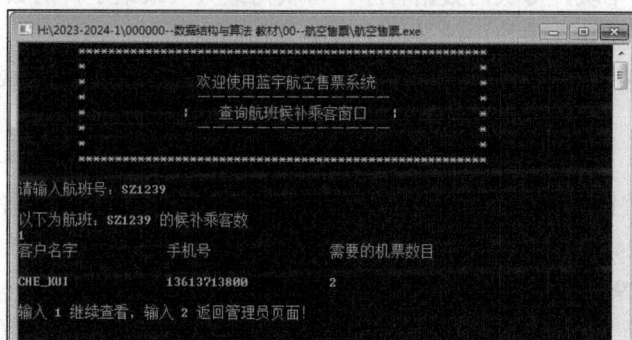

图 8.38 "查询航班候补乘客订单"界面

"查询航班候补乘客订单"功能包括 length_queue(waitPtrQ)和 displaywaitClientInfo(flightList air)模块，代码请扫描下方二维码查看。

8.6 习题

1. 单项选择题

（1）对含有 n 个元素的线性表采用顺序查找方法，假设查找成功和不成功的可能性相同，对每个元素的查找概率也相同，此时顺序查找的平均查找长度为（　　）。

A．(n+1)/2　　　　B．(n+1)/4　　　　C．(n−1)/2　　　　D．(3n+1)/4

（2）设有 100 个元素的有序表，采用折半查找方法，成功时最大的比较次数是（　　）。

A．25　　　　　　B．50　　　　　　C．10　　　　　　D．7

（3）设有 100 个元素的有序表，采用折半查找方法，不成功时最大的比较次数是（　　）。

A．25　　　　　　B．50　　　　　　C．10　　　　　　D．7

（4）如果在 n 个元素中查找其中任何一个元素至少要比较 2 次，则所用的查找方法有可能是（　　）。

A．折半查找　　　B．分块查找　　　C．顺序查找　　　D．以上都不对

（5）一个递增表为 R[0..11]，采用折半查找方法，在某次成功查找到指定的记录时，以下（　　）是可能的记录比较序列。

A．R[0]、R[5]、R[2]　　　　　　　　B．R[0]、R[6]、R[9]

C．R[5]、R[8]、R[10]　　　　　　　　D．R[5]、R[2]、R[4]

（6）当采用分块查找时，数据的组织方式为（　　）。

A．数据分成若干块，每块内数据有序

B．数据分成若干块，每块内数据不必有序，但块间必须有序，每块内最大（或最小）的数据组成索引块

C．数据分成若干块，每块内数据有序，每块内最大（或最小）的数据组成索引块

D．数据分成若干块，每块中的数据个数必须相同

（7）使用 n 个关键字构造的一棵二叉排序树，经过 i 次关键字比较成功找到的元素个数最多为（　　）。

A．i　　　　　　B．2^i　　　　　　C．2^{i-1}　　　　D．2^i-1

（8）对于下列关键字序列，不可能构成某二叉排序树中一条查找路径的序列是（　　）。

A．95, 22, 91, 24, 94, 71　　　　　　B．92, 20, 91, 34, 88, 35

C．21, 89, 77, 29, 36, 38　　　　　　D．12, 25, 71, 68, 33, 34

（9）有一棵含有 8 个节点的二叉排序树，其节点值为 A~H，以下（　　）是其后序遍历结果。

A．ADBCEGFH　　B．BCAGEHFD　　C．BCAEFDHG　　D．BDACEFHG

（10）在含有 12 个节点的平衡二叉树上，查找关键字为 35（存在该节点）的节点，则依次比较的关键字有可能是（　　）。

A．46，36，18，20，28，35　　　　　　B．47，37，18，27，36

C．27，48，39，43，37　　　　　　　　D．15，45，25，35

（11）从 19 个元素中查找其中某个元素，如果最多进行 5 次元素之间的比较，则采用的查找方法只可能是（　　）。

A．折半查找　　　B．分块查找　　　C．顺序查找　　　D．都不可能

（12）由一组关键字 23、12、45、36 构成的不同二叉排序树有（　　）棵。

A．1　　　　　　B．10　　　　　　C．14　　　　　　D．无法确定

（13）在含有 27 个节点的二叉排序树上，查找关键字为 35 的节点，以下（　　）是可能的关键字比较序列。

A．28,36,18,46,35　　　　　　　　B．18,36,28,46,35

C．46,28,18,36,35　　　　　　　　D．46,36,18,28,35

（14）在任意一棵非空二叉排序树 T_1 中，删除某节点 p 之后形成二叉排序树 T_2，再将 p 插入 T_2 形成二叉排序树 T_3。下列关于 T_1 与 T_3 的叙述中，正确的是（　　）。

Ⅰ．若 p 是 T_1 的叶节点，则 T_1 与 T_3 不同

Ⅱ．若 p 是 T_1 的叶节点，则 T_1 与 T_3 相同

Ⅲ．若 p 不是 T_1 的叶节点，则 T_1 与 T_3 不同

Ⅳ．若 p 不是 T_1 的叶节点，则 T_1 与 T_3 相同

A．仅Ⅰ、Ⅲ　　　B．仅Ⅰ、Ⅳ　　　C．仅Ⅱ、Ⅲ　　　D．仅Ⅱ、Ⅳ

（15）如果要求一个线性表既能较快地查找，又能适应动态变化的要求，最好采用（　　）查找法。

A．顺序查找　　　B．折半查找　　　C．分块查找　　　D．哈希查找

（16）折半查找有序表（4，6，10，12，20，30，50，70，88，100）。若在表中查找元素 58，则它将依次与表中（　　）比较大小，查找结果是失败。

A．20，70，30，50　　　　　　　　B．30，88，70，50

C．20，50　　　　　　　　　　　　D．30，88，50

（17）以下关于哈希查找的叙述中错误的是（　　）。

A．用拉链法解决冲突易引起堆积现象

B．用线性探测法解决冲突易引起堆积现象

C．哈希函数选得好可以减少冲突现象

D．哈希函数 H(k)=k MOD p，p 通常取小于等于表长的素数

（18）哈希表中出现同义词冲突是指（　　）。

A．两个元素具有相同的序号

B．两个元素的关键字不同，而其他属性相同

C．数据元素过多

D．两个元素的关键字不同，而对应的哈希函数值（存储地址）相同

（19）下列关于哈希函数的说法正确的是（　　）。

A．哈希函数越复杂越好

B．哈希函数越简单越好

C．用除余法构造的哈希函数是最好的

D．在冲突尽可能少的情况下，哈希函数越简单越好

（20）哈希表在查找成功时的平均查找长度（　　）。

A．与处理冲突方法有关而与装填因子 α 无关

B．与处理冲突方法无关而与装填因子 α 有关

C．与处理冲突方法有关且与装填因子 α 有关

D．与处理冲突方法无关且与装填因子 α 无关

（21）设哈希表长为 14，哈希函数是 H(key)=key%11，表中已有数据的关键字为 15，38，61，84 共四个，现要将关键字为 49 的元素加到表中，用二次探测再散列法解决冲突，则放入的位置是（　　）。

A．6　　　　　　　B．4　　　　　　　C．5　　　　　　　D．9

（22）采用线性探测法处理冲突，可能要探测多个位置，在查找成功的情况下，所探测的这些位置上的关键字（　　）。

A．不一定都是同义词　　　　　　　　　B．一定都是同义词

C．一定都不是同义词　　　　　　　　　D．没有区别

2．简答题

（1）什么是静态查找？什么是动态查找？试简述之。

（2）什么是二叉排序树？什么是平衡二叉树？试简述之。

（3）对于 LL 型、RR 型、LR 型、RL 型的二叉排序树，如何进行平衡化处理？试简述之。

（4）请简述 B 树的概念。如何在 B 树中进行查找操作？

（5）请简述如何在 B 树中进行插入操作和删除操作？

（6）试简述哈希表的创建过程。

（7）如何进行哈希查找？请简述之。

3．综合应用题

（1）对于给定 11 个数据元素的有序表：{2，3，10，15，20，25，28，29，30，35，40}，采用二分查找法进行查找，试问，

① 若查找给定值为 20 的元素，将依次与表中哪些元素比较？

② 若查找给定值为 26 的元素，将依次与哪些元素比较？

③ 假设查找表中每个元素的概率相同，求查找成功时的平均查找长度和查找不成功时的平均查找长度。

（2）已知关键字序列为：{ 25，18，46，2，53，39，32，4，74，67，60，11 }，按表中的元素顺序依次插入到一棵初始为空的二叉排序树中，画出结果二叉排序树。求在等概率的情况下查找成功的平均查找长度和查找不成功的平均查找长度。

（3）输入关键字序列{ 16，3，7，11，9，26，18，14，15 }，给出构造一棵 AVL 树的步骤。

（4）以下是一棵 AVL 树，请写出删除节点 17 和 25 的过程。

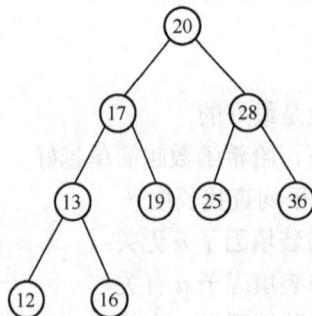

（5）已知一组关键字序列为{ 1，2，6，7，11，4，8，13，10，5，17，9，16，20，3，12，14，18，19，15 }，请创建一棵 5 阶 B 树。然后写出删除 8，16，15，4 等 4 个关键字的过程。

（6）折半查找有序表（8，15，19，25，39，57，64，75，80，88，100，120），若在表

中查找元素 77，试描述查找过程，需与表中元素比较多少次才可结束查找过程？查找是否成功？

（7）设关键字序列为{42，24，53，60，12，28，85}，试构造一棵二叉排序树；然后删除节点 12，再重新构造一棵新的二叉排序树。请分别画出这两棵二叉排序树。

（8）已知关键字集合{18, 1, 25, 14, 55, 68, 11, 82, 40}，设定哈希函数为除留余数法，p=11，即 H(key)=key % 11，设表长为 11。若采用线性探测再散列处理冲突，试构造哈希表，并计算查找成功时的 ASL。

（9）已知关键字集合{16, 2, 25, 14, 55, 69, 11, 84, 48}，设定哈希函数为除留余数法，p=11，即 H(key)=key % 11，设表长为 11。若采用二次探测再散列处理冲突，试构造哈希表，并计算查找成功时的 ASL。

（10）已知关键字{23, 12, 3, 25, 16, 22, 41, 39,29, 89, 66, 78}，若要进行分块查找，请画出相应的索引表和分块有序表，并用文字描述查找关键字 78 的过程。

提示：按顺序分为 3 块，每块 4 个元素。

（11）高度为 4 的平衡二叉树至少有多少个节点？试画出一棵高度为 4 的平衡二叉树。

（12）假设哈希表长度 m=13，整数 p=13，采用除留余数法哈希函数 H(key) = key mod 13 建立如下关键字集合的哈希表{ 16，74，60，43，54，90，46，31，29，88，77 }，共 11 个关键字。解决冲突的方法分别使用线性探测在散列法、二次探测在散列法、链地址法，并计算查找成功时的 ASL。

4. 算法设计题

（1）编程实现：创建一个静态查找表，进行顺序查找。

提示：子函数包括初始化顺序表、为顺序表添加元素（无序）、顺序查找等；在主函数中定义结构体类型变量，调用子函数实现相关功能。

（2）编程实现：创建一个静态查找表，进行折半查找。

提示：子函数包括初始化顺序表、为顺序表添加元素（升序）、折半查找等；在主函数中定义结构体类型变量，调用子函数实现相关功能。

（3）编程实现：已知关键字集合{16, 74, 60, 43, 54, 90, 46, 31, 29, 88, 77}，构造一个哈希表，按照线性探测再散列法解决冲突，并进行哈希表查找、输出哈希表的操作。

提示：子函数包括插入关键字、建立哈希表、输出哈希表、哈希表查找等；在主函数中定义结构体类型变量，调用子函数实现相关功能。

第9章

排序

本章介绍在数据结构中常见的排序操作。排序操作包括内部排序和外部排序,其中内部排序分为插入类排序、交换类排序、选择类排序、归并类排序、分配类排序等。不同的排序的适用范围不同,时间复杂度也不同。

9.1 排序的相关概念

所谓排序,是指将无序的数据按照一定规律排列起来,形成有序的数据。一般按照记录的关键字值进行排序,可以进行升序排序(默认的排序顺序),也可以进行降序排序。排序的目的是便于查找。

9.1.1 排序方法的稳定性

两个关键字相等的记录在序列中的相对位置,在排序之前和排序之后没有改变,则称所用的排序方法具有稳定性。

若记录 $R_i(K)$ 和记录 $R_j(K)$ 的关键字值相等,都为 K。

排序之前:$\{...R_i(K)...R_j(K)...\}$

排序之后:$\{...R_i(K)\ R_j(K)...\}$

则称该排序方法具有稳定性。

例如,一组记录关键字,在排序前(56, 34, $\overline{47}$, 23, 66, 18, 82, 47)。若排序后得到结果(18, 23, 34, $\overline{47}$, 47, 56, 66, 82),则称该排序方法是稳定的。若排序后得到结果(18, 23, 34, 47, $\overline{47}$, 56, 66, 82),则称该排序方法是不稳定的。

9.1.2 排序方法的分类

按待排序记录所在位置来分,排序操作分为内部排序和外部排序两类。若整个排序过程不需要访问外部存储设备便能完成,则称此类排序为内部排序。若待排序的记录数量很大,整个序列的排序过程不可能在内存中一次完成,需要借助于外部存储设备才能实现,则称此类排序为外部排序。外部排序时,需要将数据分批调入内存进行排序,中间结果还要及时放入外存,显然排序过程要比内部排序复杂得多。

196

内部排序的过程，是一个逐步增加记录的有序序列长度的过程。内部排序的分类方法如下。

（1）按排序依据原则不同，分为 5 类。

① 插入类排序：将无序子序列中的一个或几个记录插入有序子序列，从而增加有序子序列的长度。插入类排序包括直接插入排序、折半插入排序、希尔排序。

② 交换类排序：从无序子序列中选择关键字最小或最大的记录，并将它加入有序子序列，从而增加有序子序列的长度。交换类排序包括冒泡排序、快速排序。

③ 选择类排序：通过交换无序子序列中的记录从而得到其中关键字最小或最大的记录，并将它加入有序子序列，从而增加有序子序列的长度。选择类排序包括简单选择排序、堆排序。

④ 归并类排序：通过归并两个或两个以上的记录有序子序列，逐步增加有序子序列的长度。常见的归并类排序为二路归并排序。

⑤ 分配类排序：典型的分配类排序是基数类排序，基数类排序包括多关键字排序、链式基数排序（桶排序）。

（2）按排序方法的时间复杂性不同，分为 3 类。

① 简单排序方法：$T(n)=O(n^2)$。

② 先进排序方法：$T(n)=O(n\log_2 n)$，包括快速排序、堆排序和归并排序。

③ 基数排序方法：$T(n)=O(d.n)$。

假设待排序记录均采用顺序存储结构，排序所依据的关键字为整型，排序结果默认为升序，那么排序记录的结构体类型如下。

```
#define MAXSIZE 20          //排序记录表的最大长度
typedef int ElemType;       //关键字类型
typedef struct
{
    ElemType r[MAXSIZE+1];  //r[0]闲置或用作监视哨
    int length;             //排序记录表长度，即表中记录个数
}SortList;                  //排序记录表类型
建立一个待排序记录表，其算法如下。
void CreateList(SortList *L)
{//建立一个待排序记录表
    int i=0;
    ElemType x;
    printf("Input datas(-1:End): \n");
    scanf("%d", &x);
    while(x != -1)              //以-1作为结束标志
    {
        ++i;
        if(i > MAXSIZE)        //若超出预置长度，则结束
        {
            --i;
            break;
        }
        L->r[i]=x;
        scanf("%d", &x);
    }
```

```
        L->length=i;
}
```

输出一个已排序记录表，其算法如下。

```
void PrintList(SortList *L)
{//输出一个已排序记录表
    int i;
    for(i=1;i<=L->length;i++)
        printf("%5d",i);
    printf("\n");
    for(i=1;i<=L->length;i++)
        printf("%5d",L->r[i]);
    printf("\n");
}
```

9.2 插入类排序

插入类排序是指将无序序列区中的记录向有序序列区中插入，使有序序列长度增加的排序方法，包括直接插入排序、折半插入排序和希尔排序。

插入类排序的基本思想为，每步将一个待排序的数据对象，按其关键字值大小，插入到前面已经排好序的一组数据对象的适当位置上，直到数据对象全部插入为止。

9.2.1 直接插入排序

直接插入排序，是一种基于顺序查找的排序方法，比较简单，是一种使用顺序查找方法确定插入位置的插入排序。

1. 排序过程

假设有 n 个待排序的记录，在初始状态时，有序序列中只包含一个元素，无序序列中包含有 $n-1$ 个元素。在排序过程中，记录序列 $R[1..n]$ 的状态如图 9.1 所示。

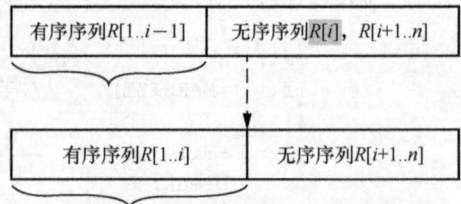

直接插入排序的过程如下。

（1）从无序序列中取出第一个元素 $R[i]$ 作为待排序记录，使用顺序查找方法将 $R[i]$ 的关键字依次（从后至前）与有序序列中记录的关键字进行比较，确定 $R[i]$ 的插入位置；

（2）将有序序列中从插入位置起往后的元素（逆序）向后移动一个位置；

（3）将待排记录 $R[i]$ 放在插入位置上，有序序列长度加 1。

重复（1）至（3），经过 $n-1$ 趟后完成排序，其过程如图 9.2 所示。

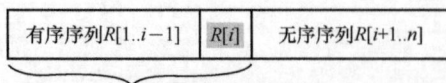

图 9.1 记录直接插入排序序列的状态　　　　图 9.2 直接插入排序的过程

例如，已知一个记录序列的关键字为 $K_i=\{51，38，65，99，86，15，27，51\}$，则进行直接插入排序的过程如图 9.3 所示。

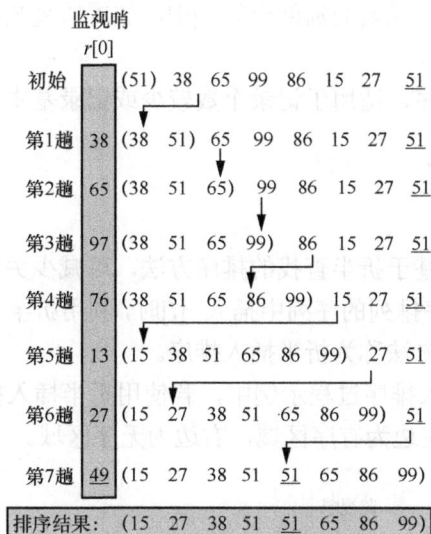

图 9.3 直接插入排序过程示例

2. 排序算法

直接插入排序的算法如下。

```
void InsertSort(SortList *L)
{//对排序顺序表 L 进行直接插入排序
    int i, j;
    for(i=2; i<=L->length; i++)
    {//n-1 趟排序
        L->r[0]=L->r[i];              //待排序记录暂存入监视哨位置
        for(j=i-1; L->r[j]>L->r[0]; j--)
            L->r[j+1]=L->r[j];        //将大于待排序记录关键字的记录后移
        L->r[j+1]=L->r[0];            //将待排序记录插入到正确位置
    }
}
```

3. 算法分析

（1）时间复杂度。

直接插入排序的时间复杂度与记录序列的初始状态有关。

① 最好情况下。待排序记录按关键字从小到大排列（升序），关键字比较次数为 $\sum_{i=2}^{n}1=n-1$，记录移动次数为 0 次。因此，$T_{最好}(n)=O(n)$。

② 最坏情况下。待排序记录按关键字从大到小排列（降序），关键字比较次数为 $\sum_{i=2}^{n}i=\frac{(n+2)(n-1)}{2}$，记录移动次数为 $\sum_{i=2}^{n}(i+1)=\frac{(n+4)(n-1)}{2}$ 次。因此，$T_{最坏}(n)=O(n^2)$。

③ 平均情况下。若待排序记录是随机的，取平均值，关键字比较次数为 $\frac{n^2}{4}$，记录移动次数为 $\frac{n^2}{4}$ 次。因此，$T_{平均}(n)=O(n^2)$。

（2）空间复杂度。

直接插入排序只需要一个元素的辅助空间 $r[0]$，放置监视哨，用于元素的位置交换，所以其空间复杂度为 $S(n)=O(1)$。

直接插入排序是稳定排序，适用于记录个数较少或记录基本有序的情况。

9.2.2 折半插入排序

1. 排序过程

折半插入排序，是一种基于折半查找的排序方法，可减少关键字间的比较次数。在 $r[1]$ 至 $r[i-1]$ 这个按照关键字有序排列的序列中插入 $r[i]$ 时，利用折半查找法寻找 $r[i]$ 的插入位置，可提高效率。这种插入排序方法称为折半插入排序。

在图 9.3 所示的直接插入排序过程示例中，若使用折半插入排序，以第 6 趟为例，其排序过程如图 9.4 所示，其中左边为有序区域，右边为无序区域。

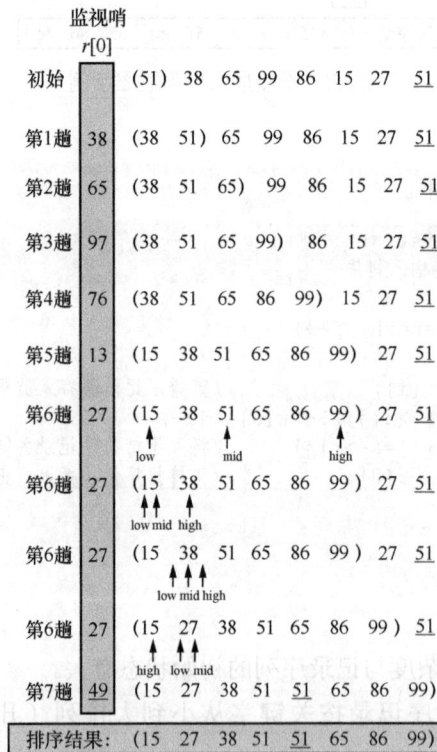

图 9.4 折半插入排序过程示例

2. 排序算法

折半插入排序的算法如下。

```c
void BiInsertSort(SortList *L)
{//折半插入排序算法
    int i, j, low, high, mid;
    for(i=2; i<=L->length; ++i)
    {
```

```
        L->r[0]=L->r[i];                //将关键字 r[i]暂存到 0 号单元
        low=1; high=i-1;
        while(low <= high)
        {//在 R[low...high]中折半查找插入的位置
            mid=(low+high)/2;
            if(L->r[0] < L->r[mid])
                    high=mid-1;          //插入点在左半区
            else
                    low=mid+1;           //插入点在右半区
        }//high+1 为插入位置
        for(j=i-1;j>=high+1;--j)         //插入点 high+1 及其后的记录顺序后移
                L->r[j+1]=L->r[j];
        L->r[high+1]=L->r[0];            //待排序记录存入插入点
    }
}
```

3. 算法分析

（1）时间复杂度。

分析折半插入排序的算法，可知其时间复杂度为 $T(n) = O(n^2)$。关键字比较次数为 $O(n\log_2 n)$，小于直接插入排序。记录的移动次数与直接插入排序相同，也是 $O(n^2)$。

（2）空间复杂度。

折半插入排序也是需要一个元素的辅助空间 $r[0]$ 放置监视哨，所以其空间复杂度为 $S(n)=O(1)$，与直接插入排序一致。

折半插入排序是稳定排序，适用于记录个数较多的情况。

9.2.3　希尔排序

希尔排序是插入类排序的一种，又称为"缩小增量排序"，是一种基于逐趟缩小增量的排序方法。当待排序记录数较少，且基本有序时，使用直接插入排序速度较快。希尔排序便是利用直接插入排序的这一优点，对待排序的记录序列先作"宏观"调整，再作"微观"调整。

1. 排序过程

希尔排序的基本思想：先将整个待排记录序列分割成若干个子序列，分别进行直接插入排序，待整个序列中的记录"基本有序"时，再对全体记录进行一次直接插入排序。

子序列的构成不是简单的逐段分割，而是按照某种规律将相隔某个增量 d_k 的记录组成一个子序列，每一趟排序后，将增量 d_k 逐渐缩小，直至 $d_k=1$ 为止。

假设记录个数（表长）为 n，给定一个增量序列 $\{d_1, d_2 ,..., d_m=1\}$，其中 $1=d_m< ...< d_2< d_1< n$，最后一个增量值 d_m 必须为 1。

希尔排序的过程如下。

（1）取增量 $d=d_1$（$d_1<n$，且为正整数），将所有相隔 d 的记录组成一个子序列（组），在组内进行直接插入排序。

（2）取 $d=d_2<d_1$，重复上述分组和排序操作。

（3）当 $d=d_m=1$，即所有记录放进一个子序列中，此时记录已基本有序，再对全体记录进行一次直接插入排序。

例如，一个包含 10 条记录的线性表，各记录的关键字为 Ks={50, 38, 65, 99, 76, 12, 27, 50, 55, 3}，增量序列 d={5, 3, 1}，则其排序过程如图 9.5 所示。

2．排序算法

希尔排序是将记录按照增量分组，对每组使用直接插入排序算法排序；随着增量逐渐减少，每组包含的关键词越来越多，当增量减至 1 时，整个文件恰被分成一组，最后再对整个序列进行一次直接插入排序，算法结束。

希尔排序的算法如下。

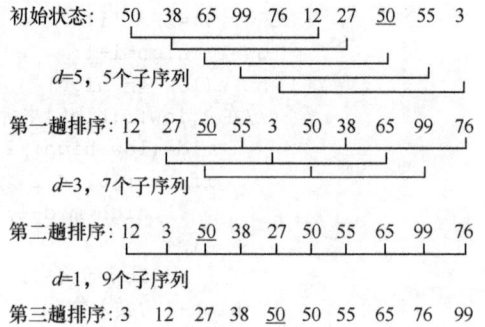

初始状态：　50　38　65　99　76　12　27　50　55　3

d=5，5个子序列

第一趟排序：12　27　50　55　3　50　38　65　99　76

d=3，7个子序列

第二趟排序：12　3　50　38　27　50　55　65　99　76

d=1，9个子序列

第三趟排序：3　12　27　38　50　50　55　65　76　99

图 9.5　希尔排序的过程示意

```
void ShellInsert(SortList *L, int d[], int t)
{//希尔排序算法。数组 d 存放 t 个增量
    int i, j, k;
    for(k=0; k<t; k++)        //对每一个由 d[k]划分的子序列进行直接插入排序
        for(i=d[k]+1; i<=L->length; ++i)    //从 d[k]+1 划分若干子序列
        //用直接插入排序方法将 r[i]插入到所属子序列中
            if(L->r[i] < L->r[i-d[k]])
            {
                L->r[0]=L->r[i];              //L->r[0]暂存待插记录
                //顺序查找/L->r[i]在本子序列中的插入位置，记录后移
                for(j=i-d[k]; j>0 && L->r[0]<L->r[j]; j-=d[k])
                    L->r[j+d[k]]=L->r[j];
                L->r[j+d[k]] = L->r[0];
            }
}
```

3．算法分析

（1）时间复杂度。

希尔排序的时间复杂度计算较为复杂，在 $O(n\log_2 n)$ 和 $O(n^2)$ 之间，大约为 $O(n^{4/3})$。

（2）空间复杂度。

希尔排序的空间复杂度 $S(n)=O(1)$。

希尔排序是一种非稳定的排序方法。

9.3　交换类排序

交换类排序包括冒泡排序和快速排序，其基本的排序思想为，记录的关键字两两比较，若发生逆序则交换，直到所有记录都排好序为止。

9.3.1　冒泡排序

1．排序过程

n 个记录进行冒泡排序（默认升序排序），需要不断将记录进行两两比较，其基本思想如下。

（1）第 1 趟排序：将记录序列中第 1 个记录的关键字与第 2 个记录的关键字进行比较，若逆序，则交换两个记录的位置，否则不交换；将记录序列中的第 2 个记录的关键字与第 3 个记录的关键字进行比较，若逆序，则交换两个记录的位置，否则不交换；依次类推，直到最后两个记录完成上述操作，第一趟排序结束，使得 n 个记录中最大关键字的记录存放到第 n 个位置。

（2）第 2 趟排序：接下来对前 $n-1$ 个记录进行与之前一样的过程，使得前 $n-1$ 个记录中最大关键字的记录存放到第 $n-1$ 个位置。

（3）重复上述过程 $n-1$ 趟，排序结束。

例如，已知记录的关键字序列为 $Kb=\{76,83, 131,68, 20, 32, 5, \underline{68}, 17\}$，其冒泡排序的过程如图 9.6 所示。

初始	76	83	131	68	20	32	5	68	17	
第1趟	76	83	68	20	32	5	68	17	131	8次比较
第2趟	76	68	20	32	68	17	83	131		7次比较
第3趟	68	20	32	5	68	17	76	83	131	6次比较
第4趟	20	32	5	68	17	68	76	83	131	5次比较
第5趟	20	5	32	17	68	68	76	83	131	4次比较
第6趟	5	20	17	32	68	68	76	83	131	3次比较
第7趟	5	17	20	32	68	68	76	83	131	2次比较
第8趟	5	17	20	32	68	68	76	83	131	1次比较

图 9.6 冒泡排序的过程示意

2. 排序算法

将 n 条记录进行冒泡排序，其算法如下。

```
void BubbleSort(SortList *L)
{//冒泡排序
    int i, j;
    ElemType t;
    for(i=1; i<L->length; i++)          //进行 n-1 趟排序
        for(j=1;j<=L->length-i;j++)     //每趟比较 n-i 次
            if(L->r[j]>L->r[j+1])       //相邻记录的关键字进行两两比较
            {//逆序则交换
                t=L->r[j];L->r[j]=L->r[j+1];L->r[j+1]=t;
            }
}
```

若某一趟排序结束后，没有记录交换操作，说明记录序列已经有序，无需再进行比较，可提前结束排序过程。显然，冒泡排序最多需要 $n-1$ 趟排序，第 i 趟需经过 $n-i$ 次比较。

冒泡排序的改进算法如下。

```
void BubbleSort(SortList *L)
{//冒泡排序的改进算法
    int i,j;
    ElemType t;
    int flag=1;                         //初始时设置交换标记 flag 为真
    for(i=1; flag && i<L->length; i++)
        for(flag=0, j=1; j<=L->length-i; j++)
        //下一趟排序开始时，设置交换标记 flag 为假
            if(L->r[j]>L->r[j+1])       //若逆序则交换
            {
                t=L->r[j];L->r[j]=L->r[j+1];L->r[j+1]=t;
                flag=1;                 //设置交换标记 flag 为真，需进行下一趟排序
            }
}
```

3. 算法分析

（1）时间复杂度。

冒泡排序的时间复杂度与记录表的初始状态有关。

① 最好情况：记录序列有序（正序），只进行一趟比较，共 $n-1$ 次，移动次数为 0 次，时间复杂度为 $T(n)=O(n)$。

② 最坏情况：记录序列逆序（反序）。比较次数为 $n(n-1)/2$ 次，时间复杂度 $T(n)=O(n^2)$。

冒泡排序的平均时间复杂度 $T(n)=O(n^2)$。

（2）空间复杂度。

冒泡排序仅需要一个用于交换记录的辅助空间，其空间复杂度 $S(n)=O(1)$。

冒泡排序算法是稳定的排序方法，适用于排序记录数较少、记录序列基本有序且要求排序稳定的情况。

9.3.2 快速排序

1. 排序过程

快速排序是对冒泡排序的一种改进，冒泡排序中的一次交换只能消除一个逆序，而快速排序可实现一次交换消除多个逆序。

快速排序的基本思想为，首先将待排序序列中的某条记录 k 作为一个标尺，凡是比该记录关键字小的记录均移到该记录的前面，不小于该记录关键字的记录均移到该记录的后面。这样便确定了该记录 k 的位置，该记录 k 也称为"枢轴记录"。

一般情况下，将待排序记录序列中的第一条记录设置为枢轴记录。先反向扫描到比枢轴记录关键字小的记录，与枢轴记录交换位置；接着正向扫描到比枢轴记录关键字大的记录，仍然与该枢轴记录交换位置，如此进行，直到找到枢轴记录的位置为止。即先对无序的记录序列进行"一次划分"，再对未排序的两个子序列分别"递归"进行快速排序，每个子序列只包含一条记录时排序结束。

例如，已知记录关键字集合为 $Kq=\{55, 36, 80, 46, 17, 58, 61, 99, \underline{46}, 78\}$，对其进行快速排序，排序过程如图9.7所示。

```
初始状态:    55  36  80  46  17  58  61  99  46  78

第一趟排序:  (46  36  17  46) 55 (58  61  99  80  78)

第二趟排序:  (17  36) 46 (46) 55  58 (61  99  80  78)

第三趟排序:  17 (36) 46  46  55  61 (99  80  78)

第四趟排序:  17  36  46  46  55  58  61 (78  80) 99

第五趟排序:  17  36  46  46  55  58  61  78 (80) 99

排序结果:    17  36  46  46  55  58  61  78  80  99
```

图9.7 快速排序的过程示意

2. 排序算法

一个包含 n 条记录的线性表，长度为 $length$，其快速排序的递归算法如下。

```
void SubSeqSort(SortList *L,int low,int high)
{//子序列排序
    int i, j;
```

```
        if(low < high)
        {
            i=low; j=high;              //指定排序记录的上界和下界
            L->r[0]= L->r[low];         //low 指向枢轴记录，r[0]暂存枢轴记录
            while(i<j)
            {
                while(i<j && L->r[j]>=L->r[0])
                    j--;                //反向定位
                if(i<j)
                    L->r[i]=L->r[j];
                while(i<j && L->r[i]<=L->r[0])
                    i++;                //正向定位
                if(i<j)
                    L->r[j]=L->r[i];
            }
            L->r[i]=L->r[0];            //将枢轴记录存入指定位置
            SubSeqSort(L, low, i-1);    //对位于枢轴记录前面的记录快速排序
            SubSeqSort(L, i+1, high);   //对位于枢轴记录后面的记录快速排序
        }
}
void QuickSort(SortList *L)
{//对所有记录进行快速排序
    SubSeqSort(L, 1, L->length);
}
```

3. 算法分析

（1）时间复杂度。

快速排序在同数量级 $O(n\log_2 n)$ 的排序方法中，平均性能最好。若初始记录序列按关键字有序或基本有序时，快速排序将退化为冒泡排序，时间性能是 $O(n^2)$。

（2）空间复杂度。

由于需要栈空间实现递归算法，其空间复杂度等于递归的深度，需要 $\log_2 n$ 个辅助空间记录枢轴位置，所以其空间复杂度为 $O(\log_2 n)$。

快速排序算法是不稳定的，适用于关键字大小分布比较均匀的记录序列。

9.4　选择类排序

选择类排序包括简单选择排序、树形选择排序和堆排序，选择类排序从记录的无序子序列中选择关键字值最小（默认升序排序）的记录，并将其加入到有序子序列中，以此方法逐步增加记录的有序子序列长度。

9.4.1　简单选择排序

1. 排序过程

简单选择排序也称为直接选择排序，若有 n 条记录，则需要 $n-1$ 趟排序。第 i 趟排序将从 $n-i+1$ 个记录中选出关键字值最小的，作为有序子序列的第 i 条记录。简单选择排序的过程如下。

（1）将初始序列视作无序序列；

（2）从当前无序序列中找出关键字最小的记录，将其与无序序列的第一个记录交换，并将其扩充至有序子序列，同时无序序列长度减 1；

（3）重复上述操作，直至无序序列中只剩下一个元素，排序结束。

例如，已知记录关键字集合为 Ks={10, 38, 65, 53, 87, 53, 40, 25}，对其进行简单选择排序，排序过程如图 9.8 所示。

```
初始状态: [10   38   65   53   87   53   40   25]

第一趟:    10  [38   65   53   87   53   40   25]

第二趟:    10   25  [65   53   87   53   40   38]

第三趟:    10   25   38  [53   87   53   40   65]

第四趟:    10   25   38   40  [87   53   53   65]

第五趟:    10   25   38   40   53  [87   53   65]

第六趟:    10   25   38   40   53   53  [87   65]

第七趟:    10   25   38   40   53   53   65  [87]

排序结果:  10   25   38   40   53   53   65   87
```

图 9.8 简单选择排序的过程示意

2. 排序算法

简单选择排序的算法如下。

```c
void SelectSort(SortList *L)
{//简单选择排序算法
    int i, j, k;
    ElemType t;
    for(i=1; i<L->length; i++)            //进行 n-1 趟排序
    {
        k=i;                              //第 i 趟排序时，初始假定 i 为最小关键字记录的下标
        for(j=i+1; j<=L->length; j++)     //每趟比较的次数
            if(L->r[k]>L->r[j])           //比较并保存关键字小的记录下标
                k=j;
        if(k != i)
        {//交换两条记录的位置
            t=L->r[k];
            L->r[k]=L->r[i];
            L->r[i]=t;
        }
    }
}
```

3. 算法分析

（1）时间复杂度。

分析简单选择排序的数据移动次数，可知在最好情况（正序）下为 0 次，在最坏情况（逆序）下为 3(n−1) 次。n 条记录需要 n−1 趟排序，比较次数为 $\sum_{i=1}^{n-1}(n-i)=\frac{1}{2}(n^2-n)$。

因此，简单选择排序的时间复杂度为 $T(n)=O(n^2)$。

（2）空间复杂度。

由于需要一个辅助空间交换记录，因此简单选择排序的空间复杂度为 $S(n)=O(1)$。

简单选择排序不是稳定的排序方法，在排序过程中移动元素的次数较少，该排序方法比直接插入排序的速度快。

9.4.2　树形选择排序

树形选择排序也称为锦标赛排序，是一种按照锦标赛的思想进行排序的方法。首先对 n 条记录的关键字进行两两比较，然后对其中 $n/2$ 个较小者进行两两比较，按照此方法重复，直至选出最小关键字记录为止。

例如，已知记录关键字集合为 $Kt=\{49, 38, 65, 97, 76, 13, 27, \underline{49}\}$，对其进行树形选择排序，排序过程如图 9.9 所示。

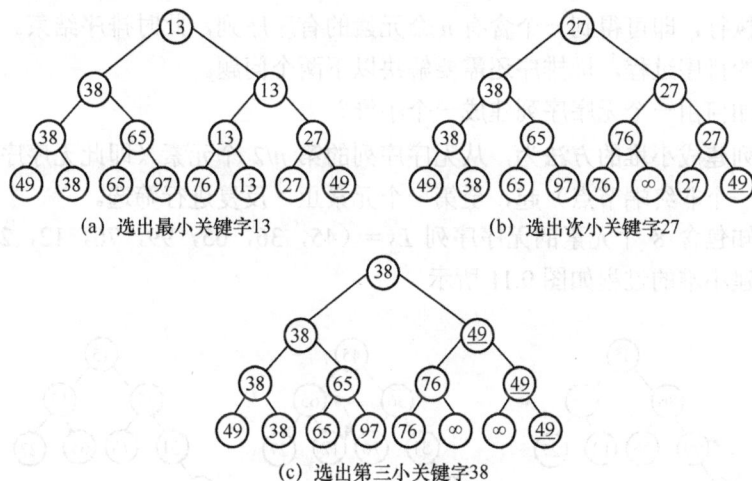

(a) 选出最小关键字13　　(b) 选出次小关键字27

(c) 选出第三小关键字38

图 9.9　树形选择排序的过程示意

经过分析，可知树形选择排序的时间复杂度为 $O(\log_2 n)$，但其空间复杂度较高，另一种选择类排序方法因此出现了，这种选择类排序方法可以弥补这一劣势，即堆排序。

9.4.3　堆排序

1. 堆的定义

堆排序是对树形选择排序的一种改进，堆的定义如下。

一个包含 n 个元素的序列 $(k_1, k_2, ..., k_n)$，当且仅当满足下列关系时，称为堆：若 $k_i \leqslant k_{2i}$ 且 $k_i \leqslant k_{2i+1}$，称为小顶（根）堆；或者 $k_i \geqslant k_{2i}$ 且 $k_i \geqslant k_{2i+1}$，称为大顶（根）堆，其中 $i=1, 2, ..., n/2$。

要判断某个序列是否为堆，可以按照层次创建一棵完全二叉树，判断其是否满足堆的定义。如果一棵完全二叉树任意节点的值均小于等于其孩子的值，则必为小顶堆；如果任意节点的值均大于等于其孩子的值，则必为大顶堆。

例如，已知三个序列：$L_1=(95, 80, 26, 32, 11, 9)$，$L_2=(13, 32, 26, 51, 76, 65, 47, 99)$，$L_3=(47, 32, 65, 99, 76, 13, 26, 51)$，则按照上述方法判断是否为堆。如图 9.10 所

示，其中 L_1 序列是大顶堆，L_2 序列是小顶堆，L_3 序列不是堆。

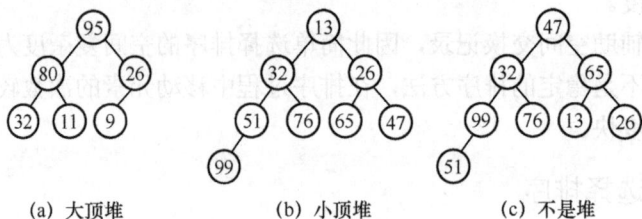

(a) 大顶堆   (b) 小顶堆   (c) 不是堆

图 9.10 堆的判断

2. 排序过程

按照升序排序，堆排序的过程如下。

（1）将无序序列调整成一个小堆，得到关键字最小的记录；

（2）输出小堆顶的最小值后，使剩余的 $n-1$ 个元素重新调整一个小堆，则可得到次小值；

（3）重复执行，即可得到一个含有 n 个元素的有序序列，此时排序结束。

按照以上的排序过程，堆排序还需要解决以下两个问题。

问题一：如何由一个无序序列建成一个小堆？

由无序序列建成小堆的方法为，从无序序列的第 $n/2$ 个元素（即此无序序列对应的完全二叉树的最后一个非终端节点）起，至第一个元素止，反复进行筛选。

例如，已知包含 8 个元素的无序序列 $Ls =$（45，36，65，99，76，12，27，51），创建一个小堆。创建小堆的过程如图 9.11 所示。

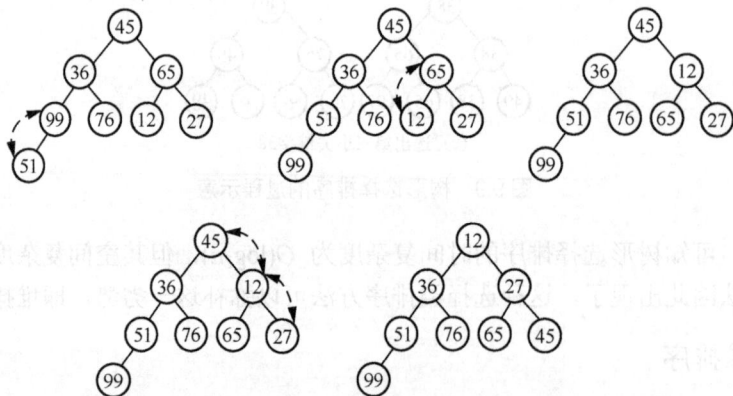

图 9.11 创建小堆的过程

问题二：如何在输出堆顶元素之后，调整剩余元素，使之成为一个新的小堆？

采用"筛选"的方法解决，其过程为，当输出堆顶元素之后，以堆中最后一个元素替代之；然后将根节点值与其左、右子树的根节点值进行比较，并与其中较小者进行交换；重复上述操作，直至叶子节点，将得到一个新的堆。这个从堆顶至叶子的调整过程称为"筛选"。

例如，已知包含 8 个元素的无序序列 $Li=$（12，36，27，50，76，65，45，99），要求按照升序进行堆排序。堆排序的过程如图 9.12 所示，首先创建一个小堆，然后逐步进行筛选。

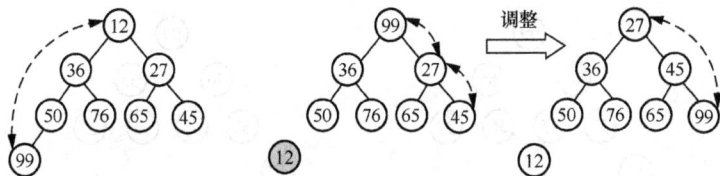

建立初始小堆

(1) 输出: 12

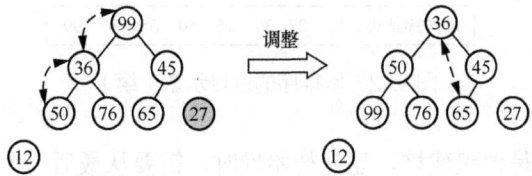

(2) 输出: 27

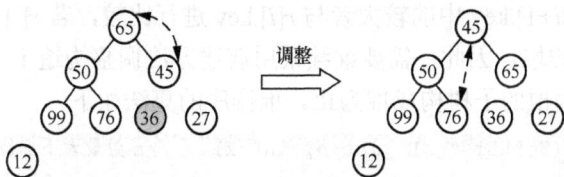

(3) 输出: 36

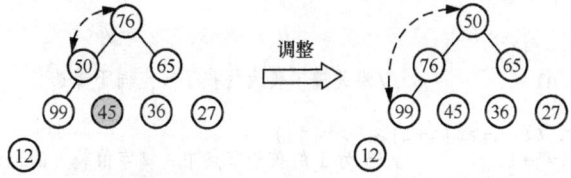

(4) 输出: 45

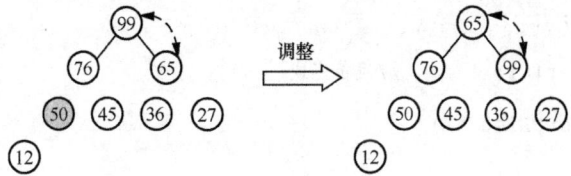

(5) 输出: 50

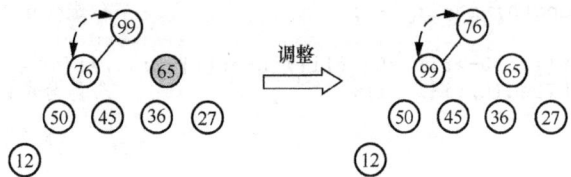

(6) 输出: 65

图 9.12 堆排序的过程示意

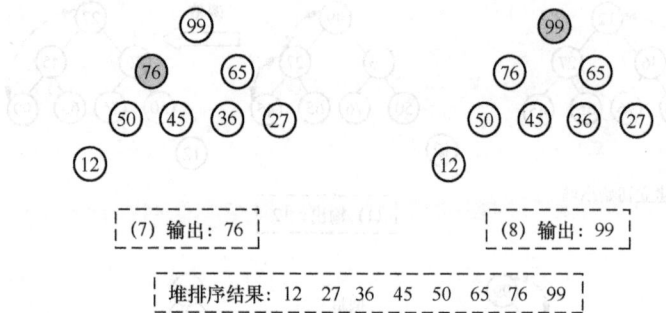

(7) 输出：76

(8) 输出：99

堆排序结果：12 27 36 45 50 65 76 99

图 9.12 堆排序的过程示意（续）

3. 排序算法

堆排序算法的关键是调整建堆，建立初始堆时，需要从最后一个非终端节点开始，向根节点方向进行调整建堆。

假设完全二叉树的第 i 个节点的左子树、右子树已是堆，则对第 i 个节点进行调整时，需要将 $r[2i]$.key 与 $r[2i+1]$.key 中的较大者与 $r[i]$.key 进行比较，若 $r[i]$.key 较小则与之交换。这有可能破坏下一级的堆，因此，需要继续采用前述方法调整构造下一级的堆。如此重复，直到将以第 i 个节点为根的子树构成堆为止。堆排序的算法如下。

```c
void AdjustTree(SortList *L, int n, int k)      //n 为最大下标值，k 为调整点下标
{//调整建堆算法
    int i, j;
    ElemType t;
    i=k;
    j=2*i;
    L->r[0]=L->r[i];
    while(j <= n)                  //沿关键字较大的孩子节点向下筛选
    {
        if(j<n && L->r[j+1]>L->r[j])
            j=j+1;                 //j 为 i 的孩子节点中关键字值较大的记录的下标
        if(L->r[0] > L->r[j])
            break;
        L->r[i]=L->r[j]     //将 r[i]调整到双亲节点位置上
        i=j;
        j=2*i;
    }
    L->r[i]=L->r[0];        //定位完成
}
void HeapSort(SortList *L)
{//堆排序算法
    int i;
    ElemType t;
    for(i=L->length/2; i>=1; i--)                    //建立初始堆
        AdjustTree(L, L->length, i);
    for(i=L->length; i>=2; i--)                      //进行 n-1 次循环，完成堆排序
    {
        t=L->r[i]; L->r[i]=L->r[1]; L->r[1]=t;  //r[i]与 r[1]交换
        AdjustTree(L, i-1, 1);                       //筛选调整堆
    }
}
```

4. 算法分析

（1）时间复杂度。

对深度为 k 的堆，筛选算法关键字比较次数至多为 $2(k-1)$ 次。堆排序算法的时间复杂度

$T(n)=O(n\log_2 n)$。

（2）空间复杂度。

由于需要一个辅助空间交换记录，故其空间复杂度 $S(n)=O(1)$。

堆排序算法不稳定，适用于记录数目较多的文件。

9.5 归并类排序

1. 归并排序的定义

将两个或两个以上的有序表组合成一个新的有序表，称为归并排序。

归并排序的基本思想为，首先将 $a[0..n-1]$ 看成是 n 个长度为 1 的有序表，将相邻的 k（$k \geq 2$）个有序子表成对归并，得到 n/k 个长度为 k 的有序子表；然后将这些有序子表继续归并，得到 n/k^2 个长度为 k^2 的有序子表；如此反复进行下去，最后得到一个长度为 n 的有序表。

若 $k=2$，即归并在相邻的两个有序子表中进行的，称为二路归并排序。若 $k>2$，即归并操作在相邻的多个有序子表中进行，则称为多路归并排序。

二路归并排序算法分为自底向上的二路归并排序和自顶向下的二路归并排序，以下介绍的是自底向上的二路归并排序。

2. 排序过程

自底向上的二路归并排序，其排序过程如下。

（1）假设初始序列包含 n 条记录，则可以作为 n 个有序的子序列，每一个子序列长度为 1；

（2）相邻的子序列两两进行合并，得到 $n/2$ 个长度为 2 或 1 的有序子序列；

（3）再进行两两合并，如此重复，直至得到一个长度为 n 的有序序列为止。

例如，假设待排序的线性表包含 10 条记录，其记录关键字分别为（69, 88, 77, 99, 5, 11, 35, 22, 46, 57），采用二路归并排序方法对其进行排序，其过程如图 9.13 所示。

初始状态: 69 88 77 99 5 11 35 22 46 57

第1趟排序: 69 88 77 99 5 11 22 35 46 57

第2趟排序: 69 77 88 99 5 11 22 35 46 57

第3趟排序: 5 11 22 35 69 77 88 99 46 57

第4趟排序: 5 11 22 35 46 57 69 77 88 99

图 9.13 二路归并排序的过程示意

3. 排序算法

自底向上的二路归并排序，其算法如下。

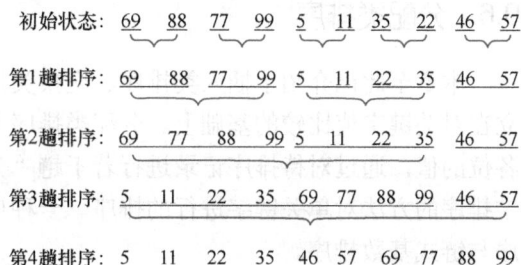

```
void Merge(SortList *SR, SortList *TR, int i, int m, int n)
{//借助于 TR 将有序序列 SR[i..m]和 SR[m+1..n]合并为有序序列 SR[i..n]
    int j1=i, j2=m+1, k=i;
    while(j1<=m && j2<=n)
        if(SR->r[j1].key <= SR->r[j2].key)
            TR->r[k++]=SR->r[j1++];
        else
            TR->r[k++]=SR->r[j2++];
    while(j1 <= m)    //将 SR[i..m]中剩余的记录复制到 TR
        TR->r[k++]=SR->r[j1++];
    while(j2<=n)      //将 SR[j..n]中剩余的记录复制到 TR
        TR->r[k++]=SR->r[j2++];
    for(k=i;k<=n;k++)
        SR->r[k]=TR->r[k];
}
void Msort(SortList *SR, SortList *TR, int s, int t)
```

```
{//将 SR[s..t]进行二路归并排序
    int m;
    if(s == t)
        TR->r[s]=SR->r[s];
    else
    {//将 SR[s..t]平分为 SR[s..m]和 SR[m+1..t]
        m=(s+t)/2;
        //借助于 TR 递归地将 SR[s..m]归并为有序的 SR[s..m]
        Msort(SR, TR, s, m);
        //借助于 TR 递归地 SR[m+1..t]归并为有序的 SR[m+1..t]
        Msort(SR, TR, m+1, t);
        //借助于 TR 将 SR[s..m]和 SR[m+1..t]归并到 SR[s..t]
        Merge(SR, TR, s, m, t);
    }
}
void MergeSort(SortList *L)
{//二路归并排序算法
    SortList *T;    //和 L 长度相等的辅助空间
    Msort(L, T, 1, L->length);
}
```

4．算法分析

（1）时间复杂度。

每一趟归并的时间复杂度为 $O(n)$，总共需进行 $\log_2 n$ 趟。因此二路归并排序的时间复杂度为 $O(n\log_2 n)$。

（2）空间复杂度。

由于每一次二路归并后临时空间都会释放，而最后的一次二路归并需要全部元素参加归并，因此二路归并排序的空间复杂度为 $O(n)$。

9.6 分配类排序

本章至此已介绍了插入类排序、交换类排序、选择类排序和归并类排序等，这些排序建立在对关键字值比较的基础上。分配类排序不需要比较关键字值的大小，而是根据关键字中各位的值，通过对待排序记录进行若干趟"分配"与"收集"实现排序，是一种借助多关键字排序的方法对单关键字进行的排序。一种典型的分配类排序是基数排序，包括多关键字排序与链式基数排序。

9.6.1 多关键字排序

1．多关键字排序的定义

例如，对 52 张扑克牌按以下次序排序：

♣2<♣3<…<♣A<♦2<♦3<…<♦A<♥2<♥3<…<♥A<♠2<♠3<…<♠A，具有两个关键字，即"花色"（♣<♦<♥<♠）和"面值"（2<3<……<A），并且花色的优先级高于面值，在花色相同的情况下，比较面值。这种排序称为多关键字排序。

多关键字排序包括最高位优先（most significant digit，MSD）和最低位优先（least significant digit，LSD）两种排序方法。

2．排序过程

（1）最高位优先法。

最高位优先法首先对最高位关键字 k_0（如花色）进行排序，将序列分成若干子序列，每

个子序列有相同的 k_0 值；然后让每个子序列对次关键字 k_1（如面值）进行排序，又分成若干更小的子序列；依次重复，直至每个子序列对最低位关键字 k_{d-1} 进行排序；最后将所有子序列依次连接在一起，即形成为一个有序序列。

（2）最低位优先法。

最低位优先法首先从最低位关键字 k_{d-1} 进行排序，然后对高一位的关键字进行排序；依次重复，直至对最高位关键字 k_0 排序后，便形成为一个有序序列。

按照最低位优先法，扑克牌的洗牌过程如图 9.14 所示。

十进制数比较也可以看作是一个多关键字排序。例如，已知数字序列 $Lm =$（299，109，062，950，101，589，265，009，070，261），分别使用最高位优先法和最低位优先法进行排序。最高位优先法的排序过程如表 9.1 所示，最低位优先法的排序过程如表 9.2 所示。

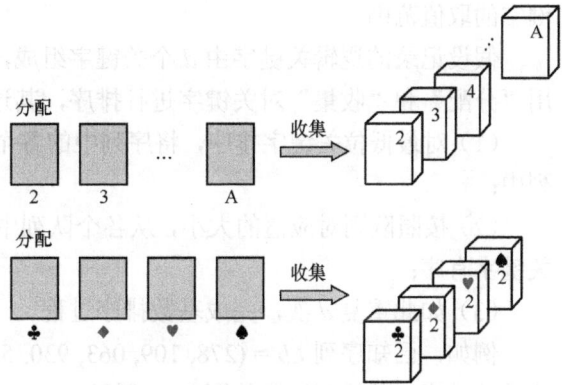

图 9.14 扑克牌的洗牌过程（最低位优先法）

表 9.1 十进制数比较的排序过程（最高位优先法）

按百位排序	按十位排序	按个位排序（局部）
062	009	009
009	062	062
070	070	070
109	109	101
101	101	109
299	265	261
265	261	265
261	299	299
589	589	589
950	950	950

表 9.2 十进制数比较的排序过程（最低位优先法）

按个位排序	950, 070, 101, 261, 062, 265, 299, 109, 589, 009
按十位排序	101, 109, 009, 950, 261, 062, 265, 070, 589, 299
按百位排序	009, 062, 070, 101, 109, 261, 265, 299, 589, 950

最高位优先法与最低位优先法的不同特点为，（1）按最高位优先法排序：必须将序列逐层分割成若干子序列，然后对各子序列分别排序；（2）按最低位优先法排序：不必分成子序列，对每个关键字都是整个序列参加排序，并且可不通过关键字比较，而通过若干次分配与收集实现排序。

9.6.2 链式基数排序

1. 链式基数排序的定义

基数排序采用最低位优先法，借助于"分配"和"收集"对单逻辑关键字进行排序。链式基数排序是指使用链表作为存储结构的基数排序，即首先将记录以链表的方式进行存储。

什么是基数？基数是指每个关键字可能取值（*rd*）的范围。例如，对于二进制数，基数 *rd* 为 2；对于十进制数，基数 *rd* 为 10；对于小写英文字母字符串，基数 *rd* 为 26。

2．排序过程

链式基数排序的先决条件包括两个：预先知道各级关键字的主次关系；预先知道各级关键字的取值范围。

假设记录的逻辑关键字由 *d* 个关键字组成，每个关键字可能取 *rd* 个值。链式基数排序使用"分配"和"收集"对关键字进行排序，其过程如下。

（1）对最低位关键字排序，将序列中的各个记录按照此位关键字的值"分配"到 *rd* 个队列中；

（2）按照队列对应值的大小，从各个队列中对记录进行"收集"，收集后的序列按照此位关键字有序；

（3）如此重复 *d* 次，完成基数排序过程。

例如，已知序列 *Lb* = (278, 109, 063, 930, 589, 184, 505, 269, 008, 083)，对该序列进行链式基数排序，其排序过程如图 9.15 所示。

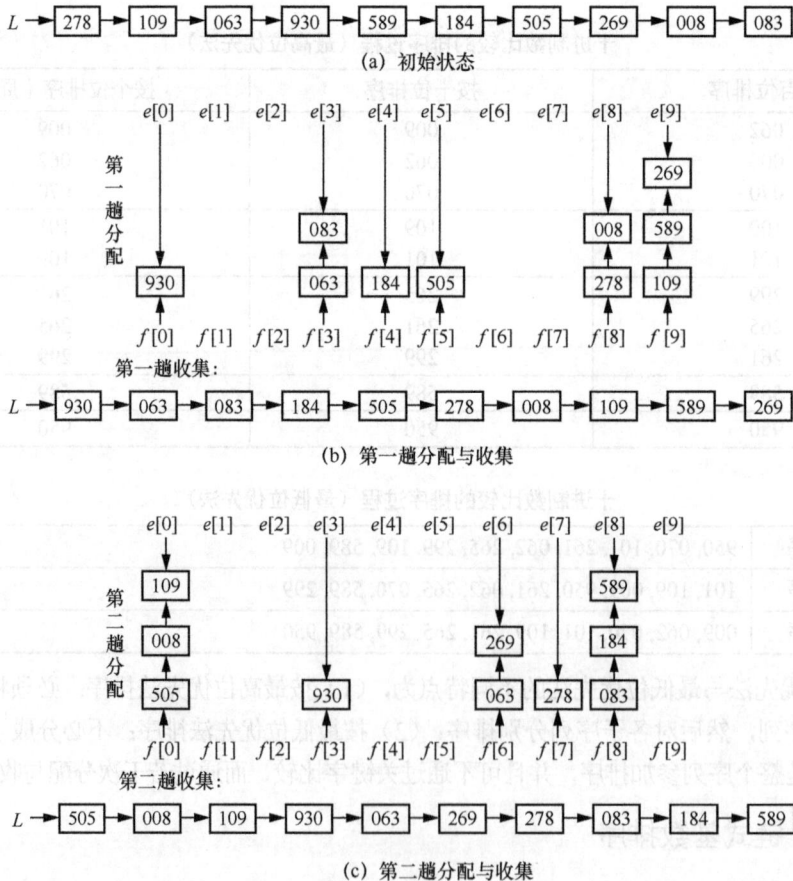

图 9.15　链式基数排序的过程

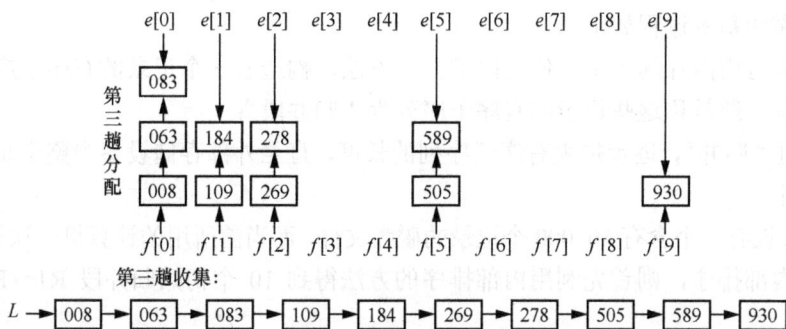

(d) 第三趟分配与收集

图 9.15　链式基数排序的过程（续）

经过分析可知，序列中的数据为正整数，不超过 999。因此关键字最多 3 位，$d=3$，需进行 3 趟排序；基数 $rd=10$，需设置 10 个队列。

3．排序算法

由于待排序的记录用的是链式存储，因此链式基数排序算法需要重新定义结构体类型 slink。具体算法请扫描下方二维码查看。

4．算法分析

（1）时间复杂度。

在进行链式基数排序时，一趟分配的时间复杂度 $T(n)=O(n)$，一趟收集的时间复杂度 $T(n)=O(rd)$，因此链式基数排序的时间复杂度 $T(n)=O(d(n+rd))$。其中 n 为记录数目，d 为关键字（位）数目，rd 为基数（关键字取值范围）。

（2）空间复杂度。

链式基数排序需要 $2 \times rd$ 个队列指针和 n 个指针域空间，因此链式基数排序的空间复杂度 $S(n)=n+2 \times rd=O(n+rd)$。

链式基数排序是一种稳定的排序方法，适用于记录数目 n 很大且关键字位数较小的序列。

9.7　外部排序

当文件记录数据量比较大时，为了提高排序效率，需要使用外部排序方法。

9.7.1　外部排序概述

外部排序是指数据存放在外部存储设备中，排序时涉及内存与外部存储设备数据交换的一种排序方法，存储在外部存储设备上的数据以文件为基本单位。外部排序适用于文件记录数据量比较大的情况。

外部排序的基本过程如下。

（1）按照可用内存的大小，使用内部排序方法，构造若干个记录的有序子序列，并写入外部存储设备，通常称这些记录的有序子序列为"归并段"；

（2）通过"归并"，逐步扩大有序子序列的长度，直至外部存储设备中整个记录序列按关键字有序为止。

例如，假设有一个含有 10,000 个记录的磁盘文件，而当前所用的计算机一次只能对 1,000 个记录进行内部排序，则首先利用内部排序的方法得到 10 个初始归并段 R1～R10，然后进行逐趟归并。

假设进行二路归并（即两两归并），则第一趟由 10 个归并段得到 5 个归并段；第二趟由 5 个归并段得到 3 个归并段；第三趟由 3 个归并段得到 2 个归并段；最后一趟归并得到整个记录的有序序列。如图 9.16 所示，归并共进行了 4 趟，由 10 个初始归并段形成一个有序文件，每一趟由 m 个归并段形成个 $m/2$ 归并段。这种归并方法称为二路平衡归并。

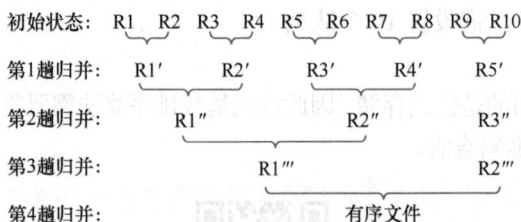

初始状态：　R1　R2　R3　R4　R5　R6　R7　R8　R9　R10

第1趟归并：　　R1′　　R2′　　R3′　　R4′　　R5′

第2趟归并：　　　R1″　　　　R2″　　　R3″

第3趟归并：　　　　R1‴　　　　　　R2‴

第4趟归并：　　　　　　有序文件

图 9.16　二路平衡归并的过程

假设文件"数据块"的大小为 200，即每一次访问外存可以读/写 200 条记录，则对于 10,000 条记录，处理一遍需访问外存 100 次（读和写各 50 次）。求得 10 个初始归并段需访问外存 100 次；每进行一趟归并需访问外存 100 次；总计访问外存次数为 100 + 4 × 100 = 500 次。

外部排序总的时间应包括内部排序所需时间和逐趟归并时进行内部归并的时间。一般情况下，假设待排记录序列含 m 个初始归并段，外部排序时采用 k 路归并，则归并趟数 $s = \log_k m$，显然，随着 k 的增大或者 m 的减小，归并的趟数将减少，因此对外部排序而言，通常采用多路归并。K 值的大小可选，但需要综合考虑各种因素。

外部排序总时间 = 产生初始归并段所需时间 + 外存信息读/写时间 + 内部归并所需时间，即 $T = m \times t_{IS} + d \times t_{IO} + s \times ut_{mg}$。其中 m 为初始归并段的个数，d 为总的读/写外存的次数，s 为归并的趟数，t_{IS} 为得到一个初始归并段进行内部排序所需时间的平均值，t_{IO} 为进行一次外存读/写时间的平均值，ut_{mg} 为对 u 条记录进行内部归并所需的时间。其中 t_{IO} 的值取决于外存，远远大于 t_{IS} 和 ut_{mg}。外部排序的时间取决于读/写外存的次数 d。

若对上述例子采用二路归并，则只需进行 4 趟归并，外部排序所需要的总时间 $T = 10 \times t_{IS} + 500 \times t_{IO} + 4 \times 10,000 \times t_{mg}$。

若对上述例子采用 5 路归并，则只需进行 2 趟归并，外部排序所需要的总时间 $T = 10 \times t_{IS} + 300 \times t_{IO} + 2 \times 10,000 \times t_{mg}$。

9.7.2　置换选择排序

1. 排序的定义

将 m 个初始归并段进行 k 路平衡归并排序时，归并的趟数为 $\log_k m$。为了减少归并趟数，

也可以减小 m 的值。若减小初始归并段的个数，则需要增加初始归并段的长度。

在内存长度一定时，假设容纳 N 条记录，按照通常的排序方法，初始归并段的长度可以是 N。一种更好的方法是使用置换选择排序算法，平均情况下可以生成两倍内存长度的初始归并段。

置换选择排序是堆排序的变体，在整个排序过程中，选择最小（默认升序排序）记录关键字，输入/输出交叉或平行进行。

例如，已知初始文件包括 24 条记录，记录关键字分别为 RKa（50, 49, 39, 46, 38, 29, 14, 61, 15, 32, 1, 48, 52, 3, 63, 27, 5, 13, 96, 24, 46, 58, 33, 88），若内存工作区可以容纳 6 条记录，则按照选择排序法可以获取以下 4 个初始归并段。

R_1：{29，38，39，46，49，50，∞}；R_2：{1，14，15，32，48，61，∞}；R_3：{3，5，13，27，52，63，∞}；R_4：{24，33，46，58，88，96，∞}，其中∞是归并段结束标志。

若按照置换选择排序，可以将以上 4 个初始归并段减少为 3 个。

R_1：{29，38，39，46，49，50，61，∞}；R_2：{1，3，14，15，27，32，48，52，63，96，∞}；R_3：{5，13，24，33，46，58，88，∞}。

2. 排序过程

置换选择排序涉及输入文件 Fin、输入缓存、内存工作区 WA、输出缓存和输出文件 Fout 等部件，如图 9.17 所示。

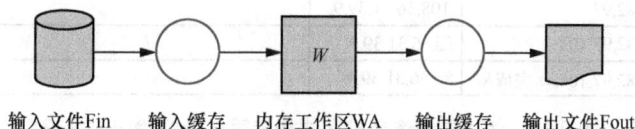

输入文件Fin　　输入缓存　　内存工作区WA　　输出缓存　　输出文件Fout

图 9.17　置换选择排序涉及的部件

置换选择排序的过程如下。

（1）从输入文件（待排序文件）Fin 中按照内存工作区 WA 的容量 w 读入 w 条记录，设归并段的编号 i 为 1；

（2）从 WA 中选出关键字值最小的记录 K_{min}；

（3）将 K_{min} 记录输出到当前归并段 R_i；

（4）若输入文件 Fin 不空，则从 Fin 中读入下一条记录 x，放在 K_{min} 所在的工作区位置代替 K_{min}；

（5）在工作区中所有大于或等于 K_{min} 的记录中选择出关键字值最小记录作为新的 K_{min}，转到第（3）步，直到选不出这样的 K_{min}；

（6）设置归并段号 i 递增 1，即 $i=i+1$，开始一个新的初始归并段；

（7）若内存工作区已空，则初始归并段已全部产生；否则转到第（2）步。

例如，已知数据文件中共有 18 条记录，记录的关键字分别为 RKb（16，3，97，64，17，32，108，44，76，9，39，82，56，31，80，73，290，70），若内存工作区可容纳 5 条记录，使用置换选择排序产生初始归并段。

经过分析得知，此例可以设置两个初始归并段，其中第一个初始归并段 R_1（3, 16, 17, 32, 44, 64, 76, 82, 97, 108，∞）的构造过程如图 9.18 所示，第二个初始归并段 R_2（9, 31, 39, 56, 70, 73, 80, 290，∞）的构造过程如图 9.19 所示。

输出文件Fout	内存工作区WA	输入文件Fin
Null	Null	16,3,97,64,17,32,108,44,76,9,39,82,56,31,80,73,290,70
Null	16,3,97,64,17	32,108,44,76,9,39,82,56,31,80,73,290,70
3	16,□,97,64,17	32,108,44,76,9,39,82,56,31,80,73,290,70
3	16,32,97,64,17	108,44,76,9,39,82,56,31,80,73,290,70
3,16	□,32,97,64,17	108,44,76,9,39,82,56,31,80,73,290,70
3,16	108,32,97,64,17	44,76,9,39,82,56,31,80,73,290,70
3,16,17	108,32,97,64,□	44,76,9,39,82,56,31,80,73,290,70
3,16,17	108,32,97,64,44	76,9,39,82,56,31,80,73,290,70
3,16,17,32	108,□,97,64,44	76,9,39,82,56,31,80,73,290,70
3,16,17,32	108,76,97,64,44	9,39,82,56,31,80,73,290,70
3,16,17,32,44	108,76,97,64,□	9,39,82,56,31,80,73,290,70
3,16,17,32,44	108,76,97,64,9	39,82,56,31,80,73,290,70
3,16,17,32,44,64	108,76,97,□,9	39,82,56,31,80,73,290,70
3,16,17,32,44,64	108,76,97,39,9	82,56,31,80,73,290,70
3,16,17,32,44,64,76	108,□,97,39,9	82,56,31,80,73,290,70
3,16,17,32,44,64,76	108,82,97,39,9	56,31,80,73,290,70
3,16,17,32,44,64,76,82	108,□,97,39,9	56,31,80,73,290,70
3,16,17,32,44,64,76,82	108,56,97,39,9	31,80,73,290,70
3,16,17,32,44,64,76,82,97	108,56,□,39,9	31,80,73,290,70
3,16,17,32,44,64,76,82,97	108,56,31,39,9	80,73,290,70
3,16,17,32,44,64,76,82,97,108	□,56,31,39,9	80,73,290,70
3,16,17,32,44,64,76,82,97,108,∞ 完成R₁	80,56,31,39,9	73,290,70

图 9.18　使用置换选择排序法构造第一个初始归并段 R_1

输出文件Fout	内存工作区WA	输入文件Fin
3,16,17,32,44,64,76,82,97,108,∞ (R₁) 9	80,56,31,39,□	73,290,70
3,16,17,32,44,64,76,82,97,108,∞ (R₁) 9	80,56,31,39,73	290,70
3,16,17,32,44,64,76,82,97,108,∞ (R₁) 9,31	80,56,□,39,73	290,70
3,16,17,32,44,64,76,82,97,108,∞ (R₁) 9,31	80,56,290,39,73	70
3,16,17,32,44,64,76,82,97,108,∞ (R₁) 9,31,39	80,56,290,□,73	70
3,16,17,32,44,64,76,82,97,108,∞ (R₁) 9,31,39	80,56,290,70,73	Null
3,16,17,32,44,64,76,82,97,108,∞ (R₁) 9,31,39,56	80,□,290,70,73	Null
3,16,17,32,44,64,76,82,97,108,∞ (R₁) 9,31,39,56,70	80,□,290,□,73	Null
3,16,17,32,44,64,76,82,97,108,∞ (R₁) 9,31,39,56,70,73	80,□,290,□,□	Null
3,16,17,32,44,64,76,82,97,108,∞ (R₁) 9,31,39,56,70,73,80	□,□,290,□,□	Null
3,16,17,32,44,64,76,82,97,108∞ (R₁) 9,31,39,56,70,73,80,290,∞ 完成R₂	Null	Null

图 9.19　使用置换选择排序法构造第二个初始归并段 R_2

假设数据文件中包含有 n 条记录，内存工作区 WA 的容量为 w。若在 w 条记录中选取记录最小关键字采用简单比较方法，则每次需要 $w-1$ 次比较，总的时间复杂度为 $O(n \times w)$。

3．排序算法

置换选择排序算法可以使用"败者树"实现，其结构体类型定义如下。

```
typedef struct
{
    RcdType rec;          //记录
    KeyType key;          //记录关键字
    int rnum;             //所属初始归并段的段号
}RcdNode,WorkArea[w];     //内存工作区，容量为w
```

完整的置换选择排序算法由 Replace_Selection（置换选择排序）函数、Construct_Loser（构造失败树）函数、get_run（生成初始归并段）函数、Select_Min（选择最小关键字值）函数等组成，其中部分函数之间是上下级的关系，形成函数的嵌套调用。

完整的置换选择排序算法请扫描下方二维码查看。

9.7.3　多路归并外排序

若有 m 个初始归并段，外部排序时采用 k 路归并，则归并趟数为 $s = \log_k m$，当 k 值增大时，归并趟数 s 减少，读写记录的总数也将减少。但随着 k 值的增大，也会使内部归并时间 t_{mg} 增大。

假设从 k 个元素中挑选一个最小记录需要进行 $k-1$ 次比较，每次比较花费的时间代价为 t_{mg}。在进行 k 路平衡归并时，要得到 m 个初始归并段，则内部归并过程中进行比较的总次数为

$$\log_k m(k-1)(u-1)t_{mg} = \frac{\log_2 m}{\log_2 k}(k-1)(u-1)t_{mg}$$

由于 $\dfrac{k-1}{\log_2 k}$ 随着 k 值的增长而增长，内部归并时间 t_{mg} 也会随着 k 值的增长而增长。增大归并路数 k，读/写磁盘次数减少，而关键字比较次数会增大。若 k 值增大到一定的程度，将会抵消由于减少读/写磁盘次数而赢得的时间。因此需要使用"败者树"实现 k 路平衡归并过程。

若在 k 路排序时使用败者树，从 k 个记录中挑选一个最小记录素仅需要进行 $\log_2 k$ 次比较，这时总的时间花费将下降为 $\log_2 m*(u-1)*t_{mg}$。内部归并时间与 k 值无关，当 k 值增大时，归并趟数 $\log_k m$ 减少，读/写外部存储设备的次数减少，外部排序的总时间减少。

败者树是树形选择排序的一种变形，类似于堆排序中的堆。图 9.9 所示的（二叉树）是

"胜者树"，此二叉树中的每个非终端节点均表示其左右孩子节点的"胜者"。

败者树用于在 k 个记录中选取最小关键字的记录，其实现 k 路平衡归并的过程：

（1）首先建立一棵败者树；

（2）然后对 k 个输入有序段进行 k 路平衡归并排序。

例如，假设有 5 个初始归并段，初始归并段中各记录的关键字分别为：

R_1：{17，21，30，∞}；R_2：{5，44，50，∞}；R_3：{10，12，18，∞}；R_4：{29，32，35，∞}；R5：{15，56，62，∞}，其中∞是归并段结束标志。使用败者树进行 5 路平衡归并外排序。

首先创建一棵 5 路归并的败者树，其过程如图 9.20 所示。

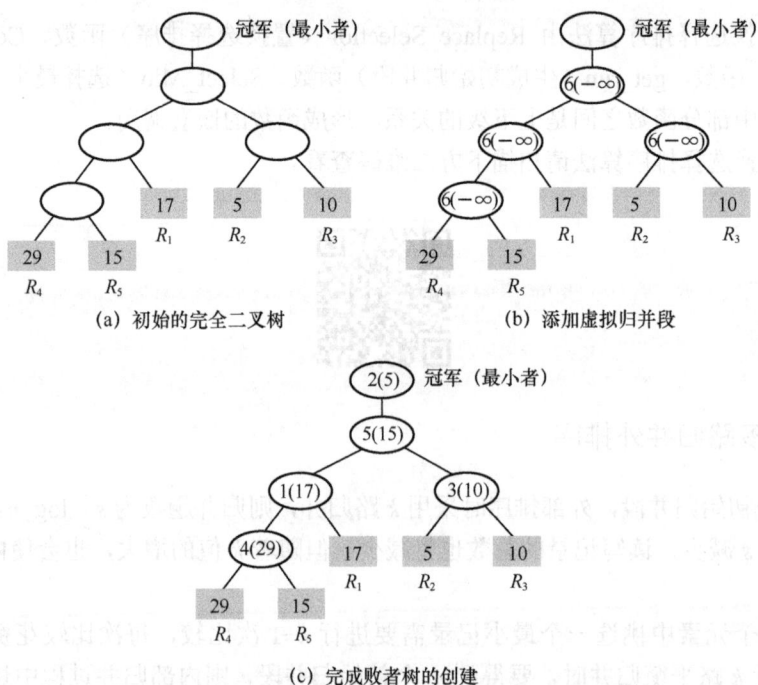

(a) 初始的完全二叉树   (b) 添加虚拟归并段

(c) 完成败者树的创建

图 9.20 创建一棵 5 路归并的败者树的过程

$k=5$，表示进行 5 路归并外排序。首先创建一个含有 k 个叶子节点的完全二叉树（节点个数最少），总共 9 个节点，另外再添加一个冠军节点。如图 9.20（a）所示。

每个叶子节点对应一个归并段，段号为 1～5。初始时设置每个分支节点（根节点除外）取值"6(-∞)"，其中 6 表示段号（此时为虚拟段号），-∞表示最小关键字。如图 9.20（b）所示。

从归并段 R_5 至归并段 R_1 依次进行操作，若某节点取值为"5(15)"，表示节点值来自 5 号段的关键字 15 对应的记录。将当前节点的关键字值与其父节点进行比较，将大的（败者）放在父节点中，小的（胜者）继续进行，直到根节点，最后将胜者放在冠军节点中。如图 9.20（c）所示。

取出的冠军 2(5)，加入到归并文件中，再从 2 号段中取下一条记录 2(44)，沿着分支向上操作；接下来产生次小记录 3(10)……以此类推，直到冠军为∞时，结束整个排序过程。使用败者树进行 5 路平衡归并外排序的过程如图 9.21 所示。

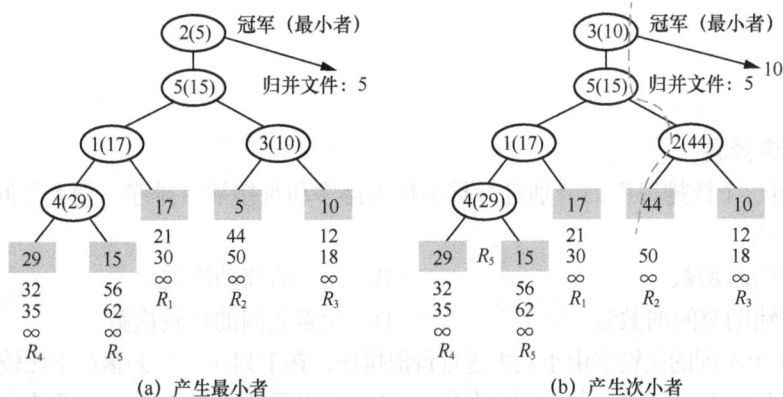

图 9.21 使用败者树进行 5 路平衡归并外排序的过程

利用败者树实现 k 路平衡归并时，共需要关键字比较的次数为

$$\log_k m * (u-1) * \log_2 k = \log_2 m * (u-1)$$

关键字的比较次数与 k 值无关，总的内部归并时间不会随 k 值的增大而增大。因此使用败者树实现 k 路平衡归并，只要内存空间允许，尽可能增大归并路数 k。

9.8 航空航天应用实例分析与实现

这里以"蓝宇航空售票系统"为例，介绍如何实现数据的排序操作，如按照航班号排序等。客户和管理员均具备"输出所有航班信息"权限，可按照航班号有序显示排序结果，运行界面如图 9.22 所示。

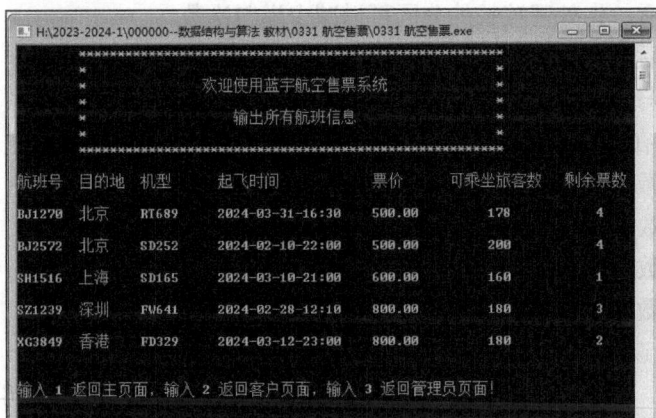

图 9.22 "输出所有航班信息"界面（有序）

要实现按照航班号有序输出所有航班信息功能，须包括 sort(Flight *F) 和 displayAllInfo (Flight *F) 模块，具体代码请扫描下方二维码查看。

9.9 习题

1. 单项选择题

（1）对同一个待排序序列分别进行折半插入排序和直接插入排序，两者之间可能的不同之处是（　　）。

A. 排序的总趟数　　　　　　　　　　B. 元素的移动次数

C. 使用辅助空间的数量　　　　　　　D. 元素之间的比较次数

（2）对 n 个不同的关键字由小到大进行冒泡排序，在下列（　　）情况下比较的次数最多。

A. 从小到大有序　　B. 从大到小有序　　C. 元素无序　　　D. 元素基本有序

（3）从未排序序列中依次取出元素与已排序序列中的元素进行比较，将其放入已排序序列的正确位置上的方法，这种排序方法称为（　　）。

A. 归并排序　　　B. 冒泡排序　　　C. 插入排序　　　D. 选择排序

（4）在进行希尔排序时，其组内排序采用的是（　　）

A. 直接插入排序　　B. 折半插入排序　　C. 快速排序　　　D. 归并排序

（5）对 n 个不同的记录关键字进行冒泡排序，在元素无序的情况下，比较次数最多为（　　）。

A. $n+1$　　　　　B. n　　　　　C. $n-1$　　　　D. $n(n-1)/2$

（6）若采用递归方式对顺序表进行快速排序，下列关于递归次数的叙述中，正确的是（　　）。

A. 递归次数与初始数据的排列次序无关

B. 每次划分后，先处理较长的分区可以减少递归次数

C. 每次划分后，先处理较短的分区可以减少递归次数

D. 递归次数与每次划分后得到的分区处理顺序无关

（7）快速排序在下列（　　）情况下最易发挥其长处。

A. 被排序的数据中含有多个相同的关键字

B. 被排序的数据已基本有序

C. 被排序的数据完全无序

D. 被排序的数据中的最大值和最小值相差悬殊

（8）为实现快速排序法，待排序序列宜采用存储方式是（　　）。

A. 顺序存储　　　B. 散列存储　　　C. 链式存储　　　D. 索引存储

（9）对 n 个记录关键字进行快速排序，在最坏情况下，算法的时间复杂度是（　　）。

A. $O(n)$　　　　B. $O(n^2)$　　　　C. $O(n\log_2 n)$　　　D. $O(n^3)$

（10）假设有 2000 个无序整数，希望用最快的速度挑选出其中前 10 个最大的元素，最好选用（　　）排序方法。

A. 冒泡排序　　　B. 简单选择排序　　C. 堆排序　　　D. 直接插入排序

（11）若一组记录的排序关键字为（46，79，56，38，40，84），则利用快速排序的方法，以第一个记录为基准得到的一次划分结果为（　　）。

A. 38，40，46，56，79，84　　　　　B. 40，38，46，79，56，84

C. 40，38，46，56，79，84　　　　　　D. 40，38，46，84，56，79

（12）在下列关键字序列中，（　　）是堆。

A. 16，72，31，23，94，53　　　　　　B. 94，23，31，72，16，53

C. 16，53，23，94，31，72　　　　　　D. 16，23，53，31，94，72

（13）在以下排序方法中，（　　）不需要进行关键字的比较。

A. 快速排序　　　B. 归并排序　　　C. 基数排序　　　D. 堆排序

（14）下列排序算法中，（　　）不能保证每趟排序至少能将一个元素放到其最终的位置上。

A. 希尔排序　　　B. 快速排序　　　C. 冒泡排序　　　D. 堆排序

（15）堆的形状是一棵（　　）。

A. 二叉排序树　　　B. 满二叉树　　　C. 完全二叉树　　　D. 平衡二叉树

（16）若一组记录的关键字为（46，79，56，38，40，84），则利用堆排序的方法建立的初始堆为（　　）。

A. 79，46，56，38，40，84　　　　　　B. 84，79，56，38，40，46

C. 84，79，56，46，40，38　　　　　　D. 84，56，79，40，46，38

（17）假设有一个关键字序列(22，86，19，49，12，30，65，35，18)，在进行一趟排序后得到的结果为(18，12，19，22，49，30，65，35，86)，则采用的排序方法可能是（　　）。

A. 简单选择排序　　B. 冒泡排序　　　C. 快速排序　　　D. 堆排序

（18）下述几种排序方法中，（　　）是稳定的排序方法。

A. 希尔排序　　　B. 快速排序　　　C. 归并排序　　　D. 堆排序

（19）以下关于快速排序的叙述中正确的是（　　）。

A. 快速排序在所有排序方法中最快，而且所需辅助空间也最少

B. 在快速排序中，不可以用队列替代栈

C. 快速排序的空间复杂度为 $O(n)$

D. 快速排序在待排序的数据随机分布时效率最高

（20）假设数据文件中有 10,000 个元素，若仅需求出其中最大的 10 个元素，则采用（　　）算法最节省时间。

A. 冒泡排序　　　　　　　　　　　B. 快速排序

C. 简单选择排序　　　　　　　　　D. 堆排序

2. 简答题

（1）排序方法分为哪几类？试简述排序方法的稳定性。

（2）插入类排序包括哪几种？试比较其不同之处。

（3）什么是堆？请简述堆排序的过程。

（4）什么是归并排序？请简述二路排序的过程。

（5）什么是分配类排序？请简述多关键字排序、链式基数排序的过程。

（6）什么是外部排序？请简述其排序过程。

（7）请简述置换选择排序的过程。

3. 综合应用题

（1）假设待排序的关键字序列 S =（15，7，19，50，38，10，19，30，16，77），请分

223

别写出使用以下排序方法，每趟排序结束后关键字序列的状态。

① 直接插入排序

② 折半插入排序

③ 希尔排序（增量选取 5，3，1）

④ 冒泡排序

⑤ 快速排序

⑥ 简单选择排序

⑦ 堆排序

⑧ 二路归并排序

（2）已知记录关键字序列 R = {321，156，57，46，28，7，331，33，34，63}，请按照链式基数排序方法，请列出每一趟分配和收集的过程。

（3）已知输入文件的记录关键字 W =（101，51，19，61，3，71，31，17，19，100，55，20，9，30，50，6，90），当 k=6 时，请使用置换选择排序方法，写出所建立的初始败者树以及生成的初始归并段。

（4）假设有 11 个初始归并段，它们所包含的记录个数为{20，42，16，38，75，64，53，88，9，48，100}。请进行 4 路归并，要求：

① 指出采用 4 路平衡归并时总的归并趟数；

② 给出采用 4 路平衡归并时的归并过程。

4. 算法设计题

（1）编程实现：创建一个排序记录表，然后使用直接插入排序方法，按照升序排序的方式进行排序，并输出排序结果。

（2）创建一个排序记录表，然后使用折半插入排序方法，按照升序排序的方式进行排序，并输出排序结果。

（3）创建一个排序记录表，然后使用堆排序方法，按照升序排序的方式进行排序，并输出排序结果。

（4）对 n 个关键字取整数值的记录序列进行整理，以使所有关键字为负值的记录排在关键字为非负值的记录之前，要求：

① 采用顺序存储结构，至多使用一个记录的辅助存储空间；

② 算法的时间复杂度为 $O(n)$。

（5）编程实现：借助快速排序的算法思想，在一组无序的记录中查找给定关键字值等于 key 的记录。设此组记录存放于数组 $x[1...n]$ 中，若查找成功，则输出该记录在数组中的位置及其值，否则显示"未找到"信息。

第 2 部分　算法设计

第10章
算法设计方法

算法是对问题解决方案的步骤性描述，算法设计在问题解决过程中占据重要地位。本章首先进行算法概述，然后详细阐述递归与分治、动态规划、贪心算法、回溯法和分支限界法等经典算法的设计方法。

10.1 算法概述

10.1.1 算法概念与表示

通俗地讲，算法是解决特定问题的方法和步骤，是对问题求解过程的完整性描述。在计算机科学中，算法是解决问题的有穷指令序列，具有输入和输出，代表用计算机系统解决问题思维的过程性描述，具有有限性、确定性。

算法也可以看作一种抽象的计算模型，能够接收输入，并在有限的时间内产生输出。算法的功能是解决特定的问题或任务，是为了达到特定目标而设计的。

算法需要用某种程序设计语言实现。程序可以不满足算法的有限性。例如，操作系统程序可以使计算机无限地处于待机状态，因而不是一个算法。

算法的描述方式有多种。本章采用（类）C语言描述，该语言具有数据类型丰富、语句精练、运行速度相对较快的优点，也具备面向过程和面向对象的双重特点。因此，（类）C语言能更好地满足描述算法设计策略的需要。

10.1.2 算法的描述

作为过程性描述，算法的描述方式是多样的，以满足不同场合的需要。具体来讲，算法的描述方式主要包括自然语言、流程图、程序设计语言和伪代码等。下面以求最小公倍数的算法为例详细说明这四种描述方式。

自然语言通过文字来解释算法的步骤、目的和流程，是算法描述最基本的方式。求两个自然数的最小公倍数时，首先要求这两个数的最大公约数，然后得到其最小公倍数。使用自然语言描述的算法如下。

① 输入 m 和 n，temp_m=m,temp_n=n;

② 求 temp_m 除以 temp_n 的余数 r；

③ 若 r 等于 0，则 m*n/temp_n 为最小公倍约数，算法结束，否则执行第④步；

④ 将 temp_n 的值放在 temp_m 中，将 r 的值放在 temp_n 中；

⑤ 重新执行第②步。

可以看到，自然语言描述的算法易于理解，但是抽象性不强，并且不易转化为程序。

流程图是一种图形表示方式，用于展示算法中不同步骤之间的关系和控制流。流程图通常包括各种形状（如矩形表示处理步骤，菱形表示条件判断，箭头表示流程方向等），它们组合在一起形成算法的图形化表示。求两个自然数最小公倍数的流程如图 10.1 所示。

从图 10.1 可以看到，流程图描述具有清晰直观的优点，但是缺少严密性和灵活性，适用描述较简单的算法。

计算机程序设计语言用于编写解决某一问题的程序。算法也可由某种计算机程序语言来描述，有些编写的程序可在计算机上运行。求两个自然数的最小公倍数的 C++程序如下所示。

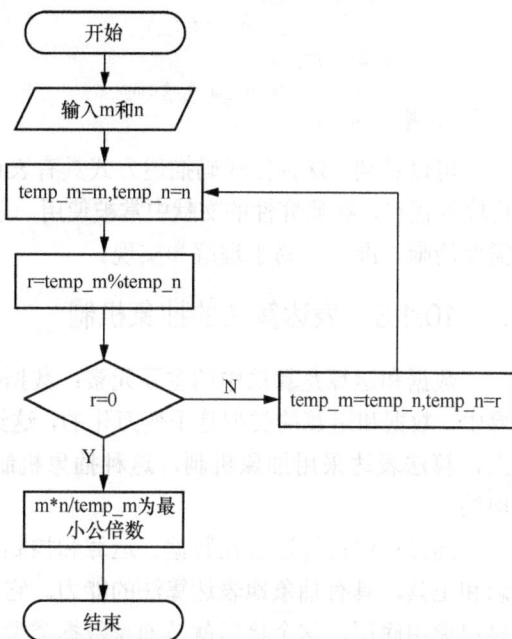

图 10.1 求两个自然数最小公倍数的流程

```cpp
#include <iostream.h>
int CommonFactor(int m, int n)
{
    int temp_m = m, tmep_n = n, r=m % n;
    while (r!=0)
    {
        temp_m = tmep_n;
        tmep_n =r;
        r= temp_m % tmep_n;
    }
    return m*n/temp_n;
}
void main( )
{
    cout<<CommonFactor(63, 54)<<endl;
}
```

可以看到，上述 C++程序可在装有 C++编译系统的计算机直接运行，并输出结果。这种描述方式相对抽象，对语言要求高，并且需要通过调试和验证才能确定其正确性。

伪代码是一种类似于编程语言的文字描述，用于表示算法的基本步骤。它不是具体的编程语言，而是一种通用的方式，帮助人们理解算法的实现。伪代码通常使用自然语言和一些基本的编程概念来描述算法的逻辑。求两个自然数的最小公倍数的伪代码描述如下。

```
1. temp_m = m,temp_n=n;
2. r = temp_m % temp_n
3. 循环直到 r 等于 0
     3.1 temp_m = temp_n
     3.2 temp_n = r
     3.3 r = temp_m % temp_n
4. 输出 m*n/temp_n
```

可以看到，这种伪代码描述方式具有表达能力强、抽象性强、容易理解和易转化为（子）程序的优点，在研究性的文献中常被使用。总之，算法的描述是算法设计和实现的重要环节，需要清晰、准确、易于理解和实现。

10.1.3　表达算法的抽象机制

数据和运算是算法中的主要元素：数据是被操作的对象，运算对数据的操作。在现实世界中，数据和运算的类型是千变万化的，这给算法的描述和应用带来了困难。为克服这一缺点，算法表达采用抽象机制，这种抽象机制是通过高级程序设计语言和抽象数据类型来实现的。

高级程序设计语言在数据、运算和控制三方面的表达中引入许多十分接近算法语言的概念和工具，具有抽象地表达算法的能力。它可以让底层只通过接口为顶层服务，顶层只通过接口调用底层。这个接口就是抽象数据类型。

抽象数据类型是一种将数据和操作封装在一起的数据类型，它隐藏了数据的实现细节，只提供有限的接口给数据访问。抽象数据类型是算法设计的重要概念，它是算法的一个数据模型连同定义在该模型上作为算法构建的一组运算。抽象数据类型可以看作一种高级程序设计语言中的数据结构，它通过封装来实现数据的安全性和模块化，同时也方便算法的设计和实现。这些抽象机制使得算法的设计和实现更加灵活和便于维护，从而提高了算法的效率和可重用性。

针对某个实际问题写算法时，首先要建立该问题的数学模型，然后据此分析问题的特征以确定合适的算法策略，最后写出具体的算法。算法设计通常遵循逐步求精的原则：用宏观、非形式化的自然语言（伪代码）表达思路/思想，然后不断细化，直到完全展现正确的逻辑过程。

10.1.4　算法复杂性分析

算法复杂性衡量的是算法运行时所需要的计算机资源的量。算法复杂性越高，所需要的计算机资源量越多，反之需要的计算机资源量越少。就计算机资源而言，最核心的表现为时间资源和空间资源（存储空间）。因此，算法复杂性主要包含算法时间复杂度和算法空间复杂度。

对于某一具体问题而言，往往存在多种求解算法，这些算法在复杂性上存在差异。设计和选择复杂性最低的算法是一个重要准则。因此，算法复杂性分析对算法设计和选择具有指导意义和实用价值。

在现实世界中，不同个人或单位使用的计算机是千差万别的，这给算法复杂性的分析带来了干扰。为了集中分析算法的复杂性和排除不必要的干扰，我们从多种多样的计算机中抽象出一台虚拟的计算机，并假定算法运行在这台计算机上。这样，算法复杂性往往只与问题的规模和算法的输入有关，因此算法复杂性是关于问题规模和算法输入的函数。假定 n 表示问题规模，I 表示算法输入，C 表示算法复杂性，则算法的复杂性可形式化为 $C=F(n,I)$。同理，可将算法时间复杂度形式化为 $T=F(n,I)$，将算法的空间复杂度形式化为 $S=F(n,I)$。

另一方面，算法的运行效率对具体的输入是比较敏感的。例如对于下面的顺序查找算法，假设问题的规模为 n，赋值花费的时间常量为 a，判断花费的时间常量为 t，加法花费的时间常量为 s。

```
int search(int A[ ], int n, int c)
    {   int   i=1;                   a
        while(A[i]<c  && i<=n)       2nt
               i=i+1;                (n-1)(s+a)
        if (i<=n && A[i]==c)         2t
               return i;
        else
               return 0;            a
    }
```

最好情况——A[1]与 c 相等，比较次数为 1，此时的时间复杂度函数为 $T_{min}(n) = 2a+4t$。

最坏情况——A[n-1]与 c 相等比较次数为 n，此时的时间复杂度函数为 $T_{max}(n) = (n+1)a+(2n+2)t+(n-1)s$。

平均情况——假定所有数组元素是不同的，并且每个元素被查找的概率是相同的。此时的时间复杂度函数为 $T_{avg}(n)=0.5(n+3)a+0.5(2n+6)t+0.5(n-1)s$。

一般而言，规模为 n 的输入有许多个，因此算法时间复杂度又可细分为最好时间复杂度、平均时间复杂度和最坏时间复杂度。在默认情况下，算法的时间复杂度是指最坏时间复杂度。另一方面，顺序查找算法是相对简单的，但是时间复杂度的函数相对复杂，而且影响 a、t、s 的因素较多。这给时间复杂度的比较带来了麻烦。

为了屏蔽具体计算机的因素，取运算的操作次数作为算法时间效率的度量，且算法运行在一台抽象的计算机上。从函数变化的角度来讲，当问题规模 n 较大时，函数中 n 阶代表了其增长的快慢。结合上述两点，只需统计执行最频繁的基本操作的次数，它们对算法执行时间的占用最大。在一个具体的算法中，基本操作通常表现为算术运算、比较、逻辑运算、赋值等操作。从数学意义上讲，当问题规模充分大时，算法复杂性表现为渐进意义下的阶。空间复杂度关注算法运行时所需的空间资源。算法复杂性分析旨在设计出复杂度尽可能低的算法。

对于 $T(N)$，如果存在 $\check{T}(N)$，使得当 $N\to\infty$ 时有

$$\frac{T(N)-\check{T}(N)}{T(N)} \to 0$$

则称 $\check{T}(N)$ 是 $T(N)$ 当 $N\to\infty$ 时的渐进复杂性。这是因为当 $N\to\infty$ 时 $T(N)$ 接近于 $\check{T}(N)$，所以通常用 $\check{T}(N)$ 代替 $T(N)$。显然 $\check{T}(N)$ 不是唯一的。我们可以尽可能地选择简单的 $\check{T}(N)$，然后使用 $\check{T}(N)$ 来替代 $T(N)$ 作为 $N\to\infty$ 时的复杂性度量。例如：

$T(n)=3n^2+4n\log n+7; \check{T}(n) =3n^2$

$T(n)$=4$n$log$n$+7n; $\check{T}(n)$ =4$n$log$n$

可以看到 $\check{T}(n)$ 比 $T(n)$ 看起来简单得多，是 $T(n)$ 的渐进性表达。只要考查当问题规模充分大时，算法复杂性在渐进意义下的阶，就可以判定哪一种算法的效率高。这种处理方式既考虑了算法时间复杂度的关键因素，又给算法时间复杂度的比较带来了方便。

为了方便讨论算法的复杂性，下面给出算法复杂性在渐近意义下阶的相关理论。渐近意义下的阶主要包括渐近上界 O、渐近下界 Ω 和紧渐近下界 θ。

O 的定义：设 $f(n)$ 和 $g(n)$ 是定义在正数集上的正函数。如果存在正常数 c 和自然数 n_0，使得当 $n \geq n_0$ 时有 $f(n) \leq cg(n)$，则称函数 $f(n)$ 当 n 充分大时有上界，且 $g(n)$ 是它的一个上界，记 $f(n) = O(g(n))$。即 $f(n)$ 的（量）阶不高于 $g(n)$ 的（量）阶。该定义揭示的意义如图 10.2 所示。

可以看到，O 可用于描述算法的最坏时间复杂度。在一些教材中，O 也被定义为 $O(g(n))$ = { $f(n)$ | 存在正常数 c 和 n_0 使得对所有 $n \geq n_0$ 有 $0 \leq f(n) \leq cg(n)$}。此时 $O(g(n))$ 是一个表示以 $g(n)$ 为渐近上界的集合，可有 $f(n) \in O(g(n))$。举例如下。

线性函数为 $f(n) = 3n + 2$，当 $n \geq 2$ 时，$f(n) \leq 3n + n \leq 4n$，所以，$f(n)=O(n)$。特别地，当 $f(n)$ 是一个常数 c 时，如 $f(n)=9$，可以记为 $f(n)=O(1)$。

平方函数为 $f(n) = 10n^2 + 4n + 2$，当 $n \geq 5$ 时，$f(n) \leq 10n^2 + n^2 \leq 11n^2$，所以，$f(n) = O(n2)$。

指数函数为 $f(n)=6*2n + n^2$，当 $n \geq 4$ 时，$n2 \leq 2n \to f(n) \leq 6 * 2n + 2n \leq 7*2n$，所以，$f(n)=O(2n)$

Ω 的定义：如果存在正的常数 c 和自然数 n_0，使得当 $n \geq n_0$ 时有 $f(n) \geq cg(n)$，则称函数 $f(n)$ 当 n 充分大时有下界，且 $g(n)$ 是它的一个下界，记为 $f(n)=\Omega(g(n))$。即 $f(n)$ 的（量）阶不低于 $g(n)$ 的（量）阶。该定义揭示的意义如图 10.3 所示。

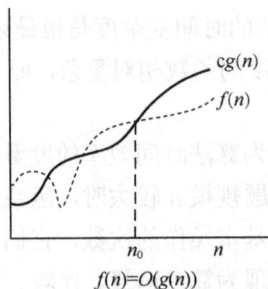

图 10.2　渐近上界 O 的示意图　　　　图 10.3　渐近下界 Ω 的示意图

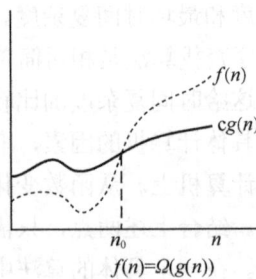

可以看到，O 可用于描述算法的最好时间复杂度。在一些教材中，Ω 被定义为 $\Omega(g(n))$ = { $f(n)$ | 存在正常数 c 和 n_0 使得对所有 $n \geq n_0$ 有：$0 \leq cg(n) \leq f(n)$}。此时 $\Omega(g(n))$ 是一个表示以 $g(n)$ 为渐进下界的函数的集合，可有 $f(n) \in \Omega(g(n))$。

举例如下。

对于所有的 $n \geq 0$，有 $f(n)=3n+2 > 3n$，所以，$f(n)=\Omega(n)$。

对于所有的 $n \geq 0$，有 $f(n)=10n^2+4n+2 > 10n^2$

所以，$f(n)=\Omega(n^2)$

对于所有的 $n \geq 0$，有 $f(n)= 6*2n+n^2 > 6*2n$

所以，$f(n)=\Omega(2n)$

θ 的定义：如果存在三个正常数 c_1, c_2 和 n_0，使得当 $n \geq n_0$ 时，满足 $c_1g(n) \leq f(n) \leq c_2g(n)$，则记 $f(n)=\theta(g(n))$。即 $f(n)$ 与 $g(n)$ 同阶。该定义揭示的意义如图 10.4 所示。

可以看到，θ 可用于描述一个函数 g 既可以作为函数 f 的上限也可以作为 f 的下限的情形。在其他的一些教材中，$\theta(g(n)) = \{ f(n) \mid$ 存在正常数 c_1, c_2 和 n_0 使得对所有 $n \geq n_0$ 有：$c_1g(n) \leq f(n) \leq c_2g(n)\}$。此时 $\theta(g(n))$ 是一个表示与 $g(n)$ 为同阶的函数的集合，可有 $f(n) \in \theta(g(n))$。举例如下。

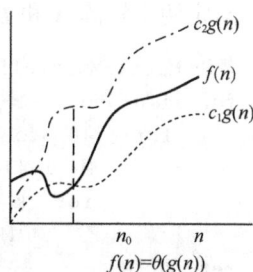

图 10.4　紧渐近下界 θ 的示意图

已知 $f(n) = 3n+3$

由于 $n \geq 3$ 时，有 $3n+3 \leq 3n+n \leq 4n$

　　　　$n \geq 0$ 时，有 $3n+3 \geq 3n$，

存在 $c_1=3$, $c_2=4$, $n=3$；

对于任意 $n \geq 3$，满足 $3n \leq 3n+3 \leq 4n$

因此，$f(n)=\theta(n)$

$f(n) = 10*\log_2 n+4$

当 $n \geq 16$，

有 $\log_2 n \leq 10*\log_2 n+4 \leq 11*\log_2 n$

所以，$10*\log_2 n+4 = \theta(\log_2 n)$

$f(n) = 10n^2+4n+2=\theta(n^2)$

当 $n \geq 0$, $10n^2+4n+2 \geq 10n^2$

当 $n \geq 5$, $10n^2+4n+2 \leq 11n^2$

所以，当 $n \geq 5$, $f(n) = 10n^2+4n+2 \leq 11n^2$

$f(n) = 10n^2+4n+2 = \theta(n^2)$

在算法时间复杂度分析中，常见的基本效率类型有常数阶 $O(1)$、对数阶 $O(\log_2 n)$、线性阶 $O(n)$、线性对数阶 $O(n\log_2 n)$、平方阶 $O(n^2)$、立方阶 $O(n^3)$……k 次方阶 $O(n^k)$、指数阶 $O(2^n)$。随着问题规模 n 的不断增大，上述类型的时间复杂度不断增加，算法的执行效率不断降低。这些类型的时间复杂度变化快慢如图 10.5 所示。可以看到，指数型 2^n 是变化最快的，对数型 $\log n$ 变化最慢。含有 2^n 的时间复杂度称为指数级时间复杂度，含有其他 5 个类型的时间复杂度称为多项式级复杂度。

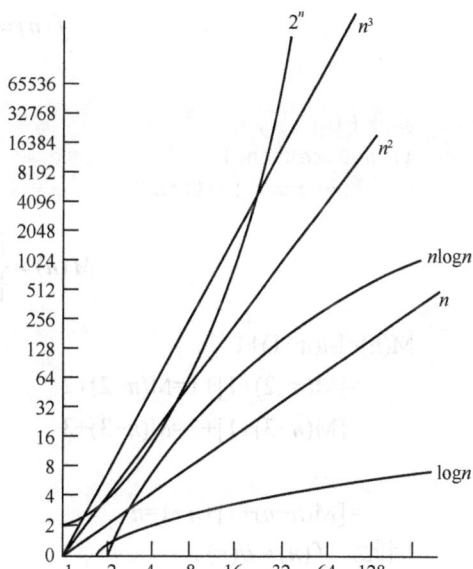

图 10.5　不同阶算法的时间复杂度变化快慢示意图

算法的空间复杂度理论上有指令空间（编译后的程序指令）、数据空间（常量、变量）和堆栈空间（动态创建对象、函数调用等）。但是在实际分析时常使用数据变量所占用的空间作为算法空间复杂度的估计指标。

算法复杂性分析的意义在于：①解决给定问题时设计复杂性尽可能低的算法；②给定问题已有多种算法时挑选出复杂性尽可能低的算法。

举例 1：矩阵乘法的时间效率分析。

给定两个矩阵 A 和 B，根据矩阵乘法定义计算它们的乘积。

```
算法 MatrixMultiplication(A[0...n-1][0...n-1],B[0... n-1][0...n-1])
for  i←0  to  n-1  do          // 行循环
    for  j←0  to  n-1  do      // 列循环
        M[ i ][ j ]←0.0         // 积矩阵初始化
        for  k←0  to  n-1  do //变量 k 表示变化的脚标
            M[i][j]←M[i][j]+A[i][k]*B[k][j]
return  M
```

对于类似这样的程序片段，可采用西格码求和的方法分析相应的时间复杂度。具体的分析过程如下。

$$f(n) = \sum_{i=0}^{n-1}\sum_{j=0}^{n-1}\sum_{k=0}^{n-1}1 = \sum_{i=0}^{n-1}\sum_{j=0}^{n-1}n = \sum_{i=0}^{n-1}n\left(\sum_{j=0}^{n-1}1\right)$$
$$= \sum_{i=0}^{n-1}n^2 = n^2\sum_{i=0}^{n-1}1 = n^3 \in \Theta(n^3)$$

举例 2：计算 F(n)=n!的值。

$$f(n) = \begin{cases} n(n-1)!, & n>1 \\ 1 & , & n=1 \\ 1 & , & n=0 \end{cases}$$

```
算法 F(n)
if n=0 retuen 1
else return F(n-1)*n
```

$$M(n) = \begin{cases} M(n-1)+1, & n\geq1 \\ 0 & , & n=0 \end{cases}$$

M(n)=M(n−1)+1
   =[M(n−2)+1]+1=M(n−2)+2
   =[M(n−3)+1]+2=M(n−3)+3
   ……
   =[M(n−n)+1]+n−1=n
因此，$f(n)\in\theta(n)$.

10.2　递归与分治

在现实世界中，有些问题是十分复杂的，直接求解是十分困难的；但是先把其中的一部分或相对小的问题解决是相对比较容易的。例如，在中大型软件系统的开发中，开发者常常先利用模块化的思想把系统分成若干个模块；如果模块还比较复杂，再将其分解为更小的模块，直到模块较容易开发为止。再如，在对 n 个元素排序的算法中，先对两个 $n/2$ 元素做排序，若 $n/2$ 较大，再对四个 $n/4$ 个元素排序，如此这样直到被排序的元素个数较小，如图 10.6

所示。这种解决问题的思想在算法设计中被称为分治法思想。分治法的基本思想是：将一个因规模较大而难以求解的问题分解成若干个规模较小的相同的子问题，然后分别求解每个子问题，进而得到原问题的解。分治法体现了分而治之的思想，能够降低问题的复杂度，使得问题更容易解决。

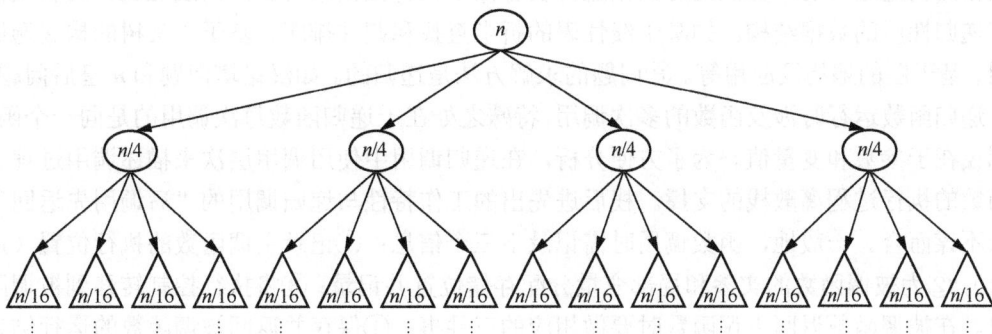

图 10.6　分治法思想示意图

针对一个规模为 n 的复杂问题，如果可分解为 k（$1 \leq k \leq n$）个子问题，这些子问题可解，而且可通过合并这 k 个问题的解得到原问题的解，就可以使用分治法求解。由分治法产生的子问题通常与原问题相同而规模较小，这就为递归算法的使用提供了基础。在此情况下，反复调用相应的递归算法，就可将与原问题相同的子问题的规模不断缩小，最终使原问题比较容易求解。就分治法和递归算法而言，分治法更多的是"战略"层面的考虑，递归算法是具体的实现，侧重于"战术"层面。

10.2.1　递归的概念与原理

在计算机科学中，将直接或间接调用自身的算法称为递归算法，递归是一种在解决问题时使用自身的定义或解决过程的方法；在定义函数时调用到其自身的函数称为递归函数。更特别地，如果一个递归函数中的递归调用语句是最后一条执行语句，则称这种递归为尾递归。在计算机算法分析与设计中，递归是一种解决问题的技术，其中问题被分解为更小的、相似的子问题，并通过解决这些子问题来解决原始问题。使用递归技术描述算法时，算法非常简洁且易于理解。例如，在数据结构中，二叉树和图本身具有良好的递归特性，因此与其相关的算法都适合用递归技术来描述。对于一些数学上的问题，虽然不具有明显的递归结构，但从问题规模分析出相同的子问题，也可用递归技术实现。

举例：求 n 的阶乘 $n!$。

$$F(n)=\begin{cases}1, & n=1 \\ F(n-1)*n, & n>1\end{cases}$$

对应的递归函数如下。

```
int F(int n){
    if(n==1) return 1;
    else return F(n-1)*n;
}
```

在函数 F(n)的求解过程中，直接调用 F(n-1)，因此它是一个递归函数。F(n-1)*n 又是该函数的最后一个语句，F(n)又是一个尾递归函数。

在遇到的问题中，通过有以下几种情况可考虑使用递归。①问题的定义是递归。在数学中有不常见的例子，如求阶乘、求数列的前 n 项与其他可用迭代式式子求解的数学问题。②数据结构是递归的。算法处理数据通常要存储于某种数据结构上，而线性表、树和图都是具有递归性质的数据结构。如基于线性表的折半查找和归并排序、基于二叉树的构建遍历及应用、基于图的遍历及应用等。③问题的求解方法是递归的。如汉诺塔问题和 n 皇后问题等。

递归函数运行时涉及函数的多次调用,特殊之处在于递归函数每次调用的是同一个函数,区别仅在于参数和变量值。为了方便分析，在递归调用中使用调用层次来描述调用过程。递归函数的执行过程离散栈的支撑。栈后进先出的工作特性与递归调用的"后调用先返回"的要求不谋而合。一般地，函数调用时需记录下三个信息：①记录主调函数的执行位置（返回地址）；②为被调函数的实参和局部变量分配存储位置并记录；③将执行控制转移到被调函数入口。在被调函数返回主调函数时要做相应的三件事：①保存并返回被调函数的运行结果；②释放被调算法所占用的数据存储位置；③将执行控制返回到事先保存的主调函数的执行位置（返回地址）。因函数调用而产生的数据（信息）都将保存在工作栈中。每一次函数调用产生的数据（信息）称为一个工作记录，每进入新一层递归调用，就会产生一个新的工作记录压入栈顶，每退出一层调用结束时，就从栈顶弹出一个工作记录。下面以字符串反序输出为例，详细讲解递归调用时栈的过程。

```
#include<stdio.h>
void reverse(char *p) {
    if(*p=='\0')
        return;
    reverse(p+1);
    printf("%c",*p);
}
int main( ) {
    reverse("abc");
    printf("\n");
    return 0;
}
```

假设 main()被调用时称为第 0 层调用，则 main()调用 reverse()函数称为第 1 层调用，此时栈顶记录中会记录下返回位置（printf("\n")的位置）、*p 为实参"abc"的位置。由于本层*p≠'\0'，reverse()调用自身，进入第二层调用，此时栈顶记录中会记录下返回位置（printf("%c",*p)的位置）、*p 为实参"bc"的位置。由于本层*p≠'\0'，reverse()调用自身，进入第三层调用，此时栈顶记录中会记录下返回位置（printf("%c",*p)的位置）、*p 为实参"c"的位置。由于本层*p≠'\0'，reverse()调用自身，进入第四层调用，此时栈顶记录中会记录下返回位置（printf("%c",*p)的位置）、*p 为实参'\0'的位置。执行第四次调用时，*p=='\0'，reverse函数直接返回，栈顶元素弹出。当前栈顶元素为第三层调用，输出 c，函数执行结束，栈顶元素弹出。当前栈顶元素为第二层调用，输出 c，函数执行结束，栈顶元素弹出，屏幕显示cb；当前栈顶元素为第一层调用，输出 a，函数执行结束，栈顶元素弹出，屏幕显示 cba；当前栈顶元素为第 0 层调用，输出换行符，返回 0，main()函数执行结束，栈顶元素弹出，工作栈为空，整个算法运行结束。

上述分析展示了递归调用的工作原理。可以看到，递归算法结构清晰，可读性强。然而，递归调用的过程是一个反复进栈出栈的过程，因此，递归算法的运行效率较低，无论是耗费的计算时间还是占用的存储空间都较多。

10.2.2　分治法的基本思想

分治法是一种算法设计策略，其基本思想是将一个规模为 n 的问题分解为 a 个规模较小的子问题，这些子问题互相独立且与原问题相同。递归地求解这些子问题，然后通过将各个子问题的解合并得到原问题的解。

分治法通常包含三个步骤：分解（divide）、求解（conquer）、合并（merge）。在分解步骤，将一个规模为 n 的问题，分解为 a 个规模较小的子问题，这些子问题互相独立且与原问题形式相同。在求解步骤，若子问题规模较小而容易被解决则直接解，否则递归地解这些子问题。在合并步骤，将各个子问题的解合并得到原问题的解。分治法的算法框架如下。

```
divide-and-conquer(P){
    if(|P|<=n0) adhoc(P);              //解决规模小的问题
    divide P into smaller subinstances P1,P2,...,Pa;
        //将问题 P 分解为子问题 P1,P2,...,Pa;
    for (i=1;i<=a;i++)
            yi=divide-and-conquer(Pi);//递归的求解各子问题
    return merge(y1,...,ya);           //合并为原问题的解
}
```

在上述算法框架中，|P|表示问题 P 的规模，n_0 为一阈值，表示当问题 P 的规模不超过 n_0 时，问题已容易直接解出，不必再继续分解。adhoc(P)是该分治法中的基本子算法，用于直接解小规模的问题 P。因此，当 P 的规模不超过 n_0 时直接用 adhoc(P)求解。

需要指出的是，当子问题的解就是原问题的解时不需要合并操作，例如查找算法。分治算法所能解决的问题一般具有以下几个特征：①问题的规模缩小到一定要程度就可以容易解决；②该问题可以分解为若干个规模较小的相同问题；③可以将子问题的解合并为原问题解；④问题分解出的各个子问题是相互独立的，即子问题之间不包含公共的子问题。

一个分治算法将规模为 n 的问题分成 a 个规模为 n/b 的子问题。设分解阈值 $n_0=1$，且 adhoc 解规模为 1 的问题耗费 1 个单位时间。再设将原问题分解为 a 个子问题以及用 merge 将 a 个子问题的解合并为原问题的解需用 $f(n)$ 个单位时间。用 $T(n)$ 表示该分治算法解规模为|P|=n 的问题所需的计算时间，则有如下递归方程。通过求解时间复杂度的递归函数得到相应递归算法的时间复杂性。

$$T(n)=\begin{cases}O(1), & n=1\\ aT(n/b)+f(n), & n>1\end{cases}$$

其中，$a\geq1$，$b>1$ 是常数，$f(n)$是一个渐进函数，描述划分问题与合并解的时间复杂性。n/b 可以向上取整，也可以向下取整。上述方程描述了如下算法的运行时间：将一个规模为 n 的问题划分为 a 个规模为 n/b 的子问题，其中 a 和 b 为正常数；分别递归地解决 a 个子问题，解每个子问题所需时间为 $T(n/b)$。划分原问题和合并子问题的解所需要的时间由 $f(n)$决定。

通过主定理可直接求解上述递归方程的解。当 $f(n)$ 的量阶/规模为 n^d 时，分如下三种情形：①当 $a<b^d$ 时，T(n)的规模/量阶为 n^d；②当 $a=b^d$ 时，T(n)的规模/量阶为 $n^d\log n$；③当 $a>b^d$ 时，

$T(n)$的规模/量阶为 $n^{\log_b^a}$。下面举几个例子。

① $T(n)=T(n/2)+O(n)$，

$a=1$，$b=2$，$d=1$，因 $a<b^d$，故 $T(n)=O(n)$

② $T(n)=2T(n/2)+O(n)$，

$a=2$，$b=2$，$d=1$，因 $a=b^d$，故 $T(n)=O(n\log n)$

③ $T(n)=8T(n/2)+O(n)$，

$a=8$，$b=2$，d=1，因 $a>b^d$，故 $T(n)=O(n\log n)=O(n\log_2 8)=O(n^3)$

10.2.3 分治法的典型应用

1. 分治法应用举例 1——数学中的排列问题

求解 n 个元素 $\{r_1,r_2,\ldots,r_n\}$ 的全排列。n 个元素的全排列有 $n!$ 种可能。

首先根据分治法问题的特征进行逐项分析：①当 n 变小时容易求解，$n=1$ 时直接输出即可；②该问题可以分解为若干个规模较小的相同问题，如位置 1 上选不同的元素产生的子问题是相同的；③将子问题前一部分确定的序列与该子问题的解合并可得到原问题的解；④问题分解出的各个子问题基本上是相互独立的。在具体思路上，本问题规模变小，表现为 n 不断减小，即待排的元素数不断变少。从左到右，左边位置上确定的元素数不断增多，右边待确定的元素数不断减少。进一步的形式化分析如下。

假设 $R=\{r_1,r_2,\ldots,r_n\}$ 是待排列的 n 个元素，$R_i=R-\{r_i\}$。假设集合 R_i 中元素的全排列记为 $perm(R_i)$。$(r_i)perm(R_i)$ 表示在全排列 $perm(R_i)$ 的每一个排列的第一个位置加前缀 r_i 得到的排列。相应的递归式（1）表示。

$$perm(R)=\begin{cases}(r), & n=1 \\ \begin{array}{l}r_1\,perm(R_1) \\ r_2\,perm(R_2), \\ \vdots \\ r_n\,perm(R_n)\end{array} & n>1\end{cases} \tag{1}$$

假设求 $R=\{0,1,2,3\}$ 的全排列。首先对确定前缀（即第一个位置上的）元素，r_1 等于 0、1、2 或 3，因此产生 R_0、R_1、R_2、R_3 四个子问题。由于这四个子问题均有 3 个元素，仍然如此下去，直到仅有一个元素时输出一个排列。图 10.7 展示了求解的全过程。

根据上述全排列算法的思想，可写出如下求排列问题的伪代码。

```
void perm(int[] r, int i, int n) {
    // r 存放 R 集合元素, r[0]~r[n]
    // i,n 表示目前求解的全排列的起始与终止位置
        if  (只有一个元素){                      //递归边界条件
            显示当前排列;
        }
        else {
          依次将 i ~ n 之间的每个元素交换到第      //递归
            i 个位置，并用同样的方法
          (递归)求解 i+1~n 之间的全排列
        }
}
```

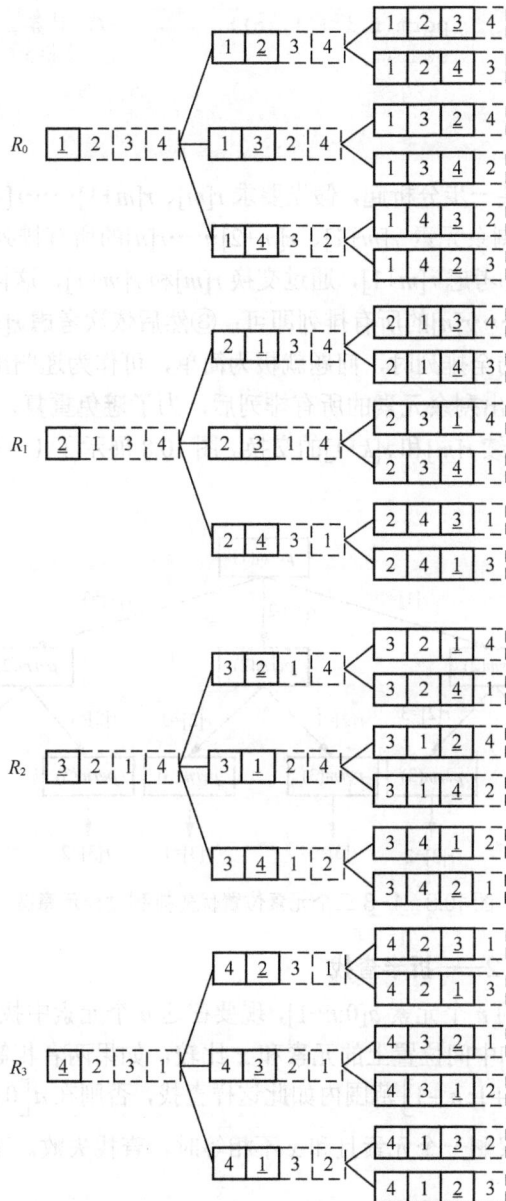

图 10.7 0~4 四个元素全排列过程示意图

根据此伪代码，进一步写出求排列问题的程序。具体代码如下。

```
void perm(int  r[], int i, int  n) {
    if ( i == n ) {                        // 只有一个数值
        for (int j = 0; j <= n; j++) {     // 输出结果
            cout<<r[j];
        }
        cout<<endl;
    }
    else {
        for (int j = i; j <= n; j++) {
            swap(r,i,j);                    // 交换 r[i] 与 r[j]
```

```
              perm(r,i + 1, n);              // 计算i+1~ n 全排列
              swap(r,i,j);                   //交换 r[i]与 r[j]，恢复环境
          }
       }
  }
```

对上述代码从中间某一步分析起，假设要求 $r[m]$、$r[m+1]$……$r[n]$ 的全排列：①需要先考虑 $r[m]$，如果能够求出剩余元素 $r[m+1]$、$r[m+2]$……$r[n]$ 的所有排列，我们只需将 $r[m]$ 放到每个排列的开头即可；②考虑 $r[m+1]$，通过交换 $r[m]$ 和 $r[m+1]$，这样我们仍然只要考虑求剩余元素 $r[m+1]$、$r[m+2]$……$r[n]$ 的所有排列即可；③然后依次考虑 $r[m+2]$……$r[n]$。当问题规模降为求一个元素 $r[m]$ 的全排列时，问题就极为简单，可作为递归出口。值得注意的是，将 $r[m]$ 和某个 $r[k]$ 交换，求出剩余元素的所有排列后，为了避免重复，发生混乱，必须将 $r[m]$ 和 $r[k]$ 交换回去，才能继续 $r[m]$ 和 $r[k+1]$ 的交换。图 10.8 展示了 1～3 三个元素位置优先排列过程。

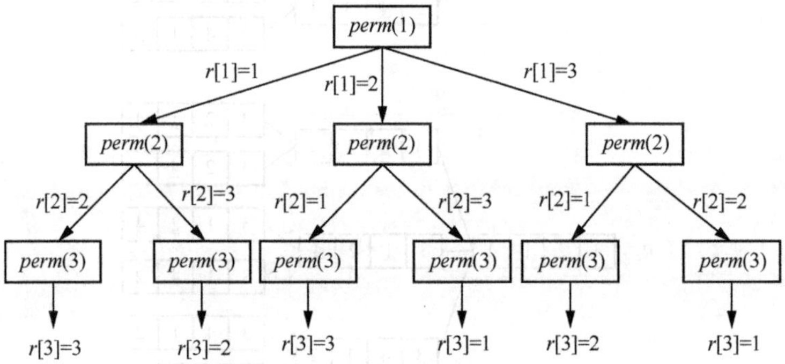

图 10.8　1~3 三个元素位置优先排列过程示意图

2．分治法应用举例 2——折半查找

给定已按升序排列的 n 个元素 $a[0:n-1]$，现要在这 n 个元素中找出一个特定元素 x。折半查找的思想是拿 $a[0:n-1]$ 中间位置上的元素和 x 比较，如果两者相等，返回相应的位置，如果 x 较大，则在 $a\left[\lfloor n/2 \rfloor+1:n-1\right]$ 范围内如此这样查找，否则在 $a\left[0:\lfloor n/2 \rfloor-1\right]$ 范围内如此这样查找。当查找的范围仅剩一个元素且和 x 不相等时，查找失败。下面根据分治法问题的特征进行分析。

搜索的范围越小，越容易确定解；随着搜索的进行，搜索的范围越来越小。该问题可以分解为若干个规模较小的相同问题。分解出的子问题的解就是原问题的解（不需要合并）。分解出的各个子问题是相互独立的，即在 $a[i]$ 的前面或后面查找 x 是独立的子问题。因此，该问题可用分治法求解。折半查找的算法如下。

```
template <class T>
int binarySearch(T a[], int x, int n) {
    int left = 0;
    int right = n - 1;
    while (left <= right) {
        int middle = (left + right)/2;
        if (x == a[middle]) return middle;
        if (x > a[middle]) left = middle + 1;
```

```
        else right = middle - 1;
    }
    return -1;  // 未找到 x
}
```

从上述算法看到：①分治法中的合并操作并不是必须的，当子问题的解就是原问题的解时就不需要合并；②并不是所有的分治法必须用递归实现。每执行一次 while 循环，搜索范围缩小一半。因此，在最坏情况下，while 循环被执行了 $O(\lg n)$次。循环体内运算需要 $O(1)$时间，因此整个算法在最坏情况下的计算时间复杂性为 $O(\lg n)$。

3. 分治法应用举例 3——归并排序

假设在数组 $a[0:n-1]$进行归并排序，首先将其分成大小大致相同的两个子数组，分别对两个子数组进行排序，然后将两个排好序的子数组归并成一个按要求有序的数组。从此描述可以看出，归并排序适合用递归技术实现。该排序的伪代码描述如下。

```
void mergeSort(T a[],int left, int right) {
    if ( 含有 2 个以上元素) {
         计算中点位置；
         归并排序前半部分；          // 分解
         归并排序后半部分；          // 分解
         将两个有序段合并到 b；       // 合并结果
         将 b 中的结果复制回 a；
    }
}
```

很明显，归并排序前半部分和后半部分与归并排序整个部分是相同的问题，仅仅是规模不同，因此可采用递归技术实现。归并排序的程序代码描述如下。

```
template <class T>
void mergeSort(T a[],int left, int right) {
    if (left < right) {
         mid = (left + right)/2;    // 计算中点
         mergeSort(a,left, mid);         //归并排序前后两部分
         mergeSort(a,mid + 1, right);
         merge(a,b,left,mid,right); //将两个有序段合并到 b
         copy(a,b,left,right);           // 将结果复制到数组 a
    }
}
```

从上述代码可以看到，mergeSort 函数被调用一次，将排序问题分解成两个规模相等的子问题，还有合并和复制两个操作。因此，该归并排序的时间复杂度的递归式可表示为式（2）。根据主定理可得 $T(n)=O(n\lg n)$，因此该算法已是渐进意义下的最优算法。

$$T(n) = \begin{cases} O(1) & ,\quad n \leqslant 1 \\ 2T(n/2) + O(n), & n > 1 \end{cases} \tag{2}$$

4. 分治法应用举例 4——寻找序列中第 k 小的元素

【问题描述】给定线性序列中有 n 个元素和一个整数 k，$1 \leqslant k \leqslant n$，要求找出这 n 个元素中第 k 小的元素。

【问题分析】假设在数组 $a[0:n]$上查找第 k 小的元素，一个朴素的思想是首先对 n 个元素进行增序排序，然后取 $a[k-1]$即可。对数组 a 排序的方法很多，结合分治法的思想采用快速

排序法。具体的搜索过程如下。

对数组 a 进行一趟快排，假设支点元素是 $a[i]$，如果 $i=k-1$，直接输出 $a[i]$ 即可；如果 $i>k-1$，则在 $a[0:i-1]$ 继续快排式查找第 k 小的元素；如果 $i<k-1$，则在 $a[i+1:n-1]$ 上继续快排式查找 $k-i$ 小的元素。

基于快速排序思想寻找第 k 小元素的算法：搜索范围越小越容易搜索；该问题可以分解为若干个规模较小的相同问题。分解出的子问题的解就是原问题的解（不需要合并）。分解出的各个子问题是相互独立的，即在 $a[i]$ 的前面或后面查找是独立的子问题。基于快速排序思想寻找第 k 小元素算法的伪代码描述如下。

```
template <class T>
T k-thMinSelect(T a[], int p,  int r,  int k)  {
    如果只有一个元素, 将其返回;
    int i = 随机将线性序列分解为两部分(前小后大);
    int j = 计算前段元素个数;
    if ( 第 k 个小的元素位于前段)
        采用同样的方法在前段找第 k 个小元素;
    else
        采用同样的方法在后段找  k-j 个小元素;
}
```

从上述伪代码可以看出，此算法适合用递归技术实现。该算法的程序代码如下。

```
Template <class T>
T k-thMinSelect (T a[], int p,  int r,  int k){
    if (p == r) return a[p];
    int i = qSort_pos (a,p,r);
    int j = i - p + 1;
    if (k<=j) return  k-thMinSelect(a,p,i,k);
    else return k-thMinSelect(a,i+1,r,k-j);
}
int qSort_pos(T a[],int low,int high){
    int tmep=a[low],i=low,j=high,tmp;
    while(i<j){
      while(a[j]>=temp&&(i<j)) j++;
       if(i<j){
            swap(&a[i],&a[j]);i++;
       }
        while(a[i]>=temp&&(i<j)) i++;
        if(i<j){
            swap(&a[i],&a[j]);j--;
        }
    return i;
}
```

从上述代码可以看出，调用一次 k-thMinSelect 函数，该问题分解成一个规模更小的子问题，但同时也需要一趟快排。

10.3 动态规划

动态规划算法与分治法有着相似之处，基本思想均是将待求解的问题分解成若干个子问题，先求解子问题，再由子问题的解得到原问题的解。两者的不同之处在于：分治法要求分解的子问题是相互独立的，而动态规划算法更适用于子问题存在重叠的情形。尤其是存在大量重叠子问题的时，用分治法往往是指数级时间复杂度的算法，而使用动态规划因减少重复计算通常可达到多项式级的时间复杂度。动态规划算法的另一点基本思想是保存已解决的子问题的答案，在需要时找出已求得的答案，以避免大量的重复计算。

10.3.1 问题引入

给定 n 个矩阵 $\{A_1, A_2, ..., A_n\}$，其中 A_i 与 A_{i+1} 是可乘的。由于乘法满足结合律，故计算矩阵的连乘可以有不同的计算次序。计算次序可以用加括号的方式确定。假设有 4 个矩阵 A、B、C 和 D，他们的规模分别为 50×10、10×40、40×30、30×5. $(((AB)C)D)$ 需要的乘法次数是 87500，而 $(A(B(CD)))$ 需要的乘法次数是 10500。因此求多个矩阵的连乘积时，计算的结合顺序是比较重要的。如何确定计算次序使矩阵连乘时的乘法次数最少，是一个比较基础的问题。

该问题的求解方法有多种，其中一种朴素的方法是枚举法。列举出所有可能的计算次序，并计算出每一种计算次序所需要的乘法次数，从中找出一种乘法次数最少的计算次序。对于 n 个矩阵的连乘，设其不同的计算次序为 $P(n)$。由于每种加括号方式都可以分解为两个子矩阵的加括号问题：$(A_1...A_k)(A_{k+1}...A_n)$，因此可以得到如下关于 $P(n)$ 的递推式。

$$P(n) = \begin{cases} 1, & n=1 \\ \sum_{k=1}^{n-1} P(k)P(n-k), & n>1 \end{cases} \Rightarrow P(n) = \Omega(4^n / n^{3/2})$$

可以看到，$P(n)$ 随 n 的增长呈指数增长，不是高效算法。进一步观察此问题，对于 $1 \leqslant i \leqslant j \leqslant n$，不同的有序对 (i, j) 就对应不同的子问题，因此不同的子问题个数最多只有 $C_n^2 + n$ 个。因此该问题中大量子问题是重复的。如果不避免重复计算子问题，则可得到多项式级时间复杂度的算法。类似这样的问题，最适合用动态规划算法。

10.3.2 动态规划算法的基本要素与基本步骤

适合动态规划算法求解的问题需具有最优子结构性质和重叠子问题性质。最优子结构性质是问题的最优解是由其子问题的最优解所构成的。例如最短路径问题，假设一个图中点 A 到点 H 的最短路径经过点 D，则该最短路径中点 A 到点 D 的路径、点 D 到点 H 的路径也分别是点 A 到点 D 和点 D 到点 H 最短路径问题（原问题的子问题）的最优解。最优子结构性质使我们能够以自底向上的方式递归地从子问题的最优解构造出原问题的最优解。在不断分解子问题的过程中，所产生的子问题之间并非相互独立的，而部分子问题是重叠的。问题的这种性质被称为重叠子问题性质。因为子问题重叠，所以存在着重复计算。这样就可以用填表保存子问题解的方法来提高效率。

就一般的动态规划算法而言，通常包含以下步骤：①找出最优解的性质，并描述其结构特征；②递归地定义最优值（建立最优值的递推关系式）；③以自底向上的方式计算出最优值；④根据计算最优值时得到的信息，构造最优解。

需要说明的是，步骤 1~3 是动态规划算法的基本步骤。若需要最优解，则必须执行第 4 步，为此还需要在第 3 步中记录构造最优解所必需的信息。

10.3.3　动态规划算法的典型应用举例

1. 动态规划算法应用举例1——矩阵连乘计算次序问题

【问题描述】给定 n 个矩阵 $\{A_1, A_2, ..., A_n\}$，其中 A_i 与 A_i+1 是可乘的，$i=1, 2, ..., n-1$。如何确定计算矩阵连乘积的计算次序，使得依此次序计算矩阵连乘积所需要的乘法次数最少。

显然，矩阵链中加括号时产生的子问题（矩阵个数更少的矩阵连乘）中，部分子问题不是彼此独立的，而是相互重叠的。图10.9展示了求解4个矩阵连乘时的子问题结构，从该图中可以看到，很多子问题和其他子问题都是重复的，也即存在着大量重复的子问题。因此该问题符合动态规划算法的重叠子问题性质。矩阵链乘计算次序问题的最优解包含着其子问题的最优解，例如，假设$((A_1(A_2A_3))((A_4(A_5A_6)))$是 A_1 至 A_6 连乘时乘法次数最少的计算次序，那$((A_4(A_5A_6)))$也是 A_4 至 A_6 连乘时乘法次数最少的计算次序。因此，矩阵连乘计算次序确定问题适合动态规划算法求解。

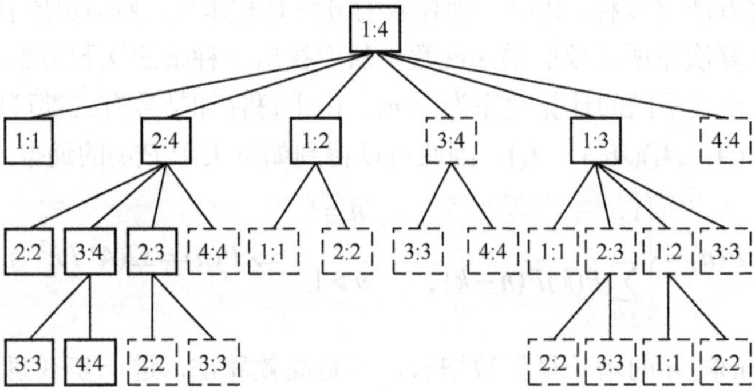

图10.9　4个矩阵连乘时的子问题结构

将矩阵连乘积 $A_iA_{i+1}...A_j$ 简记为 $A[i:j]$，$i \leqslant j$。考查计算 $A[i:j]$ 的最优计算次序。设这个计算次序在矩阵 A_k 和 A_{k+1} 之间将矩阵链断开，$i \leqslant k < j$，则其相应完全加括号方式为$(A_iA_{i+1}...A)$ $(A_{k+1}A_{k+2}...A_j)$，相应的计算量为 $A[i:k]$ 的计算量加上 $A[k+1:j]$ 的计算量，再加上 $A[i:k]$ 和 $A[k+1:j]$ 相乘的计算量。下面按动态规划算法步骤对矩阵连乘问题进行分析。

（1）分析最优解的结构。计算 $A[1:n]$ 的最优次序所包含的计算矩阵子链 $A[1:k]$ 和 $A[k+1:n]$ 的次序也是最优的。如果两个矩阵子链 $A[1:k]$ 和 $A[k+1:n]$ 中有一个不是最优的，那么存在一个比 $A[1:n]$ 的最优次序更优的计算次序，这是矛盾的。因此，矩阵连乘问题具有最优子结构性质。这种最优子结构性质确保我们可以根据子问题的最优解得到原问题的最优解，是该问题可用动态规划算法求最优解的显著特征。

（2）建立递归关系。假设计算 $A[i:j]$（$1 \leqslant i \leqslant j \leqslant n$）所需要的最少乘法次数为 $m[i,j]$，则原问题的最优值为 $m[1,n]$。当 $i=j$ 时，$A[i:j]=A_i$，因此 $m[i,i]=0$，$i=1,2,...,n$；当 $i<j$ 时，$m[i][j]=m[i][k]+m[k+1][j]+p_{i-1} \times p_k \times p_j$，$k \in \{i, i+1, ... , j-1\}$。因此，可将 $m[i,j]$ 递归地定义为式（3）。依据该递归式以自底向上的方式计算出各个子问题，直到原问题得解。

$$m[i,j] = \begin{cases} 0 & , \ i = j \\ \min_{i \leqslant k < j}\{m[i,k] + m[k+1,j] + p_{i-1}p_kp_j\}, & i < j \end{cases} \quad (3)$$

（3）计算最优值。对于 $1 \leqslant i \leqslant j \leqslant n$，不同的有序对$(i,j)$对应不同的子问题，因此不同子

问题的个数最多只有 Cn^2+n 个。因此在递归计算时，有许多子问题被重复计算。出现重复计算是该问题用动态规划算法求解的又一个显著特征。用动态规划算法解此问题，可依据其递归式以自底向上的方式进行计算。在计算过程中，保存已解决的子问题的最优值。每个子问题只计算一次，在后面需要时只要简单查找一下，从而可以避免大量地重复计算，最终得到多项式级时间的算法。

假设 A_i 的维数为 $p_{i-1}×p_i$，则输入序列为 $\{p_0, p_1, p_2, ..., p_n\}$，$p[n+1]$ 记录每个矩阵的维数；$m[i,j]$ 记录 $A_iA_{i+1}...A_j$ 相乘的代价（乘法次数）；$s[i,j]$ 记录取得最优代价所断开的点 k。假定给出 $A_1A_2...A_6$ 的矩阵链，其中各矩阵的维数如表 10.1 所示。求矩阵连乘积 $A_1A_2...A_6$ 所需的最少数乘次数以及对应的计算次序。

表 10.1　　　　　　　　　　　$A_1A_2A_3A_4A_5A_6$ 六个矩阵的规模

A_1	A_2	A_3	A_4	A_5	A_6
30×35	35×15	15×5	5×10	10×20	20×25

$A[i:j]$ 表示矩阵连乘积 $A_iA_{i+1}...A_j$，则 $A[1:6]$ 即 $A_1A_2...A_6$。一维数组 p，有 $p[0], p[1], ..., p[5]$，$p[6]$。$p[i-1]*p[i]$ 即 A_i 的阶，如：A_1 的阶是 $p[0]*p[1]$，$A_2A_3A_4$ 的阶是 $p[1]*p[4]$。对于二维数组 m，元素值 $m[i][j]$ 为矩阵连乘积 $A[i:j]$ 的最少数乘次数。由单个矩阵计算量为 0 可知 $m[i][i]=0$，我们要求的最终值为 $m[1][6]$。二维数组 s，元素值 $s[i][j]$ 为矩阵连乘积 $A[i:j]$ 的最优断开位置，即 $A[i:j]=(A[i: s[i][j]] A[s[i][j]+1:j])$。

动态规划算法具有自底向上的计算特征：如果计算 $m[i,j]$，仅需要计算小于 $j-i+1$ 个的矩阵乘积。即计算长度为 L 的矩阵相乘代价仅依赖于小于 L 长度的矩阵相乘代价。因此求解矩阵连乘的动态规划算法思路：按照矩阵链长度递增(1,2, ..., n)计算 $m[i,j]$ 代价。当 $n=6$ 时，矩阵连乘时的计算过程示意如图 10.10 所示，依对角线方向自左至右。更具体的算法描述如下 matrixChain 算法表示。

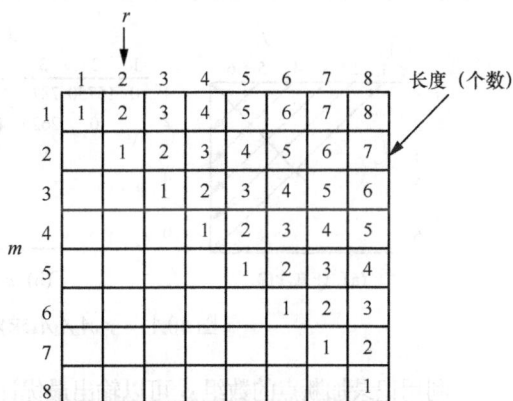

图 10.10　矩阵连乘时的计算过程示意

首先计算出 $m[i,i]=0, i=1,2,...,n$。然后，根据递归式，按矩阵链长递增的方式依次计算：

$m[i,i+1], i=1,2,...,n-1,$(矩阵链长度为 2)；

$m[i,i+2], i=1,2,...,n-2,$(矩阵链长度为 3)；

在计算 $m[i,j]$ 时，只用到已计算的 $m[i,k]$ 和 $m[k+1,j]$。

算法 matrixChain 的代码如下。

```
void matrixChain(int p[], int m[][NUM+1], int s[][NUM+1]) {
    // p 数组包含n+1 元素
    for (int i = 1; i <= n; i++) m[i][i] = 0;        //将长度为1 的代价赋为0
        for (int r = 2; r <= n; r++)                 // 长度从2~n
            for (int i = 1; i <= n - r+1; i++) {     // 从第1 行开始 ~ n-r+1 行为止
                int j=i+r-1;
                m[i][j] = m[i][i] + m[i+1][j]+ p[i-1]*p[i]*p[j];  // k=i, m[i]
[i]=0 可以省略
```

```
                s[i][j] = i;
                for (int k = i+1; k < j; k++) {
                        int t = m[i][k] + m[k+1][j] + p[i-1]*p[k]*p[j];
                        if (t < m[i][j]) {
                                m[i][j] = t;
                                s[i][j] = k;
                        }
                }
        }
}
```

结合上面 6 矩阵连乘的例子，可得到数组 p[]={30,35,15,5,10,20,25}。m[2][5]的计算过程如下式所示，整个计算次序如图 10.11（a）所示。图 10.11（b）和图 10.11（c）是算法运行后的数组 m 和 s 的结果。进一步观察 matrixChain，它的计算量主要取决 r、i、k 三重嵌套的循环，由求和公式法可得其时间复杂度为 $O(n^3)$。因此，matrixChain 是多项式级时间复杂度的算法。

$$m[2][5] = \min \begin{cases} m[2][2] + m[3][5] + p_1 p_2 p_5 = 0 + 2500 + 35 \times 15 \times 20 = 13000 \\ m[2][3] + m[4][5] + p_1 p_3 p_5 = 2625 + 1000 + 35 \times 5 \times 20 = 7125 \\ m[2][4] + m[5][5] + p_1 p_4 p_5 = 4375 + 0 + 35 \times 10 \times 20 = 11375 \end{cases}$$

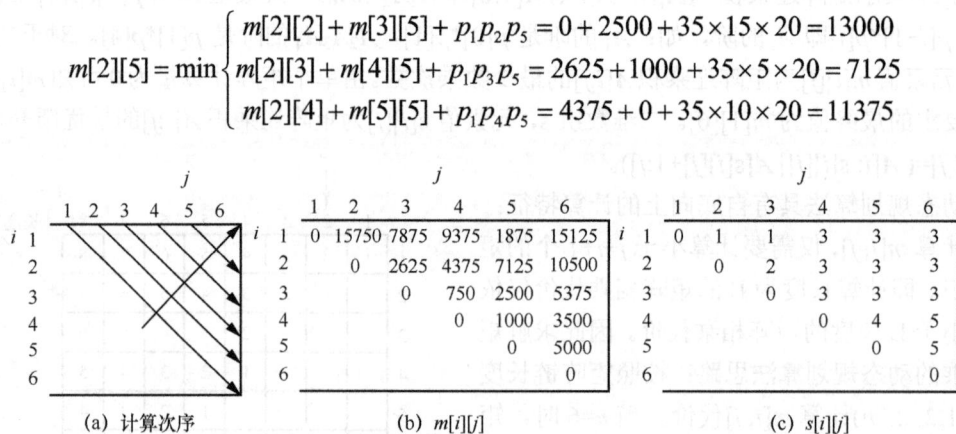

图 10.11　$A_1 A_2 A_3 A_4$ 求解过程中的计算次序、m 和 s

利用记录加断点的数组 s，可以输出最优计算次序。输出最优计算次序的算法 printOptimalParents 如下所示。

```
void printOptimalParents(int s[][NUM+1], int i, int j)
{
    if (i == j) {
        cout<<"A" << i ;
    }
    else {
        cout<<"(";
        printOptimalParents(s,i,s[i][j]);
        printOptimalParents(s,s[i][j]+1,j);
        cout<<")";
    }
}
```

结合上例，printOptimalParents(s,1,6)的执行过程如图 10.12 所示。

$((A_1(A_2A_3))((A_4(A_5A_6))$

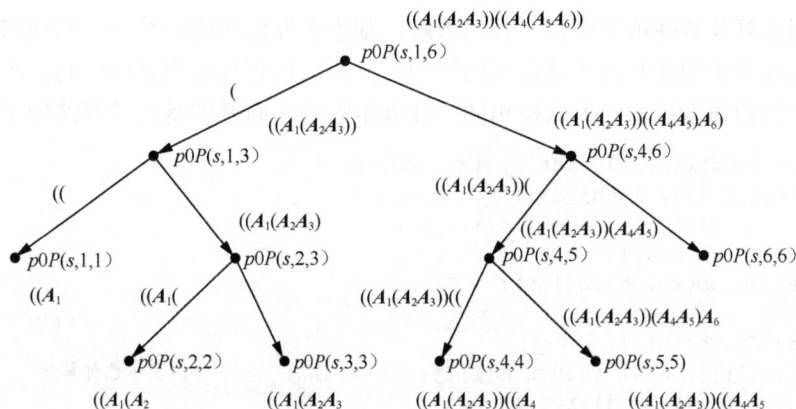

图 10.12　printoptimalParents(s,1,6)的执行过程

可以看到，问题的最优子结构性可带来几点好处：①使我们能够以自底向上的方式从子问题的最优解逐步构造出整个问题的最优解；②使我们能在相对较小的子问题中考虑问题；③使我们可写出最优值的递归关系式。

基于分治法的矩阵连乘如下面的 recurMatrixChain 所示。

```
int recurMatrixChain(int p[] , int i, int j) {
    if (i==j) return 0;
    int u =∞;
    for (int k=i; k<j; k++) {
        int t= recurMatrixChain(p,i,k)+
                recurMatrixChain(p,k+1,j)+p[i-1]*p[k]*p[j];
        if (t<u) {
            u=t;
            s[i][j]=k;
        }
    }
    return u;
}
```

可以发现，上述算法并没有判断子问题的重叠性，每个子问题都当作新问题来求解。根据上述递归算法可得出相应的时间复杂度递归式如式（4）所示。通过计算可得到 $T(n)$ 是指数级的。

$$T(n) \geqslant \begin{cases} 1 & n=1 \\ 1+\sum_{k=1}^{n-1}(T(k)+T(n-k)+1) & n>1 \end{cases} \qquad (4)$$

通过对比基于动态规划矩阵连乘算法与基于分治法的矩阵连乘算法可以发现以下两点。

① 后者对于子问题的重叠性没有识别，默认是相互独立，其时间复杂度是指数级的；前者通过记录子问题的解而减少了重复计算，相应的时间复杂度为多项式级的。

② 矩阵连乘次序问题具有最优子结构性质，使得前者以自底向上的方向求解；后者通过递归的方式自顶向下进行求解。

备忘录方法与动态规划算法一样，同样用表格来保存已解子问题的信息。每个子问题初始化时都标记为尚未求解。在递归求解过程中，对每个待解子问题，先查看它是否已求解。

若未求解，则计算其解并填表保存。若已求解，则查表取出相应的结果。与动态规划算法不同的是，备忘录方法的递归方式是自顶向下的，而动态规划算法则是自底向上的。因此备忘录方法的控制结构与直接递归的结构相同。计算矩阵连乘问题的备忘录算法如下。

```
int MemoizedMatrixChain(int n, int **m,int **s)
    { for(int i=1; i<=n; i++)
          for(int j=i; j<=n; j++)
              m[i][j]=0;
      return LookupChain(1,n);
    }
int LookupChain(int i, int j)
  { if (m[i][j] > 0) return m[i][j]; //m[i][j] > 0 时，表示已计算过
        if (i == j) return 0;
              int u=LookupChain(i,i)+LookupChain(i+1,j)+p[i-1]*p[i]* p[j];
              s[i][j] = i;
      for (int k = i+1; k < j; k++) {
            int t=LookupChain(i,k)+LookupChain(k+1,j)+
                  p[i-1]*p[k]*p[j];
            if (t < u) { u = t; s[i][j] = k;}
      }
      m[i][j] = u; //保存计算出的子问题最优解
      return u;
  }
```

可以看到，LookupChain 是递归算法，采用自顶向下的方式求解。同时，使用数组存储相应子问题的最优解。LookupChain 执行时首先通过检查 $m[i][j]$ 是否有正值查看子问题是否已解，从而减少子问题的重复计算。

一般来讲，当一个问题的所有子问题都至少要解一次时，用动态规划算法好。此时动态规划算法没有任何多余的计算，还可利用其规则的表格存取方式，来减少在动态规划算法中计算时的时间和空间需求。当子问题空间中的部分子问题不必求解时，用备忘录方法比较有利，因为从控制结构来看，该方法只求解那些确实需要求解的子问题。

2. 动态规划算法应用举例 2——最长公共子序列

【问题描述】若给定序列 $X=\{x_1,x_2,...,x_m\}$，则另一序列 $Z=\{z_1,z_2,...,z_k\}$ 是 X 的子序列是指存在一个严格递增的下标序列 $\{i_1,i_2,...,i_k\}$ 使得对于所有 $j=1,2,...,k$ 有 $z_j=x_{ij}$。例如，$Z=\{B, C, D, B\}$ 是 $X=\{A, B, C, B, D, A, B\}$ 的子序列，相应的递增下标序列为 $\{2, 3, 5, 7\}$。

给定 2 个序列 X 和 Y，当另一序列 Z 既是 X 的子序列又是 Y 的子序列时，称 Z 是 X 和 Y 的公共子序列。最长公共子序列问题：给定 2 个序列 $X=\{x_1, x_2, ...,x_m\}$ 和 $Y=\{y_1,y_2,...,y_n\}$，找出 X 和 Y 的最长公共子序列。下面按动态规划算法的步骤分析和求解该问题。

分析问题的最优子结构。假设序列 $X=\{x_1,x_2,...,x_m\}$ 和 $Y=\{y_1,y_2,...,y_n\}$ 的最长公共子序列为 $Z=\{z_1,z_2,...,z_k\}$，则①若 $x_m=y_n$，则 $z_k=x_m=y_n$，且 Z_{k-1} 是 X_{m-1} 和 Y_{n-1} 的最长公共子序列；②若 $x_m\neq y_n$ 且 $z_k\neq x_m$，则 Z 是 X_{m-1} 和 Y 的最长公共子序列；③若 $x_m\neq y_n$ 且 $z_k\neq y_n$，则 Z 是 X 和 Y_{n-1} 的最长公共子序列。2 个序列（X_m 和 Y_n）的最长公共子序列包含了这 2 个序列的前缀的最长公共子序列。因此，最长公共子序列问题具有最优子结构性质。下面进行证明。

（1）若 $x_m=y_n$，则 $z_k=x_m=y_n$，且 Z_{k-1} 是 X_{m-1} 和 Y_{n-1} 的最长公共子序列。反证法：假设 $z_k\neq x_m$，则 $\{z_1, z_2, ...,z_k, x_m\}$ 是 X 和 Y 的长度为 $k+1$ 的公共子序列。与假设 Z 是 X 和 Y 的最长公共子序列矛盾。

（2）若 $x_m \neq y_n$ 且 $z_k \neq x_m$，则 Z 是 X_{m-1} 和 Y 的最长公共子序列。反证法：若 x_{m-1} 和 Y 有长度大于 k 的公共子序列 W，则 W 也是 X 和 Y 的长度大于 k 的公共子序列。这与 Z 是 X 和 Y 的最长公共子序列矛盾。

（3）证明与上面类似。

由最长公共子序列问题的最优子结构性质可知：要找出 $X=\{x_1,x_2,x_3,...,x_m\}$ 和 $Y=\{y_1,y_2,y_3,...,y_n\}$ 的最长公共子序列，可按以下方式递归计算：当 $x_m=y_n$ 时，找出 X_{m-1} 和 Y_{n-1} 的最长公共子序列，然后在其尾部加上 x_m（或者 y_n）即可得 X 和 Y 的最长公共子序列。当 $x_m \neq y_n$ 时，必须解两个子问题：找出 X_{m-1} 和 Y 的一个最长公共子序列，找出 X 和 Y_{n-1} 的一个最长公共子序列。这两个公共子序列中较长者即为 x 和 y 的最长公共子序列。

建立递推关系。由最长公共子序列问题的最优子结构性质建立子问题最优值的递归关系。用 $c[i][j]$ 记录序列 X_i 和 Y_j 的最长公共子序列的长度。其中，$X_i=\{x_1,x_2,...,x_i\}$；$Y_j=\{y_1,y_2,...,y_j\}$。当 $i=0$ 或 $j=0$ 时，X_i 和 Y_j 的最长公共子序列是空序列。故此时 $c[i][j]=0$。其他情况下，由最优子结构性质可建立递归关系如式（5）所示。由此递归结构容易看出最长公共子序列问题具有子问题重叠性质：即找出 X_{m-1} 和 Y 的最长公共子序列、找 X 和 Y_{n-1} 的最长公共子序列时，都要计算 X_{m-1} 和 Y_{n-1} 的最长公共子序列，即这两个子问题包含了一个公共子问题。

$$c[i][j]=\begin{cases} 0, & i=0 \text{ 或 } j=0 \\ c[i-1][j-1]+1, & i,j>0; x_i=y_j \\ \max\{c[i-1][j],c[i][j-1]\}, & i,j>0; x_i \neq y_j \end{cases} \qquad (5)$$

计算最优值。由于在所考虑的子问题中，总共有 $\theta(mn)$ 个不同的子问题，采用递归算法会随着序列长度的增长，时间复杂度呈指数级递增，而采用动态规划算法自底向上计算最优值可提高算法的效率。$c[i][j]$ 记录 X_i 和 Y_j 的最长公共子序列的长度。$b[i][j]$ 记录计算子序列的方式。求两个最长公共子序列的算法如下。

```
int lcsLength(char x[], char y[], int b[][NUM],int m,int n) {
    int  c[m+1][n+1];
    for (int i = 0; i<=m; i++) c[i][0]=0;
    for (int i = 0; i<=n; i++ ) c[0][i]=0;
    for (int i = 1; i <= m; i++) {
        for (int j = 1; j <= n; j++) {
            if (x[i - 1]==y[j - 1]) {
                c[i][j]=c[i-1][j-1]+1; b[i][j]= 1;    //上对角'\'
            }
            else if (c[i-1][j]>=c[i][j-1]) {
                c[i][j]=c[i-1][j]; b[i][j]= 2;    //前一行'↑'
            }
                else {
                    c[i][j]=c[i][j-1];b[i][j]= 3;  //前一行'←'
                }
        }
    }
    return c[m][n];
}
```

观察上述算法可知，该算法的时间主要由第三个 for 循环决定。因此，该算法的时间复杂度为 $O(mn)$。输出最长公共子序列的算法如下。

```
void lcs(int i, int j, char x[], int b[][NUM]) {
    if (i ==0 || j==0) return;
    if (b[i][j]== 1) {
        lcs(i-1, j-1, x, b);
        cout<<x[i- 1];
    }
    else if (b[i][j] == 2)  lcs(i-1, j, x, b);
        else lcs(i, j-1, x, b);
}
#include <cstring>
int main() {
    char* x = "ABCBDAB";
    char* y ="BDCABA";
    int xlen = strlen(x);
    int ylen = strlen(y);
    int b[NUM1 + 1][NUM2 + 1];
    int len = lcsLength(x, y, b, xlen,ylen);
    lcs(xlen,ylen, x, b);
    return 0;
}
```

调用 main 函数，可得到"ABCBDAB"和"BDCABA"的公共子序列，输出的结果为 BCBA。相应的执行过程如图 10.13 所示。

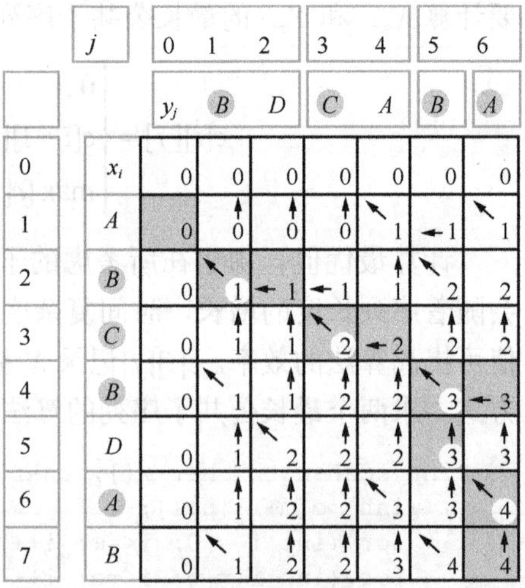

3. 动态规划算法应用举例 3——0-1 背包问题

【问题描述】给定 n 种物品和一个背包。物品 i 的重量是 w_i，其价值为 v_i，背包能承受的最大重量为 C。问：应如何选择装入背包的物品，使得装入背包中物品的总价值最大？如果在选择装入背包的物品时，对每种物品 i 只有两种选择——装入背包或不装入背包，则称为 0-1 背包问题。

该问题是一个约束优化问题，即在满足背包能承受重量约束下使背包内物品的总价值最大。针对此问题，可建立如下数学模型。下面按动态规划算法的解题步骤分析和求解该问题。

图 10.13 "ABCBDAB"和"BDCABA"的公共子序列的求解过程

$$\max \sum_{i=1}^{n} v_i x_i$$

$$s.t. \begin{cases} \sum_{i=1}^{n} w_i x_i \leqslant C \\ x_i \in \{0,1\}, 1 \leqslant i \leqslant n \end{cases}$$

分析最优子结构性质。设 $(x_1, x_2, ..., x_n)$ 是所给 0-1 背包问题的一个最优解，则 $(x_1, x_2, ..., x_{n-1})$ 是下列子问题的最优解。下面利用反证法证明。假设 $(x_1, x_2, ..., x_{n-1})$ 不是（6）的最优解，而 $(y_1, y_2, ..., y_{n-1})$ 是（6）的最优解。由此可知，$\sum_{i=1}^{n-1} v_i y_i > \sum_{i=1}^{n-1} v_i x_i$ 且 $w_n x_n + \sum_{i=1}^{n-1} w_i y_i \leqslant C$。因此，$v_n x_n + \sum_{i=1}^{n-1} v_i y_i > \sum_{i=1}^{n} v_i x_i$ 且 $w_n x_n + \sum_{i=1}^{n-1} w_i y_i \leqslant C$。故 $(y_1, y_2, ..., y_{n-1}, x_n)$ 是所给 0-1 背包问题的更优解。这与前提

$((x_1, x_2, ..., x_n)$是原问题的最优解）相矛盾。

$$\max \sum_{i=1}^{n-1} v_i x_i$$

$$\begin{cases} \sum_{i=1}^{n-1} w_i x_i \leqslant C - w_n x_n \\ x_i \in \{0,1\}, 1 \leqslant i \leqslant n-1 \end{cases} \quad (6)$$

建立递归关系。 设 $m(i,j)$是背包可承受的重量为 j，可选择的物品为 $i,i+1,...,n$ 时 0-1 背包问题的最优值，那么原问题的最优值可表示为 $m(1,C)$。由 0-1 背包问题的最优子结构性质，可以建立计算 $m(i,j)$的递归式如下。

$$m(i,j) = \begin{cases} \max\{m(i+1,j), m(i+1, j-w_i) + v_i\} & j \geqslant w_i \\ m(i+1,j) & 0 \leqslant j < w_i \end{cases}$$

$$m[n][j] = \begin{cases} v_n, & j \geqslant w_n \\ 0, & 0 \leqslant j \leqslant w_n \end{cases}$$

在第一个式子中，上面的子式表明第 i 个物品装得进去，下面的子式表示第 i 个物品装不进去。第二个式子表示边界条件，仅有第 n 个物品、重量约束为 j 时的情况。

（1）物品 i 能够放进背包，则子问题 (i,j) 的最优解取决于第 i 物品是否放进去（物品 i 本身的重量没有超过背包的重量，但是有时装入物品 i 较优，有时装入其他物品（不装入物品 i）时更优）：

① 如果物品 i 不放进去（其他物品放进去），则有 $m[i,j]=m[i+1,j]$；

② 如果物品 i 放进去，则有 $m[i,j]=m[i+1,j-w_i]+v_i$。上述两种选择，我们可以做最优选择 $m[i,j]=\max\{m[i+1,j],m[i+1,j-w_i]+v_i\}$。

（2）物品 i 无法放入背包：则子问题 $m(i+1,j)$ 的最优解一定是子问题 $m(i,j)$ 的最优解（第 i 个物品太重，即 i 物品的重量超过了整个背包的重量）。即 $m[i,j]=m[i+1,j]$。下面给出求解 0-1 背包问题的算法描述。

```
template <class Type>
void Knapsack( Type v[], int w[], int c, int n, Type **m ) {  int  i, j;
    int jMax=min(w[n]-1,c);           //小于第 n 个物品的重量时允许的最大重量
    //初始状态，放入或不放入物品 n
    for ( j=0; j<=jMax;j++)           //物品 n 放不进
        m[n][j]=0;
    for ( j=w[n]; j<=c;j++)           //物品 n 放进去
        m[n][j]=v[n];
    for( i=n-1; i>1;i--){
        jMax=min(w[i]-1,c);
        for ( j=0; j<=jMax;j++) //j 容量下，物品 i 放不进去
            m[i][j]= m[i+1][j];
        for ( j=w[i]; j<=c;j++)
            m[i][j]=max{ m[i+1][j] , m[i+1][ j-w[i] ]+v[i] };
    }//物品 n-1 ～ 2 的放入或不放入
    m[1][c]=m[2][c];                  //初始状态设物品 1 不放入
    if(c>=w[1])
        m[1][c]=max(m[1][c], m[2][ c-w[1] ]+v[1] );
```

```
        //i=1 时即原问题，此时只需考虑容量为 C 的情况。
}
```

观察上述算法可知，算法的运行时间主要由第 3 个 for 循环决定。第 3 个 for 循环中嵌套有两个串行和 for 循环，这两个嵌套的 for 循环共执行 c 次。因此该算法的时间复杂度为 $O(cn)$.

考察 0-1 背包问题的一个具体实例：$n=5$，$c=10$，$w=\{2,2,6,5,4\}$，$v=\{6,3,5,4,6\}$。

物品 5：$n=5$，$jMax=\min(w[n]-1,c)=3$

```
m[5][0]=m[5][1]=m[5][2]=m[5][3]=0  \\物品 5 放不进
m[5][4]=m[5][5]=m[5][6]=m[5][7]=m[5][8]=m[5][9]= m[5][10]=6
```

物品 4：$n=4$，$jMax=\min(w[n]-1,c)=4$

```
m[4][0]=m[5][0]=0
m[4][1]=m[5][1]=0
m[4][2]=m[5][2]=0
m[4][3]=m[5][3]=0
m[4][4]=m[5][4]=6      //物品 4 放不进
m[4][5]=max{m[5][5], m[5][0]+4}=6     //物品 4 不放入时更优
m[4][6]=max{m[5][6], m[5][1]+4}=6
m[4][7]=max{m[5][7], m[5][2]+4}=6
m[4][8]=max{m[5][8], m[5][3]+4}=6
m[4][9]=max{m[5][9], m[5][4]+4}=10    //物品 4 放入时更优
m[4][10]=max{m[5][10], m[5][5]+4}=10
```

物品 3：$n=3$，$jMax=\min(w[n]-1,c)=5$

```
m[3][0]=m[4][0]=0
m[3][1]=m[4][1]=0
m[3][2]=m[4][2]=0
m[3][3]=m[4][3]=0
m[3][4]=m[4][4]=6   m[3][5]=m[4][5]=6 //物品 3 放不进
m[3][6]=max{m[4][6],m[4][0]+5}=6      //物品 3 可但放其他物品更优
m[3][7]=max{m[4][7],m[4][1]+5}=6
m[3][8]=max{m[4][8],m[4][2]+5}=6
m[3][9]=max{m[4][9],m[4][3]+5}=6
m[3][10]=max{m[4][10],m[4][4]+5}=11
```

物品 2：$n=2$，$jMax=\min(w[n]-1,c)=1$

```
m[2][0]=m[2][1]=0    //物品 2 放不进
m[2][2]=max{m[3][2], m[3][0]+3}=3    //物品 2 能放入
m[2][3]=max(m[3][3], m[3][1] +3)=3
m[2][4]=max(m[3][4],m[3][2]+3)=6     //物品 2 不放，物品 4 放入更优
m[2][5]=max(m[3][5], m[3][3] +3)=6
m[2][6]=max(m[3][6],m[3][4] +3)=9
m[2][7]=max(m[3][7],m[3][5] +3)=9
m[2][8]=max(m[3][8],m[3][6] +3)=9
m[2][9]=max(m[3][9],m[3][7] +3)=9
m[2][10]=max(m[3][10],m[3][8] +3)=11
```

物品 1：$n=1$，$jMax=\min(w[n]-1,c)=1$

```
m[1][0]=m[2][0]=0    m[1][1]=m[2][1]=0 //所有物品都放不进
m[1][2]=max{m[2][2], m[2][0]+6}=6      //物品 1 放入更优
m[1][3]=max{m[2][3], m[2][1]+6}=6
```

```
m[1][4]=max{m[2][4], m[2][2]+6}=9
m[1][5]=max{m[2][5], m[2][3]+6}=9
m[1][6]=max{m[2][6], m[2][4]+6}=12m[1][7]=max{m[2][7], m[2][5]+6}=12,
m[1][8]=max{m[2][8], m[2][6]+6}=15
m[1][9]=max{m[2][9], m[2][7]+6}=15
m[1][10]=max{m[2][10], m[2][8]+6}=15
```

可以看出最后背包内放了总价值为 15 的物品。$m[1][10]$（$m[1][c]$）即我们所要求的 0-1 背包问题的最优值。相应的，构造最优解的算法如下。

```
template <class Type>
void Traceback(Type **m, int w[ ], int c, int n, int *x)
{
  for(int i=1;i<n;i++)
      if (m[i][c]==m[i+1][c]) x[i]=0;
      else { x[i]=1;   c-=w[i]; }
 x[n]=(m[n][c])?1:0;
}
```

在求得最优值后，可得到保留信息数组 m。在此基础，运行上述构造最优解的算法可得到相应的最优解。就上面的 0-1 背包实例，构造最优解过程如下。$m[1][10]=15$，$m[2][10]=11$，$m[1][c]!=m[2][c]$，$x_1=1$；$m[2][8]=9$，$m[3][8]=6$，两者不相等，即 $x_2=1$；$m[3][6]=m[4][6]=6$，两者相等，$x_3=0$；$m[4][6]=m[5][6]=6$，两者相等，$x_4=0$；

即 $x_5=m[5][10]?1:0 = 1$。可知，相应的最优解$(x_1, x_2, x_3, x_4, x_5)$为$(1, 1, 0, 0, 1)$。

需要指出的是，上述求解 0-1 背包问题的算法存在两个缺陷：算法要求所给的物品的重量是整数，以满足算法中数组 m 的合法性。当背包容量 c 很大时，算法需要的计算时间比较多。例如，当 $c>2n$ 时，算法需要 $\Omega(n2n)$ 计算时间。克服这两个缺陷的算法请参考其他文献资料。

4．动态规划算法应用举例 4——最大子段和

【问题描述】给定由 n 个整数（可能是负整数）组成的序列 $a_1,a_2,...,a_n$，求形如 $\sum_{k=i}^{j} a_k$ 的子段的最大值。当所有整数均为负整数时定义其最大子段和为 0。依此定义，问题的形式化表示如下。例如：当$(a_1,a_2,...,a_6)=(-2,11,-4,13,-5,-2)$时，其最大子段和为 20。

$$\max\{0, \max_{1\leq i\leq j\leq n} \sum_{k=i}^{j} a_k\}$$

针对该问题，较朴素的思想是用一个指针（或下标）指向子段的开始位置，另一个指针（或下标）指向子段的结束位置，穷举所有的子段和，从而得到最大子段和。相应的算法描述如下。

```
int maxSubSequence(int a[],int n){
    maxSum = 0;
    for (i= 0;i<n;i++){        //i 为起始点
        for (j = i;j<n;j++){ //j 为终止点
            thisSum = 0;
            for (k=i;k<=j;k++)  thisSum += a[k];//累加
            if (thisSum > maxSum) maxSum = thisSum;
        }
    }
    return maxSum;
}
```

观察 maxSubSequence 算法可知，使用西格马求和法易得其时间复杂度为 $O(n^3)$。进一步思考，第三个 for 循环存在重复计算，对其改进可得到如下改进型算法。易知，该改进型算法的时间复杂度为 $O(n^2)$。

```c
int maxSubSequence(int a[],int n){
     maxSum =  0;
     for (i=0;i<n;i++) {            //n 次
          thisSum=0;
          for (j=i;j<n;j++) { //最坏情况 n 次
               thisSum += a[j];
                if (thisSum > maxSum)
                     maxSum = thisSum;
          }
     }
     return maxSum;
}
```

下面按分治法分析和求解此问题。如果将所给定的序列 $a[1:n]$ 分为长度相等的两个段 $a[1:n/2]$ 和 $a[n/2+1:n]$，分别求出这两段的最大子段和，则 $a[1:n]$ 的最大子段有以下三种情形。①$a[1:n]$ 的最大子段和与 $a[1:n/2]$ 的最大子段和相同。②$a[1:n]$ 的最大子段和与 $a[n/2+1:n]$ 的最大子段和相同。③$a[1:n]$ 的最大子段和为 $a_i+a_{i+1}+...+a_j$，$1{\leqslant}i{\leqslant}n/2$，$n/2{<}j{\leqslant}n$，可形式化表示为 $\max\limits_{1{\leqslant}i{\leqslant}n/2}\sum\limits_{k=i}^{n/2}a_k + \max\limits_{n/2{<}i{\leqslant}n}\sum\limits_{k=n/2+1}^{i}a_k$。基于分治法的最大子段和算法如下。

```c
int MaxSubSum(int *a,int left, int right){
     int sum = 0;
     if (left == right)     // 序列长度为 1
          sum = a[left]>0?a[left]:0;
     else{
          int center = (left + right)/2;
          int leftSum = MaxSubSum (a,left,center);
          int rightSum = MaxSubSum (a,center+1,right);
          int s1=0;
          int lefts=0;
          for (int i=center; i>=left; i--){
                lefts +=a[i];
                if(lefts >s1)
                     s1=lefts;
           }
          int s2=0;
          int rights=0;
          for (int i=center+1; i<= right; i++){
                rights +=a[i];
                if(rights >s2)
                     s2=rights;
           }
          sum = s1 + s2;
          if (sum < leftSum)    sum=leftSum;
          if (sum < rightSum) sum=rightSum;
     }
     return sum;
}
```

根据前述知识，可得此算法时间复杂度的递推式如下式所示，进一步可得时间复杂度为 $O(n\log n)$。因此，此算法在时间性能上优于上面两个算法。

$$T(n) = \begin{cases} O(1) & ,n \leqslant c \\ 2T(n/2) + O(n) & ,n > c \end{cases}$$

利用动态规划策略，可设计出更高效的最大子段和策略。如果 $b[j]$ 表示 $a_1, a_2, \ldots, a_j$ 的最大后段和，则 $b[j] = \max\limits_{1 \leqslant i \leqslant j} \sum\limits_{k=i}^{k=j} a_k$ 原问题的最大子段和可表示为 $\max\limits_{1 \leqslant i \leqslant j \leqslant n} \sum\limits_{k=i}^{j} a_k = \max\limits_{1 \leqslant j \leqslant n} \max\limits_{1 \leqslant i \leqslant j} \sum\limits_{k=i}^{j} a_k = \max\limits_{1 \leqslant j \leqslant n} b[j]$。

当 $b[j-1] > 0$ 时，$b[j] = b[j-1] + a[j]$；否则，$b[j] = a[j]$。计算 $b[i]$ 的动态规划的递归式为 $b[j] = \max\{b[j-1] + a[j], a[j]\}$　$1 \leqslant j \leqslant n$。据此分析，可写出如下求最大子段和的算法。

```
int MaxSum(int n, int *a){
    int sum=0, b=0;
    for(int j=1; j<=n; j++){
        if(b > 0)  b += a[j];
        else    b = a[j];
        if (b > sum)    sum = b;
    }
    return sum;
}
```

观察 MaxSum 算法，易知其时间复杂度为 $O(n)$。通过此例可以看到：①对问题本身进行深度特征挖掘（数学表征）是提高算法效率的一条途径；②利用不同算法设计策略求解同一问题时，可能会得到效率不同的算法；③利用算法设计与分析的理论和技术对问题进行分析和相应算法的设计与分析是非常必要的。

10.4　贪心算法

10.4.1　问题引入

有位顾客买了两斤苹果，需付 3.7 元，给了你 10 元，你需找零 6.3 元。假设你抽屉里有一些硬币，面值分别为 2.5 元、1 元、0.5 和 0.1，现在的问题：怎么找币最快（取硬币次数最少）？

找币问题可用动态规划法来求解，但有一种更简单可行的方法：（1）先取 2.5 元的 2 枚，价值 2.5+2.5=5.0 元，余 6.3-5=1.3 元；（2）取 1.0 元的 1 枚，价值 1.0 元，余 1.3-1=0.3 元；（3）不取 0.5 元的，因为 0.5>0.3；（4）取 0.1 元的 3 枚，价值 0.1×3=0.3 元，余 0.3-0.3=0 元，得最优解 $X=\{2, 1, 0, 3\}$，共需最少的硬币数 6 枚。

在不超余额的前提下，每次选择最大面值的硬币，其目的是支付的硬币数最少，这正好也是贪心算法的设计思想。

10.4.2　贪心算法的基本要素与特点

贪心算法总是作出在当前看来最好的选择。也就是说贪心算法并不从整体最优方面考虑，它所作出的选择只是在某种意义上的局部最优选择。尽管贪心算法并不能对所有问题都得到整体最优解，但依然对许多问题可以得到整体最优解。如单源最短路径问题、最小生成树问题等。在一些情况下，即使贪心算法不能得到整体最优解，其最终结果却是很好的最优解近似解。

利用贪心算法能求解最优解的问题须具备两个性质：贪心选择性质和最优子结构性质。所谓贪心选择性质是指所求问题的整体最优解可以通过一系列局部最优的选择，即贪心选择来达到。这是利用贪心算法求解最优解的第一个基本要素，也是贪心算法与动态规划算法的主要区别。当一个问题的最优解包含其子问题的最优解时，称此问题具有最优子结构性质。问题具有最优子结构性质是该问题可用动态规划算法或贪心算法求解的关键特征。

10.4.3 贪心算法的典型应用

1. 贪心算法应用举例 1——活动安排问题

【问题描述】设有 n 个活动的集合 E={1,2,...,n}，其中每个活动都要求使用同一资源，如演讲会场等，而在同一时间内只有一个活动能使用这一资源。每个活动 i 都有一个要求使用该资源的起始时间 s_i 和一个结束时间 f_i，且 $s_i<f_i$。如果选择了活动 i，则它在半开时间区间 $[s_i, f_i)$ 内占用资源。若区间 $[s_i, f_i)$ 与区间 $[s_j, f_j)$ 不相交，则称活动 i 与活动 j 是相容的。活动安排问题就是在所给的活动集中选择出最大的相容活动子集合。

在实际操作中，先将各活动的起始时间和结束时间存储于数组 s 和 f 中，且按结束时间的非减序排列：$f[1]<=f[2]<=f[3]<= ... <=f[n]$。示例如表 10.2 所示。

表 10.2   **11 个活动示例**

i	1	2	3	4	5	6	7	8	9	10	11
$s[i]$	1	3	0	5	3	5	6	8	8	2	12
$f[i]$	4	5	6	7	8	9	10	11	12	13	14

分析算法的贪心选择性质。设活动集 E 中的活动依其结束时间从非减排序，故活动 1 具有最早的完成时间。$A \subseteq E$ 是活动安排问题的一个最优解，且 A 中活动也按完成时间非减排序。设 A 中第一个活动是 k。①当 $k=1$ 时，A 就是一个以贪心选择开始的最优解。②当 $k>1$ 时，$B = A - \{k\} \cup \{1\}$ 易知 B 中活动也是相容的。由于 B 中的活动数与 A 中的活动数相同，所以 B 是以贪心选择活动 1 开始的最优活动安排。由①和②可知总存在以贪心选择开始的最优活动方案。假设 A 中第 1 个活动贪心选择得到的。在贪心地选择活动 1 之后，原问题就转化为对 E 中所有与活动 1 相容的活动进行活动安排的子问题。需证：$A'=A-\{1\}$ 是活动安排问题 $E'=\{i \in E : s_i \geqslant f_i\}$ 的最优解。如果能找到 E' 的一个解 B'，包含比 A' 更多的活动，则将活动 1 加入到 B' 中，得到 E 一个解 B。B 包含比 A 更多的活动，这与 A 的最优性相矛盾。因此，每步所做的贪心选择都将问题简化为一个更小的与原问题具有相同形式的子问题。

分析最优子结构性质。S_{ij} 表示第 i 个活动结束之后，第 j 个活动开始之前的任务集合。假设子问题 S_{ij} 的最优解集合为 A_{ij} 且包含任务 a_k，则在最优解集合里的子问题 S_{ik} 的解 A_{ik} 以及子问题 S_{kj} 的解 A_{kj} 也一定是最优的。证明：假设子问题 S_{ik} 存在一个更优的解 A'_{ik}，则 $|A'_{ik}|+1+|A_{kj}|>|A_{ik}|+1+|A_{kj}|=|A_{ij}|$，这与假设矛盾！

通过上述分析可知，活动安排问题可用贪心选择算法（策略）获得最优解。求解该问题的算法描述如下。假设输入的活动以其完成时间的非减序排列，则算法 greedySelector 总选择最早完成时间的相容活动加入集合 A 中。该算法的贪心选择的意义是使剩余的可安排时间段极大化，以便安排尽可能多的相容活动。

```
int greedySelector(int s[], int f[], boolean a[], int n) { //已非减排序
    a[1]=true;                                               //初始化
    int j = 1, count = 1;
    for (int i = 2; i <= n; i++) {                           //贪心选择
        if (s[i] >= f[j]) {
            a[i] = true;
            j = i;
            count++;
        }
        else a[i] = false;
    }
    return count;
}
```

算法 greedySelector 的效率极高。当输入的活动已按结束时间的非减序排列，算法只需 $O(n)$ 的时间安排 n 个活动，使最多的活动能相容地使用公共资源。如果所给出的活动未按非减序排列，可以用 $O(n\log n)$ 的时间重排。

使用贪心算法求解上述实例时，若被检查的活动 i 的开始时间 S_i 小于最近选择的活动 j 的结束时间 f_j，则不选择活动 i，否则选择活动 i 加入集合 A 中。相应的执行过程如图 10.14 所示，图中每行对应算法的一次迭代。阴影长条表示的活动是已选入集合 A 的活动，而空白长条表示的活动是当前正在检查相容性的活动。根据贪心算法的思想和执行过程可得，安排活动最多的一种方案为活动 1、活动 4、活动 8 和活动 11。

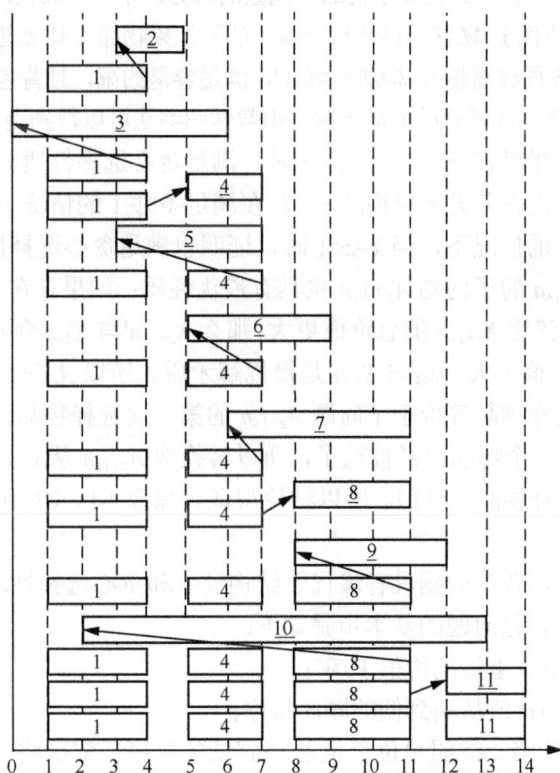

图 10.14 算法 greedySelector 选择过程示意图

贪心算法与动态规划算法都可以求解的问题都具有最优子结构性质。二者的不同之处在于，动态规划算法通常以自底向上的方式解各子问题，而贪心算法则通常以自顶向下的方式进行，以迭代的方式作出相继的贪心选择，每作一次贪心选择就将所求问题简化为规模更小的子问题。对于具有最优子结构性的问题应该选用贪心算法还是动态规划算法求解？能用动态规划算法求解的问题是否也能用贪心算法求解？

2. 贪心算法应用举例 2——0-1 背包/背包问题

【问题描述】给定 n 种物品和一个背包。物品 i 的重量是 W_i，其价值为 V_i，背包最大承载重量为 C。应如何选择装入背包的物品，使得装入背包中物品的总价值最大？在选择装入背包的物品时，对每种物品 i 只有 2 种选择，即装入背包或不装入背包，此时为 0-1 背包问题；在选择装入背包的物品时，可以选择物品 i 的一部分，而不一定要全部装入背包，此时为背包问题。

0-1 背包与背包问题都具有最优子结构。假设第 k 个物品是最优解中的一个物品，则从中拿出 W_k 对应的物品后所对应的解一定是其余 $n-1$ 个物品、装入背包最大承载重量为 $C-W_k$ 的最优解，否则与假设矛盾。

背包问题具有贪心选择性质。假设物品 1、物品 2……物品 n 已按价值重量比降序排序。设原背包问题为 A_1,n，$X=\{x_1,x_2,...,x_n\}$ 是该问题的一个最优解，相应的最优值为 M。令 $k=\min\{i|x_i\neq 0,1\leq i\leq n\}$。

（1）存在 $k=1$ 的最优解。

① 若 $k=1$，则 X 是以贪心选择开始的最优解。下面用反证法证明 k 必须等于 1。②若 $k\neq 1$，（a）如果物品 k 比物品 1 重，将 k 物品中物品 1 重量的部分卸下，换成物品 1，构造新的解 X'，满足容量约束，且背包价值优于 M.这与已知相矛盾。（b）如果物品 1 比 k 重，则将 k 卸下，装上 1 物品的一部分（与物品 k 同样重量），构造新解 X'，满足容量约束，且背包价值优于 M。这与已知相矛盾。因此总存在以贪心选择开始的最优解，由数学归纳法可以得到满足贪心性质的最优解。

（2）在满足条件 1 的情况下，假设 $k\leq z$ 时，满足贪心选择性质。既前 z（包括 z）次从 C_z,n 中选择物品，都是优先考虑选择物品 z，且在满足条件 1 的情况下，X_i 越接近 1 越好。

（3）在满足条件 1 的情况下，当 $k=z+1$ 时，证明也满足贪心选择性质，既第 $k=z+1$ 次选物品（$z+1$）。先证明 A_1,n 的子问题 A_z+1,n 也具有最优性质：如果存在 C_{z+1},n 中选择物品的子问题的解 X_{z+1},n' 的总价值比 X_{z+1},n 的总价值更大，那么 X_{z+1},n' 与 X_1,z 合并后的原问题的解 X_1,n' 的总价值比 X_1,n 的总价值更大。这与 X_1,n 是最优解矛盾。所以 AX_z+1,n 也具有最优性质。

于是第 $k=z+1$ 次选择物品等价于子问题 A_z+1,n 的第一次选择物品，又因为在（2）假设成立的情况下，C_1,n 的前 z 个物品已经被选了，所以转换成 A_z+1,n 从 C_z+1,n 中选第一个物品。根据（1），显然优先选择物品（$z+1$）。所以结论得证。综合（1）（2）（3）得证背包问题具有贪心选择性质。

通过以上分析可知，背包问题具有最优子结构性质和贪心选择性质，比较适合用贪心算法求解。用贪心算法解背包问题的基本步骤如下：

① 计算每种物品单位重量的价值 V_i/W_i；

② 按照单位重量的价值从高到低的顺序排序；

③ 依据贪心选择策略，按照单位价值从高到低的顺序，依次将尽可能多的物品装入背包中，直到背包装满为止。可以将物品装入背包的条件是有空间。基于此步骤，可写出如下代码。

```
typedef  struct {
 float w,v;
    int i;
} ITEMTYPE;
float knapsack(float c,float w[], float v[],float x[],int n) {
        ITEMTYPE d[n];
        for (int i = 0; i < n; i++)  d[i] <= (w[i],v[i],i);
        mergeSort(d);            //按照单价高低排序
        int j;
        float opt=0;
        for (j=0;j<n;j++) x[j]=0;
        for (j=0;j<n;j++) {     //贪心选择
            if (d[j].w>c)  break;
            x[d[j].i]=1;      opt+=d[j].v;       c-=d[j].w;
        }
        if (c>0&& j<n) {        //零碎空间
            x[d[j].i] = c/d[j].w;  opt += x[d[j].i]*d[j].v;
        }
        return opt;
}
```

观察上述代码，mergeSort 是排序算法，相应的时间复杂度至少为 $O(n\log n)$。另外两个串行的 for 循环均为 $O(n)$，因此该算法的时间复杂度为 $O(n\log n)$。

0-1 背包问题和背包问题都具有最优子结构性质，非常相似，但背包问题可以用贪心算法求得最优解，而 0-1 背包问题不能用贪心算法求最优解。虽然使用贪心选择不能保证得到 0-1 背包的最优解，但它是一个直觉上近似的解。事实上，在考虑 0-1 背包问题时，应比较选择该物品和不选择该物品所产生的结果，再作出选择，由此就导出许多互相重叠的子问题。这正是该问题可用动态规划算法求解的另一重要特征。因此，动态规划算法可以有效地解 0-1 背包问题。

3．贪心算法应用举例 3——哈夫曼编码

【问题描述】给定编码字符集 C 及频率分布 f，借助构造最优二叉树（哈夫曼树）实现对 C 中字符的哈夫曼编码（0-1 编码），以达到平均码长最短的目的。

字符集 C 中任一字符 c 以频率 $f(c)$ 在数据文件中出现。C 的一个前缀码编码方案对应于一棵二叉树 T。字符 c 在树 T 中的深度记为 $dT(c)$。$dT(c)$ 也是字符 c 的前缀码长。采用二叉树表示前缀编码，平均码长定义为 $B(T)=\sum_{c\in C}f(c)d_T(c)$：使平均码长达到最小的前缀码编码方案称为给定编码字符集 C 的最优前缀码（哈夫曼编码）。

编码是指将一个文件中字符 c 编码按原来的序列连接起来，编码后的文件称为密文。解码一个编码后的文件（密文）转换相应字符序列（明文）的过程。解码过程需要方便地取出编码的前缀，因此需要表示前缀码的合适的数据结构。为此，可以用二叉树作为前缀码的数据结构：树叶表示给定字符；从树根到树叶的路径当作该字符的前缀码；代码中每一位的 0 或 1 分别作为指示某节点到左儿子或右儿子的标识。一个示例如图 10.15 所示，每片树叶代表一个字符的编码。由于从根到每片树叶的路径是唯一的，因此相应的编码是前缀码。

下面分析哈夫曼问题的贪心选择性质。令 C 为一个字符表。对 $c\in C$，字符 c 在文件中出现的频率为 $f(c)$。令 x 和 y 为 C 中出现频率最小的两个字符，则对 C 存在一个最优前缀编码，

在这个编码中，x 和 y 的编码长度最长，且长度相等，只有最后一位不同。假设有字符 b、c、x、y，其中，x、y 是具有最小频率的两个字符，且 $f(b) \leq f(c)$，$f(x) \leq f(y)$，故 $f(x) \leq f(b)$，$f(y) \leq f(c)$。

对图 10.16（a）中树 T 中树叶 x 和树叶 b 互换，得到树 10.16（b）中的 T'，再对 10.16（b）中树 T' 中树叶 c 和树叶 y 互换，得到 10.16（c）中的树 T''。

$$B(T) - B(T')$$
$$= f(c)dT(c) - f(c)dT'(c)$$
$$= f(x)dT(x) + f(b)dT(b) - f(x)dT'(x) - f(b)dT'(b)$$
$$= f(x)dT(x) + f(b)dT(b) - f(x)dT(b) - f(b)dT(x)$$
$$= (f(b) - f(x))(dT(b) - dT(x)) \geq 0$$

同理，$B(T') - B(T'') \geq 0$

则 $B(T'') \leq B(T') \leq B(T)$

已知，$B(T) \leq B(T'')$（T 表示最优前缀编码）

故 $B(T) = B(T'')$

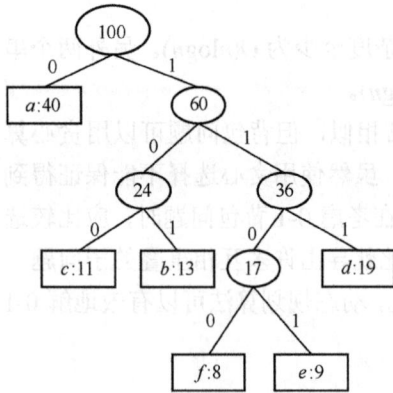

图 10.15 哈夫曼树示意图

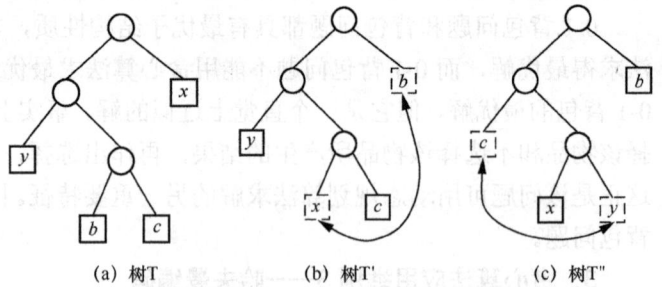

图 10.16 哈夫曼树构建示意

分析哈夫曼编码问题的最优子结构性质。设 x 和 y 是二叉树 T 中的两个叶子且互为兄弟，z 是双亲。若将 z 看作是具有 $f(z) = f(x) + f(y)$ 的字符，则树 $T' = T - \{x, y\}$ 表示字符集 $C' = C - \{x, y\} \cup \{z\}$ 的一个最优前缀编码。利用反证法证明 T' 是一个最优前缀编码。对任意的 $c \in C - \{x, y\}$ 有 $dT(c) = dT'(c)$，故 $f(c)dT(c) = f(c)dT'(c)$。由于 $dT(x) = dT(y) = dT'(z) + 1$，所以 $f(x)dT(x) + f(y)dT(y) = f(x) + f(y)$。

$dT'(z) + 1 = f(x) + f(y) + f(z)dT'(z)$，得到 $B(T) = B(T') + f(x) + f(y)$。假设 T' 表示的字符集 C' 的前缀不是最优的，则有 T'' 表示的 C' 的前缀码使得 $B(T'') < B(T')$。由于 z 被看作 C' 中的一个字符，故 z 在 T'' 中是一树叶。若将 x 和 y 加入树 T'' 中作为 z 的儿子，则得到表示字符集 C 的前缀码的二叉树 T'''，且有 $B(T''') = B(T'') + f(x) + f(y) < B(T') + f(x) + f(y) = B(T)$。这与 T 的最优性矛盾，故 T' 表示的 C' 前缀码是最优的。

通过上述分析可知，哈夫曼编码问题具有贪心选择性质和最优子结构性质，可利用贪心算法求得最优解。哈夫曼提出构造最优前缀码的贪心算法，由此产生的编码方案称为哈夫曼编码。哈夫曼算法构造表示最优前缀码的二叉树 T。算法以 $|C|$ 个叶节点开始，执行 $|C| - 1$ 次

的"合并"运算后产生最终所要求的树 T。具体的算法描述见 6.7 节。

单源最知路径问题也具有贪心选择性质和最优子结构性质，有兴趣的读者可结合 7.5.2 节的内容进行证明。

10.5　回溯法

回溯法是一种利用试探或回溯（backtracking）的搜索技术求解问题的算法。回溯法在问题的解空间中可以系统地搜索一个问题的所有解或任一解。因此，回溯法有"通用的解题法"之称。有许多问题，当需要找出它的解集或者要求回答什么解是满足某些约束条件的最佳解时，往往要使用回溯法。

回溯法的基本做法是搜索，该方法是能避免不必要搜索的穷举式搜索法，适用于解组合数相当大的问题。具体来讲，回溯法在问题的解空间树中，按深度优先策略，从根节点出发搜索解空间树。算法搜索至解空间树的任意一节点时，先判断该节点是否包含问题的（最优）解。如果肯定不包含，则跳过对以该节点为根的子树的搜索，逐层向其祖先节点回溯；否则，进入该子树，继续按深度优先策略搜索。

10.5.1　问题引入

对于 0-1 背包问题，求解的过程是遍历 n 物品，并判定每个物品装入和不装入的过程。这样的遍历判定过程可用一棵高度为 n 的完全二叉树来表示，第 i 层分支表示对第 i 个物品的选择。

某售货员要到 n 个城市推销商品。已知各城市之间的路程，试为售货员选定一条从驻地出发，经过每个城市一次且仅一次，最后回到驻地的最短路径，这个问题被称为售货员问题。该问题本质上是确定城市上的一个排列，以使售货员按此顺序周游城市时的路径最短。根据求排列问题的算法可知，该问题的搜索可用一棵树来表示，每一层分析表示相应的排列位置上选择的城市（编号）。

10.5.2　回溯法的算法框架

复杂问题常常有很多的可能解，这些可能解构成了问题的解空间。解空间也就是进行穷举的搜索空间，因此解空间中应该包括所有的可能解。确定正确的解空间很重要，如果没有确定正确的解空间就开始搜索，可能会增加很多重复解，或者根本就搜索不到正确的解。

用回溯法求解问题时，应明确定义问题的解空间。回溯法将问题的解表示成一个 n 元式 $(x_1, x_2, \ldots, x_n)$，其中 x_i 的取值范围为某个有穷集 S。x_i 的所有取值范围的组合被称为解空间。例如，对于 n 种可选择物品的背包问题，其解空间由长度为 n 的 0-1 向量组成。当 $n=3$ 时，相应的解空间为 $\{(0, 0, 0), (0, 0, 1), (0, 1, 0), (1, 0, 0), (0, 1, 1), (1, 0, 1), (1, 1, 0), (1, 1, 1)\}$。4 个城市的周游路径问题示意如图 10.17 所示。售货员可能的路径有 24 种，即 4 个城市的全排列的个数。

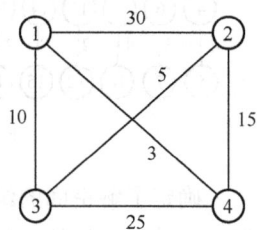

图 10.17　4 个城市周游路径问题示意

定义了问题的解空间后，还应将解空间很好地组织起来，使得能用回溯法方便地搜索整个解空间。通常将解空间组织成树或图的形式。对于上例的 0-1 背包问题，其解空间中的解可组织在一棵有三层分支的满二叉树中，如图 10.18 所示，图中每一条从根到树叶路径表示城市的一个排列。第 i 层分支表示了不同解的情形下第 i 个物品的选择情况。对上文中 4 个城市的售货员问题，其解空间中的解可组织在一棵 4 叉树中，如图 10.19 所示。

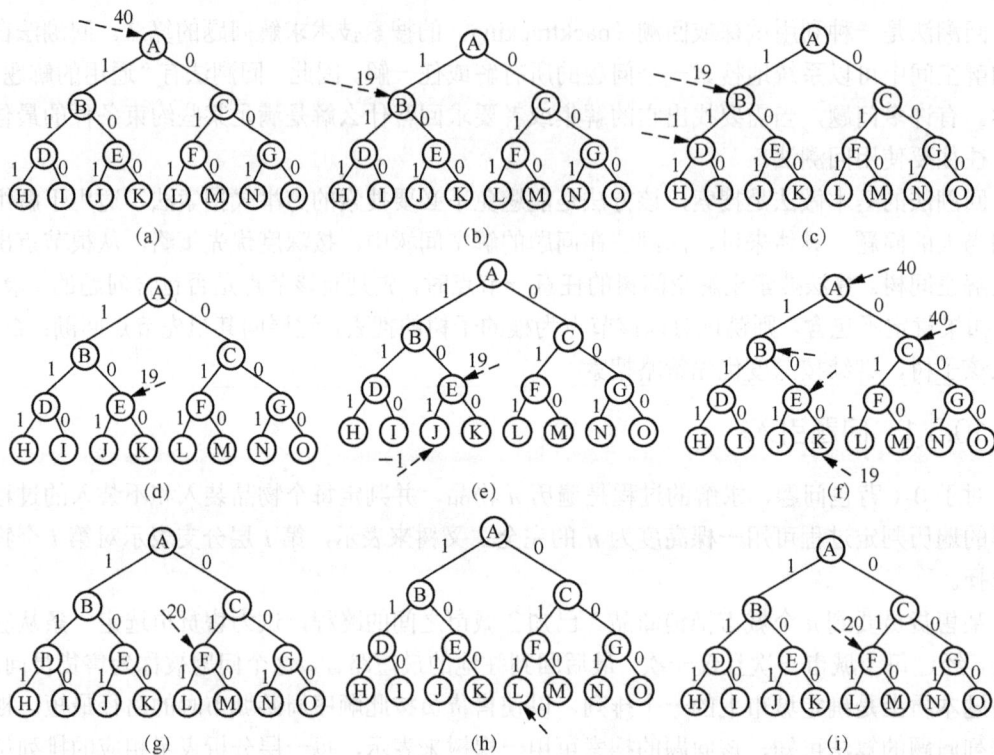

图 10.18　0-1 背包问题示例（$c=40$、$w=[21,20,20]$ 和 $v=[55,30,30]$）的回溯法搜索过程示意图

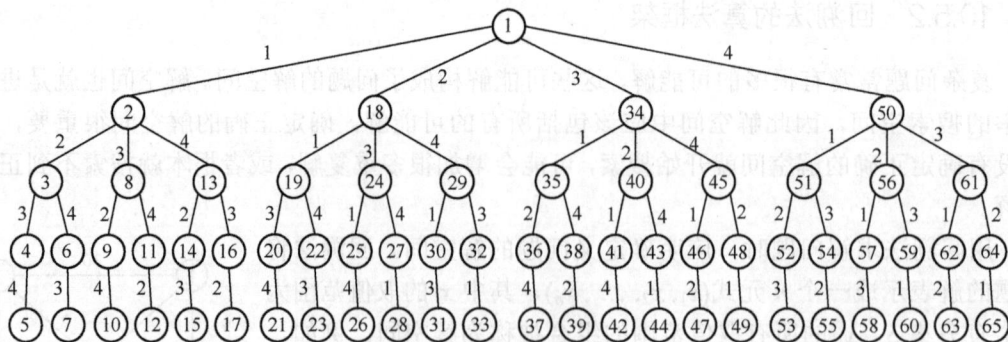

图 10.19　4 个城市的售货员问题的解空间中的解组织示意

确定了解空间的组织结构后，回溯法就从开始节点（根节点）出发，以深度优先的方式搜索（动态产生的）整个解空间。搜索时，从开始节点（根节点）出发，这个开始节点就成为一个活节点（已生成，且其孩子没有全部生成的节点），同时也成为当前的扩展节点（正在

产生孩子的节点）。在当前扩展节点处，搜索向纵深方向移至一个新节点。这个新节点就成为一个新的活节点，并成为当前扩展节点。如果在当前扩展节点处不能再向纵深方向移动，则当前扩展节点就成为死节点。当前扩展节点成为死节点（所有孩子已经全部产生的节点）时，往回移动（回溯）至最近的一个活节点处，并使这个活节点成为当前的扩展节点。回溯法即以这种工作方式递归地在解空间中搜索，直至找到所要求的解，或解空间中已无活节点时终止。

以 $n=3$ 时的 0-1 背包问题为例，$w=[21,20,20]$，$v=[55,30,30]$，$c=40$，从其解空间树的根节点开始搜索其解空间。

① 开始时，根节点 A 是唯一的活节点，也是当前扩展节点，如图 10.18（a）所示。

② 在当前扩展节点 A 处，可纵深移至 B 或 C。选择先移至 B，即选取物品 w_1，此时，A、B 均为活节点，B 成为当前扩展节点。在 B 处剩余背包容量是 $r=40-21=19$，获取价值 55，如图 10.18（b）所示。

③ 从 B 可纵深移至 D 或 E，先考虑移至 D，但是现有的背包容量（14）容不下物品 w_2（20），故移至 D 导致一个不可行解。

④ 从 B 移至 E 不占用背包容量，因而可行。从而我们选择移至 E。此时 E 成为新的扩展节点。此时，A、B 和 E 是活节点。在 E 处容量仍为 19，所得价值仍为 55。

⑤ 从 E 可以移至 J 和 K。移至 J 会导致一个不可行解，而移向 K 是可行的，于是移至 K，K 成为新的扩展节点。

⑥ 由于 K 是一个叶节点，所以我们得到一个可行解(1,0,0)，$v=55$。

⑦ 由于从 K 已无法纵深扩展，故 K 成为一个死节点，所以返回（回溯）至 E（离 K 最近的一个活节点）。

⑧ 而 E 也没有可扩展的节点，也成为了死节点。接下来，再继续回溯，返回至 B 处，同样 B 也成为死节点。再返回 A，从 A 可扩展移至 C。

⑨ 从 C 可移至 F 或 G，令先移至 F，则 F 成为新的扩展节点，此时有活节点 A、C、F。在 F 有 $r=40-w_2=20$，获取价值 30。

⑩ 由于 L 是一个叶节点，所以我们得到一个可行解(0,1,1)，$v=60$。

⑪ 由于从 L 已无法纵深扩展，故 L 成为一个死节点，所以返回（回溯）至 F（离 K 最近的一个活节点）。按此方式继续搜索，可搜索遍整个解空间。搜索结束后找到的最好解是相应的 0-1 背包问题的最优解。

以 4 个城市的售货员问题为例，城市间距离如图 10.17 所示，售货员从驻地城市 1 出发。售货员的一条最短的周游路线，可用回溯法求解。该问题的解空间可以组织成一棵树（如图 10.20 所示），其中，树的第 i 层到第 $i+1$ 层的边上的标号给出城市标号，则从树的根节点到任一叶节点的路径定义了图的一条周游路线。

具体的搜索过程如下。

① 从 A 出发，搜索至 B、C、F、L。在叶子 L 处记录找到的周游路线 1、2、3、4、1，该周游路线费用为 63。

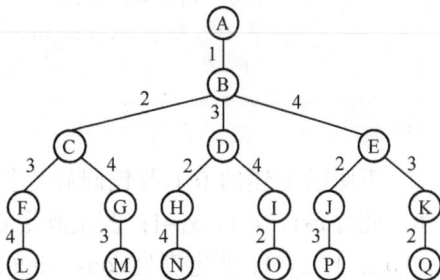

图 10.20 售货员问题的解空间树示意

② 从 L 处返回最近活节点 F，F 已无可扩展节点，因此回到 C。从 C 可移至 G 后又到达 M，得到周游路线 1、2、4、3、1，费用 80，这不比已有路线 1、2、3、4、1 的费用少，因此舍弃该节点。

算法又依次返回节点 G、C、B。从节点 B 又可以继续搜索 D、H、N。在 N 处，相应的周游路线 1、3、2、4、1 的费用为 33。是迄今为止找到的最好的一条周游路线。依次继续搜索遍整个解空间，可找到两条费用最少的周游路线：1→3→2→4→1 和 1→4→2→3→1。

在上面两个例子中，回溯法搜索解空间树中每一条路径（每一片树叶）。是不是必须这样呢？答案是否定的，尤其是对于优化问题。用回溯法搜索解空间时，可以采用两种策略避免无效搜索：①用约束函数在扩展节点处剪去不满足约束条件的子树；②用界限函数剪去得不到最优解的子树。这两类函数统称为剪枝函数。在解 0-1 背包问题（在有限容量内得到最多价值）的回溯法中，用剪枝函数剪去导致不可行解（超出容量限制）的子树。在售货员问题的回溯法中，如果从根节点到当前扩展节点处的部分周游路线的费用已超过当前找到的最少的周游路线费用，则可断定该节点为根的子树中不含最优解，即可剪去该子树。

需要注意的是，问题的解空间树是虚拟的，并不需要在算法运行时构造一棵真正的树结构，只需要存储从根节点到当前节点的路径。

一般地，采用回溯法解决问题分 3 个步骤：①针对所给问题，定义问题的解空间；②确定易于搜索的解空间结构；③以深度优先方式搜索解空间，并在搜索过程中利用剪枝函数避免无效的搜索。

用回溯法解题的显著特征是在搜索过程中动态产生问题的解空间。在任何时刻，算法只保存从根节点到当前扩展节点的路径。如果解空间树中从根节点到叶节点的最长路径的长度为 $h(n)$，则回溯法所需的计算空间约为 $O(h(n))$。

用回溯法求解问题时，通常在解空间中进行搜索。而解空间中的解往往组织到一棵解空间树上，因此回溯法有自己的算法框架。递归式回溯法的算法框架描述如下。其中，t 表示当前的递归深度，n 为控制递归深度，constraint(t) 表示约束函数；bound(t) 是界限函数，$h(i)$ 表示当前状态第 i 个可选值，$f(n,t)$ 为在当前扩展节点处未搜索的子树的起始编号，$g(n,t)$ 为在当前扩展节点处未搜索的子树的终止编号。

```
void backtrack(int t) {
    if (t>n) output(x);
    else {
        for (int i=f(n, t); i<=g(n, t); i++) {
            x[t]=h(i);
            if (constraint(t)&&bound(t))  backtrack(t+1);
        }
    }
}
```

下面以上述的 0-1 背包问题为例分析其执行过程。当调用 backtrack(1)时，执行函数体，此时 $t=1$，$i=1$，$x_1=1$；假定满足 constraint(1)和 bound(1)，调用 backtrack(2)，此时 $t=2$，$i=1$，$x_1=1$，$x_2=1$；假定满足 constraint(2)和 bound(2)，调用 backtrack(3)，$t=3$，$i=1$，$x_1=1$，$x_2=1$，$x_3=1$；假定满足 constraint(3)和 bound(3)，调用 backtrack(4)，此时 $t>n$，输出解向量 $X=(1,1,1)$。输出解向量 X 后，$t=4$ 时的 backtrack(t)的执行完毕，系统工作栈出栈，回到上一层并执行 for

循环，此时 $t=3$，$i=2$，$x_1=1$，$x_2=1$，$x_3=0$，假定满足 constraint(3) 和 bound(3)，用 backtrack(4)，此时 $t>n$，输出解向量 $X=(1, 1, 0)$。此后 $t=4$ 时的 backtrack(t) 的执行完毕，系统工作栈出栈，回到上一层并执行 for 循环，"i++" 后等于 3，退出 for 循环，$t=3$ 时的 backtrack(t) 调用结束，系统工作栈出栈，返回节点 B 处。这段执行过程如图 10.21 所示。如此这样执行下去，直到系统工作栈中没有 backtrack(t) 函数为止。

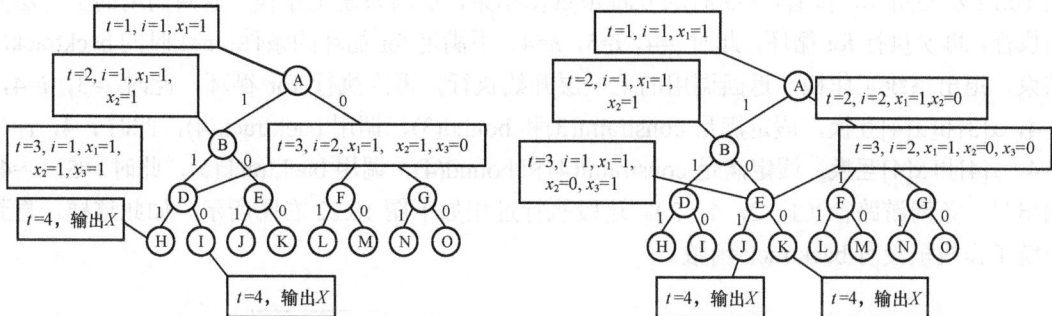

图 10.21　0-1 背包问题示例（$c = 40$、$w = [21,20,20]$、$v = [55,30,30]$）的回溯法搜索过程示意

　　用回溯法解题的一个显著特征是在搜索过程中动态产生问题的解空间。在任何时刻，算法只保存从根节点到当前扩展节点的路径，由 $x[1:t]$ 保存该路径上边的取值。如果解空间树中从根节点到叶节点的最长路径的长度为 n，则回溯法所需的计算空间通常为 $O(n)$。

　　当给定的问题是从 n 个元素的集合中找出满足某种性质的子集时，相应的解空间树为子集树。遍历子集树需要的时间复杂性为 $O(2^n)$。解空间树为子集树时的递归式回溯算法框架如下所示。例：n 个物品的 0-1 背包问题所相应的解空间是一棵子集树（满二叉树）。

```
void backtrack (int t) {
    if (t>n) output(x);
    else
        for (int i=1;i>=0;i--) {            //取值范围
            x[t]=i;
            if (constraint(t)&&bound(t)) //合法
                backtrack(t+1);
        }
}
```

　　当给定的问题是确定 n 个元素满足某种性质的排列时，相应的解空间树为排列树。遍历排列树需要的时间复杂性为 $O(n!)$。解空间树为子集树时的递归式回溯算法框架如下所示。旅行商问题的解空间就是排序树，自根到树叶节点的分支数不断减少。

```
void backtrack (int t) {
    if (t>n) output(x);
    else
        for (int i=t; i<=n; i++) {
            swap(x[t], x[i]);
            if (constraint(t)&&bound(t))
                backtrack(t+1);
            swap(x[t], x[i]);
        }
}
```

对于上述 4 个城市的售货员问题，从驻地城市 1 出发，运行回溯法时的过程如下。当调用 backtrack(2)时，$t=2$，$n=4$，$i=2$，此时 $x[2]$ 和 $x[2]$ 交换，$x[2]=2$；假定满足 constraint(2)和 bound(2)，调用 backtrack(3)，此时 $t=3$，$n=4$，$i=3$，$x[3]$ 和 $x[3]$ 交换，$x[3]=3$；假定满足 constraint(3) 和 bound(3)，调用 backtrack(4)，此时 $t=4$，$n=4$，$i=4$，$x[4]$ 和 $x[4]$ 交换，$x[4]=4$；假定满足 constraint(4) 和 bound(4)，调用 backtrack(5)，此时 $t=5$，$n=4$，输出一个周游路径（1，2，3，4），上述过程如图 10.22 左图所示。接着，$t=5$ 时的 backtrack(t)结束，退出系统工作栈，返回调用的上一层开始执行，再次执行 for 循环，此时 $t=4$，$i=5$，$n=4$，不满足 for 循环的条件；$t=4$ 时的 backtrack(t) 结束，退出系统工作栈，返回调用的上一层开始执行，再次执行 for 循环，此时 $t=3$，$i=4$，$n=4$，$x[3]$ 和 $x[4]$ 互换，假定满足 constraint(3)和 bound(3)，调用 backtrack(4)，此时 $t=4$，$i=4$，$n=4$，$x[4]$ 和 $x[4]$ 互换；假定满足 constraint(4)和 bound(4)，调用 backtrack(5)，此时 $t=5$，$n=4$，输出另一条周游路径（1，2，4，3）。这段执行过程如下图 10.22 右图所示。如此这样，直到系统工作栈里没有 backtrack 函数。

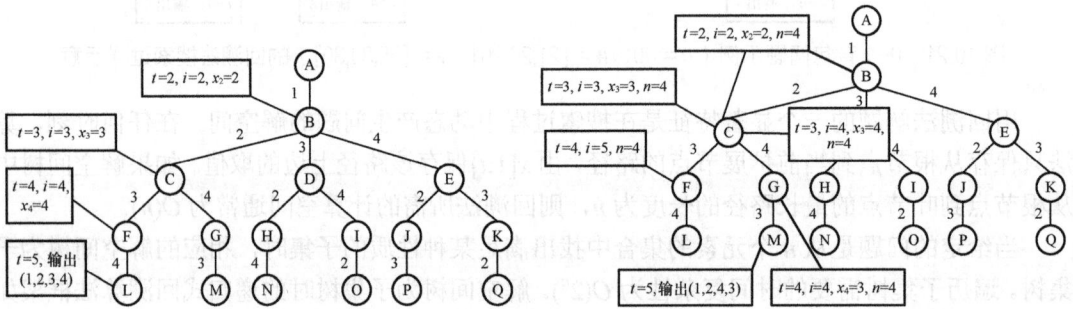

图 10.22　4 个城市的售货员问题示例搜索示意

10.5.3　回溯法的典型应用

1．回溯法应用举例 1——0-1 背包问题

【问题描述】给定 n 种物品和一个背包。物品 i 的重量是 w_i，其价值为 v_i，背包能承受的最大重量为 C。问应如何选择装入背包的物品，使得装入背包中物品的总价值最大？如果在选择装入背包的物品时，对每种物品 i 只有两种选择——装入背包或不装入背包，则称为 0-1 背包问题。

0-1 背包问题是子集选取问题，因此它的解空间可用子集树来表示。在搜索解空间树时，只要其左孩子节点是一个可行节点，搜索就进入其左子树；当右子树中有可能包含最（更）优解时才进入右子树，否则将右子树剪去。针对该问题，如何设计出度量右子树包含潜在更多指标是一个创新点。设 r 是当前剩余物品的价值总和，cp 是当前价值，$bestp$ 是当前最优价值。当 $cp+r \leqslant bestp$ 时，剪去右子树。计算右子树中解的上界的方法：将剩余物品按照其单位重量价值排序，然后依次装入物品，直到装不下时，再装入该物品的一部分而装满背包。例如，物品数量 $n=4$，背包能承受的重量 $c=7$，物品的价值向量 $v=[9,10,7,4]$，物品的重量向量 $w=[3,5,2,1]$。4 个物品的单位重量价值的向量[3,2,3.5,4]。按物品单位重量价值递减的顺序装入，可得到背包装满时的解[1,0.2,1,1]，相应的最优值为 22。很明显，22 是 0-1 背包问题最优解的上界。在搜索解空间树时，内部节点的界限值均可按类似的方法求解，进而确定是否剪枝。

求解 0-1 背包问题的算法描述如下。其中，*w* 表示物品的重量向量，*p* 为物品的价值向量，*bestp* 是目前为止求得的最优解，*cp* 表示当前背包中物品的总价值，*cw* 为当前背包中物品的总重量，*bound* 为计算节点上界的函数。

```
template<class Typew, class Typep>
void Knap<Typew, Typep>::Backtrack(int i) {
    if (i > n){
        bestp = cp;  return; }
    if (cw+w[i] <= c) {                    //是否可行（进入左子树）
        cw += w[i];  cp += p[i];
        Backtrack(i+1);
        cw -= w[i]; cp -= p[i]; }
    if (Bound(i+1) > bestp)                //右子树是否可能含有潜在更优解
        Backtrack(i+1);
}
Typep Knap<Typew, Typep>::Bound(int i)    //计算上界
{ Typew cleft = c - cw;                     //剩余可承受的重量
  Typep b = cp;                             //cp是当前价值
  // 以物品单位重量价值递减序装入物品
  while (i <= n && w[i] <= cleft) {
      cleft -= w[i];
      b += p[i];
      i++;
  }
  // 以装满背包达到的价值为上界
  if (i <= n) b += cleft /w[i] * p[i];
  return b;
}
```

观察上述算法可以看到，Backtrack 函数中第二个 if 语句通过判断解的可行性，决定是否进入左子树。第三个 if 语句通过判断是否可能含有更优解决定是否进入右子树。Bound 函数通过扫描剩余物品计算节点的上界。

2. 回溯法应用举例2——售货员问题

【问题描述】某售货员要到若干城市推销商品。已知各城市之间的路程，试为售货员选定一条从驻地出发，经过每个城市一次且仅一次，最后回到驻地的最短路径。

【问题分析】求解售货员从驻地出发经每个城市仅一次，再返回驻地最短路径，本质上是计算城市的顺序，在模型上可归结为全排列问题。因此，旅行售货员问题的解空间是一棵排列树。令 $w[i,j]$ 表示从顶点 i 到顶点 j 的权值。若 $w[i,j] = \infty$，表示顶点 i 和顶点 j 之间没有边。因此，我们可以得到一个约束条件：如果当前顶点 j 与当前路径中的末端点 i 没有边相连，即 $w[i,j] = \infty$，则不必搜索顶点 j 所在的分支，否则继续。很显然，如果是一个完全图的话，解空间很大。为进一步缩小搜索空间，需挖掘限界函数。令到第 i 层为止所构造路径的权和为 $cw(i) = \sum_{j=2}^{i} w[x[j-1], x[j]]$。假设已经知道部分解为 $(x_1, x_2, ..., X_{i-1})$，则从第 $i-1$ 层节点选择顶点 $x[i]$ 往下走的界限函数为 $B(i)=cw(i-1)+w[x[i-1],x[i]]$。若 $B(i)>=bestw$，则停止搜索 $x[i]$ 分支及其下面的层，否则继续搜索。其中，*bestw* 表示目前为止找到的最佳回路的权和。

基于上述分析，可勾勒出如下基于回溯法的售货员问题算法。进一步地，可写该算法的代码式描述。第 1 行测试：如果 *i=n*，表示已经搜索到了叶节点。如果从 $x[n-1]$ 到 $x[n]$ 以及从

$x[n]$到起点$x[1]$有一条边，则找到了一条回路。此时，第3行需要判断该回路是否是目前发现的最优回路。如果是，第4行到第6行则更新回路的权值和 $bestc$ 以及最优回路。第7到第13行继续回溯，在第8行，如果从$x[i-1]$到$x[j]$有一条边，且小于当前最优解的值 $bestc$，则表示可以继续往下搜索，同时更新目前所构造路径的权值c。

```
void backtrack( int i ) {
    if ( i == n ) {
        if(构成回路 &&更优) {
            for (int j = 1; j <= n; j++)     bestx[j] = x[j];
            bestc = cc+a[x[n - 1]][x[n]]+a[x[n]][1];
        }
    }   else   {
        for (int j = i; j <= n; j++)
            //是否可进入 x[j]子树?
          if(x[i-1]到 x[j]之间有边&&更优){//进入子树进行搜索
                swap(x, i, j);
                cc+=a[x[i - 1]][x[i]];
                backtrack(i + 1);
                cc-=a[x[i - 1]][x[i]];
                swap(x, i, j);
            }
        }
    }
}
void backtrack(int i) {
1      if (i == n) {
2          if (a[x[n - 1]][x[n]] < MAX_VALUE && a[x[n]][1] < MAX_VALUE &&(bestc ==
           MAX_VALUE || cc+a[x[n - 1]][x[n]]+a[x[n]][1]<bestc)) {
3            for (int j = 1; j <= n; j++)  bestx[j] = x[j];
4              bestc = cc+a[x[n - 1]][x[n]]+a[x[n]][1];
5          }
6      }   else {    for (int j = i; j <= n; j++)
7          if(a[x[i - 1]][x[j]] < MAX_VALUE &&
           (bestc==MAX_VALUE||cc+a[x[i- 1]][x[j]]<bestc)) {//搜索子树
8            swap(x, i, j);
9            cc+=a[x[i - 1]][x[i]];
10           backtrack(i + 1);
11           cc-=a[x[i - 1]][x[i]];
12           swap(x, i, j);
            }
       }
}
```

如果售货员问题中驻地确定时，调用 backtrack2)即可。在最坏情况下可能需要更新当前最优解 $O((n-1)!)$次，每次更新 $bestx$ 需计算时间 $O(n)$，从而整个算法的计算时间复杂度为 $O(n!)$。

在回溯法中，约束函数和界限函数的实现因具体问题的不同而不同。在实际应用中需要具体问题具体分析、具体设计。对回溯法的算法框架（包括迭代式回溯和递归式回溯）要非常熟悉，这是应用回溯法求解问题的基础。

3. 回溯法应用举例3——n皇后问题

【问题描述】在 $n×n$ 格的棋盘上放置彼此不受攻击的 n 个皇后。按照国际象棋的规则，皇后可以攻击与之处在同行或同列或同对角线上的棋子。n 后问题等价于在 $n \times n$ 格的棋盘上放置 n 个皇后，任何 2 个皇后不放在同行或同列或同对角线上。

【问题分析】由于皇后的摆放位置不能通过某种公式来确定，因此，对于每个皇后的摆放位置要进行试探和纠正——回溯。由于摆放第 i 个皇后和第 $i+1$ 个皇后的试探方法是相同的，所以它完全可以采用递归的方式进行处理。假定问题的解向量为$(x_1, x_2, \dots , x_n)$，则约束函数可这样表示：①$x_i = 1, 2, \dots, n$；②不同列 $x_i \neq x_j$；③不处于同一正、反对角线$|i-j| \neq |x_i - x_j|$。从某种程度上，可理解为从 $n \times n$ 个方格中选择满足约束的方格。因此，该问题的解空间树是一棵子集树。以 4 皇后为例，可在一个 4×4 的方格中选择，相应的解空间的子集树可用 4 叉树表示。四皇后问题的解空间树是一个完全 4 叉树，树的根节点表示搜索的初始状态，从根节点到第 2 层节点对应皇后 1 在棋盘中第 1 行的可能摆放位置，从第 2 层节点到第 3 层节点对应皇后 2 在棋盘中第 2 行的可能摆放位置，以此类推。如图 10.23 所示。

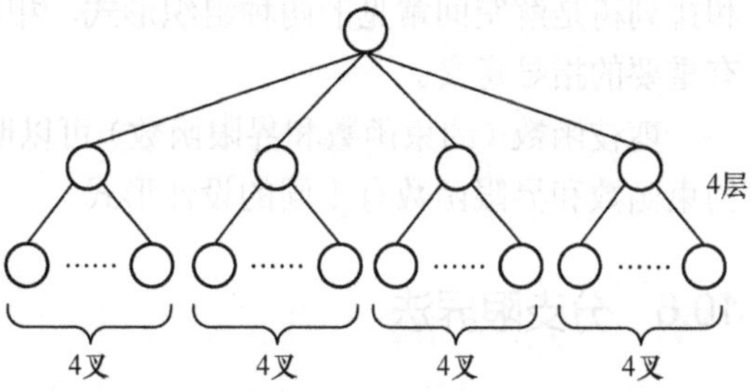

以 4 皇后问题为例，具体的搜索过程如图 10.24 所示。开始时，把第一个皇后放在（1，1）这个格子上，如图 10.24（a）所示；然后进入解空间树的下一层（进入第二行的方格），第二行中的（2，1）方格和（2，2）方格均因不满足约束条件而在解空间树中被剪枝，选择第二行第三个方格，如图 10.24（b）所示；然后进入解空间树的下一层（进入第三行的方格），发现第三行的 4 个方格都不满足约束条件，如图 10.24（c）所示；此时回溯到上一层（进行第二行），选择第二行的第四个方格，如图 10.24（d）所示。如此继续下去，直到完成搜索，如图 10.24（e）—图 10.24（j）所示。

图 10.23　4 皇后解空间树

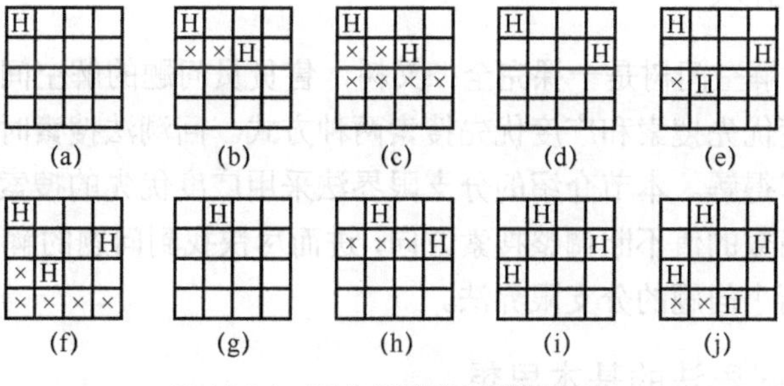

图 10.24　四皇后搜索过程示意图

在此分析的基础上，根据回溯法的框架可写出如下求解算法。Place 函数判断所放的格子是否合法，其中的 if 语句的作用就是判断是否同列或在一条对角线上。若是对 n 叉树搜索，每层都有 n 个节点，此时的时间复杂度为 $O(n^n)$。

```
void backtrack (int t) {
    if (t>n) sum++;
        else
            for (int i=1;i<=n;i++) {
                x[t]=i;
                if (place(t)) backtrack(t+1);
```

```
            }
    }
    boolean place (int k)  {
        for (int j=1;j<k;j++)
            if((Math.abs(k-j)==Math.abs(x[j]-x[k]))||(x[j]
            ==x[k]))
                return false;
        return true;
    }
```

10.5.4　小结

回溯法通过在解空间中的搜索来求解问题，因此回溯法有"通用的解题法"之称。完备的解空间定义是回溯法正确求解的前提，解空间的组织形式对搜索效率有重要影响。子集树和排列树是解空间常见的两种组织形式，相应的算法框架对求解具体问题的回溯法的编写具有重要的指导意义。

剪枝函数（约束函数和界限函数）可以明显地提高回溯法的运行效率。针对不同的问题，约束函数和界限函数有不同的设计形式。

10.6　分支限界法

分支限界法按广度优先策略搜索问题的解空间树。在搜索过程中，对待处理的节点根据限界函数估算目标函数的可能取值，从中选取使目标函数取得极值（极大值或极小值）的节点优先进行广度优先搜索，从而不断调整搜索方向，尽快找到问题的解。分支限界法适用于求解最优化问题。

10.6.1　问题引入

0-1 背包问题的解空间树是一棵完全二叉树，售货员问题的解空间树是一棵 n 叉树。树结构的搜索具有深度优先搜索和广度优先搜索两种方式。回溯法搜索时采用深度优先搜索策略，在问题有解时即得解。本节介绍的分支限界法采用广度优先的搜索策略，而且在搜索过程中通过估算目标函数的值不断调整搜索方向，进而尽快找到问题的解。在介绍典型应用时，会详细描述针对这两个问题的分支限界法。

10.6.2　分支限界法的基本思想

分支限界法按照广度优先策略搜索问题的解空间树，在分支节点上，依次扩展该节点的所有孩子节点，分别估算这些孩子节点的目标函数的可能取值，某孩子节点的目标函数的可能取值超出目标函数的界，则将其丢弃；否则，将其加入待处理的活节点表中。依次从活节点表中选取使目标函数取得极值的节点成为当前扩展节点，重复上述过程，直至找到满足约束条件的（最优）解，或者活节点表为空时为止。

使用分支限界法时需要解决的关键问题有 3 个。

① 如何设计高效的限界函数。设计出的限界函数既要计算简单，又能有效压缩搜索空间，同时不丢解。

② 如何组织待处理的活节点表。活节点表在数据结构采用什么样的处理方式，通过使用堆还是优先队列的形式存储。

③ 如何确定最优解的各个分量。分支限界法在搜索的过程中具有跳跃性，在需得到最优解的情况下，必须保存搜索过程中经过的路径信息。

分支限界法与回溯法可以从 4 个方面来比较。

① 宏观定义方面，使用剪枝函数、深度优先生成解空间（状态）树节点的求解方法称为回溯法。使用剪枝函数、广度优先生成解空间（状态）树节点的求解方法称为分支限界法。

② 求解策略方法，回溯法的求解过程属于盲目搜索，而分支限界法的求解过程是有选择地朝着有利于获得问题解或最优解的方向搜索。

③ 适用场合方面，回溯法适用于寻找满足约束条件的所有解，而分支界限法适用于寻找满足约束条件的一个解，或是在满足约束条件的解中找出在某种意义下的最优解。

④ 搜索方式方面，回溯法以深度优先的方式搜索解空间树，分支限界法以广度优先或以最小耗费优先的方式搜索解空间树。

在分支限界法中，每一个活节点只有一次成为扩展节点的机会。活节点一旦成为扩展节点，就一次性生成所有孩子节点。在这些孩子节点中，导致解不可行或非最优的孩子节点被剪掉，其余孩子节点被加入活节点表；从活节点表中取下一个节点成为当前扩展节点，重复上述节点扩展过程。这个过程一直持续到搜得所需的解或活节点表为空时为止。

常见的分支限界法有两种。

① 队列式分支限界法，按照队列先进先出（FIFO）原则选取下一个节点成为扩展节点。

② 优先队列式分支限界法，按照优先队列中规定的优先级选取优先级最高的节点成为当前扩展节点。

下面以一个具体的 0-1 背包问题为例，详细描述分支限界法在子集树上的搜索过程。假定有 n（$n=3$）件物品，相应的重量向量和价值向量分别为 $w=[21,20,20]$ 和 $p=[55,30,30]$，重量约束 $c=40$，部分搜索过程如图 10.25 所示。

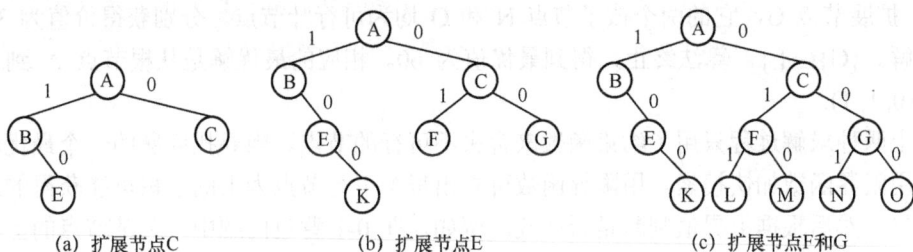

图 10.25　0-1 背包问题示例（$c=40$、$w=[21,20,20]$ 和 $p=[55,30,30]$）的队列式分支限界法搜索过程（部分）

初始队列为空。根节点 A 为当前扩展节点。由约束函数可知，A 的两个孩子节点 B 和 C 均为可行节点。故 B 和 C 按从左到右的顺序加入活节点队列{ }→{B, C}。

依先进先出的原则，下一个扩展节点是活节点队列的队首节点 B。扩展节点 B，舍去不可行节点 D，加入可行节点 E，此时队列的状态为{B, C}→{C, E}。

扩展节点 C，它的两个孩子节点 F 和 G 均可行，队列的状态变为{C, E}→{E, F, G}，如

图 10.25（a）所示。

扩展节点 E，它有两个孩子节点 J 和 K，其中 J 不可行，K 为可行叶节点。从 K 得到一个可行解，对应价值为 55，队列的状态为{E, F, G}→{F, G}，如图 10.25（b）所示。

扩展节点 F，它的两个孩子节点 L 和 M 均为可行叶节点，分别获得价值为 60 和 30 的可行解，队列的状态为{F, G}→{G}。

扩展节点 G，它的两个孩子节点 N 和 O 均为可行叶节点，分别获得价值为 30 和 0 的可行解，队列状态为{G}→{ }，如图 10.25（c）所示，算法终止，得到最优值为 60。相应的最优解是从根节点 A 到节点 L 的路径(0, 1, 1)。

可以看出，队列式分支限界法采用广度优先的方式搜索解空间，与广度优先遍历不同的是，它不搜索以不可行节点为根的子树。在上述搜索过程中，按照自左至右、自上而下的方式进行，没有使用节点的优化级来引导搜索过程。

下面来看优先队列式分支限界法的搜索过程。用最大堆来表示活节点表的优先队列，用节点所获得的价值作为节点的优先级。具体的搜索过程如下。

① 初始堆为空。根节点 A 为当前扩展节点。A 的两个孩子节点 B 和 C 均可行，加入堆中。B 获得当前价值是 55，C 获得价值 0，因此 B 是堆中最大元素，成为下一个扩展节点，队列的状态为{ }→{B, C}。

② 扩展节点 B，舍去不可行节点 D，将可行节点 E 加入堆。E 的价值为 55，成为堆中最大元素，继而成为下一个扩展节点，此时优化队列的状态为{B, C}→{E, C}（和上述队列式分支限界法搜索的第 2 步有明显的不同）。

③ 扩展节点 E，得到两个孩子节点 J 和 K，其中 J 不可行，K 为可行叶节点。从 K 得到一个可行解，对应价值为 55，优化队列的状态为{E, C}→{C}。

④ 扩展节点 C，它的两个孩子节点 F 和 G 均可行，加入堆。F 的价值为 30，G 的价值为 0，最大元素 F 成为下一个扩展节点，队列的状态为{C}→{F, G}。

⑤ 扩展节点 F，它的两个孩子节点 L 和 M 均为可行叶节点。分别获得价值为 62 和 30 的可行解。L 相应的解为当前最优解，队列的状态为{F, G}→{G}。

⑥ 扩展节点 G，它的两个孩子节点 N 和 O 均为可行叶节点。分别获得价值为 30 和 0 的可行解。{G}→{ }，算法终止，得到最优值为 60。相应的最优解是从根节点 A 到节点 L 的路径(0, 1, 1)。

以上两种求解过程只用了约束函数来舍去不可行的节点。当寻找问题的一个最优解时，还可以用限界函数加快搜索。用限界函数可求出每个可行节点为根的子树可能获得的最大价值的上界，然后根据上界值判断是否剪枝。例如，在 0-1 背包问题中，若某节点的上界不会比当前最优值更大，则说明相应的子树中不含问题的最优解，因而可以剪去。

针对上面的 0-1 背包实例，分析采用优先队列式分支限界法和限界函数的搜索。用最大堆来表示活节点表的优先队列，用节点处的上界值作为节点的优先级。在此思路下，其具体的搜索过程如下。

① 初始堆为空。根节点 A 为当前扩展节点。A 的两个孩子节点 B 和 C 均可行，加入堆中。B 的上界值是 83.5，C 的上界值 60，bestp 更新为 55。B 是堆中最大元素，成为下一个扩展节点，优先队列的状态为{ }→{B, C}。

② 扩展节点 B，舍去不可行节点 D，将可行节点 E 加入堆。E 的上界值为 83.5，成为堆中

最大元素,继而成为下一个扩展节点,优先队列的状态为{B, C}→{E, C},如图 10.26(a)所示。

③ 扩展节点 E,得两个孩子节点 J 和 K,其中 J 不可行,K 为可行叶节点,位于第 4 层,其优先级的值为 55,优先队列的状态{E, C}→{C, K},如图 10.26(b)所示。

④ 扩展节点 C,它有两个孩子节点 F 和 G。F 的上界值等于 60,G 的上界值为 30 小于 bestp,所以被剪枝,优先的队列{C, K}→{F, K}。

⑤ 扩展节点 F,它有两个孩子节点 L 和 M。L 的上界值为 60,位于第 4 层,是叶子节点。M 的上界值为 30 小于 bestp,所以被剪枝。L 相应的解为当前最优解,优先队列的状态{F, K}→{L, K}。

⑥ 取出下一扩展节点 L,回到 while 循环开始处发现其层数 i 等于 $n+1$,循环结束。堆中还有 K 节点,但是不再考虑,如图 10.26(c)所示。直接构造当前最优解为从根节点 A 到节点 L 的路径(0,1,1),返回 cp 的值即 L 节点的价值 60。

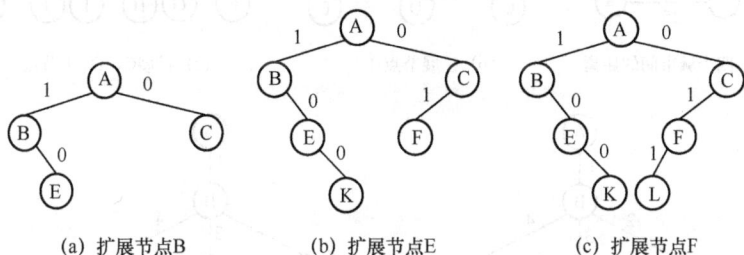

图 10.26 0-1 背包问题示例($c = 40$ 、 $w = [21,20,20]$ 和 $p = [55,30,30]$)的优先队列式分支限界法搜索过程(部分)

比较这 3 种搜索过程可以发现:

① 利用优先级调整搜索方向可较快获得最优解;

② 使用限界函数可有效压缩搜索空间,并从当前活节点表中选择一个最有利的节点作为扩展节点,使搜索朝着解空间树上有最优解的分支推进。

接下来以四个城市的旅行商问题为例,对排列树的分支限界法搜索过程进行描述,如图 10.27 所示。求解此问题的队列式分支限界法的过程可描述如下(节点 B 为初始扩展节点,此时活节点队列为空)。

① 扩展节点 B,它的三个孩子节点 C、D 和 E 均可行,加入队列,队列状态由{ }变化为{C, D, E},如图 10.27(b)所示。

② 扩展节点 C,它的两个孩子 F、G 均可行,加入队列,队列状态变化{C, D, E}→{D, E, F, G}。

③ 节点 D、E 被相继扩展,队列状态{D, E, F, G}→{F, G, H, I, J, K},如图 10.27(c)所示。

④ 扩展节点 F,生成节点 L,对应回路的费用为 63,是当前最优费用,队列状态{F, G, H, I, J, K}→{G, H, I, J, K}。

⑤ 扩展节点 G(从根节点到 G 的当前费用 45 小于当前最优费用 63),生成节点 M,费用为 80,大于当前最优费用,队列状态{G, H, I, J, K}→{H, I, J, K}。

⑥ 扩展节点 H(15<63),生成节点 N,费用为 33,更新当前最优费用,队列状态{H, I, J, K}→{I, J, K},如图 10.27(d)所示。

⑦ 扩展节点 I,从根节点到 I 的费用为 35,已超过当前最优费用 33,故 I 的子树被剪去,

队列状态{I, J, K}→{J, K}。

⑧ 扩展节点 J（当前费用 18<33），生成节点 P，费用为 33，不小于当前最优费用，队列状态{J, K}→{K}。

⑨ 扩展节点 K（当前费用 28<33），生成节点 Q，费用为 63，不小于当前最优费用。队列为空，算法终止。得到最优值 33。队列状态{K}→{ }，如图 10.27（e）所示。

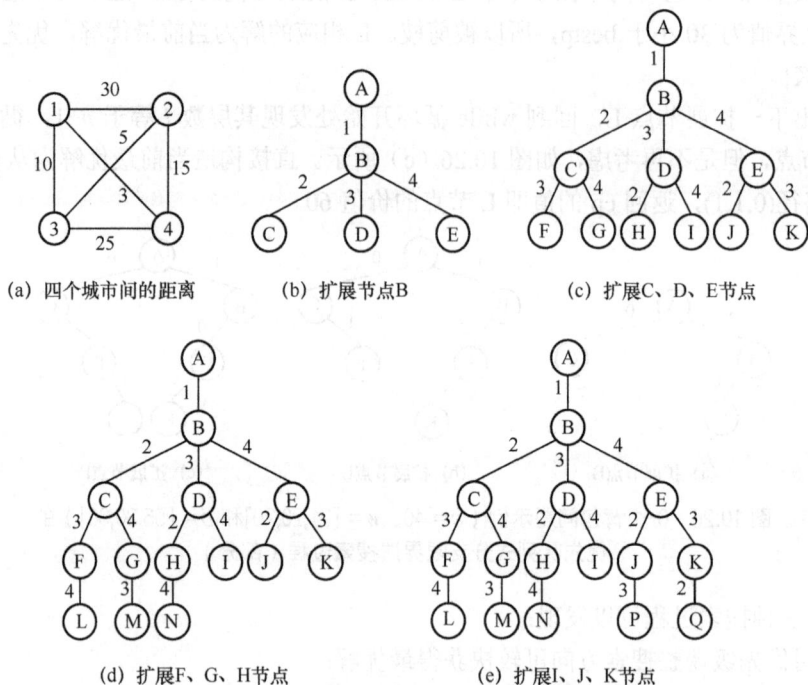

(a) 四个城市间的距离　　(b) 扩展节点B　　(c) 扩展C、D、E节点

(d) 扩展F、G、H节点　　(e) 扩展I、J、K节点

图 10.27　四个城市旅行商问题示例的队列式分支限界法搜索过程示意

对于上述四个城市的旅行商问题，用优先式队列分支限界法求解时，可用一个最小堆存储活节点表。优先级是节点当前费用，初始堆为空。求解过程如下。

① 扩展节点 B，它的三个孩子节点 C（30）、D（10）和 E（3）均可行，插入堆中，E 的费用最小，位于堆顶，优先队列状态{ }→{E（3），D（10），C（30）}，如图 10.28（a）所示。

② 扩展节点 E，它的两个孩子节点 J（18）、K（28）均可行，插入堆，优先队列状态{E, D, C}→{D（10），J（18），K（28），C（30）}。

③ 扩展节点 D，有孩子节点 H（15）、I（35），优先队列状态变化{D, J, K, C}→{H（15），J（18），K（28），C（30），I（35）}，如图 10.28（b）所示。

④ 扩展节点 H，生成节点 N（叶节点），对应费用为 33，是当前最优费用，对应一条最优路径{J, K, I, C}。

⑤ 扩展节点 J，生成节点 P，费用为 33，这是另一条最优路径。

⑥ 扩展节点 K，生成节点 Q，费用为 63，高于当前最优费用。

⑦ 扩展节点 C、I，由于节点当前费用已高于当前最优费用，被剪枝，如图 10.28（c）所示。优先队列为空，算法终止。

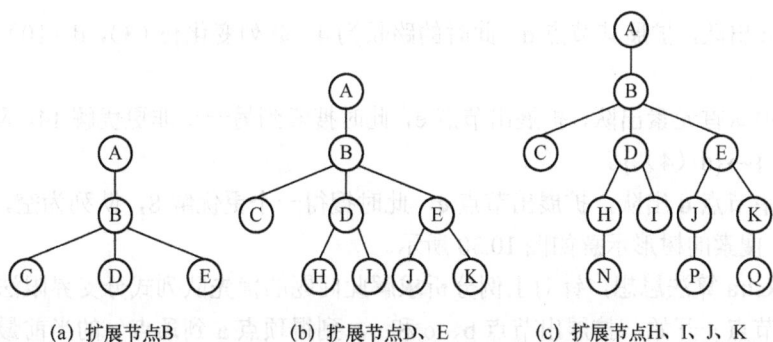

(a) 扩展节点B   (b) 扩展节点D、E   (c) 扩展节点H、I、J、K

图 10.28 四个城市旅行商问题示例的优先队列式分支限界法搜索示意（部分）

10.6.3 分支限界法的典型应用

分支限界法应用举例 1——单源最短路径问题

【问题描述】在所给的有向图 G 中，每一条边都有一个非负边权。求图 G 中从一个顶点到另一个顶点的最短路径。

假设要求的是从源顶点 a 到顶点 e 的最短距离，解决此问题的著名算法是 Dijkstra 算法。Dijkstra 算法的核心思想有两点：

① 把确定了到源顶点 a 距离的顶点放在一个集合 S，其他顶点在集合 V-S 中；

② 每迭代一次，确定从源顶点到 V-S 中一个顶点的最短距离，将其从 V-S 中移到 S 中，更新 dist 数组。

初始 S 中只有顶点 a。第一次循环时，dist 数组中相应于顶点 c 的距离 3 最小，将顶点 c 从 V-S 中移到 S 中；更新 dist 数组中相应于顶点 d 的元素值为 4。第二次循环时，dist 数组中相应于顶点 d 的距离 4 最小，将顶点 d 从 V-S 中移到 S 中；更新 dist 数组中相应于顶点 e 的元素值为 8。第三次循环时，dist 数组中相应于顶点 b 的距离 5 最小，将顶点 b 从 V-S 中移到 S 中；此时 dist 数组不用更新。第四次循环时，dist 数组中相应于顶点 e 的距离 8 最小，将顶点 e 从 V-S 中移到 S 中，循环结束。

有向图 G 中各顶点的示意及 Dijstra 搜索过程示意如图 10.29 所示。

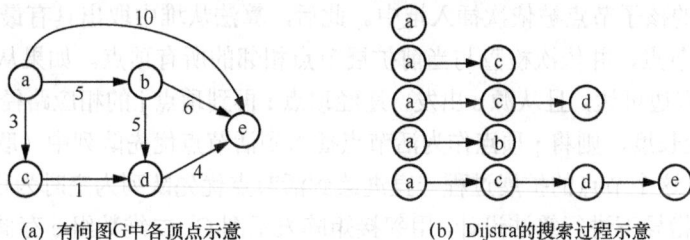

(a) 有向图G中各顶点示意   (b) Dijstra的搜索过程示意

图 10.29 有向图示例及 Dijstra 搜索过程示意

基于 Dijkstra 算法思想，针对上例分析求解此问题的队列式分支界限法过程如下。

① 从根节点 a 开始，扩展出节点 b、c 和 e，到得顶点 a 到顶点 e 的当前最优解 10，队列变化为{}→{b（5），c（3）}。

② 节点 b 出队，扩展其子节点 d 和 e，搜索到另一个非更优的解 11，队列变化{b（5），c（3）}→{c（3），d（10）}。

③ 节点 c 出队，扩展其节点 d，此时的路长为 4，队列变化{c（3），d（10）}→{d（10），d（4）}。

④ 队列中队首元素出队，扩展出节点 e，此时搜索到另一个非更优解 14，队列变化为{d（10），d（4）}→{d（4）}。

⑤ 队列中节点 d 出队，扩展出节点 e，此时搜得一个更优解 8，队列为空，队列式分支限界法结束。搜索的树形示意如图 10.30 所示。

基于 Dijkstra 算法思想，针对上例分析求解此问题的优先队列式分支界限法过程如下。

① 从根节点 a 开始，扩展出节点 b、c 和 e，到得顶点 a 到顶点 e 的当前最优解 10，队列变化为{}→{c（3），b（5）}。

② 节点 c 出队，扩展其子节点 d，队列变化{b（5），c（3）}→{d（4），b（5）}。

③ 节点 d 出队，扩展其子节点 e，此时搜索得一个更优解 8，队列变化{d（4），b（5）}→{b（5）}。

④ 队列中队首元素出队，扩展出节点 e，此时搜索到另一个非更优解 11，队列变化为{b（5）}→{ }。队列为空，优先队列式分支限界法结束。搜索的树形示意如图 10.31 所示。

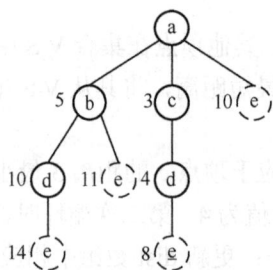

图 10.30　有向图示例的队列式
分支限界法搜索的树形示意

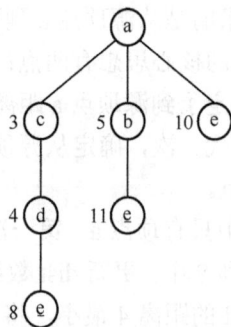

图 10.31　有向图示例的优先队列式
分支限界搜索法的树形示意

解单源最短路径问题的优先队列式分支限界法的思想：用一个最小堆来存储活节点表，节点所对应的当前路长越短则优先级越高。算法从图 G 的源顶点 s 和空优先队列开始。节点 s 被扩展后，它的孩子节点被依次插入堆中。此后，算法从堆中取出具有最小当前路长的节点作为当前扩展节点，并依次检查与当前扩展节点相邻的所有顶点。如果从当前扩展节点 i 到相邻的顶点 j 有边可达，且从源 s 出发，途经顶点 i 再到顶点 j 的相应路径的长度小于当前 s 到 j 的最优路径长度，则将 j 顶点作为活节点插入到活节点优先队列中（联想 Dijkstra 算法中的 dist 数组）。这个节点的扩展过程一直继续到活节点优先队列为空时为止。

在此思想的指导下进行算法设计。用邻接矩阵表示图 G，二维数组 c 存储 G 的邻接矩阵，数组 dist 记录源到各顶点的距离，用数组 prev 记录从源到各顶点的路径上的前驱顶点。选用最小堆 MinHeap 表示活节点优先队列。最小堆类型节点 MinHeapNode 包含域 i，用于记录该活节点所表示的图 G 中相应顶点的编号，length 表示从源到该顶点的距离。

```
MinHeap<MinHeapNode<Type>> H(1000);
MinHeapNode<Type> E; //定义源 v 为初始扩展节点
E.i=v;
E.length=0;
dist[v]=0;
```

```
//搜索问题的解空间
while (true) {
    for (int j = 1; j <= n; j++){
        //对所有顶点 1~n
        if((c[E.i][j]<inf)&&(E.length+c[E.i][j]<dist[j])) {
            //顶点 i 到顶点 j 可达，且满足控制约束
            dist[j]=E.length+c[E.i][j];
            prev[j]=E.i;
            //加入活节点优先队列
            MinHeapNode<Type> N;
            N.i=j;
            N.length=dist[j];
            H.Insert(N);
        } } //end of for
    try {H.DeleteMin(E);}       //取下一扩展节点
    catch (OutOfBounds) {break;}      //优先队列空
} //end of while
```

图 10.32 所示为 11 个城市及城市间的距离示意，求源顶点 s（1）到各顶点（2~11）的最短路径。接下来以此例详细描述上述算法的执行过程。

① 初始值 E.i=1、E.length=0、dist[1]=0、E.i=1，经过一轮循环 j=1~n，发现从 1 到节点 2、3、4 有边，将 2、3、4 依次插入

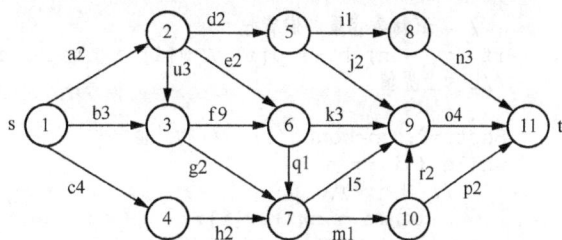

图 10.32 11 个城市及城市间的距离示意

堆 H.Insert(N)。堆中首元素为节点 2，对应的当前路长为 2；其次为节点 3，对应路长为 3；末元素为节点 4，对应路长为 4，即节点 2 成为新扩展节点。

② E.i=2，从节点 2 到节点 3、5、6 有边，从 1 到 2 路长为 2，2 到 3 路长 c[2][3]为 5，2+c[2][3]>dist[3]，而 5、6 满足控制约束，将 5、6 插入堆。堆中首元素为节点 3，对应的当前路长为 3；其次为节点 4，对应的路长为 4；再次为节点 6，对应的路长为 4；末元素为节点 5，对应的路长为 9，即节点 3 成为新扩展节点。

③ E.i=3，循环 j=1~n，从节点 3 到节点 6、7 有边，(3+c[3][6]=12>dist[6]=4)，即 6 不满足控制约束，而 7 满足，故将 7 插入堆。堆中首元素为 4，对应的当前路长为 4；其次为节点 6，对应的路长为 4；再次为节点 7，对应的路长为 5；末元素为 5，对应的路长为 9，即节点 4 成为新扩展节点。

④ E.i=4，从节点 4 到节点 7 有边，4+c[4][7]=6,dist[7]=5，4+c[4][7]>dist[7]。堆中首元素为 6，对应的当前路长为 4；其次为节点 7，对应的路长为 5；再次为节点 5，对应的路长为 9，即节点 6 成为新扩展节点。

⑤ E.i=6，循环 j=1~n，从节点 6 到节点 7、9 有边，(4+c[6][7]=5＝dist[7]=5)，可以不更新(4+c[6][9]=7<dist[9])，插入堆。

⑥ 以此类推，扩展节点 7、9、11、5、8，直到堆为空，算法结束。

分支界限法应用举例 2——0-1 背包问题

【问题描述】给定 n 件物品和一个背包。物品 i 的重量是 w_i，其价值为 v_i，背包能承受的最大重量为 C。在选择装入背包的物品时，对每件物品只有两种选择：装入背包或不装入背包。应如何选择装入背包的物品，使得装入背包中物品的总价值最大？

根据分支界限法，分析求解 0-1 背包问题的算法思想。首先，对输入数据进行预处理，

将各物品依其单位重量价值从大到小进行排列。在优先队列分支限界法中，节点的优先级可这样定义：已装入的物品价值和加上剩余的最大单位重量价值的物品装满剩余容量的价值和。

在扩展子集树中的左右孩子节点时，首先检查当前扩展节点的左孩子节点是否可行。如果左孩子是可行节点，将其加入到活节点优先队列中；当前扩展节点的右孩子节点一定是可行节点，仅当右孩子节点满足上界约束时才将它加入到活节点优先队列。当搜索过程同时使用约束函数和界限函数时，第一次扩展到叶节点时得到问题的最优值。据此算法思想，可将算法的核心部分做如下描述。

```
cleft  = c - cw;  b=cp; //n表示物品总数
while (i <= n && w[i] <= cleft) {
        cleft -= w[i];           //w[i]表示i所占空间
        b += p[i];               //p[i]表示i的价值
        i++;
}
 // 装填剩余容量装满背包
if (i <= n) b += p[i] / w[i] * cleft; return b;
//b为上界值

Bestp=0; up=bound(1); //初始值
while ( i <= n )
 {  // 非叶节点
        wt = cw + w[i];
        if (wt <= c)
        {//左孩子节点为可行节点
          if (cp + p[i] > bestp)          bestp = cp + p[i];
          addLiveNode(up,cp + p[i],cw + w[i],i + 1, enode, true);添加活节点
        }
        up = bound(i + 1);
        if (up >= bestp)   //检查右孩子节点
            addLiveNode(up,cp,cw,i + 1, enode, false);添加活节点
     //取下一个扩展节点（略）
}
```

假设有 3 件物品，背包的重量约束为 $c=40$，物品的重量向量和价值向量分别为 $w=[21,20,20]$ 和 $p=[63,40,20]$，算法的执行过程如下。

由计算可知，按单位重量先将物品排序，与原顺序同。第 i 层节点的左孩子节点优先级 up 为 bound(i)，右孩子节点优先级 up 为 bound($i+1$)，具体的搜索过程如图 10.33 所示，图 10.33 中的 b()表示 bound()。

搜索开始时站在根节点上，此时优先队列为空，如图 10.33（a）所示。接着，扩展根节点的左右两个孩子节点，先扩展出左孩子节点（如图 10.33（b）所示），再扩展右孩子节点时发现以其为根的子树不含有更优解的可能性，故删去（如图 10.33（c）所示），此时优先队列中仅有节点 2。然后，节点 2 出队，扩展其左右孩子节点，发现左孩子节点产生不可行解，扩展其右孩子节点 3，节点 3 入优先队列，如图 10.33（d）所示，此时优先队列中只有节点 4。最后，节点 3 出队，扩展其左右孩子节点，发现左孩子节点产生不可行解，扩展其右孩子节点 4，如图 10.33（e）所示，此时优先队列空，得到最优解(1,0,0)，相应的最优值为 63。

分支限界法应用举例 3——装载问题

【问题描述】有 n 个集装箱要装上 2 艘载重量分别为 c_1 和 c_2 的轮船，其中集装箱 i 的重量为 w_i，且

$$\sum_{i=1}^{n} w_i \leq c_1 + c_2$$

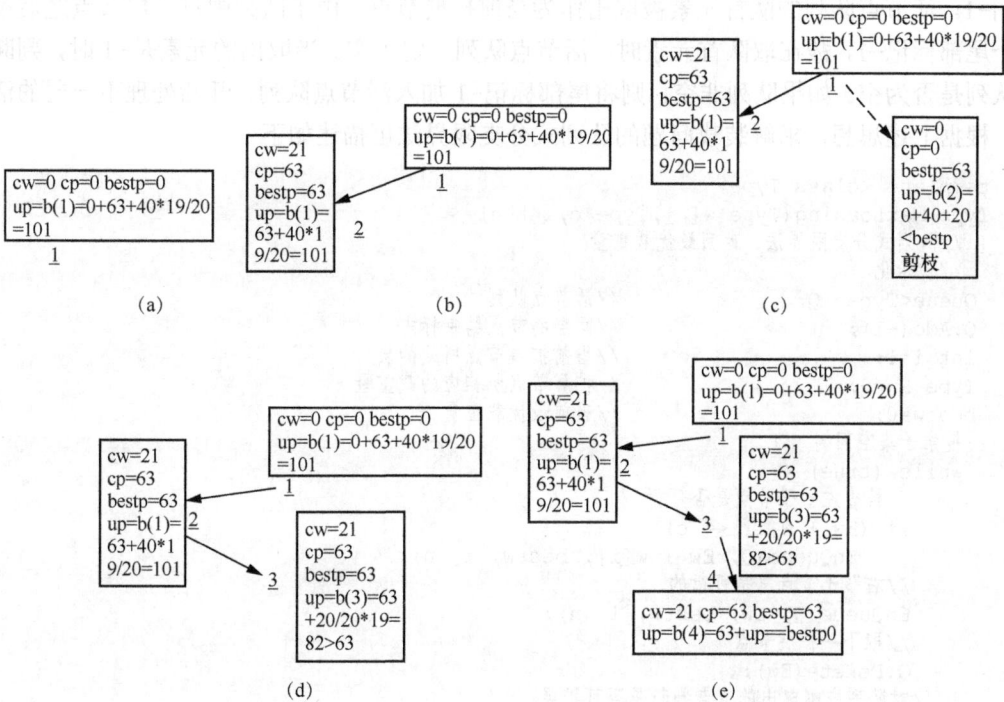

图 10.33 背包问题示例（$c=40$、$w=[21,20,20]$ 和 $p=[63,40,20]$）的搜索过程示意

装载问题要求确定是否有一个合理的装载方案可以将这些集装箱装上这 2 艘轮船，如果有，则找出一种装载方案。

容易证明：如果装载问题有解，则采用下面的策略可得到装载方案。

① 先将第 1 艘轮船尽可能装满。

② 将剩余的集装箱装上第 2 艘轮船。

基于队列式分支限界法求解该问题的算法思想如下。在该算法中，不断重复下列操作，直到队列空为止。

检测当前扩展节点的左孩子节点是否为可行节点。如果可行则将其加入到活节点队列中；将其右孩子节点加入到活节点队列中（右孩子节点一定是可行节点）。以 $w=[3,5,2,1]$ 和 $c=7$ 为例，搜索过程如图 10.34 所示，其中 ew 表示所考虑船只的目前载重量，虚线圆表示超出船只载重量的不可行解。根据队列式分支界限算法的广度优先搜索策略，仅使用载重量约束进行剪枝。

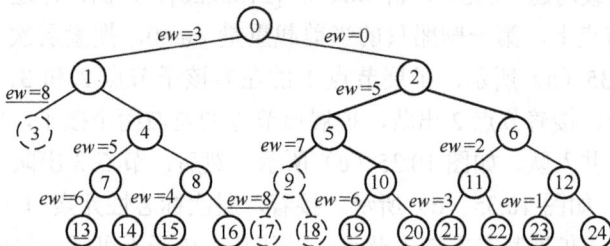

图 10.34 装载问题示例（$w=[3,5,2,1]$ 和 $c=7$）的搜索过程示意

建立一个用于存放活节点的队列 Queue（又称为活节点队列）。队列中元素的值表示活节点对应的当前载重量。为了便于处理，在解空间树中，在同层最后一个节点之后，在队列中添加-1。活节点队列的队首元素被取出作为当前扩展节点。由于队列中每一层节点之后都有一个尾部标记-1，故在取队首元素时，活节点队列一定不空。当取出的元素是-1 时，判断当前队列是否为空。如果队列非空，则将尾部标记-1 加入活节点队列，开始处理下一层的活节点。根据上述思想，求解装载问题的队列式分支限界法可描述如下。

```
template <class Type>
Type MaxLoading(Type w[ ],Type c,int n)
{ //队列式分支限界法，返回最优载重量
  //初始化
  Queue<Type> Q;                  //活节点队列
  Q.Add(-1);                      //同层的节点结束标志
  int i=1;                        //当前扩展节点所处的层
  Type Ew=0;                      //扩展节点所相应的载重量
  bestw=0;                        //当前最优载重量
//搜索子集空间树
  while (true) {
      //检查左孩子节点是否可行
      if (Ew + w[i] <= c)
          EnQueue(Q, Ew + w[i], bestw, i, n);
      //右孩子节点总是可行的
      EnQueue(Q, Ew, bestw, i, n);
      //取下一扩展节点
      Q.Delete(Ew);
     //对队列中刚取出的节点判断是否可扩展
    if (Ew == -1) {             //同层节点尾部
      //判断队列是否为空，为空则算法结束
        if (Q.IsEmpty()) return bestw;
        Q.Add(-1);              //加同层节点尾部标志
        Q.Delete(Ew);  //取下一扩展节点
        i++;                    }  //进入下一层
  } //end of while
} //end of MaxLoading
//EnQueue用于将活节点加入活节点队列中。
template <class Type>
void EnQueue(Queue<Type>& Q, Type wt, Type& bestw, int i, int n){
    if (i==n) {   //判断扩展节点的孩子是否叶节点
        if (wt > bestw)   //wt是孩子节点处的载重量
            bestw=wt;       //更新当前最优解
    }
    else Q.Add(wt);       //非叶节点加入活节点队列
}
```

下面以具体的装载问题（$n=3$、$c=c_1=40$、$w=[21,20,20]$）为例，详述算法的执行过程。搜索开始时，站在根节点上，第一艘船只的当前载重量 $ew=0$，搜索层次 $i=1$，队列中有标志性元素-1，如图 10.35（a）所示。扩展节点 1 的左右孩子节点 2 和 3，进入第 2 层搜索，如图 10.35（b）所示。接着节点 2 出队，扩展该节点的左右两个孩子，发现左孩子不可行，扩展出右孩子节点 4 并入队，如图 10.35（c）所示。然后，节点 3 出队，扩展其左右两个孩子节点 5 和 6 入队，如图 10.35（d）所示。接着，层次标志性元素-1 出队，队列不空，-1 入队尾；节点 4 出队，扩展其左右孩子节点，发现其左孩子不可行，生成其右孩子节点并入队，此时得到一个当前最优解(1,0,0)，相应的最优值为 21，如图 10.35（e）所示。接着节点

5 出队，扩展其左右孩子节点 8 和 9，此时得到两个解(0,1,1)和(0,1,0)，其中前者为当前最优解，相应的最优值为 40，如图 10.35（f）所示。最后节点 6 出队，扩展其左右孩子节点 10 和 11，得到两个解(0,0,1) 和(0,0,0)，这两个解均不是更优解；−1 出队，队列为空，算法结束，如图 10.35（g）所示。

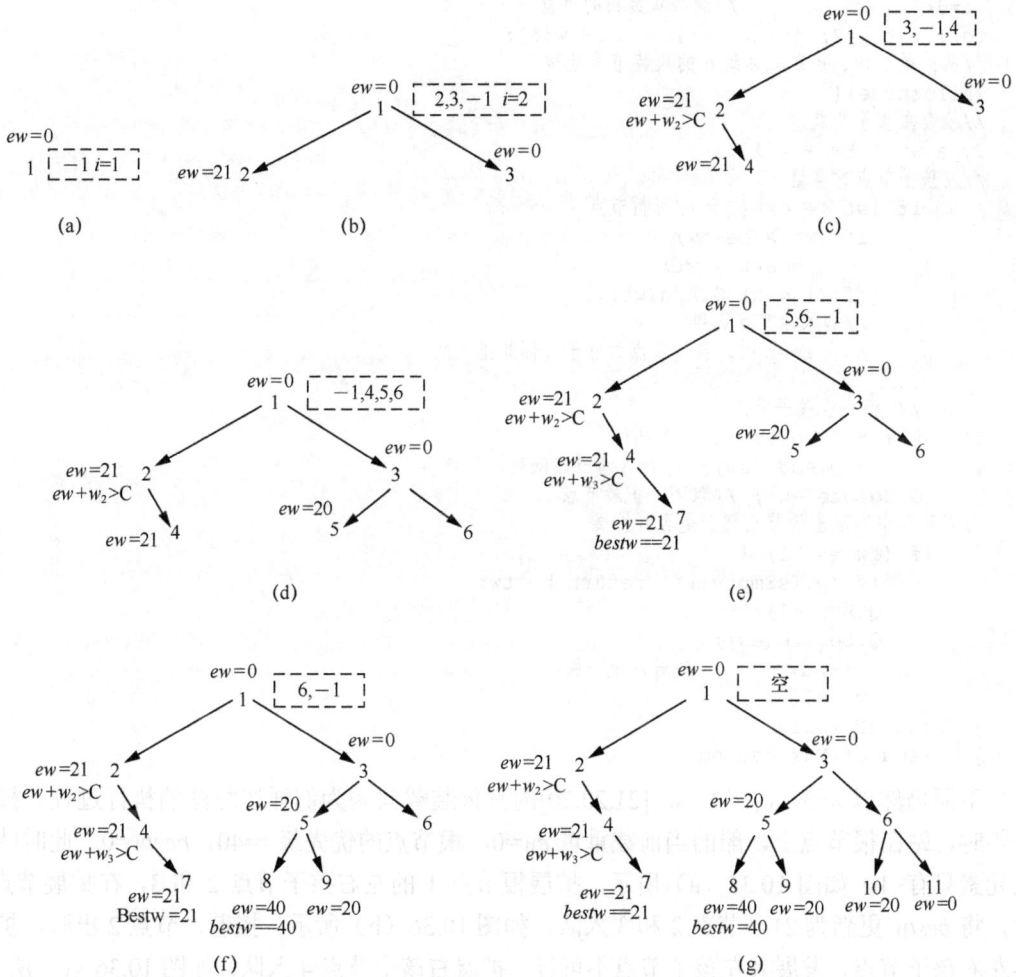

图 10.35 装载问题示例（$n = 3$、$c = a = 40$、$w = [21,20,20]$）采用约束函数的搜索示意

从上述搜索过程可以看到，由于仅使用了载重量约束函数而没有使用界限函数，所以搜索效率提高不明显。实际上当得到当前最优值为 40 时，节点 9 和以节点 6 为根的子树都不需要再扩展搜索。所以接下来讨论融入界限函数的分支限界法。

节点的左子树表示将此集装箱装上船，右子树表示不将此集装箱装上船。设 $bestw$ 是当前最优解，ew 是当前扩展节点相应的重量，r 是剩余集装箱的重量。当 "$ew+r>bestw$" 时，才有可能存在更优解，否则将其右子树剪去。为了尽早对右子树剪枝成功，应该在算法每一次进入左子树的时候（节点重量增加时）都检查能否更新 $bestw$ 的值（尽早提升 $bestw$ 的下界）。相应的算法描述如下。

```
template <class Type>
Type MaxLoading(Type w[],Type c,int n)
```

```
{ //初始化
  Queue<Type> Q;
  Q.Add(-1);
  int i=1;
  Type ew=0;
  bestw=0;
  r=0;                    //剩余集装箱的重量
for( int j=2; j<=n; j++)      r+=w[i];
//从扩展1时，r为从2到n的集装箱重量和
while(true){
//检查左孩子节点
Type wt = Ew + w[i];
//左孩子节点的重量
    if (wt <= c) {    //可行节点
        if (wt > bestw)
            bestw = wt;
        if (i < n) Q.Add(wt);
        //加入活节点队列
        //当i==n时，孩子节点为叶子，因此不入队
    }
    // 检查右孩子节点
if (ew + r > bestw && i < n)
        Q.Add (ew); //加入活节点队列
    Q.Delete(ew); //取下一扩展节点
//对队列中刚取出的节点判断是否可扩展
    if (ew == -1) {
        if (Q.IsEmpty())  return bestw;
        Q.Add(-1);
        Q.Delete(ew);
        i++;              //进入下一层
        r-=w[i];    }
} //end of while
} //end of MaxLoading
```

下面仍然以 $n=3$、$c_1=40$、$w=[21,20,20]$ 的具体装载问题为例详述算法的执行过程。搜索开始时，站在根节点上，船的当前载重量 $ew=0$，根节点的优先级 $r=40$，$bestw=0$，此时队列里元素只有 -1，如图 10.36（a）所示。扩展根节点 1 的左右孩子节点 2 和 3，在扩展节点 2时，将 $bestw$ 更新为 21，节点 2 和 3 入队，如图 10.36（b）所示。接着，节点 2 出队，扩展其左右孩子节点，发展其左孩子节点不可行，扩展右孩子节点 4 入队，如图 10.36（c）所示。然后节点 3 出队，扩展其左右孩子节点，生成其左孩子节点 5 入队，以右孩子为根的子树中不含有比当前更优的解，故剪枝，如图 10.36（d）所示。接着节点 4 出队，扩展其左右孩子节点，发现其左孩子节点不可行、以右孩子节点为根的子树中不含有更优解，故将以其左右孩子节点为根的子树剪枝，如图 10.36（e）所示。最后，节点 5 出队，扩展其左孩子节点，得到更优值 40，更新 $bestw=40$；发现以其右孩子节点为根的子树不含有更优解，故剪枝，-1出队，队列为空，算法结束，如图 10.36（f）所示。

针对装载问题，同时采用约束函数和界限函数的队列式分支限界法具有更高的搜索效率，这一点从相应的实际搜索解空间树可以看出。

上述算法仅可得到装载问题的最优值，无法得到相应的最优解。为了在算法结束后能构造出最优解，必须存储相应子集（解空间）树中从活节点到根的路径。为此，可在每个节点处设置指向父节点的指针，同时设置左、右孩子标志。具体的代码描述如下。

(a)

$ew=0$
$r=40$ 　—1
1

(b)

$ew=0$
$r=40$ 　2,3,—1 　$i=2$ $r=20$
1 $ew+r>bestw$ 21

$ew=21$
$r=20$ 2 $ew+r>bestw$21 　$ew=0$
$r=20$ 3

(c)

$ew=0$
$r=40$ 　3,—1,4
1 $ew+r>bestw$ 21

$ew=21$
$r=20$ 2 $ew+r>bestw$ 21 　$ew=0$
$r=20$ 3

$ew=21$
$r=0$ 4

(d)

$ew=0$
$r=40$ 　4,5,—1 　$i=3$ $r=0$
1 $ew+r>bestw$ 21

$ew=21$
$r=20$ 2 $ew+r>bestw$ 21 　$ew=0$
$r=20$ 3 　$ew+r<bestw$ 21

$ew=21$
$r=0$ 4 　$ew=20$
$r=0$ 5

(e)

$ew=0$
$r=40$ 　5,—1
1 $ew+r>bestw$ 21

$ew=21$
$r=20$ 2 $ew+r>bestw$ 21 　$ew=0$
$r=20$ 3 $ew+r<bestw$ 20

$ew=21$
$r=0$ 4 　$ew=20$
$r=0$ 5 $ew+r<bestw$ 40
$ew+w3>c$
$ew+r=bestw$ 21
分别减去左、
右孩子节点

(f)

$ew=0$
$r=40$ 　空
1 $ew+r>bestw$ 21

$ew=21$
$r=20$ 2 $ew+r>bestw$ 21 　$ew=0$
$r=20$ 3 　$ew+r<bestw$ 21

$ew=21$
$r=0$ 4 　$ew=20$
$r=0$ 5 $ew+r<bestw$ 40
$ew+w3>c$
$ew+r=bestw$ 21
分别减去左、
右孩子节点

7 $ew=40$

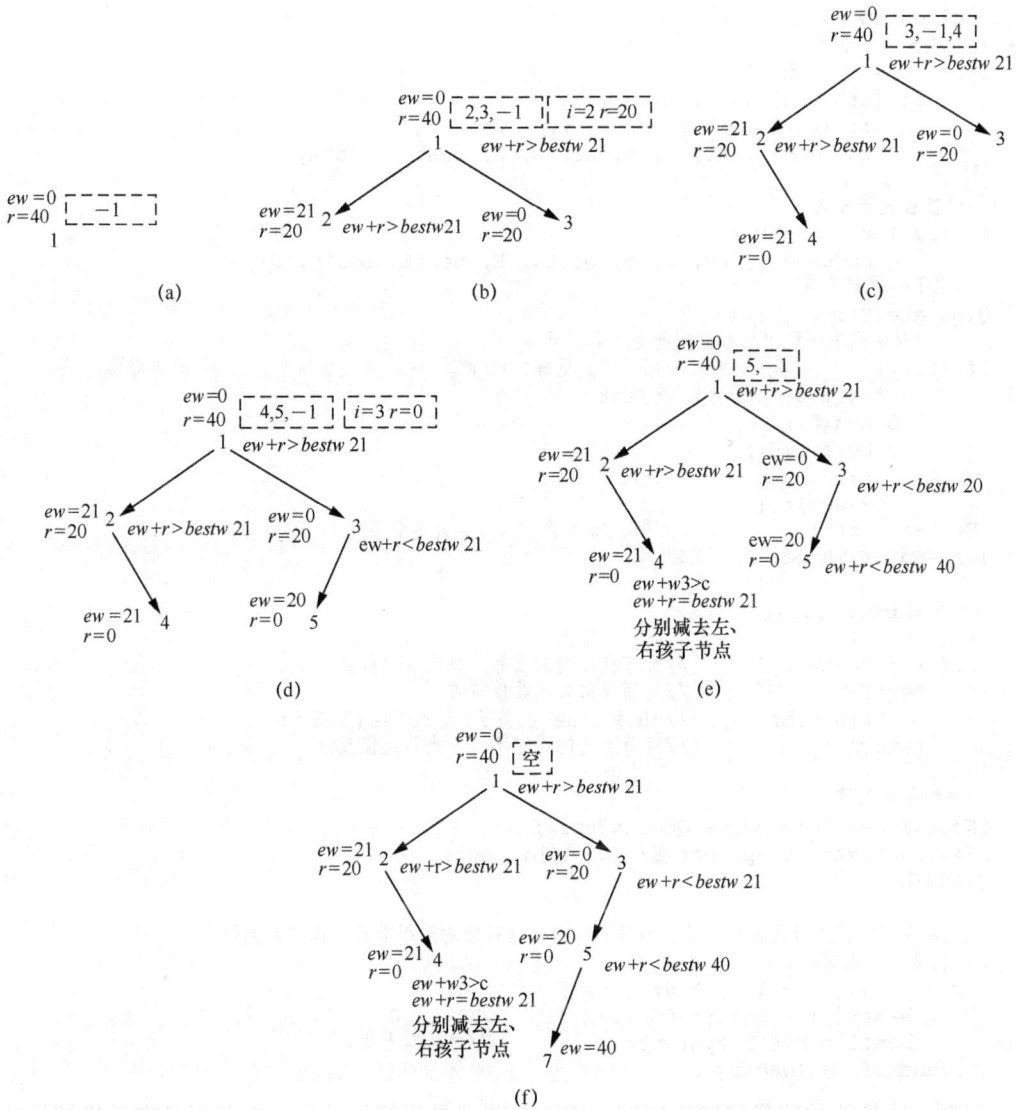

图 10.36 装载问题示例（$n=3$、$a=40$、$w=[21,20,20]$）同时采用约束函数和界限函数的搜索示意

```
class QNode              //节点的数据类型
{  ........  ........  ......  //Enqueue 以及 MaxLoading
     QNode   *parent;   //指向父节点的指针
     bool    LChild;    /true/1 为左孩子, false/0 为右孩子
     Type    weight;    //节点处的载重量
}
template <class Type>
Type MaxLoading(Type w[],Type c,int n, int bestx[ ] )
{
  Queue<Qnode< Type >*> Q;    //活节点队列
  Q.Add(0);                   //同层节点尾部标志
  int i=1;
  Type Ew=0;
  bestw=0;
  r=0;
  for( int j=2; j<=n; j++)      r+=w[i];
  Qnode< Type >*E=0, *bestE; //当前扩展节点, 当前最优扩展节点
```

```
        while(true){
    //检查左孩子节点
    Type wt = Ew + w[i];
        if (wt <= c) {      // 可行
            if (wt > bestw)      bestw = wt;
            EnQueue(Q, wt, i, n, bestw, E, bestE, bestx, 1);
    }
    //检查右孩子节点
    if (Ew + r > bestw )
            EnQueue(Q, Ew, i, n, bestw, E, bestE, bestx, 0);
     //取下一扩展节点
    Q.Delete(E);
        //对队列中刚取出的节点判断是否可扩展
    if (!E) {                     //同层节点尾部，!0即真
        if (Q.IsEmpty())  break;
        Q.Add(0);
        Q.Delete(E);
         i++;                  //进入下一层
         r-=w[i]; }
     Ew=E->weight;          //更新 Ew 为新扩展节点处的载重
    } //end of while

    修改后的函数 EnQueue:
    if ( i==n ){              //可行叶节点
     if( wt==bestw ) {      //叶节点处的载重等于当前最优载重
        bestE=E;            //更新当前最优载重节点
        bestx[n]=ch;  }    //ch 为 true(左孩子)或 false(右孩子)
        return ;              //叶节点处的载重不等于当前最优载重
    }
    //非叶节点入队
    QNode<Type> *b;  b=new QNode<Type>;
    b->weight=wt;  b->parent=E;  b->LChild=ch;
    Q.Add(b);

    while 循环中找到最优值后，可以根据 parent 指针回溯到根节点，找到最优解。
    // 构造当前最优解
    for (int j = n - 1; j > 0; j--) {
        bestx[j] = bestE->LChild;          //1 or 0
        bestE = bestE->parent;             //继续向上找
    } //end of Maxloading
```

　　下面上述具体的装载问题为实例，详述其获得最优解的过程。在获得具有最优解的叶节点 7 之后，根据上述构造当前最优解的代码得 bestx[3]=1，由 bestE=5 可得 bestx[2]=1，同理可得 bestx[1]=0，因此最优解为(0,1,1)。

　　装载问题获得最优解的搜索示意如图 10.37 所示针对装载问题，在上述队列式分支限界法的基础上改用优先队列式分支限界法，可以得更高效的求解方法。

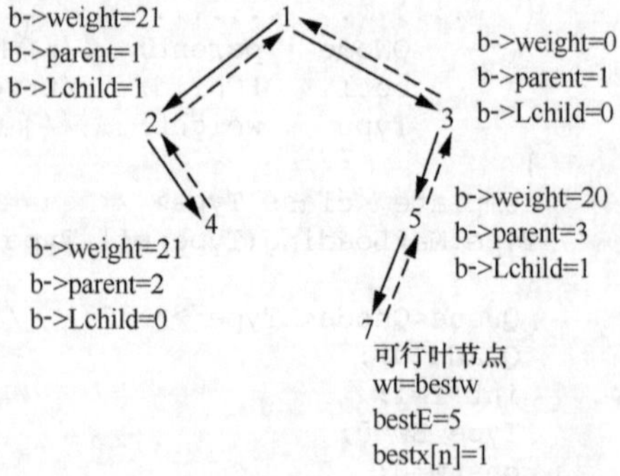

　　下面先描述优先队列式分支限界法的思想，解装载问题的优先队列式分支限界法用最大优先队列存储活节点表。活节点 x 在优先队列中的优先级定义为从根节点到节点 x 的路径上相应的载重量再加上剩余集装箱的重量之和：若 x 是第 i 层节点的左孩子则优先级为 $ew+w[i]+r[i]$；若 x 是第 i 层节点的

图 10.37　装载问题示例（$n=3$、$a=40$、$w=[21,20,20]$）获得最优解的搜索示意

右孩子则优先级为 $ew+r[i]$，其中，Ew 为 x 的父节点处的载重。优先队列中优先级最大的活节点成为下一个扩展节点。

优先级的定义：

① 第 i 层节点处载重为 ew，其左孩子优先级为 $ew+w[i]+r[i]$；

② 第 i 层节点处载重为 ew，其右孩子优先级为 $ew+r[i]$。

uweight 是活节点的优先级（上界）while 循环的循环条件 "while(i!=n+1)"。在该算法中，一旦有一个叶节点成为当前扩展节点（该算法中叶子节点也进入活节点队列），则可以断定该叶节点所相应的解即为最优解。此时可终止算法。具体的算法描述，读者可在结合上述代码的基础上自行完成。

下面仍以上述具体的装载问题为例讲述。$r[i]=w[i+1]+…+w[n]$，第 i 层节点处载重为 ew，其左孩子优先级为 $ew+w[i]+r[i]$，其右孩子优先级为 $ew+r[i]$。*uweight* 是活节点的优先级（上界）。具体的执行过程如图 10.38 所示。

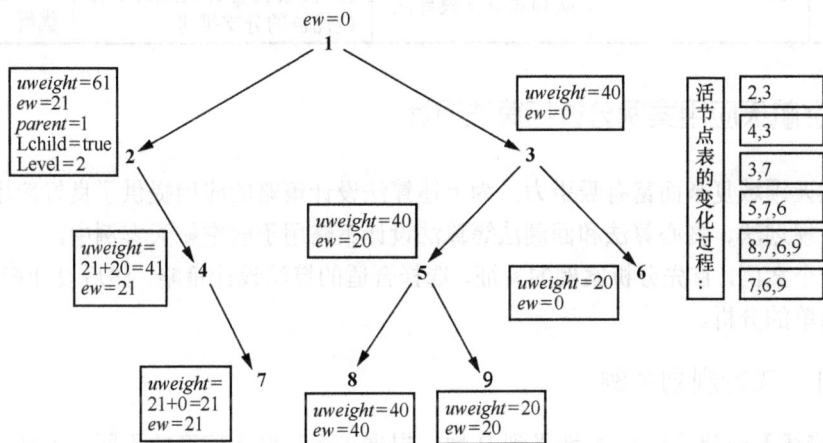

图 10.38　装载问题示例（n = 3、a = 40、w = [21,20,20]）优先队列式搜索示意图

10.7　算法设计策略比较

本章讲解了分治法、动态规划法、贪心算法、回溯法和分支限界法等 5 种算法设计策略。每种算法策略在算法思想、设计框架、特点、应用场景等方面是不同的，具体比较如表 10.3 所示。

表 10.3　　　　　　　　　　　　　　5 种算法设计策略比较

算法策略	算法思想	设计框架	特点	应用场景
分治法	将一个难以直接解决的大问题分解成一些规模较小的相同子问题，各个击破，分而治之	具有较固定的设计框架，包括分解、求解和合并三个子操作	① 自顶向下的方式求解； ② 没有识别子问题的重复性	能够分解成若干个与原问题相同的独立子问题
动态规划	将一个难以直接解决的大问题分解成一些规模较小的相同子问题，但是有重叠子问题	具有较固定的求解步骤，包括描述最优子结构性质、递归定义最优值、计算最优值和构造最优解	① 通常以自底向上的方式求解； ② 重复子问题只求解一次。 ③ 若有最优解，一定能求得最优解	具有最优子结构和重叠子问题性质的问题

续表

算法策略	算法思想	设计框架	特点	应用场景
贪心算法	所作出的选择只是在某种意义上的局部最优选择	没有具体的设计框架，难点在贪心策略的设计	① 具有较高的时间效率；② 不一定总能求得最优解	具有贪心选择性质和最优子结构的问题
回溯法	在问题解空间中利用试探或回溯的搜索技术求解问题	具有较固定的设计框架，又可细分为解空间树为排列树的设计框架和解空间树为子集树的设计框架	① 可系统地搜索一个问题的所有解或任一解；② 采用深度优先的方式进行搜索；③ 使用剪枝函数提高效率	找出满足约束条件的所有解
分支限界法	在问题解空间（树）中利用广度优先搜索技术求解问题	没有较固定的设计框架，分为队列式分支限界法和优先队列式分支限界法	① 可以求得问题的最优解；② 以广度优先的方式进行搜索；③ 搜索朝着解空间树上有最优解的分支推进	找出满足约束条件的一个解或使目标函数达到极大（极小）的最优解

10.8 航空航天应用案例分析与算法设计

航空航天领域复杂而富有吸引力，为上述算法设计策略的应用提供了良好应用场景。本小节将动态规划法、贪心算法和回溯法等算法设计策略用于航空航天案例中。

面对一个案例，首先分析案例的特征，选择合适的算法设计策略，然后设计相应的算法，最后做出简单的分析。

10.8.1 飞行规划案例

【问题描述】一架飞机从 A 地飞到 B 地，根据飞行高度和速度的不同，可把一次飞行分成多段。不同的飞行段因飞行高度和速度不同而产生不同的油耗。飞行规划的目标是使飞机从 A 地飞到 B 地油耗最小。飞机的固定速度用 VCRUISE 表示，最有效的飞行高度用 AOPT 表示。当在飞机 AOPT 高度飞行时，每小时的耗油量用 GPHOPT 表示；当不在 AOPT 高度飞行时，每小时的耗油量用 GPHOTPT 表示，每差 1000 英尺耗油量的增量表示为 GPHEXTRA。飞行开始和结束时的高度均为 0。每爬升 1000 英尺耗油的增量表示为 CLIMBCOST（当飞行高度下降时耗油没有减少），假定在每一个飞行段开始时飞机爬升或下降用时几乎为 0。

飞机在每段飞行时有固定的速度和高度，其飞行特性如下。

VCRUISE 为 400kn，AOPT 为 30000ft，GPHOPT 为 2000gal/h，GPHEXTRA 为 10gal/h·1000^{-1}ft，CLIMBCOST 为 50gal/1000ft。

在每一次飞行前，可以给出每个飞行段的长度和风速。顺风增加飞机的速度，逆风降低飞机的速度。例如，当飞机速度为 400kn、风速为-50kn 时，飞机的实际飞行速度为 350kn。政策规定，每个飞行段的高度必须是 1000ft 的整数倍，而且必须为 20000～40000ft。

【分析过程】

1. 计算飞机在地域 i 的耗油量：假设飞机在地域 $i-1$（$2 \leq i \leq k+1$）的海拔高度为 l，飞到地域 i 的海拔高度为 m，计算飞机在地域 i 的耗油量 $g(i,l,m)$ 必须考虑如下几个因素（注意：为了方便计算，飞行高度和风速以 1000feet 为单位）。

（1）上升过程增加的耗油量 a。

由于飞机每上升一个单位，需要增加 CLIMBCOST 的耗油量，因此

$$a = \begin{cases} 0, & m \leqslant l \\ CLIMBCOST \times (m-l), & m > l \end{cases}$$

（2）每小时的实际耗油量 b。

飞机在高度 AOPT 飞行每小时耗油 GPHOPT；当飞机在 m 高度飞行时，与 AOPT 的垂直距离为|m-AOPT|个单位。每垂直偏离高度一个单位，需要增加耗油量 GPHEXTRA，因此

$$b = GPHOPT + |m - AOPT| \times GPHEXTRA$$

（3）在地域 i 的实际飞行时间 c。

c=地域 i 的长度/地域 i 的实际飞行速度。由于地域 i 的网速垂直反向线性变化，m 单位处的风速为在 20 单位处的风速与 40 单位处的风速的平均数，因此地域 ir 等高风速为

$$\frac{(m-20) \times 地域 i 的高空风速 + (40-m) \times 地域 i 的低空风速}{40-20}$$

而飞机的实际速度为 VCRUISE 与地域 i 等高风速的矢量和，因此，c=地域 i 的长度 /（地域 i 的等高风速+VCRUISE）。可以得到，$g(i,l,m)=a+b \times c$。

2．规划飞行方案

设 $data[i, j]$ 为在确定地域 i 的飞行高度为 j 的情况下，飞机由地域 1 飞至地域 i 所耗费的最小总耗油量，$data2[i, j]$ 为飞机飞行高度记忆表。飞机由地域 $i-1$ 的 $data2[i, j]$ 高度到达地域 i 的 j 高度，可使总耗油量最小，即

$$data[i,j]=data[i-1, data2[i,j]]+g[i, data2[i,j], j]$$

$data[i, j]$ 该如何计算呢？按最优性要求确定了飞机在地域 $i-1$ 的飞行高度为 $data2[i, j]$，由于 $g[i, data2[i, j], j]$ 为一个定值，因此 $data[i-1, data2[i, j]]$ 的值需最小。这说明问题的最优解包含了子问题的最优解，即该问题具有最优子结构性质。下面具体分析一下最优表达式的构造：

① 飞机由地域 1 起飞，因此 $data[1, j]=g[1, 0, j]$，$20 \leqslant j \leqslant 40$；

② 依次计算 $data[2,20]...data[2,40]$、$data[33,20]...data[3,40]......data[k,20]...data[k,40]$。

在计算 $data[i, j]$ 时，无法预计飞机在地域 $i-1$ 应以什么高度飞行方可使表达式的值最小，因此只能分别假设飞机在地域 $i-1$ 的高度为 20、21......40，即分别求出 $data[i-1, l]+g[i, l, j]$（$20 \leqslant l \leqslant 40$）。从上述表达式中选出值最小的一个，即

$$data[i, j] = \min\{data[i-1,l] + g[i,l,j]\} \quad (20 \leqslant l \leqslant 40)$$

将满足此式的飞行高度 l 存入忘记表 $data2[i, j]$。由此可见，在求 $data[i, j]$ 的过程中需要不断查阅子问题的解，因此，这个最优化问题具有重叠子问题性质。该问题适合用动态规划求解，可写出如下递推表达式。

$$data[i, j] = \begin{cases} g(1,0,j) & i=1 \\ \min\{data[i-1,l] + g(i,l,j)\} & i > 1 \end{cases}$$
$$1 \leqslant i \leqslant k, \quad 20 \leqslant j \leqslant 40, \quad 20 \leqslant l \leqslant 40$$

【算法描述】在上述分析的基础上，可以写出计算 $data$ 表和 $data2$ 表的算法。

```
for j=20 to 40
    data[1,j]=g[1,0,j];
```

```
for i=2 to k
    for j=20 to 40
        for l=20 to 40
            计算 data[i, j]=min{data[i-1,l], g[i, l, j]};
            将满足上式的 l 写入记忆表 data2[i, j];
有了记忆表 data2，便可从地域 k 出发倒推飞机在各地域的飞行高度 data3
for j=20 to 40
    data3[k]=满足 min{data[k,j]}的 j;
最后可输出飞行计划，算法如下：
for i=1 to k
    输出飞机在地域 i 的飞行高度 data3[i];
输出最小总耗油量 data[k,data3[k]];
```

从上述两个算法代码可以看出，算法运行的时间主要花费在计算 "data[i, j]" 上，因此算法的时间复杂度为 $O(k*m*m)$，其中 k 表示地域数，m 表示高度。针对每条航线信息，利用上述算法可规划出该航线的飞行方案。

10.8.2 飞机维修次序案例

【问题描述】某小型航空公司拥有 12 架客机，只有一间可以容纳一架客机的检修车间。为了提高客机的安全性，公司要定期对客机进行检修，而且具有不同使用年限和检修历史的客机需要的检修时长是不同的。每架客机的检修时长如表 10.4 所示。客机在维修期间，一方面不能执行载客任务，另一方面总的检修时长会带来检修成本和客户流失。显然，在检修投入资源一定的情况下，总的检修时间越短给公司带来的损失越小。

表 10.4　　　　　　　　　　　　　　　　每架客机检修的时长

客机编号	1	2	3	4	5	6	7	8	9	10	11	12
检修时长	6	5	9	5	2	8	5	10	7	6	9	10

【问题分析】由于检修车间仅能容下一架飞机，所以每架飞机的检修活动在检修车间内不能重叠。另一方面，总的检修时间越短，成本越低，给公司带来的损失越小。因此该问题本质上是一个服务排队（服务次序）问题，可用贪心算法求解。贪心策略为最短时长服务者优先。根据上述分析，可写出相应的贪心算法。

```
int greedy(int a[], int n){
    int b[]=a;
    int t=0;
    对数组 b 升序排序; //客机检修的时长
    for(int i=1; i < n; i++)
        b[i]=b[i-1];
    for(int i=0; i < n; i++)
        t+=b[i];
    返回 t;
}
```

上述算法中，对数组 b 的排序的时间复杂度为 $O(n\log n)$，两个 for 循环的时间复杂度分别为 $O(n)$，因此该算法的复杂度为 $O(n\log n)$。

10.8.3 航运装载案例

【问题描述】航运装载问题是指在给定的飞机货舱空间和重量限制的条件下，如何优化装载和排列货物，使得运输效率最大化。要解决装载问题，通常需要考虑以下因素：

① 航空公司的货舱和重量限制；

② 货物的尺寸、形状和重量；

③ 装卸过程中的安全性和稳定性。

为了方便建模，可以作出以下假设：

① 每件货物重量不超过 80kg，体积不超过 40×60×100cm；

② 货物可以混装和任意叠放；

③ 所有货物的发货优先级一样；

④ 属于同一票的货物，体积重量都一样；

⑤ 不考虑前后货舱重量对飞机平衡的影响，以及客重、油重、温度对货舱重量的制约。

【问题分析】航运装载问题是在一定条件约束下运输效率最大化的问题，因此本质上是一个约束优化问题。和前面的轮船装载问题相比，本问题更加复杂，适合用回溯法求解。

结合上述分析对本问题进行建模。首先定义如下符号：W_k 表示第 k 个舱的限重，V_k 表示第 k 个舱的容积，w_i 表示第 i 票货物的单件重量，v_i 表示第 i 票物化的单件体积，c_{ijk} 表示第 i 票第 j 件货物装在舱位 k。建立如下目标函数。

重量最大化：$\max \sum\limits_{i,j,k=1}^{n} c_{ijk} w_i$。

体积最大化：$\max \sum\limits_{i,j,k}^{n} c_{ijk} v_i$。

偏离密度最小：$\min \sum\limits_{i,j,k=1}^{n} c_{ijk} w_i / \sum\limits_{i,j,k}^{n} c_{ijk} v_i - W_k / V_k$。

相应的约束条件如下：

$$\begin{cases} \sum c_{ijk} w_i \leqslant W_k \\ \sum c_{ijk} v_i \leqslant V_k \\ c_{ijk} = \begin{cases} 1, & \text{第}i\text{票的第}j\text{个货物在舱位}k \\ 0, & \text{其他} \end{cases} \end{cases}$$

为了使所装货物的体积、重量达到最优，一方面，应该找出使货物的平均密度最接近标准密度（货舱限重/货舱体积）的组合；另一方面，要避免最接近标准密度的货物组合的体积和重量远低于货舱的装载能力的情况，即货物还没有装满，综们的平均密度已经最优。因此，在更新最优解的时候，首先判断当前体积和重量是否大于最优解的体积和重量，如果是，就更新为当前最优解，而不是考虑当前货物的平均密度是多少；如果不是，再去考虑平均密度。显然，航运装载问题是从 n 票货物的集合中找出满足约束条件的子集，相应的解空间树为子集做对。

下面考虑航运飞机只有一个舱（$k=1$）且每票货物不能分批（打开，$j=1$）的情况。这种情况比较简单，此时不用考虑标准偏离密度，本质上是一个 0-1 背包问题（模型）。因为货物不允许分批，所以解空间树每一个节点代表一票货物，只要其左孩子节点是一个可行节点，搜索就进入其左子树。在右子树中有可能包含最优解时才进入右子树搜索，否则将右子树剪去。这个任务由界限函数完成。设 rw 是剩余货物的 w 之和，rv 是剩余货物的 v 之和，cpw 是当前货物的 w 之和，cpv 是当前货物的 v 之和，$bestp$ 是当前最优值，当 $cpw+rw \leqslant bestp.w$ 且 $cpv+rv \leqslant bestp.v$ 时，可剪去右子树。基于上述分析和回溯法子集树的搜索框架，航运飞机只有一个舱（k=1）且每票货物不能分批（打开）的算法描述如下。

```
structure solution{
    float w;
    float v;
}
solution bestp;
bestp.w=0;
bestp.v=0;
int w[n];   //n票货物的重量
int v[n];   //n票货物的体积
void backtrack (int t) {
    if (i > n)  { //到达叶节点
        if (解的重量更大 & 解的体积更大) {
bestp.w = cpw;
bestp.v = cpv;
        }
        return ;
    }
    rw-= w[i];   //将要进入左子树
    rv-=v[i];
    if (满足重量约束 & 满足体积约束) { //搜索左子树
        cpw += w[i];
        cpr += w[i];
        backtrack(i + 1);
        cpw -= w[i];
        cpr -= w[i];
    }
    if (重量更大 || 体积更大)  backtrack (i + 1);
    rw += w[i];     //从右子树返回
    rv += v[i];
}
```

从上述算法描述可以看出，n 票货物，每件货物都有选择装入或不装入。因此，在最坏情况下该算法的复杂度为 $O(2^n)$。

10.9 习题

1. 选择题

（1）算法是由若干条指令组成的有穷序列，而且满足以下性质（　　）

① 输入：有 0 个或多个输入

② 输出：至少有一个输出

③ 确定性：指令清晰，无歧义

④ 有限性：指令执行次数有限，而且执行时间有限

A. ①②③　　　　　B. ①②④　　　　　C. ①③④　　　　　D. ①②③④

（2）函数 $32n+10n\log n$ 的渐进表达式是（　　）。

A. $2n$　　　　　B. $32n$　　　　　C. $n\log n$　　　　　D. $10n\log n$

（3）$T(n)$表示当输入规模 n 时的算法效率，以下算法中效率最优的是（　　）。

A. $T(n)=T(n-1)+1$，$T(1)=1$　　　　　B. $T(n)=2n^2$

C. $T(n)=T(n/2)+1$，$T(1)=1$　　　　　D. $T(n)=3n\log_2 n$

（4）直接或间接调用自身的算法称为（　　）。

A. 贪心算法　　　　　B. 递归算法　　　　　C. 迭代算法　　　　　D. 回溯法

288

（5）关于分治算法的说法不正确的是（　　）。

A．将一个难以求解的大问题分解成若干个相同的子问题，各个击破，分而治之

B．分治法需用递归算法实现

C．分治算法没有考虑子问题的重叠性

D．分治算法的框架包含分解、求解和合并三个子过程。

（6）下列算法中通常以自底向上的方式求解最优解的是（　　）。

A．备忘录方法　　　B．动态规划法　　　C．贪心法　　　D．回溯法

（7）实现最长公共子序列利用的算法是（　　）。

A．分治策略　　　B．动态规划法　　　C．贪心法　　　D．回溯法

（8）下面是贪心算法的基本要素的是（　　）。

A．重叠子问题　　B．构造最优解　　C．贪心选择性质　　D．定义最优解

（9）（　　）是贪心算法与动态规划算法的共同点。

A．重叠子问题　　B．构造最优解　　C．贪心选择性质　　D．最优子结构性质

（10）下面问题（　　）不能使用贪心法解决。

A．单源最短路径问题　　　　　　B．n 皇后问题

C．最小花费生成树问题　　　　　D．背包问题

（11）下列算法中不能解决 0-1 背包问题的是（　　）

A．贪心法　　　B．动态规划　　　C．回溯法　　　D．分支限界法

（12）背包问题的贪心算法所需的计算时间为（　　）。

A．$O(n2^n)$　　B．$O(nlogn)$　　C．$O(2n)$　　D．$O(n)$

（13）一个问题可用动态规划算法或贪心算法求解的关键特征是问题的（　　）。

A．重叠子问题　　　　　　　　　B．最优子结构性质

C．贪心选择性　　　　　　　　　D．定义最优解

（14）回溯法解旅行售货员问题时的解空间树是（　　）。

A．子集树　　　　　　　　　　　B．排列树

C．深度优先生成树　　　　　　　D．广度优先生成树

（15）下列算法中通常以深度优先方式系统搜索问题解的是（　　）。

A．备忘录法　　　B．动态规划法　　　C．贪心法　　　D．回溯法

（16）下面哪种函数是回溯法中为避免无效搜索采取的策略（　　）。

A．递归函数　　　B．剪枝函数　　　C．随机数函数　　　D．搜索函数

（17）0-1 背包问题的回溯算法所需的计算时间为（　　）。

A．$O(n2^n)$　　B．$O(nlogn)$　　C．$O(2n)$　　D．$O(n)$

（18）回溯法在问题的解空间树中，按（　　）策略，从根节点出发搜索解空间树。

A．广度优先　　　B．活节点优先　　　C．扩展节点优先　　D．深度优先

（19）采用广度优先策略搜索的算法是（　　）。

A．分支界限法　　B．动态规划法　　C．贪心法　　　D．回溯

（20）优先队列式分支限界法选取扩展节点的原则是（　　）。

A．先进先出　　　B．后进先出　　　C．节点的优先级　　D．随机

（21）在对问题的解空间树进行搜索的方法中，一个活节点最多有一次机会成为活节点的

是（　　）。

A．回溯法　　　　　　　　　　　　　B．分支限界法

C．回溯法和分支限界法　　　　　　　D．回溯法求解子集树问题

（22）常见的两种分支限界法为（　　）。

A．广度优先分支限界法与深度优先分支限界法

B．队列式（FIFO）分支限界法与堆栈式分支限界法

C．排列树法与子集树法

D．队列式（FIFO）分支限界法与优先队列式分支限界法

（23）在采用分支限界法求解 0-1 背包问题时，活节点表的组织形式是（　　）。

A．小根堆　　　　　　B．大根堆　　　　　　C．栈　　　　　　D．数组

2．简答题

（1）算法的特征和复杂度度量分别是什么？

（2）适合分治法求解的问题有哪些特征？

（3）简述分治法与递归算法的关系。

（4）动态规划算法求解问题时的步骤是什么？

（5）简述分治法与动态规划的异同。

（6）简述贪心算法的基本思想和基本要素。

（7）简述贪心算法与动态规划的异同。

（8）通过背包问题和 0-1 背包问题阐述和理解贪心算法的基本要素。

（9）简述回溯法求解问题的一般思想。

（10）描述解空间及组织形式。

（11）写出回溯法搜索框架，并分析其异同。

（12）详细描述用回溯法求解背包问题的过程。

（13）简述分支限界法的基本思想。

（14）分支限界法包括哪些类型？

（15）简述分支限界法与回溯法的异同。

（16）简述分治法、动态规划、贪心算法、回溯法和分支限界法的异同。

3．编程题

（1）设计一个分治算法，输出一个整数数列中最大值和最小值，并分析其时间复杂度。

（2）假设二叉树采用二叉链表存储结构进行存储，设计一个分治算法求出二叉树的高度。

（3）假设二叉树采用二叉链表存储结构进行存储，设计一个分治算法输出二叉树中叶节点。

（4）请模仿二分查找过程设计一个三分查找算法，并分析其时间复杂度。

（5）给定一个整数序列，每个元素出现的次数称重数，重数最大的元素称为众数。编写一个分治算法对递增有序序列 a 输出众数。例如 $S=\{1,2,2,2,3,5\}$，S 的众数是 2，相应的重数为 3。

（6）一个机器人只能向下和向右移动，每次只能移动一步，设计一个算法求它从（0,0）移动至（m,n）有多少条路径。

（7）给定一个 m 行 n 列的矩阵，从左上角开始每次只能向右或者向下移动，最后到达右下角的位置，路径上的所有数字累加起来作为这条路径的路径和。编写一个动态规划算法，输出最小路径和。

（8）将 $1 \sim n$ 的连续整数组成的集合划分为两个子集合，且保证两个子集的数字和相等。例如，对于 $n=4$，对应的集合 $\{1,2,3,4\}$ 能被划分为 $\{1,3\}$ 和 $\{2,4\}$ 两个子集合，使得 $1+4=2+3$，且划分方案只有这一种。使用动态规划算法对任意给定的正整数 n（$1 \leqslant n \leqslant 39$），输出符合题意的划分方案数。

（9）在 C 语言中，合并两个字符串 dest 和 src 的常规做法是在字符串 dest 的后面拼接上字符串 src，产生的成本等于两个字符串的长度之和。对于多个字符串的合并操作，不同的合并顺序可能会有成本差异。例如合并 {"red", "blue", "yellow"}，如果先合并 "red" 和 "blue"，再合并 "redblue" 和 "yellow"，产生的成本是 7+13=20；如果先合并 "blue" 和 "yellow"，再合并 "blueyellow" 和 "red"，产生的成本是 10+13=23。设计一个贪心算法，给定 n 个字符串的长度，求合并成一个字符串产生的最小成本。

（10）给定 n 位正整数，删掉其中任意 k（$k<n$）个数字后，剩余的数字按原次序排列组成一个新整数。对于给定的正整数 a 和 k，设计一个贪心算法找出剩余数字组成最小整数的删数方案。

（11）设有 n 个顾客同时等待一项服务，顾客需要的服务时间 t_i（$1 \leqslant i \leqslant n$），如何安排 n 个顾客的服务次序才能使顾客总的等待时间达到最小。

（12）一辆汽车加满油后可行驶 n 公里，旅途不有若干个加油站，加油站之间的距离由数组 $A[m]$ 给出，其中 $A[i]$ 表示第 $i-1$ 个加油站和第 i 个加油站之间的距离，旅途的起点和终点都各有一个加油站。设计一个有效算法，计算沿途需要停靠加油的地方，使加油的次数最少。

（13）给定一个加权连通图，利用贪心算法的思想设计 Kruskal 算法并上机实现。

（14）设计一个简单算法求解简单装载问题。设有一批集装箱要装上一艘载重量为 W 的轮船，其中编号为 i（$1 \leqslant i \leqslant n$）的集装箱的重量为 w_i。现要从 n 个集装箱中选出若干个装上轮船，使他们的重量之和正好为 W。如果找到任一解，则返回 true，否则返回 false。

（15）给定 n 个正整数 $a_1,a_2,...,a_n$，从中选出若干个数，使他们的和恰好为 k，要求找出选择元素个数最少的解。

（16）采用回溯法输出自然数 $1 \sim n$ 中任取 r 个数的所有组合。

（17）设某一台机器由 5 个部件组成，部件编号为 $1 \sim n$，每种部件都可从 m 个供应商处购得，供应商编号为 $1 \sim m$。w_{ij} 表示从供应商 j 处购得的部件 i 的重量，c_{ij} 是相应的价格。对于给定的机器部件重量和机器部件价格，计算总价格不超过 $cost$ 的最小机器重量设计，可以同一个供应商处购得多个部件。

（18）假设 n 个任务由 k 个可并行工作的机器完成，完成任务 i 需要的时间为 t_i。试设计一个优先队列式分支限界法，计算出完成这 n 个任务的最佳高度。

（19）把 n 项任务分配给 n 个人，矩阵 C 表示 n 个人完成每项任务的成本，如 $C[i][j]$ 表示第 i 个人完成第 j 项任务的成本。如何分配任务使 n 个人完成这 n 项任务的总成本最小。请设计一个分支限界算法，输出相应的分配方案。

（20）羽毛球队有男女运动员各 n 人，给定 2 个 n 阶矩阵 P 和 Q，$P[i][j]$ 是男运动员 i 和女运动员 j 配对组成混合双打的男运动员的优势；$Q[i][j]$ 是女运动员 i 和男运动员 j 配对组成混合双打的女运动员的优势；由于技术配合和心理状态等因素影响，$P[i][j]$ 不一定等于 $Q[j][i]$。男运动员 i 和女运动员 j 配对组成混合双打的男运动员的优势为 $P[i][j]*Q[j][i]$。设计一个分支限界算法，计算男女运动员最佳配对法，使各组男女双方竞赛优势的总和达到最大。

参考文献

[1] 严蔚敏，吴伟民. 数据结构（第二版）[M]. 北京：清华大学出版社，2022.

[2] 李春葆. 数据结构教程（第 6 版）学习指导[M]. 北京：清华大学出版社，2022.

[3] 王曙燕. 数据结构与算法[M]. 北京：高等教育出版社，2019.

[4] 赵秀涛，倪水平. 数据结构与算法（C 语言篇·慕课版）[M]. 北京：人民邮电出版社，2022.

[5] 袁凌. 数据结构 C 语言｜微课版——从概念到算法[M]. 北京：人民邮电出版社，2023.

[6] 陈锐，张亚洲，崔建涛，李璞. 深入浅出数据结构与算法（微课视频版）[M]. 北京：清华大学出版社，2023.

[7] 纪国良，丁勇，周曼，冯仰德. 工程计算中大型稀疏矩阵存储方法研究 [J]. 数值计算与计算机应用，2018. 09，39(3):217-230.

[8] 王晓东. 计算机算法设计与分析（第 5 版）[M]. 北京：电子工业出版社，2018.

[9] 王红梅. 算法设计与分析（第 3 版）[M]. 北京：清华大学出版社，2022.

[10] 张劼，衡红军，杨晓雪. 航空货运装载问题算法设计与研究[J]. 计算机工程，2005 (S1): 28-30.